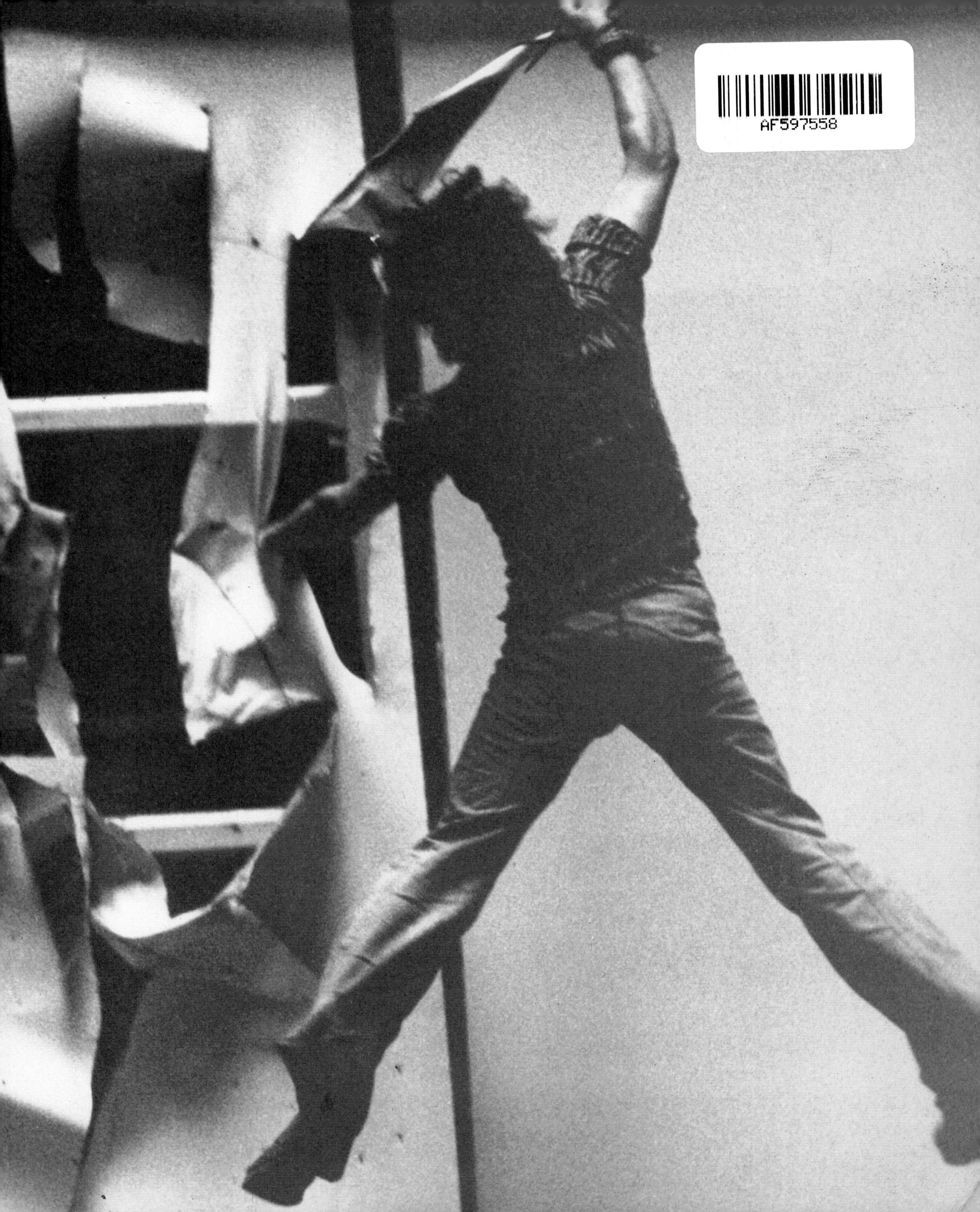

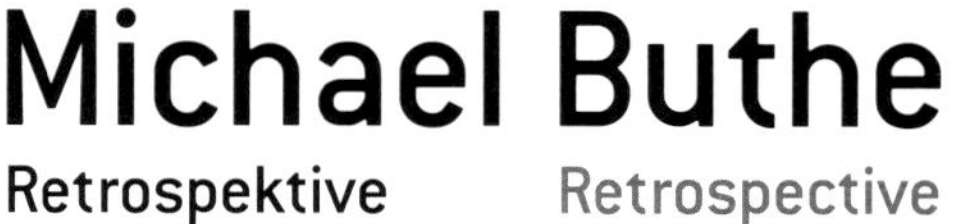

Michael Buthe

Retrospektive Retrospective

Michael Buthe

Retrospektive Retrospective

Herausgegeben von
Edited by
Kunstmuseum Luzern Lucerne
S.M.A.K., Gent Ghent
Haus der Kunst, München Munich

Vorwort von
Foreword by
Fanni Fetzer
Philippe Van Cauteren
Okwui Enwezor

Texte von
Texts by
Martin Germann
Dominik Müller
Heinz Stahlhut
Ulrich Wilmes

Eine Kooperation von
A cooperation of
Kunstmuseum Luzern Lucerne
S.M.A.K., Gent Ghent
Haus der Kunst, München Munich

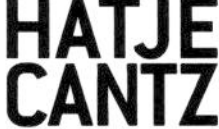

Inhalt
Contents

Vorwort

»Entwicklungsfähigkeit bedeutet für mich, dass man für sich selbst fortschreitet, für sich immer wieder etwas Neues entdeckt, auf eine Reise geht, es lebendig bleibt.[1]

Wie kann man, noch dazu zwanzig Jahre nach dem Tod, eine Ausstellung mit Werken eines Künstlers wie Michael Buthe (1944–1994) machen, der zahlreiche seiner Plastiken in immer veränderter Gestalt in neue Ausstellungskontexte einbezog? Denn gerade hierin liegt die große Bedeutung Buthes für die Kunst am Anfang des 21. Jahrhunderts: Wie gelebtes Leben soll auch das Kunstwerk sich dauernd verwandeln. Dieser Leitgedanke offenbart sich nicht nur an der Entstehungsgeschichte einzelner Arbeiten, sondern auch an Michael Buthes Gesamtwerk. Sich lustvoll stets aus allen Richtungen Anregungen holend, begann er mit Arbeiten, die vom Informel herkommen und sich mit der Strenge der geometrischen Abstraktion kreuzen. In der Folge schuf er Werke, die licht und losgelöst sind von irdischer Schwere und ihre Inspiration aus den Visionen westlicher und östlicher Mystiker gleichermaßen beziehen. Buthe ließ sich von außereuropäischer Kunst inspirieren, ohne einem naiven Exotismus zu verfallen. Obwohl Zeitgenosse des Wandels von der Industrie- zur Informationsgesellschaft griff er bewusst auf die sinnliche Fülle armer und natürlicher Materialien zurück. Diese Sinnlichkeit und Spiritualität sind von enormer Bedeutung, wenn man Buthes ikonografisches und visionäres Schaffen bewertet. Im Spätwerk scheute Buthe üblicherweise gemiedene Kategorien wie Kitsch und Humor bewusst nicht. Dass er weniger auf das vollendete Werk als auf den Prozess dauernder Erneuerung setzte, macht ihn auch für jüngere Künstlerinnen und Künstler hochinteressant.

Wie aber lässt sich ein solch facettenreiches Werk in einer Retrospektive auch nur annähernd umfassend darbieten?

Für das Kunstmuseum Luzern, das seit der legendären ersten Schweizer Ausstellung Buthes 1974 eine bedeutende Gruppe von Werken besitzt, hat der Sammlungskonservator Heinz Stahlhut die Herausforderung angenommen. Er hat eine Schau zusammengestellt, die lose chronologisch wichtige Werkgruppen Buthes vereint: frühe Zeichnungen der 1960er- und 1970er-Jahre; die beeindruckenden Stoffbilder, die die große Geste des Informel mit der strengen Form des sichtbaren Keilrahmens konfrontieren; Werke, die Anregungen aus orientalischen und afrikanischen Lebenswelten aufnehmen, welche Buthe durch zahlreiche Aufenthalte vertraut waren; Gemälde und Skulpturen, die ohne jede Bigotterie und humorvoll die Frage nach dem Wert von Spiritualität in einer säkularen Gesellschaft stellen; Bilderbriefe und Bücher als Zeugnisse für das farbige Erzählen und Schreiben – eines der weiteren Talente Buthes; die Assemblagen und Skulpturen mit ihren überraschenden Material- und

Foreword

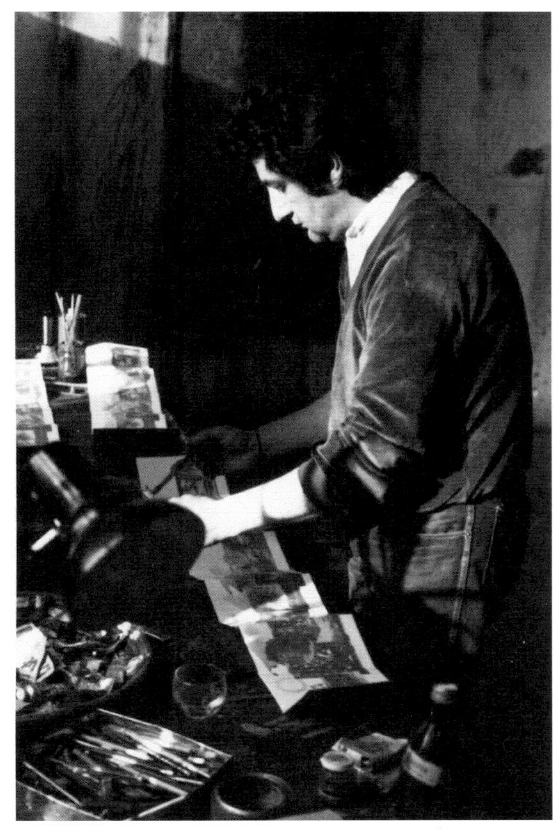

Michael Buthe bei der Arbeit an einem Buchobjekt (Kat. 53), 1976
Michael Buthe working on a book object (cat. 53), 1976

"In my view, the ability to develop means progressing for yourself, discovering something new for yourself again and again, going on a journey, maintaining this vitality."[1]

How can one organize—especially twenty years after his death—an exhibition with works by the artist Michael Buthe (1944–1994), who integrated many of his sculptures into new exhibition contexts in ever-altered form? For that is precisely Buthe's great significance for art at the beginning of the twenty-first century. Like a lived life, he believed that the artwork too should constantly transform. This guiding idea is revealed not only in the history of the origins of specific works but also in Michael Buthe's oeuvre as a whole. Always joyfully drawing on stimuli from all directions, he began with works that came from Art Informel and interlaced the formal rigor of geometric abstraction. Then he created works that are sparse and liberated from earthly gravity, deriving their inspiration from the visions of both Western and Eastern mystics. Buthe allowed himself to be inspired by non-European art without succumbing to naive exoticism. Although he witnessed the transformation from an industrial society to an information society, he consciously fell back on the sensuous richness of poor and natural materials. Such sensuousness and spirituality are enormously important in assessing Buthe's iconographic and visionary works. Often in his later work, Buthe deliberately chose not to shy away from such usually shunned categories as kitsch and humor. The fact that he placed less emphasis on the completed work than on the process of constant renewal makes him a highly interesting figure to young artists as well.

But how can such a multifaceted work be presented in a retrospective in a way that even comes close to being comprehensive?

At the Kunstmuseum Luzern, which has owned an important group of Buthe's works ever since his legendary first exhibition in Switzerland in 1974, the collection curator, Heinz Stahlhut, decided to take up the challenge. He has put together a show that loosely unites chronologically important groups of Buthe's works: early drawings from the nineteen-sixties and seventies; the impressive fabric paintings that confront the grand gesture of Art Informel with the stringent form of the visible stretcher frame; works that take up inspiration from Asian and African worlds, with which Buthe was familiar from numerous visits; paintings and sculptures that ask, without bigotry, the question of the value of spirituality in a secular society; illustrated letters and books as documents of colorful narrative and writing—another of Buthe's talents; the

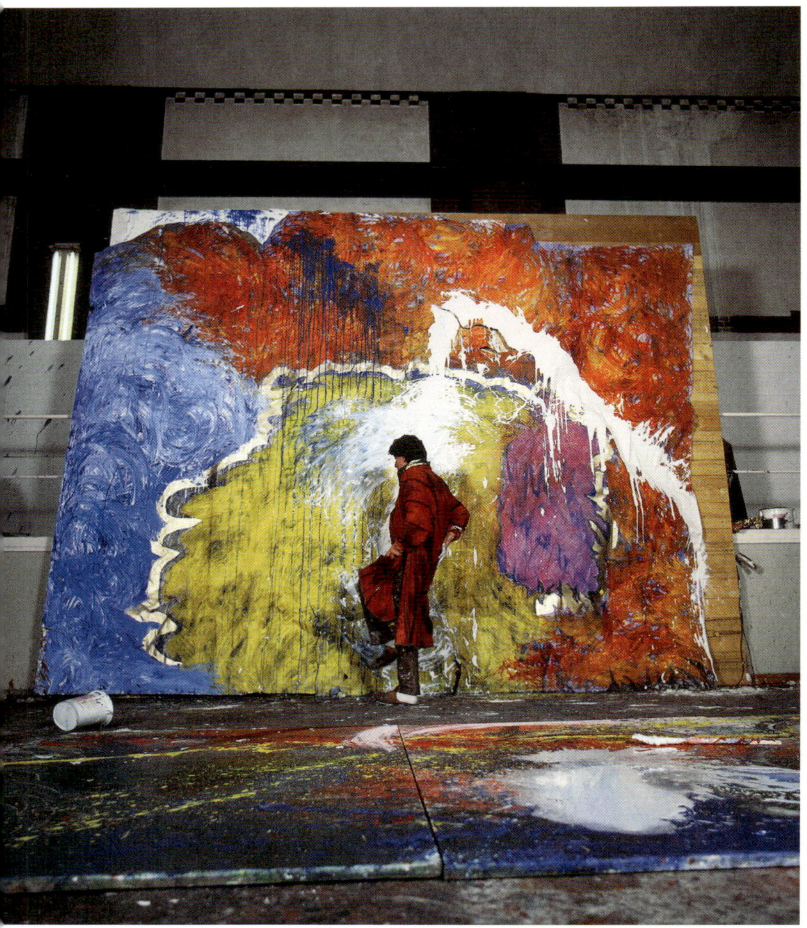

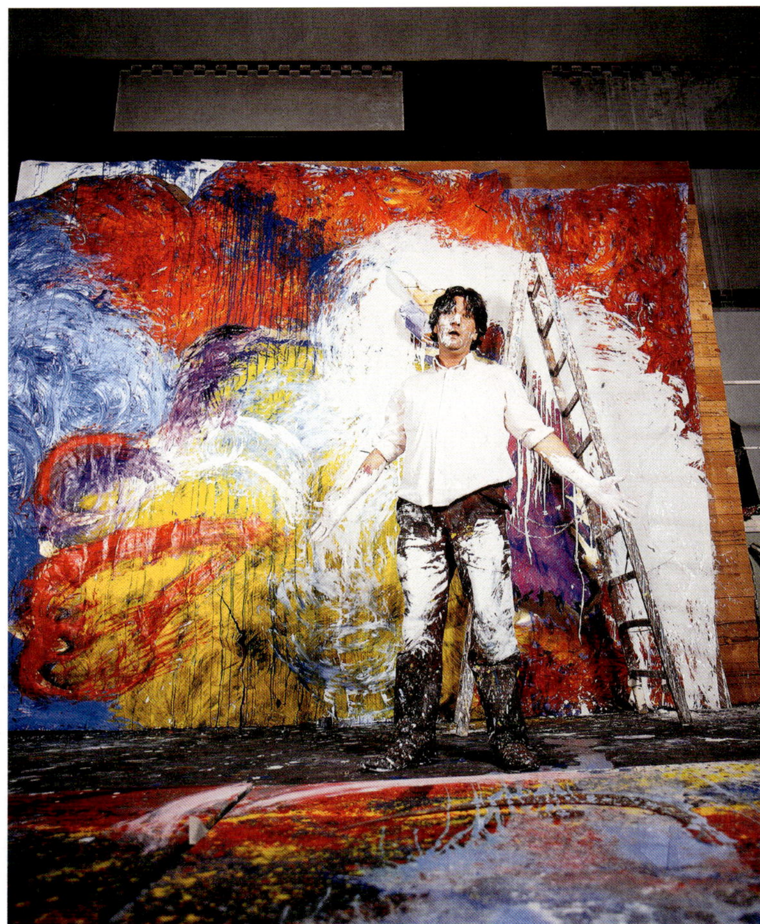

Michael Buthe im Atelier, Köln-Ostheim, 1984
Michael Buthe in his atelier in Cologne-Ostheim, 1984

Gegenstandskombinationen, die in den realen Raum der Betrachterin und des Betrachters vorstoßen. Besonders stolz sind wir darauf, dass wir mit der *Taufkapelle mit Papa und Mama* und der *Heiligen Nacht der Jungfräulichkeit* die einzigen beiden noch im Originalzustand erhaltenen Installationen des Künstlers in unserer Ausstellung präsentieren können. Wir sind den Kolleginnen und Kollegen vom S.M.A.K., Gent, und dem Kolumba, Köln, sowie den anderen genannten und ungenannt bleiben wollenden Leihgeberinnen und Leihgebern außerordentlich dankbar, dass sie sich für eine längere Zeit von den oftmals fragilen Werken zu trennen bereit sind.

Ebenso stolz sind wir auf die Zusammenarbeit zwischen dem Kunstmuseum Luzern, dem S.M.A.K., Gent, und dem Haus der Kunst, München, wo die Ausstellung im Anschluss an Luzern gezeigt wird.

Der Artclub Luzern hat die Ausstellung mit einem namhaften Betrag unterstützt. Dafür sind wir seinen Mitgliedern außerordentlich verbunden. Unser Dank geht für Unterstützung und Hinweise darüber hinaus an den Michael Buthe Estate, Köln, die Galerie Alexander and Bonin, New York, den Kunsthandel Galerie Ehrensperger, Wollerau, die Galerie Thomas Flor, Berlin, und Dr. Karsten Müller, Ernst Barlach Haus, Hamburg.

Heinz Stahlhut hat als Kurator, organisatorisch in vielen Belangen unterstützt vom Exhibition Manager Dominik Müller, am Kunstmuseum Luzern Ausstellung, Katalog

Taufkapelle mit Papa und Mama,
Museum van Hedendaagse Kunst (heute S.M.A.K.),
Gent, 1984 (Kat. 61)
Baptismal Chapel with Papa and Mama,
Museum van Hedendaagse Kunst (now S.M.A.K.),
Ghent, 1984 (cat. 61)

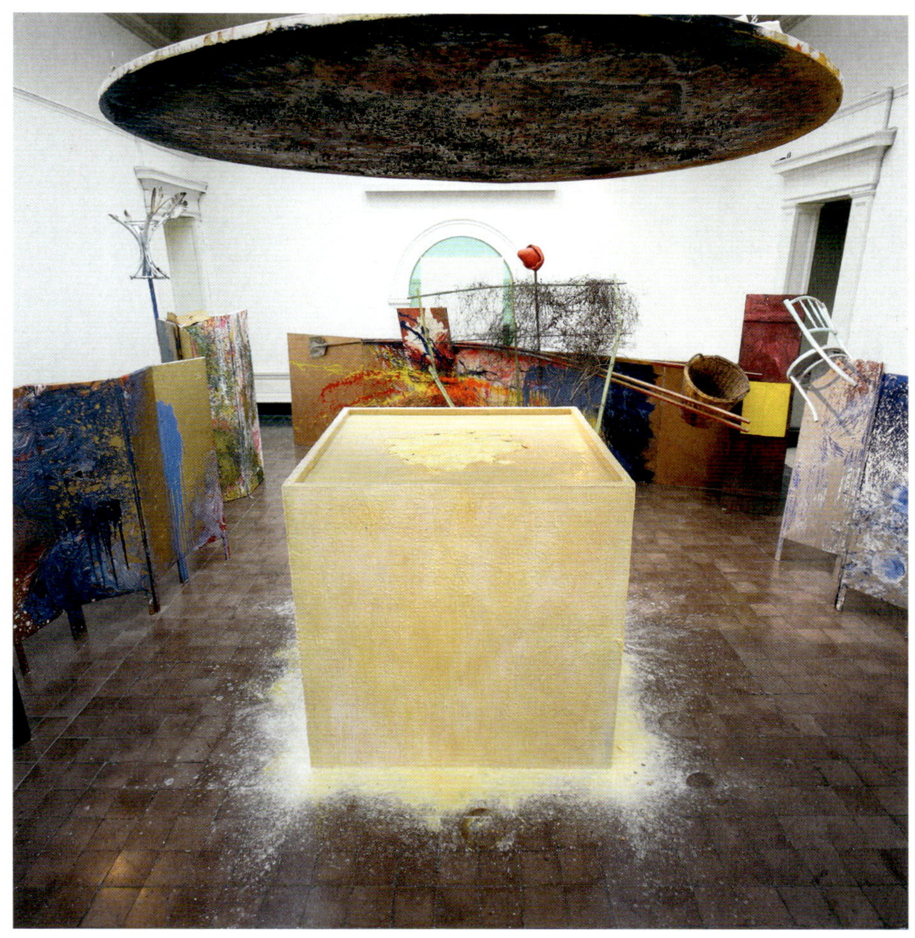

assemblages and sculptures, with their surprising combinations of materials and objects, penetrating into the real space of the viewer. We are particularly proud that our exhibition is able to present *Taufkapelle mit Papa und Mama* (*Baptismal Chapel with Papa and Mama*) and *Die heilige Nacht der Jungfräulichkeit* (*The Holy Night of Virginity*), the only two installations by the artist that have survived in their original state. We are extraordinarily grateful to our colleagues at the S.M.A.K., Ghent, and the Kolumba, Cologne, as well as to the other lenders for their willingness to part with the often fragile works for an extended period. We are also proud of the collaboration of the Kunstmuseum Luzern; the S.M.A.K., Ghent; and the Haus der Kunst, Munich, to which the exhibition will travel after Lucerne.

The Artclub Luzern supported the exhibition with a considerable sum, and for that we are extremely indebted to its members. Our gratitude for support and suggestions also goes out to the Michael Buthe Estate, Cologne; Galerie Alexander and Bonin, New York; the Kunsthandel Galerie Ehrensperger, Wollerau; Galerie Thomas Flor, Berlin; and Dr. Karsten Müller, Ernst Barlach Haus, Hamburg.

Heinz Stahlhut as curator, supported in many organizational matters by exhibition manager Dominik Müller, conceived and realized the exhibition,

und Begleitprogramm konzipiert und realisiert. Allen Mitarbeiterinnen und Mitarbeitern, die auf ihre je eigene Weise zum Gelingen der Ausstellung beitragen, möchten wir an dieser Stelle unseren Dank aussprechen.

Die *Inch Allah* benannte Einzelausstellung von Michael Buthe 1984 ist vielen Leuten in Gent als besonders eindrucksvoll im Gedächtnis geblieben. Über mehrere Wochen hielt sich der Künstler mitsamt seiner Gefolgschaft in Gent auf. Die Zeit ist als exzessive wie produktive Aufbauperiode in Erinnerung geblieben, deren Intensität jegliche Museumsroutine überschreiten konnte. Und nicht nur Buthes jedem Erstarren widerstrebende Freiheitssuche macht sein Werk für eine Neupräsentation besonders wertvoll. Auch sind wir glücklich, die damals in Gent in situ erstellte Installation *Taufkapelle mit Papa und Mama* im Zentrum einer Ausstellung zu wissen, die sich erstmals der paradoxen Herausforderung stellt, ein Werk, welches sich in beständiger Wandlung befand, einer retrospektiven Betrachtung zu unterziehen. So erwarten wir uns eine in jeder Hinsicht besondere Präsentation, für deren Realisierung wir zuallererst unseren Mitarbeitern danken möchten, ohne die unser Haus schlichtweg nicht funktionieren würde. Dank gebührt ebenfalls unserem Sammlungskurator und Fotografen Dirk Pauwels, der bereits 1984 in die Buthe-Präsentation eingebunden war und gemeinsam mit Martin Germann die Ausstellung unseres Museums erarbeitet hat.

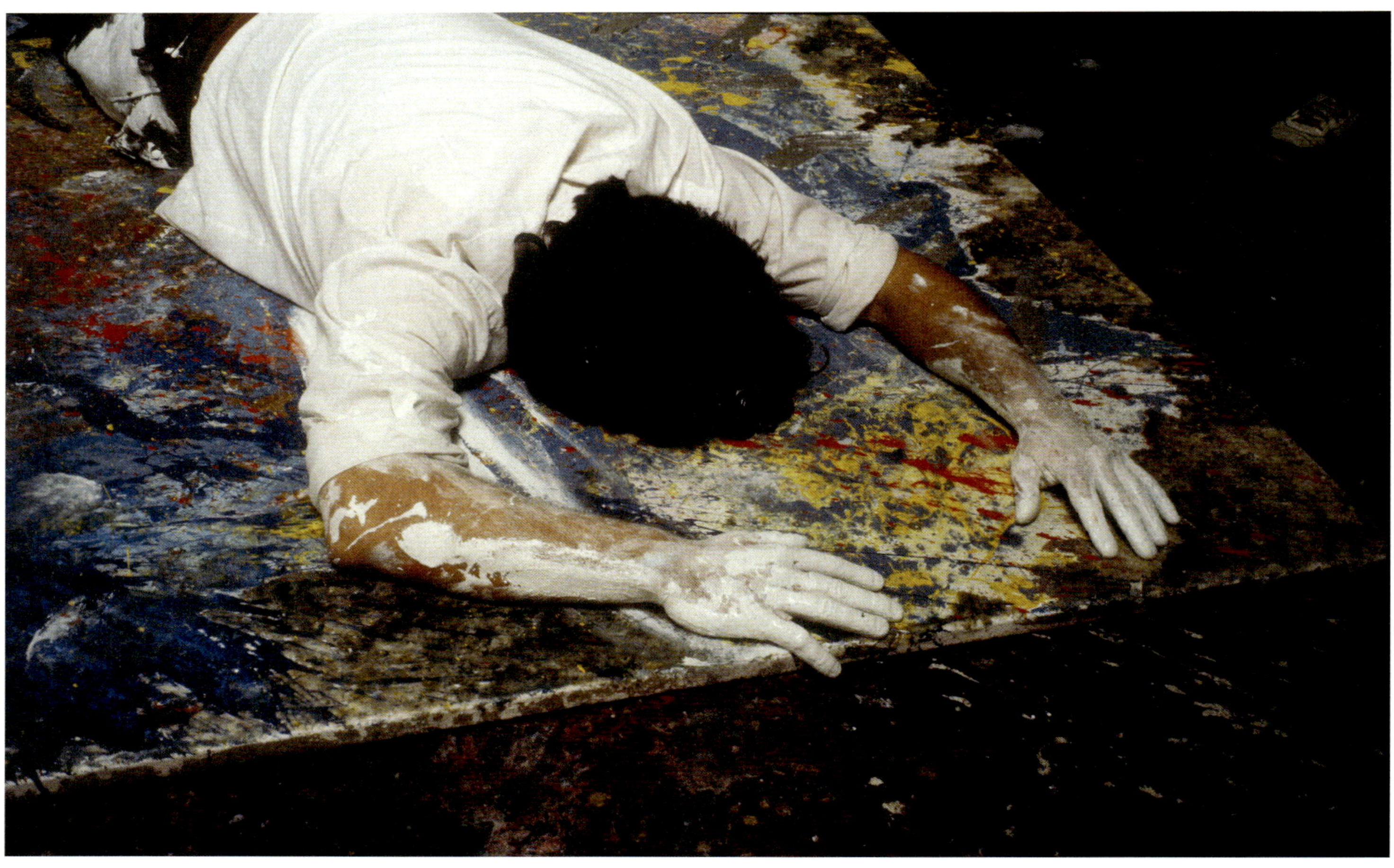

Michael Buthe im Atelier, Köln-Ostheim, 1984
Michael Buthe in his atelier in Cologne-Ostheim, 1984

Michael Buthe in der Galerie Ribbentrop, Eltville, 16. Oktober 1994
Michael Buthe in Galerie Ribbentrop, Eltville, October 16, 1994

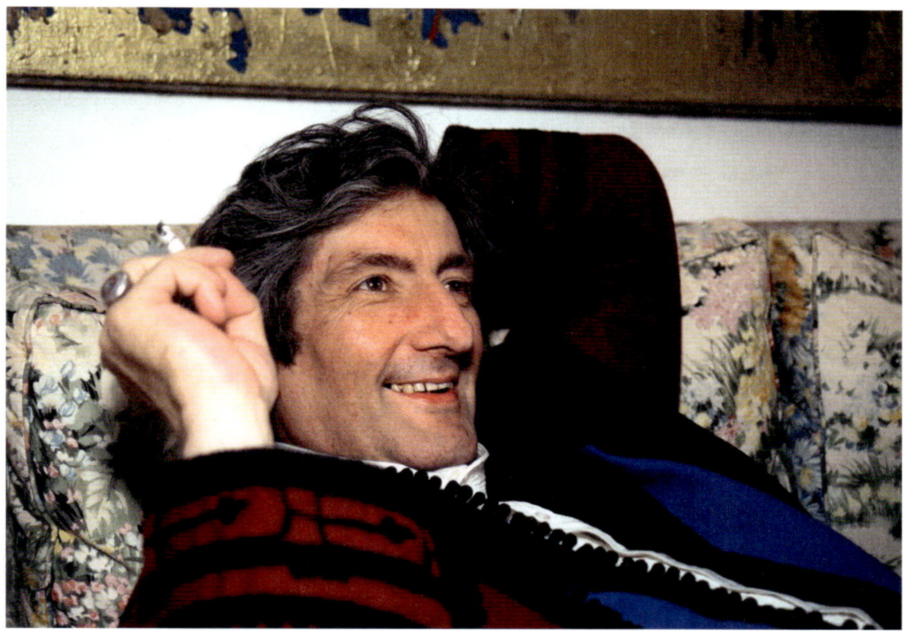

catalogue, and accompanying program at the Kunstmuseum Luzern; we would like to take this opportunity to express our gratitude to them and all other members of the museum staff who have contributed to the success of the show.

Michael Buthe's solo exhibition titled *Inch Allah* in 1984 has remained in the memory of many people in Ghent as especially impressive. The artist and his retinue stayed in Ghent for several weeks. It is remembered as a time of excessive and productive installation work, whose intensity could outpace any museum routine. And it was not just Buthe's search for freedom, resisting all ossification, that makes his work particularly worth presenting again. We are particularly fortunate that *Taufkapelle mit Papa und Mama*, the installation created in situ in Ghent at the time, will be the center of an exhibition that for the first time confronts the paradoxical challenge of offering a retrospective view of an oeuvre that was constantly transforming. We are therefore anticipating a presentation that will be special in every respect, and for helping to make it reality we would like to thank first our colleagues, without whom our institution simply would not function. We also wish to thank our collection curator and photographer, Dirk Pauwels, who was involved with the Buthe presentation back in 1984 and who worked out the exhibition at our museum with Martin Germann. Special gratitude is due to our conservator, Marieke Verboven, who extensively restored *Taufkapelle*, in collaboration with Sjoukje van der Laan, over a period of more than half a year.

At the Haus der Kunst, Chief Curator Ulrich Wilmes took care of the adjustment and installation of the exhibition in the preset galleries. Other members of the staff have ensured the required high standards for the realization of the project: Marco Graf von Matuschka; Teresa Lengl, Iris Ludwig, and Sonja Teine; Elena Heitsch; Anna Schueller; Martina Fischer; Tina Anjou; Andrea Saul;

Ein besonderer Dank soll unserer Restauratorin Marieke Verboven ausgesprochen werden, die die *Taufkapelle* in Zusammenarbeit mit Sjoukje van der Laan mehr als ein halbes Jahr aufwendig restauriert hat.

Im Münchner Haus der Kunst hat Ulrich Wilmes als Hauptkurator die Ausstellung den Raumvorgaben angepasst und eingerichtet. Weitere Mitarbeiterinnen und Mitarbeiter haben wichtige Aufgaben zur Sicherstellung der Realisation auf den dem Projekt angemessenen hohen Standards übernommen: Marco Graf von Matuschka; Teresa Lengl, Iris Ludwig und Sonja Teine; Elena Heitsch; Anna Schueller; Martina Fischer; Tina Anjou; Andrea Saul; Isabella Kredler; Tina Köhler, Cassandre Schmid, Anton Köttl, unterstützt von Glenn Rossiter; Christian Gries und Kulturkonsorten; Chris Gönnawein und Funny Paper. Das Haus der Kunst dankt seinen Shareholdern, dem Freistaat Bayern und der Gesellschaft der Freunde Haus der Kunst e. V., für ihre anhaltende Unterstützung.

Mitarbeiter der drei Häuser haben sich für den Katalog, der im Hatje Cantz Verlag von Ulrike Ruh, Programmleitung, Ute Barba, Projektmanagement, Simone Albiez und Sarah Trenker, Lektorat, Gabriele Sabolewski, Grafik, und Heidrun Zimmermann, Herstellung, vorbildlich betreut wurde, mit verschiedenen Aspekten von Michael Buthes Kunst auseinandergesetzt: Martin Germann vom Genter S.M.A.K. beschäftigt sich in seinem Aufsatz mit Buthes sprachlich grundiertem Skulpturbegriff. Dominik Müller, Kunstmuseum Luzern, geht den Spuren des Künstlers in der Schweiz nach. Heinz Stahlhut, Kunstmuseum Luzern, erforscht die Zusammenhänge zwischen dem Material Gold und dem Motiv der Silhouette für eine Gesamtdeutung von Buthes Werk, und Ulrich Wilmes, Haus der Kunst, München, beleuchtet Buthes zahlreiche Reisen in den Orient und nach Nordafrika.

So geben Katalog und Schau nach den Ausstellungen der 1990er-Jahre, die vor allem das Frühwerk in den Blick nahmen, erstmals wieder die Möglichkeit, den ganzen Buthe kennenzulernen. Dabei erscheint uns die Tatsache besonders glücklich, dass sein Werk nacheinander an drei ganz unterschiedlichen Institutionen und unter immer neuen Bedingungen als außerordentlich aktuell erlebbar wird.

Fanni Fetzer, Direktorin Kunstmuseum Luzern
Philippe Van Cauteren, Direktor S.M.A.K., Gent
Okwui Enwezor, Direktor Haus der Kunst, München

1 Michael Buthe 1994, in: Marietta Franke, *Der absurde Blick. Künstlerische Entwicklungsfähigkeit, Spiritualität und Abstraktion bei Michael Buthe*, Frankfurt am Main 2010, S. 63.

Isabella Kredler; Tina Köhler, Cassandre Schmid, Anton Köttl, assisted by Glenn Rossiter; Christian Gries and Kulturkonsorten; Chris Gönnawein and Funny Paper. The Haus der Kunst would like to thank its shareholders, the Free State of Bavaria and the Gesellschaft der Freunde Haus der Kunst e. V. for their continued support.

Staff members of all three institutions have worked on various aspects of Michael Buthe's art for the catalogue, for which the Hatje Cantz Verlag has also done exemplary work: Ulrike Ruh, program direction; Ute Barba, project management; Simone Albiez and Sarah Trenker, copyediting; Gabriele Sabolewski, graphic design; and Heidrun Zimmermann, production. In his catalogue essay, Martin Germann of the S.M.A.K. in Ghent dedicates his essay to Buthe's linguistically based idea of sculpture. Dominik Müller, Kunstmuseum Luzern, trails the artist's tracks in Switzerland. Heinz Stahlhut, Kunstmuseum Luzern, studies the significance of connections between the material gold and the motif of the silhouette for an interpretation of the oeuvre as a whole, and Ulrich Wilmes, Haus der Kunst, Munich, sheds light on Buthe's numerous trips to the East and North Africa.

Following the exhibitions of the nineteen-nineties, which focused primarily on the early work, this catalogue and show provide another opportunity to get to know Buthe as a whole. It seems particularly fortunate that his work can be experienced as extraordinarily contemporary at three very different institutions in succession under ever-changing circumstances.

Fanni Fetzer, director, Kunstmuseum Luzern, Lucerne
Philippe Van Cauteren, director, S.M.A.K., Ghent
Okwui Enwezor, director, Haus der Kunst, Munich

1 Michael Buthe in 1994, trans. from Marietta Franke, *Der absurde Blick: Künstlerische Entwicklungsfähigkeit, Spiritualität und Abstraktion bei Michael Buthe* (Frankfurt am Main, 2010), p. 63.

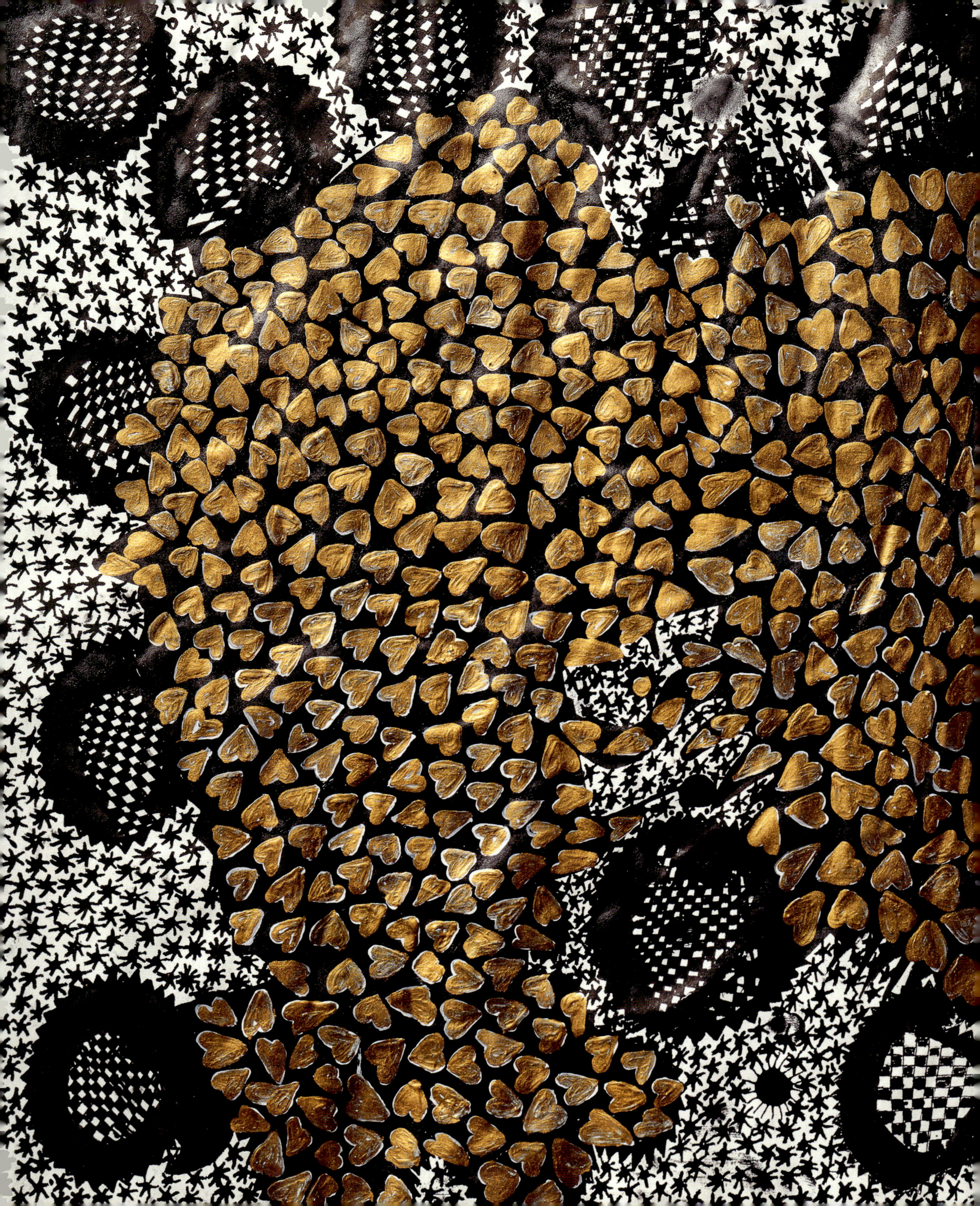

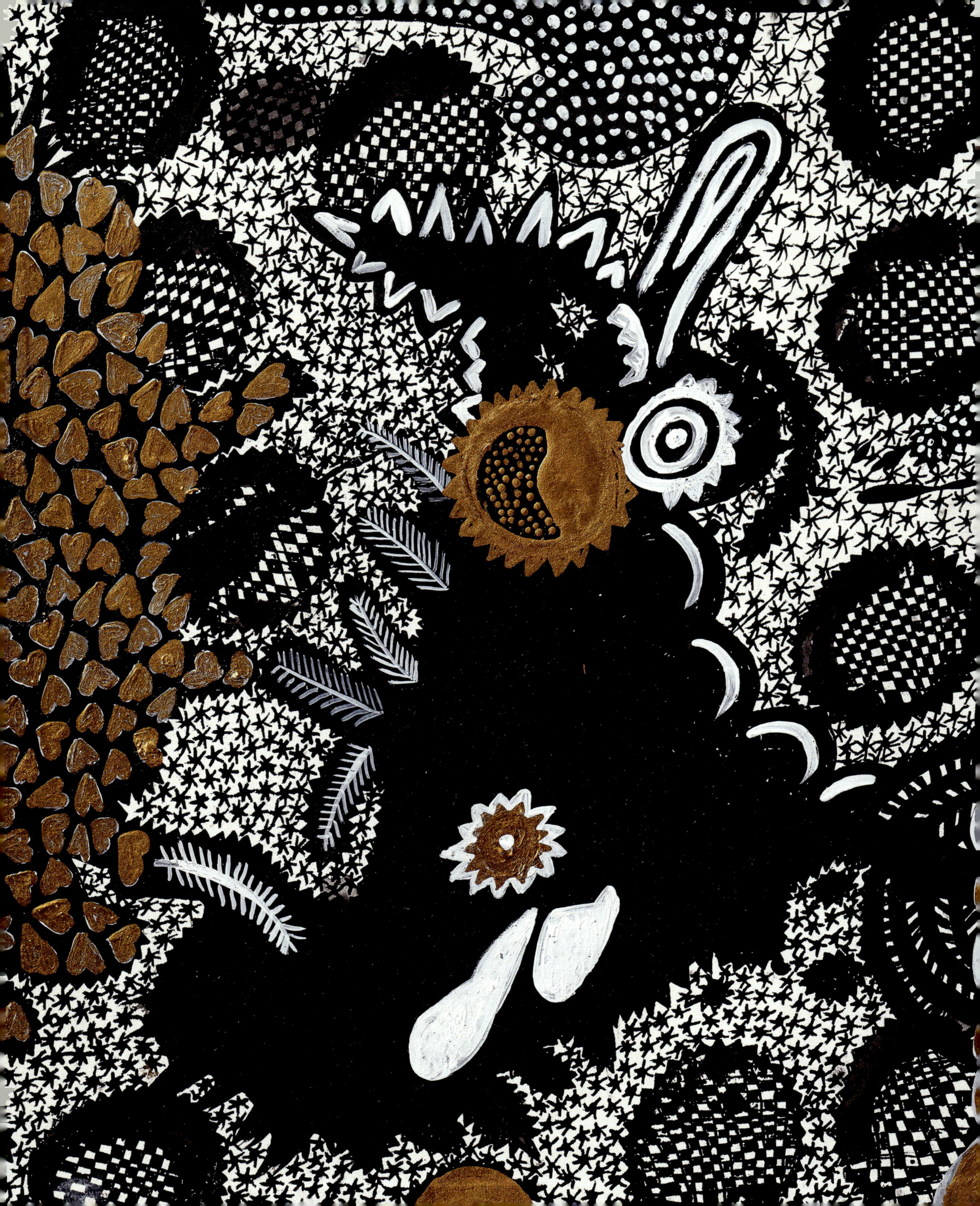

Michael Buthe
Gold und Schatten

Heinz Stahlhut

Im vielgestaltigen Werk von Michael Buthe begegnen Betrachterin und Betrachter zwei Phänomenen immer wieder: Abgesehen vom abstrakten, postminimalistischen Frühwerk der Zeichnungen und Collagen der 1960er-Jahre, die das Formenrepertoire der großformatigen Tuchbilder durchdeklinieren und vorbereiten, finden sich bis zu den Werken der letzten Lebensjahre durchgängig der betörende Glanz des Goldes und die flächenbindende Umrisslinie der Silhouette.

Gold kommt immer wieder in den Arbeiten von Michael Buthe vor: In den Zeichnungen der späten 1960er-Jahre setzte der Künstler es unmittelbar als Farbe für Linienzüge und Flächen ein. Die Collagen der 1970er-Jahre hingegen überzog er mit einem vereinheitlichenden Muster feinster Goldpünktchen und -sternchen. In den großformatigen Malereien der 1980er- und 1990er-Jahre verwendete Buthe das Gold in mannigfacher Weise, mal als Blattgold, als üppig pastoses Farbmaterial, dann wieder als feine Pünktchenstruktur und schließlich als auf der Oberfläche versprühten Hauch. Die Goldfarbe dürfte Buthe auf einer ersten Ebene vor allem wegen ihrer traditionellen Identifikation mit dem Kostbaren und dem Opulenten interessiert haben; seit den frühen Hochkulturen der Sumerer und Ägypter um 3000 v. Chr. galt Gold aufgrund seiner relativen Seltenheit und seiner Unveränderlichkeit – im Gegensatz zu anderen Metallen korrodiert es nur wenig – als Zeichen von Unsterblichkeit und göttlicher Würde.[1] Diese Vorstellung ging in Antike und Mittelalter in das europäische Denken ein, und Gold wurden magische und heilkräftige Wirkungen zugeschrieben;[2] es wurde für die Darstellungen des Heiligen verwendet und diente der Auszeichnung des Herrschers. Für diese Transzendierung des Irdischen in Überirdisches und Jenseitiges war neben der Unveränderlichkeit des Goldes auch seine Lichthaltigkeit von Bedeutung, wie Wolfgang Schöne schreibt: »In seinen höchsten Verwirklichungen (zum Beispiel […] im Goldgrund […]) scheint das […] mittelalterliche Bildlicht […] als *Sendelicht* den geheimnisvollen, dem menschlichen Verstande nicht fassbaren Vorgang der ›Emanation der göttlichen Kraft‹ anschaulich zu enthalten.«[3] Die Funktion, Überirdisches zu kennzeichnen, behielt Gold über den Absolutismus des 17. und 18. Jahrhunderts hinaus.[4] Im Verlauf des 19. Jahrhunderts bis zum Beginn der Moderne aber machte es einen Bedeutungswandel hin zur Banalisierung durch, der dem vergleichbar ist, den Wolfgang Schivelbusch für bestimmte Genussmittel dargelegt hat. Schivelbusch zeigt am Beispiel der vermeintlich träge und sinnlich machenden Trinkschokolade, die im 17. Jahrhundert zum Modegetränk des Adels wurde, wie diese im nachrevolutionären, bürgerlichen Europa durch den aufputschenden, zur Tätigkeit anregenden Kaffee zum Kindergetränk degradiert wurde:

»Das einstige Standesgetränk des Ancien Régime ist abgesunken in die Kinder- und Frauenkultur. Was einmal Macht und Glanz repräsentierte, ist jetzt Sache der-

Abb. S. Ill. pp. 14/15 *Der Vorfall mit dem Körbchen* (Detail) *The Incident with the Little Basket* (detail) 1989–1991 (Kat. cat. 73)

Michael Buthe
Gold and Shadow

Heinz Stahlhut

In Michael Buthe's diverse oeuvre, viewers encounter two recurring phenomena: the beguiling gleam of gold and the contour line of the silhouette that binds everything in a plane. Apart from the abstract, post-Minimalist style of the early drawings and collages of the nineteen-sixties, which run through the possibilities of and anticipate the repertoire of forms of the large-format paintings on canvas, Buthe's use of gold and shadow is found continuously, right up to the works of his final years.

Gold is an intricate part of Michael Buthe's work. In the drawings of the late nineteen-sixties, the artist employed it directly as the color for lines and planes. By contrast, he covered the collages of the nineteen-seventies, with a unifying pattern of very delicate gold dots and stars. In the large-format paintings of the nineteen-eighties and nineties, Buthe used gold in diverse ways, sometimes as a lavishly applied impasto, then again as a structure of delicate dots, and finally as a thin film sprayed over the surface. On a first level, gold paint presumably interested Buthe above all because of its traditional identification with the precious and the opulent. Ever since the ancient high cultures of the Sumerians and Egyptians around 3000 BC, gold has been regarded as a symbol of immortality and divine dignity because of its relative rarity and immutability[1]—in contrast to other metals, it does not corrode. In antiquity and the Middle Ages, this notion entered European thinking as well, and magical and healing powers were attributed to gold;[2] it was used to depict saints and to distinguish the ruler. For this transcendence of the earthly into the otherworldly, not only gold's immutability but also the way it captures light was significant, as Wolfgang Schöne has written: "In his supreme realizations—for example, . . . in the gold ground . . . —the medieval light of the painting . . . as *broadcast light* seems to contain visually the mysterious process of the 'emanation of divine energy' that cannot be grasped by human reason."[3] Gold retained its function of characterizing the otherworldly even beyond the absolutism of the seventeenth and eighteenth centuries.[4] Over the course of the nineteenth century until the beginning of the modern era, however, it underwent a transformation of meaning in the direction of trivialization that can be compared with what Wolfgang Schivelbusch has demonstrated for certain luxury food. Schivelbusch used the example of hot chocolate. It supposedly made those who drank it lethargic and sensual, and became a fashionable drink among the nobility in the seventeenth century, but was downgraded by coffee to a drink for children in postrevolutionary, bourgeois Europe because coffee stimulated and encouraged activity:

jenigen, die in der bürgerlichen Gesellschaft von Macht und Verantwortung ausgeschlossen sind. Die bürgerliche Gesellschaft als der historische Sieger über die alte Gesellschaft macht sich damit gerade über diejenigen Statussymbole lustig, die der Aristokratie so wichtig waren.«[5]

Vergleichbares lässt sich über das Gold in Kunst und Gestaltung der Klassischen Moderne sagen; was in den Jahrhunderten zuvor das Überirdische und Numinose ausgezeichnet hatte, besaß im 19. Jahrhundert fast nur noch ganz profan als bare Münze Wert. Darüber hinaus diente es nur mehr zur Aufwertung inzwischen längst industriell hergestellten Kunsthandwerks und feierte im Jugendstil und der Wiener Moderne noch einmal opulente Urständ, bevor Künstlerinnen und Künstler, Gestalterinnen und Gestalter der Klassischen Moderne wie Adolf Loos das Gold wie das Ornament in die Sphäre des Kleinbürgerlichen, Geschmacklosen und Kitschigen verwiesen.[6] Auf diese Konnotationen spielte Michael Buthe mit seinem üppigen Einsatz von Gold an; denn schließlich scheute er den Kitsch als bewusste Überschreitung der Regeln bürgerlicher Ästhetik nicht:

»Schöner Kitsch ist doch eigentlich prima und ist ebenfalls ein Teil des Lebens. Ich sehe im Kitsch nicht diese Negativform. Dann wäre auch die ganze Ornamentik in dem Sinne Kitsch. Oft werden doch nur Dinge Kitsch genannt, die nicht verstanden werden, oder wenn bestimmte Sachen wie z. B. Farben nicht gesehen werden. Rosarot kann fürchterlich kitschig sein, muss es aber nicht, denn es kann durchaus eine ganz ernste Farbe sein. Auch Gelb kann grauenhaft kitschig sein, und dennoch lässt sich Gelb in das Gegenteil dieser Inhaltlichkeit ummünzen.«[7]

Doch es war nicht nur diese Möglichkeit, gegen die bürgerliche Ästhetik aufzubegehren, die Buthe zur Goldfarbe greifen ließ. Sicher darf man mit Christiane Vielhaber vermuten, dass das Gold aufgrund seiner transzendierenden Eigenschaften bei Buthe für das Artifizielle steht, vergoldete Partien als Gedachtes, Utopisches, Ideales zu verstehen sind.[8] Buthe steht hier in unmittelbarer Nachfolge der vorausgegangenen Künstlergeneration, in der Nachfolge von Yves Klein oder von Künstlern der Gruppe ZERO: Mit seinen *Monochromen* in ihrer Reduktion auf Rot, Blau und Gold wollte Klein eine ins Kosmische, Grenzenlose und Universale drängende Verabsolutierung der Farbe erreichen.[9] Währenddessen setzten die ZERO-Künstler einfarbige, gut reflektierende Flächen wie Weiß, Gelb, Silber oder Gold weniger als raumbildend denn im Sinne eines Lichtwertes ein. So wollten sie eine – dem von Schöne beschriebenen Sendelicht mittelalterlicher Kunst vergleichbare – Energie erzeugen, die eine unmittelbare Verbindung zwischen Bild, Betrachterin und Betrachter herstellt.[10]

In diesem Sinne einer Durchlässigkeit konventioneller Grenzen von Körpern und Dingen, von Ich und Welt beispielsweise durch die Lichtenergie des Goldes oder der von Buthe ebenfalls in Schriften und Werken gefeierten Sonne ist Buthes Kunst durchaus als mystisch anzusehen:

»Und ich glaube, dass Kunst, wirklich Kunst, ganz viel mit Mystik und diesen Dingen zu tun hat. Und wenn es nichts damit zu tun hat, darf man es nicht Kunst nennen. Mich interessiert nicht die Oberflächlichkeit eines Baums, der gerade vor der Tür steht, weil er schön ist. Ein Baum ist etwas Verehrenswertes. Der lebt. [...] Mit dem kann ich mich unterhalten, mit dem kann ich sprechen, mit dem kann ich Musik machen, der macht für mich Musik.«[11]

Kopf und Palme *Head and Palm* 1970 (Kat. cat. 29)

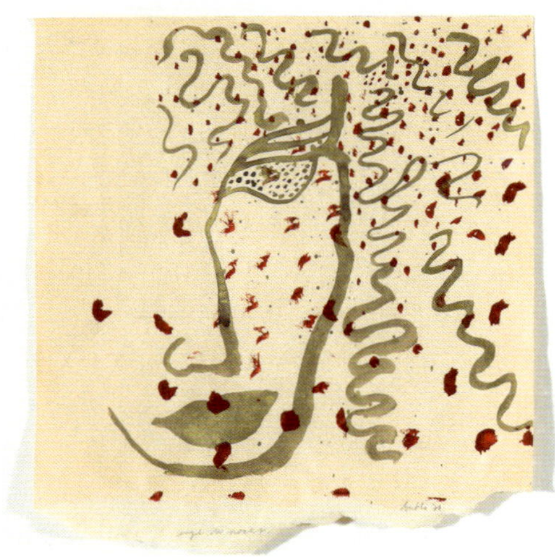

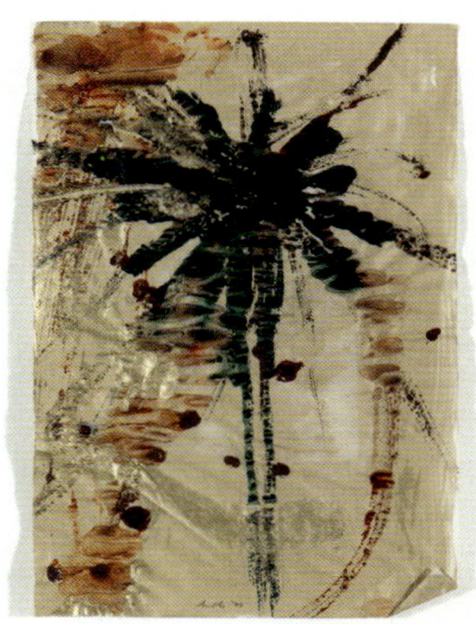

"What was once the noble drink of the Ancien Régime has descended into the culture of children and women. What once represented power and splendor has become something for those who are excluded from power and responsibility in bourgeois society. Bourgeois society, as the historical victor over the old society, thus mocks the very status symbols that were so important to the aristocracy."[5]

Similar observations could be made of gold in the art and design of Classic Modernism; what in earlier centuries had distinguished the otherworldly and numinous had value in the nineteenth century almost exclusively in the entirely profane sense of hard cash. Moreover, it was now used more to increase the value of craft objects that had long since begun to be mass produced, and opulently rose from the ashes again as part of Art Nouveau and the Wiener Moderne (Viennese Modern Age) until the artists and designers of Classic Modernism, such as Adolf Loos, banished gold and ornament to the sphere of the petit-bourgeois, tasteless, and kitschy.[6] Michael Buthe alluded to these very connotations with his lavish use of gold, for ultimately he did not shy from kitsch, as a conscious transgression of the rules of the bourgeois aesthetic:

"Beautiful kitsch is great, really, and it too is part of life. I don't regard kitsch in this negative way. For then all ornamentation would be kitsch in that sense. Often things are merely called kitsch by those who fail to understand them, or when certain things, such as colors, are overlooked. Pink can be terribly kitschy, but it doesn't have to be; it can certainly be a very serious color. Yellow too can be horribly kitschy, and yet yellow can be turned into the opposite of that."[7]

But it was not just this opportunity to rebel against the bourgeois aesthetic that led Buthe to take up gold paint. Christiane Vielhaber was no doubt right to presume that, because of its transcendent qualities, gold in Buthe's work stands for the artificial, and gilded parts are meant to be understood as conceived,

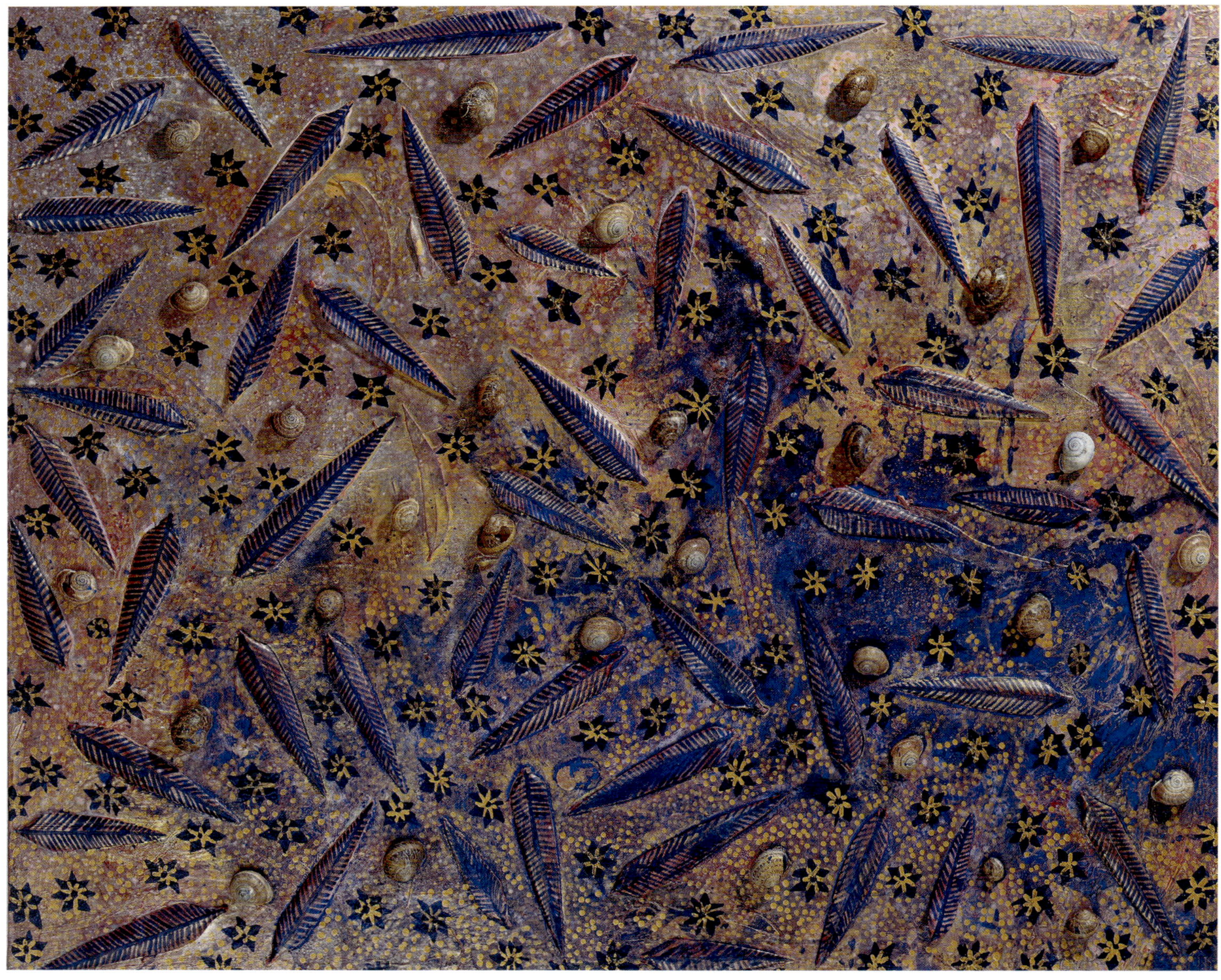

Teresa von Avila *Teresa of Avila* 1992
(Kat. cat. 78)

Aber zugleich liegt in vielen Werken Michael Buthes das Gold als ganz andersartiger Stoff als die üblichen Farben auf der obersten Malschicht auf und wird auch in seiner Materialität und Plastizität wahrgenommen. Ein in dieser Hinsicht vielsagendes Beispiel ist das *Mäusenest* von 1970–1982 (Abb. S. 46). Buthe verwendete hierfür einen im Keller seines Ateliers gefundenen Pappkarton, in welchem Mäuse sich eine Wohnstätte gebaut und ihre Exkremente hinterlassen hatten. Auf die eingetrocknete, verhärtete Oberfläche trug der Künstler Ölfarbe und Gold auf. Durch die gleichzeitige Verwendung vor allem der beiden gegensätzlich bewerteten Stoffe Exkrement und Gold wird nicht allein die Distanz zwischen ihnen kurzgeschlossen; in der Verbindung machen beide Stoffe Aussagen über Nähe und Distanz, Chaos und Ordnung, die zentral für Buthes Denken und Schaffen sind.[12] Darüber hinaus wird durch die Kombination das Gold vor allem als plastisches Material sichtbar.

utopian, ideal.[8] In this respect, Buthe is the immediate successor to the previous generation of artists, such as Yves Klein and the ZERO artists. With his *Monochromes* and their reduction to red, blue, or gold, Klein wanted to make color absolute, pushing its way into the cosmic, the limitless, and the universal.[9] Meanwhile, the ZERO artists employed monochrome, reflective surfaces such as white, yellow, silver, and gold not so much to create space as for their light value. They wanted to produce an energy—comparable to the broadcast light of medieval art described by Schöne—that would produce an immediate connection between the work and the viewer.[10]

In this sense of a permeability of the conventional boundaries between bodies and things, of self and world, for example, by the light energy of gold or by the sun, which Buthe also celebrated in his writings and his works, Buthe's art should definitely be regarded as mystical:

"And I believe that art, real art, has a great deal to do with mysticism and these things. And if it has nothing to do with them, then one shouldn't call it art. I am not interested in the superficiality of a tree standing right outside the door, because it is beautiful. A tree is something honorable. It lives. . . . I can talk to it; I can speak with it; I can make music with it; it makes music for me."[11]

At the same time, however, in many of Michael Buthe's works the gold lies on the outermost layer, as a very different material than the other paints, and it is also perceived in its materiality and plasticity. One example that is very eloquent in this respect is *Mäusenest (Mouse Nest)* of 1970–1982 (ill. p. 46); Buthe used a cardboard box he found in the cellar of his studio, in which mice had built a home and left behind their excrement. The artist applied oil paint and gold to the dried, hardened surface. As a result of the simultaneous use of primarily the two antithetically valued materials of excrement and gold, the distance between them was short-circuited, and not just that; in combination, the two materials make statements about proximity and distance, chaos and order, that are central to Buthe's thinking and creativity.[12] Moreover, the combination makes it primarily evident that the gold is a sculptural material.

This ambiguity of being at once a material and an immaterial light phenomenon was the reason employing gold as paint appealed to many artists long before Buthe: For example, Monika Wagner has used the example of Gustav Klimt's material painting *Erwartung* (*Expectation*, 1911) in the Palais Stoclet in Brussels to show the ambivalent effect of its gold foil. On the one hand, the metal plates reinforce the connotation of the female figure's rigidity and dissociation; on the other hand, the reflection of light on the gold established an immediate connection to the viewer.[13]

Yves Klein's use of gold leaf for his *Monogold* panels from 1959 to 1961 can also be cited in this context; it too is justified by the ambiguous character of the material. Klein employed the noble metal analogously to the color he preferred from 1957 onward: IKB (International Klein Blue). On the one hand, viewers of the *Monogold* panels are pointed, if only by the value of gold, to the sheer materiality of the paint; on the other hand, the gold seems to be dissolved by the reflection of light.[14]

Diese Doppeldeutigkeit, zugleich Material und immaterielle Lichterscheinung zu sein, stellte für viele Künstlerinnen und Künstler schon vor Buthe den Anreiz dar, Gold als Malfarbe einzusetzen: So zeigt Monika Wagner am Beispiel von Gustav Klimts Materialbild *Erwartung* (1911) im Brüsseler Palais Stoclet die ambivalente Wirkung des dort verwendeten Goldblechs. Einerseits verstärken die Metallplatten die Konnotation von Erstarrung und Abgrenzung der weiblichen Figur; andererseits stellt der Reflex des Lichtes auf dem Gold eine unmittelbare Verbindung zum Betrachter her.[13]

In diesem Zusammenhang kann auch Yves Kleins Verwendung von Blattgold in seinen *Monogold*-Tafeln zwischen 1959 und 1961 angeführt werden, die sich ebenfalls mit dem ambivalenten Charakter des Materials begründen lässt. So setzte Klein (1928–1962) das Edelmetall analog zu der ab 1957 bevorzugten Farbe IKB (International Klein Blue) ein: Betrachterin und Betrachter der *Monogold*-Tafeln werden einerseits schon durch den Goldwert auf die schiere Materialität des Malstoffes verwiesen, andererseits scheint das Gold sich durch die Reflexion des Lichts aufzulösen.[14]

Zum Schaffen Yves Kleins besteht auch in anderer Hinsicht eine Verwandtschaft. Denn wie Buthe beschäftigte sich der eineinhalb Jahrzehnte ältere Franzose in seiner Werkgruppe der *Anthropometrien* mit Körperabdrucken: Angeregt durch einen Film über die sogenannten »Schattenbilder« von Hiroshima, die die Opfer des Atombombenabwurfs auf Mauern hinterlassen hatten, ließ Klein Abdrucke erstellen. Hierfür pressten die mit blauer Farbe bestrichenen weiblichen Modelle vor allem ihren Rumpf auf Leinwände, da es Klein vornehmlich um die Immaterialisierung des »Fleischzentrums« ging. In diesen Bildern von in der Leere schwebenden Körpern sah Klein Parallelen zur Erfahrung des Stehens im Bodenlosen bei Ekstatikern[15] – auch dies eine inhaltliche Analogie zu den im freien Farbraum schwebenden Silhouetten Michael Buthes.[16] Im Gegensatz zu Yves Kleins *Anthropometrien* zeigen Buthes Silhouettenfiguren, die in den frühen 1970er-Jahren erstmals im Werk erscheinen und sich wie viele seiner Motive und Vorgehensweisen bis ins Spätwerk durchziehen, zwar meist den ganzen Körper mit ausgestreckten Armen und Beinen. Da Buthe aber die Umrisse nachweislich direkt von den Körpern der auf einer Zeichenunterlage liegenden Freunde abnahm,[17] gilt auch für sie, was Georges Didi-Huberman in seiner Studie über den Abdruck zusammengetragen hat:[18] Die Frage, warum sich Künstler im hochtechnisierten Zeitalter so anachronistischer Techniken wie des Abdrucks oder der Körperumzeichnung bedienten, beantwortet Didi-Huberman dort mit der Vermutung, dies seien Techniken, die praktisch nie der Perfektionierung durch strukturelle Veränderung bedurften, da ihre volle Wirksamkeit von Anfang an gegeben sei. Diese »Gesten« (Didi-Huberman) zeichneten sich durch große Offenheit und Ambivalenz aus. Einen Abdruck machen bedeute stets, eine Berührung zwischen einem Körper und einem Substrat herzustellen. So markiere der Abdruck nicht nur den Beginn bildkünstlerischen Schaffens, indem die Berührung eine Spur hinterlässt. Er bilde auch den Gegensatz zum Spiegelbild, das in der traditionellen Kunsttheorie als das große Paradigma von Ähnlichkeit im Bereich der figurativen Kunst angeführt werde.

Der Abdruck garantiere zwar die Authentizität des Bildes, bedeute aber gleichzeitig auch dessen Austauschbarkeit, die aus der Wiederverwendbarkeit der Matrize resul-

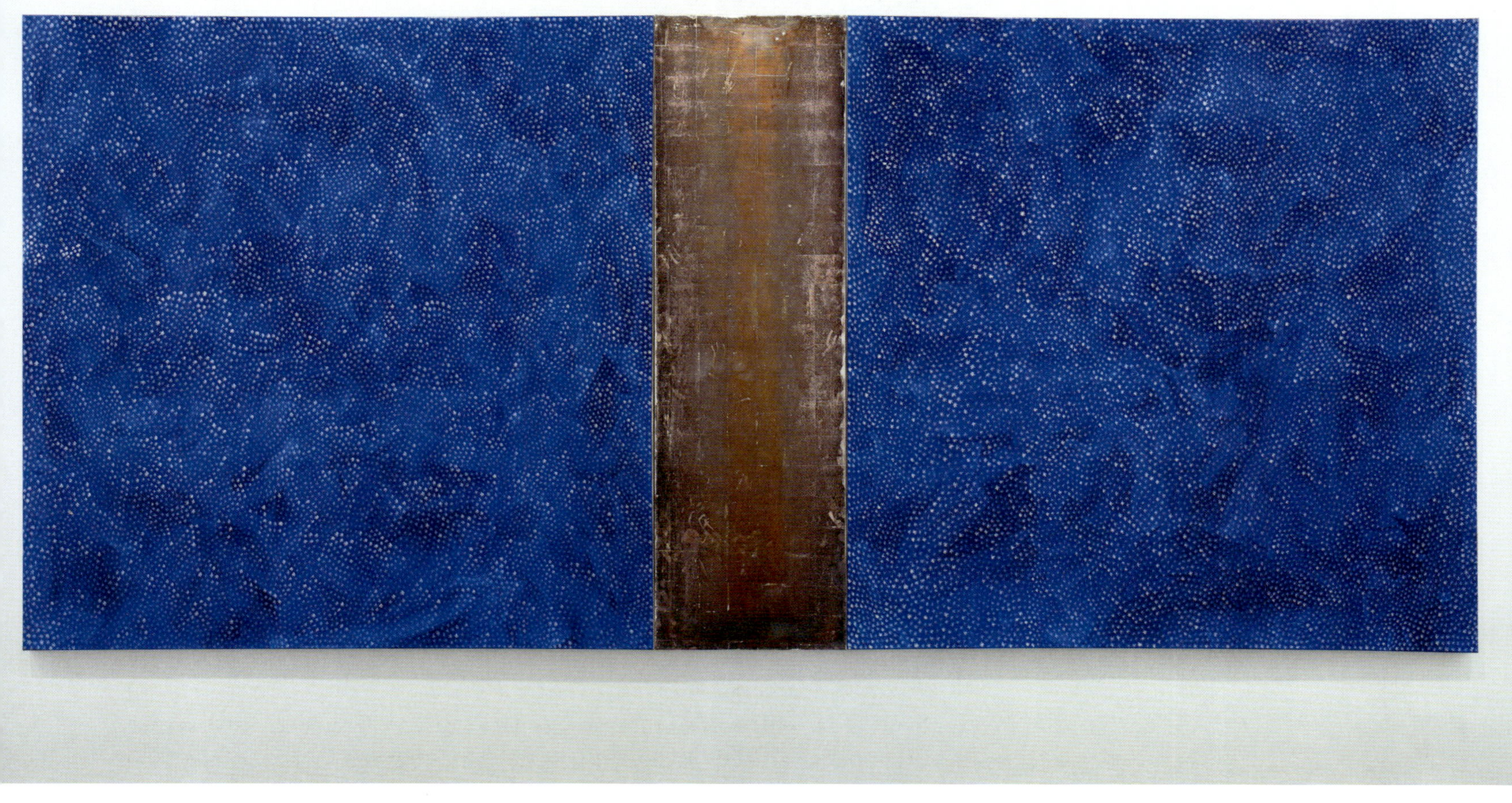

Le dernier secret de Fatima *Fatima's Last Secret* 1986
(Kat. cat. 66)

Yves Klein's works is related to Buthe's in another way as well: Buthe also worked with impressions of the body, just as the Frenchman, who was fifteen years older, did in his *Anthropometries*. Inspired by a film about the so-called shadow images of Hiroshima, left behind on walls by the victims of the atomic bomb, Klein (1928–1962) created his own impressions. Female models covered with blue paint pressed their bodies on canvases, in particular their torsos, since Klein was primarily interested in dematerializing the "flesh center." In these paintings of bodies floating in the void, Klein saw parallels to ecstatics' experience of standing on groundlessness[15]—yet another analogy to the subject matter of Michael Buthe's silhouettes that float freely in the color space.[16] In contrast to Yves Klein's *Anthropometries*, Buthe's silhouette figures—which first appeared in his oeuvre in the early nineteen-seventies and, like many of his motifs and approaches continued into his later work—are usually whole bodies with outstretched arms and legs. But because, as can be shown, Buthe derived the outlines directly from the bodies of friends who laid on the support for the drawing,[17] what Georges Didi-Huberman compiled in his study on the print applies to them as well.[18] In response to the question why artists would use

Ohne Titel Untitled 1970 (Kat. cat. 33)

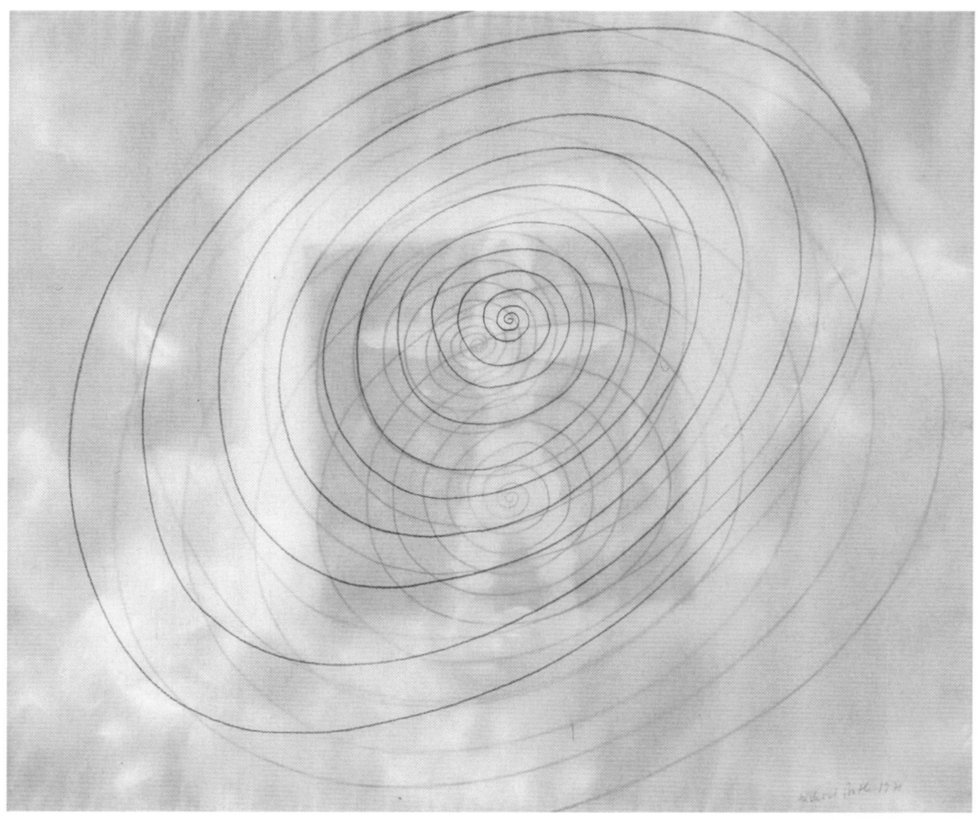

tiert. Dies sei ein weiterer Grund, weshalb der Abdruck und die Silhouette den Gegenpart zur Nachahmung darstellten, so wie die Berührung oder das Haptische den Gegenpart zur optischen Dimension bilde. Abdruck und Silhouette seien deshalb von so vielen Kunsttheoretikerinnen und Kunsttheoretikern aus dem Felde der Hochkunst verwiesen worden, weil sie die traditionelle Idee der Kunst selbst infrage stellten. Die durch den Abdruck bzw. aus der Umzeichnung hergestellte Form widersetze sich dem Ideal der Kunst, insofern sie zu unmittelbar aus der vorgegebenen Materie und zu wenig aus der idea hervorgehe. Abdruck und Silhouette entstünden ohne vorgängige Formulierung im Geiste der Künstlerin oder des Künstlers, ihr Ausgangspunkt sei somit weder in der idea noch im disegno oder in der invenzione, also in keiner der zentralen Kategorien klassischer Kunsttheorie zu finden. Somit bestehe die radikale Differenz zwischen Abdruck oder Silhouette und Nachahmung im klassischen Sinne darin, dass die Nachahmung Distanz, optische Beschaffenheit und Vermittlung voraussetze. Abdruck und Umzeichnung dagegen entstünden durch den unmittelbaren Kontakt zwischen zwei Objekten und deren anschließender Trennung. Dieses paradoxe Zusammenwirken von Berührung und Entfernung, An- und Abwesenheit bei der Entstehung ist der Grund für den mehrdeutigen Charakter. Diesen erläutert Didi-Huberman am Beispiel der Handabdrücke in den prähistorischen Höhlenmalereien: Bei den zahlreichen Abdrücken von Händen könne man zwar sagen, was sie vorstellten, bis heute aber nicht genau, was sie darstellten. Der menschliche Handabdruck ermögliche nämlich eine leicht zu erreichende Übereinstimmung zwischen der Zeichenhaftigkeit als Index (Berührung) und als Ikon (Ähnlichkeit). So

Ohne Titel Untitled 1985 (Kat. cat. 65)

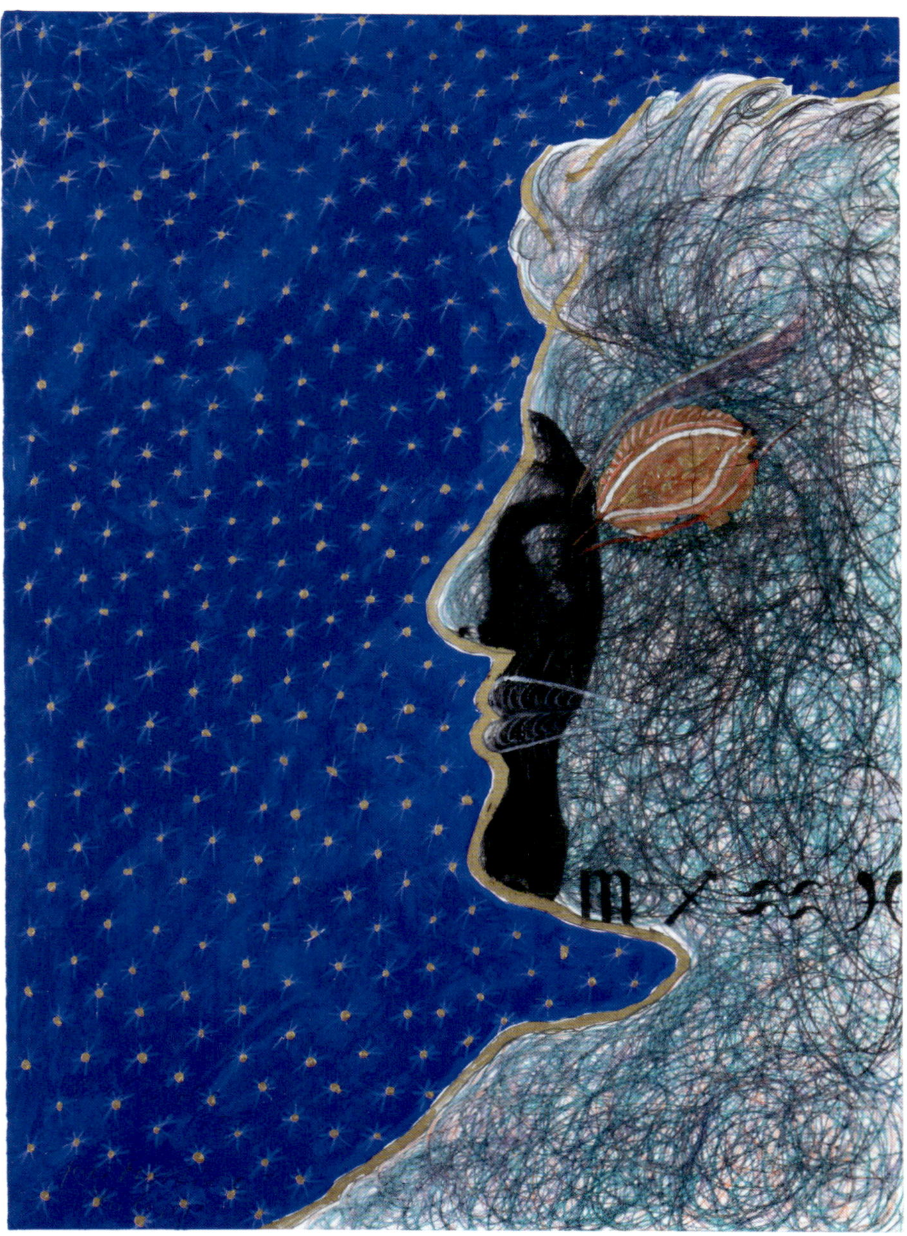

such anachronistic techniques as printing with or outlining a body in our high-tech age, Didi-Huberman presumes that these techniques almost never need to be perfected by means of structural alterations, since their full effectiveness was present from the outset. These "gestures," to use Didi-Huberman's word, are characterized by great openness and ambiguity. In his view, making an impression always means making a body and a substrate touch; thus the impression not only marks the beginning of artistic creation, in that the touching leaves a trace behind, but also represents the antithesis of the mirror image, which is regarded in traditional art theory as the great paradigm of similarity in the sphere of figurative art.

In this view, the impression guarantees the authenticity of the image but also its interchangeability, which results from the fact that the matrix can be

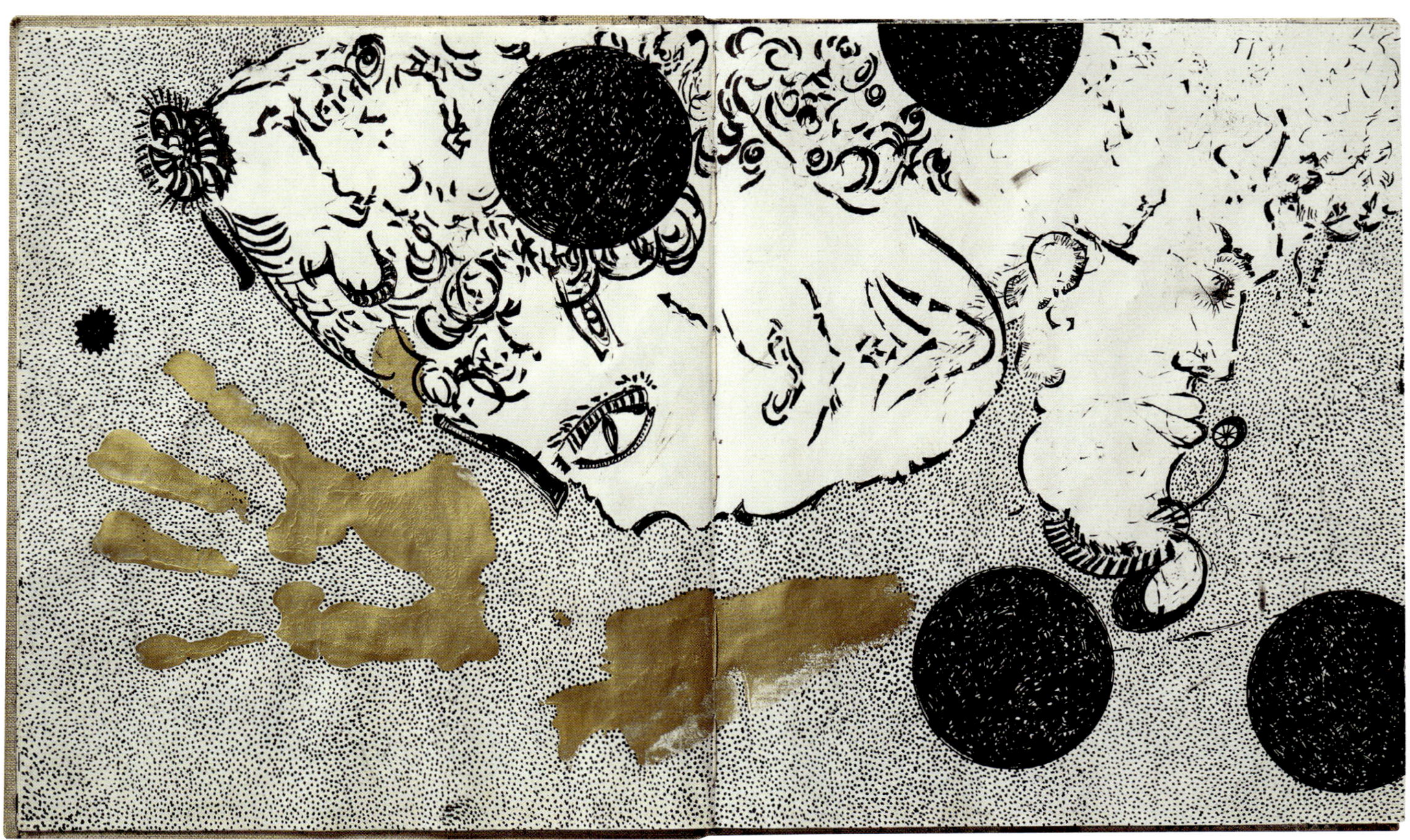

Der Vorfall mit dem Körbchen
The Incident with the Little Basket 1989–1991
(Kat. cat. 73)

bleibe die Frage, ob die prähistorischen Handabdrücke eine Präsenz oder eine Repräsentation von Händen darstellten – eine Frage, die wiederum eine der großen Scheidelinien des ästhetischen Diskurses bilde.

Was Didi-Huberman über den Abdruck sagt, trifft in den meisten Punkten auch auf die Silhouettenfiguren Michael Buthes zu: Der Künstler griff bewusst auf eine anachronistische Bildtechnik zurück, die in die Anfänge der Bildschöpfung zurückweist.[19] Die nach den Kategorien klassischer Kunsttheorie eigentlich unkünstlerische Darstellungsform erweist sich als außerordentlich ambivalent. Nicht nur changiert die Silhouette zwischen (gewesener) Anwesenheit und Abwesenheit des Dargestellten, sondern auch zwischen Index und Ikon. In zahlreichen Arbeiten Michael Buthes lässt sich eine vergleichbare unauflösliche Verschränkung von Realismus und Symbolik nachweisen.[20]

Das Überbrücken des in der Kunsttheorie des 20. Jahrhunderts durchaus politisch aufgeladenen Antagonismus zwischen Realismus und Abstraktion ist damit zentral für Buthes Schaffen; analog verschränkte er in seinen frühen Zeichnungen der 1960er-Jahre das von Werner Hofmann ungefähr gleichzeitig für die gegenstandfreie Kunst der Moderne als elementar herausgearbeitete Gegensatzpaar von »Schema« und »Gekritzel«. Gemäß Hofmann hat die gegenstandsfreie Kunst neben der von Wassily Kandinsky verwendeten unsystematischen Handschrift noch eine weitere Wurzel, nämlich die systematische Umsetzung des Erscheinungsbildes in ein geschlossenes, lineares System der Reduktion auf elementare Formen wie Oval, Rechteck, Quadrat

reused. This is another reason why the impression and the silhouette represent the counterpart of mimesis, just as touching or the haptic quality represents the counterpart to the visual dimension. That is why so many art theorists have expelled the impression and the silhouette from the field of high art, because they call into question the very idea of art. The form produced by an impression or by tracing opposes the ideal of art in that they result too directly from the given material and too little from the idea. The impression and the silhouette are said to result without having been previously formulated in the artist's mind, and hence their point of departure is neither in the *idea* nor in the *disegno* nor in the *invenzione*—that is to say, in none of the central categories of classical art theory. Hence there is said to be a radical difference between the impression or silhouette and mimesis in the classical sense in that mimesis presumes distance, an optical nature, and mediation. The impression and the tracing, by contrast, result from the immediate contact of two objects and their subsequent separation. This paradoxical interaction of touching and removing, presence and absence, when creating something is the reason for its ambiguous character. Didi-Huberman explains this using the example of handprints in prehistoric cave paintings: One could say what the many handprints represented but even today not exactly what they depicted. The human handprint permits an overly simple correspondence between its symbolism as index (touching) and as icon (similarity). This leaves us with the question whether the prehistoric handprints represented a presence of hands or a representation of them—a question that in turn forms one of the great dividing lines in the aesthetic discourse.

What Didi-Huberman said about the impression also applies, in most points, to the silhouette figures of Michael Buthe: The artist deliberately took up an anachronistic technique that points back to the beginnings of the creation of images.[19] This form of representation, which is actually inartistic according to the categories of classical art theory, turns out to be extraordinarily ambiguous. The silhouette oscillates not only between the (former) presence and absence of the person depicted but also between index and icon. In numerous works by Michael Buthe, one could point to a comparable inseparable intertwining of realism and symbolism.[20]

Bridging the antagonism between realism and abstraction in the art theory of the twentieth century, which was certainly politically loaded, was thus central to Buthe's work; analogously, in his early drawings of the nineteen-sixties he combines the antithetical terms "schema" and "scribble" that Werner Hofmann coined around the same time for the nonobjective art of modernism. According to Hofmann, nonobjective art used both the unsystematic style used by Wassily Kandinsky and the systematic translation of appearance into a closed, linear system by means of reduction to elementary forms such as the oval, the rectangle, the square, and so on. In that sense, Piet Mondrian, for example, translated the "arbitrary" appearance of a tree until it became clear and harmonious as a strict pattern of curves and was ultimately replaced by the completely nonobjective form.[21]

etc. In diesem Sinne setzte Piet Mondrian beispielsweise das »willkürliche« Erscheinungsbild eines Baumes so lange um, bis es sich zu einem strengen Muster von Kurven klärte und harmonisierte, das zuletzt durch die völlig gegenstandsfreie Form ersetzt wurde.[21]

Aus seinen frühen Zeichnungen übersetzte Buthe die Verschränkung des Gegensatzes von Geometrischem und Amorphem, von Form und Antiform in die Gleichzeitigkeit von strenger, intendierter Rahmenform und zufällig gerissenem, nur bedingt kontrollierbarem, hängendem Stoff seiner Stoffbilder. Diese Verbindung von spontaner Geste in der Nachfolge des Informel[22] mit strenger, geometrischer Form stellt ein weiteres Beispiel für Buthes dauernden Versuch dar, Gegensätze zu vereinen: »Entwicklungsfähigkeit bedeutet für mich, dass man für sich selbst fortschreitet, für sich immer wieder etwas Neues entdeckt, auf eine Reise geht, es lebendig bleibt. Tot wäre für mich etwas [...] wenn ich immer dasselbe machen würde.«[23] Hinter diesem Versöhnen von Gegensätzen steht Buthes Vorstellung des Künstlers als Heiler, die er seinen Begegnungen mit afrikanischen Medizinmännern verdankte.[24] Bei Buthe, der Generationsgenosse des politischen RAF-Terrors war, kann diese Versöhnung von Gegensätzen auch als eine Absage an politischen Dogmatismus verstanden werden.[25] In diesem Verschränken von Gegensätzen wie auch im Orgiastischen seines Schaffens,[26] im Überbordenden seiner Ausstellungen,[27] in seinen Rollenspielen[28] oder in seinen Reisen als Erlebnis des eigenen Andersseins[29] äußert sich drittens Buthes grundsätzlicher Wunsch nach Verschmelzung mit dem Anderen. Diesen Wunsch führt er auf motivischer Ebene, aber auch inszenatorisch für die Betrachterin und den Betrachter noch einmal in der großen Installation *Die heilige Nacht der Jungfräulichkeit* von 1992 vor (Abb. S. 100–103). So wie die Silhouettenfiguren im zugleich dunklen wie leuchtenden Bildraum der rechteckigen Tafeln frei flottieren und sich aus dem Liniengewirr und Fleckenkosmos herausheben und wieder darin verschwinden, so werden auch Betrachterin und Betrachter durch das alle Sinne ansprechende Erlebnis von im Helldunkel schimmerndem Gold und Kupfer, dem eigenen, vom flackernden Kerzenlicht bewegten Schattenbild und der Wärme der Kerzenflamme gänzlich umfangen in einem »schwebenden Gedanken einer Kosmologie der Utopia Generale«.[30]

Buthe took the interweaving of the opposites of the geometric and the amorphous, of form and antiform, in his early drawings and translated it into the simultaneity of strict, intentional framing form and randomly torn, only partially controllable, hanging material of his fabric paintings. This opposition of the spontaneous gesture in the tradition of Art Informel[22] in combination with strict geometric form is another example of Buthe's longstanding attempt to unite opposites: "In my view, the ability to develop means progressing for yourself, discovering something new for yourself again and again, going on a journey, maintaining this vitality. For me, dead would be . . . if I were always making the same thing."[23] Behind this reconciliation of opposites stands Buthe's idea of the artist as healer, which he owed from his encounters with African medicine men.[24] In Buthe, who was a contemporary of the political terrorism of the Rote Armee Fraktion (RAF; Red Army Faction), this reconciliation of opposites can also be understood as a rejection of political dogmatism.[25] The interweaving of opposites, the orgiastic aspect of his work,[26] the excess of his exhibitions,[27] the role playing,[28] and traveling as a way of experiencing a different way to exist[29] expressed Buthe's third fundamental wish: fusing with the Other. He pursued this desire on the level of the motif but also staged it for viewers again in the large installation *Die heilige Nacht der Jungfräulichkeit* (*The Holy Night of Virginity*) of 1992 (ill. pp. 100–03). Just as the silhouette figures in the simultaneously dark and bright pictorial space of the rectangular panels float freely and stand out of the tangle of lines and cosmos of spots and then disappear again in them, so the viewers are completely surrounded by an experience that speaks to all the senses: gold and copper shimmering in the semidarkness, one's own moving shadow cast by flickering candlelight, and the warmth of the candle's flame, in a "floating idea of a cosmology of the Utopia Generale."[30]

1 Hier und im Folgenden s. den Artikel »Gold«, in: *Das fünfte Element – Geld oder Kunst,* hrsg. von Jürgen Harten, Ausst.-Kat. Kunsthalle Düsseldorf, Köln 2000, S. 172–174.

2 Dieter Harmening, *Wörterbuch des Aberglaubens,* Stuttgart 2000, S. 182.

3 Wolfgang Schöne, *Über das Licht in der Malerei,* 8. Aufl., Berlin 1994, S. 71.

4 Ein herausragendes Beispiel der Hervorhebung des Herrschers durch die Konzentration von Gold in der Gestaltung des Raumes aus dem mittleren 18. Jahrhundert ist die opulent mit vergoldeten Stuckornamenten geschmückte Fürstenloge in François Cuvilliés' Münchner Residenztheater. S. dazu Wolfgang Braunfels, *François Cuvilliés,* München 1986, S. 129 ff.

5 Wolfgang Schivelbusch, *Das Paradies, der Geschmack und die Vernunft. Eine Geschichte der Genussmittel,* Frankfurt am Main 1990, S. 96–107.

6 Markus Brüderlin, »Wien – Geburt der Abstraktion aus dem Geiste des Ornaments«, in: *Ornament und Abstraktion,* hrsg. von Markus Brüderlin, Ausst.-Kat. Fondation Beyeler, Riehen / Basel, Köln 2001, S. 118–131.

7 Michael Buthe 1991, in: Christiane Vielhaber: »Kunst ist ein Sprechen mit der Seele. Über Michael Buthe«, in: *Künstler. Kritisches Lexikon der Gegenwartskunst,* 17, 5, München 1992, S. 7.

8 Vielhaber 1992 (wie Anm. 7), S. 7 f.

9 Wolfgang Max Faust, *Bilder werden Worte. Zum Verhältnis von bildender Kunst und Literatur. Vom Kubismus bis zur Gegenwart,* Köln 1987, S. 15.

10 Ursula Perucchi-Petri, »Zu den Bildvorstellungen von ZERO«, in: *ZERO. Bildvorstellungen einer europäischen Avantgarde 1958–1964,* Ausst.-Kat. Kunsthaus Zürich, Zürich 1979, S. 41–89, hier S. 46.

11 Michael Buthe 1994, in: Marietta Franke, *Der absurde Blick. Künstlerische Entwicklungsfähigkeit, Spiritualität und Abstraktion bei Michael Buthe,* Frankfurt am Main 2010, S. 17.

12 So hat Mary Douglas gezeigt, wie eng Vorstellungen über Verschmutzung und Reinheit mit Ordnungssystemen zusammenhängen, die der Ein- und damit auch Ausgrenzung dienen: »Wenn wir gegen den Schmutz ankämpfen, tapezieren, dekorieren und aufräumen, treibt uns nicht die Sorge, wir könnten andernfalls krank werden, sondern wir verleihen unserer Umgebung dadurch, dass wir sie unseren Vorstellungen angleichen, eine neue positive Ordnung. [...] Ich bin nämlich der Ansicht, dass die Vorstellungen von Trennen, Reinigen, Abgrenzen und Bestrafen von Überschreitungen vor allem die Funktion haben, eine ihrem Wesen nach ungeordnete Erfahrung zu systematisieren. Nur dadurch, dass man den Unterschied zwischen Innen und Außen, Oben und Unten, Männlich und Weiblich, Dafür und Dagegen scharf pointiert, kann der Anschein von Ordnung geschaffen werden.« S. Mary Douglas, *Reinheit und Gefährdung. Eine Studie zu Vorstellungen von Verunreinigung und Tabu,* Frankfurt am Main 1988, S. 13 ff.

13 Monika Wagner, »Gustav Klimts ›verruchtes Ornament‹«, in: *Die weibliche und die männliche Linie. Das imaginäre Geschlecht der modernen Kunst von Klimt bis Mondrian,* hrsg. von Susanne Deicher, Berlin 1993, S. 27–51, hier S. 34.

14 Sidra Stich, *Yves Klein,* Ausst.-Kat. Museum Ludwig, Köln, u. a., Stuttgart 1994, S. 81–83 und S. 193–195.

15 Thomas Kellein, *Sputnik-Schock und Mondlandung. Künstlerische Großprojekte von Yves Klein bis Christo,* Stuttgart 1989, S. 37 f.

16 Vielhaber 1992 (wie Anm. 7), S. 7, und Gabriele Wix, »Diskurs der Abwesenheit«, in: *Arsprototo. Magazin der Kulturstiftung der Länder,* 3, 2014, S. 20–26, hier S. 21.

17 Dies ist ersichtlich an Fotos, die Buthe beim Herstellen dieser Silhouettenfiguren zeigen: Einerseits gehen diese Figuren auf die Körperumrisse von Freunden Buthes zurück, deren Namen teilweise auch in den Titeln genannt werden. Andererseits wird just diese Individualität des ganzfigurigen Bildnisses durch die Reduktion auf den bloßen Umriss wieder zurückgenommen.

18 Georges Didi-Huberman, *Ähnlichkeit und Berührung. Archäologie, Anachronismus und Modernität des Abdrucks,* Köln 1999.

19 Plinius d. Ä. berichtet im Buch 35, Kap. 43 seiner *Historia naturalis* von der Erfindung der Zeichenkunst durch die Tochter des Töpfers Butades, die den Schattenwurf ihres auf Reisen gehenden Geliebten als Silhouette an die Wand gezeichnet habe.

20 Als Beispiel ist just Buthes oben beschriebener Umgang mit der Goldfarbe zu nennen, die einerseits im Sinne realistischer Malerei als Material auf der Malunterlage gesehen werden will, sich gleichzeitig aber in eine immaterielle Lichterscheinung auflöst.

21 Werner Hofmann, »Kandinsky und Mondrian, ›Gekritzel‹ und ›Schema‹ als graphische Sprachmittel«, in: *1. Internationale der Zeichnung,* Ausst.-Kat. Mathildenhöhe, Darmstadt 1964, S. 13–28, hier S. 23 f.

22 Buthe wurde während seiner Ausbildung bei Arnold Bode von 1964 bis 1968 mit dem Informel vertraut. Bode war zu dieser Zeit Leiter der Documenta 3 und 4.

23 Michael Buthe 1994, in: Franke 2010 (wie Anm. 11), S. 63.

24 »Heilungswirkung in der Kunst kann ich mir gut vorstellen. Ich kenne Medizinmänner in Nigeria – das sind Ärzte, die für mich eigentlich ganz große Künstler sind –, die Heilungsprozesse einleiten.« Michael Buthe 1986, in: *Der andere Blick. Heilungswirkung der Kunst heute,* hrsg. von Walter Smerling, Köln 1986, S. 29.

1 On this and what follows, see "Gold," in *Das fünfte Element: Geld oder Kunst*, ed. Jürgen Harten, exh. cat. Kunsthalle Düsseldorf (Cologne, 2000), pp. 172–74.
2 Dieter Harmening, *Wörterbuch des Aberglaubens* (Stuttgart, 2000), p. 182.
3 Trans. from Wolfgang Schöne, *Über das Licht in der Malerei,* 8th ed. (Berlin, 1994), p. 71.
4 The eighteenth-century François Cuvilliés Residenztheater in Munich has an outstanding example of how the ruler's position was emphasized by means of the concentration of gold in the design of a space—the prince's box, which is opulently decorated with gilded plaster ornaments. On this, see Wolfgang Braunfels, *François Cuvilliés* (Munich, 1986), pp. 129ff.
5 Trans. from Wolfgang Schivelbusch, *Das Paradies, der Geschmack und die Vernunft: Eine Geschichte der Genussmittel* (Frankfurt am Main, 1990), pp. 96–107.
6 Markus Brüderlin, "Wien: Geburt der Abstraktion aus dem Geiste des Ornaments," in *Ornament und Abstraktion*, ed. Markus Brüderlin, exh. cat. Fondation Beyeler, Riehen bei Basel (Cologne, 2001), pp. 118–31.
7 Michael Buthe in 1991, trans. from Christiane Vielhaber, "Kunst ist ein Sprechen mit der Seele: Über Michael Buthe," in *Künstler: Kritisches Lexikon der Gegenwartskunst* 5, no. 17 (1992), p. 7.
8 Ibid, p. 7f.
9 Wolfgang Max Faust, *Bilder werden Worte: Zum Verhältnis von bildender Kunst und Literatur; Vom Kubismus bis zur Gegenwart* (Cologne, 1987), p. 15.
10 Ursula Perucchi-Petri, "Zu den Bildvorstellungen von ZERO," in *ZERO: Bildvorstellungen einer europäischen Avantgarde, 1958–1964*, exh. cat., Kunsthaus Zürich (Zurich, 1979), pp. 41–89, esp. p. 46.
11 Michael Buthe in 1994, in Marietta Franke, *Der absurde Blick. Künstlerische Entwicklungsfähigkeit, Spiritualität und Abstraktion bei Michael Buthe* (Frankfurt am Main 2010), p. 17.
12 Mary Douglas has shown, for example, how closely connected ideas about dirt and purity are to systems of order that serve inclusion but hence also exclusion: "In chasing dirt, papering, decorating, tidying, we are not governed by anxiety to escape disease, but are positively re-ordering our environment, making it conform to an idea. . . . For I believe that ideas about separating, purifying, demarcating and punishing transgressions have as their main function to impose system on an inherently untidy experience. It is only by exaggerating the difference between within and without, above and below, male and female, with and against, that a semblance of order is created." See Mary Douglas, *Purity and Danger: An Analysis of Concepts of Pollution and Taboo* (London, 2000), pp. 3 and 5.
13 Monika Wagner, "Gustav Klimts 'verruchtes Ornament,'" in *Die weibliche und die männliche Linie: Das imaginäre Geschlecht der modernen Kunst von Klimt bis Mondrian*, ed. Susanne Deicher (Berlin, 1993), pp. 27–51, esp. p. 34.
14 Sidra Stich, *Yves Klein*, exh. cat., Museum Ludwig, Cologne (Stuttgart, 1994), pp. 81–83 and 193–95.
15 Thomas Kellein, *Sputnik-Schock und Mondlandung. Künstlerische Grossprojekte von Yves Klein bis Christo* (Stuttgart, 1989), pp. 37–38.
16 Vielhaber 1992 (see note 7), p. 7, and Gabriele Wix, "Diskurs der Abwesenheit," in *Arsprototo: Magazin der Kulturstiftung der Länder* 3 (2014), pp. 20–26, esp. p. 21.
17 This is evident from photographs of Buthe producing these silhouette figures: On the one hand, these figures are based on the outlines of the bodies of Buthe's friends, some of whose names are also mentioned in the titles. On the other hand, this very individuality of the full-figure portrait is removed again by reducing it to a mere outline.
18 Georges Didi-Huberman, *L'empreinte*, exh. cat., Centre Georges Pompidou, Paris (Paris, 1997).
19 In Book 35, chapter 43, of his *Historia naturalis*, Pliny the Elder wrote of the invention of drawing by the daughter of the potter Butades: she drew a shadow of her lover, who was going away, on the wall as a silhouette.
20 One example is Buthe's approach, described above, to gold paint, which, on the one hand, wants to be seen as material on a support in the sense of realistic painting and, on the other hand, dissolves into an immaterial phenomenon of light.
21 Werner Hofmann, "Kandinsky und Mondrian: 'Gekritzel' und 'Schema' als graphische Sprachmittel," in *1. Internationale der Zeichnung*, exh. cat., Mathildenhöhe (Darmstadt, 1964), pp. 13–28, esp. pp. 23–24.
22 Buthe was familiar with Art Informel from his studies with Arnold Bode from 1964 to 1968. Bode was the director of Documenta 3 and 4 during this period.
23 Trans. from Michael Buthe in 1994, quoted in Franke 2010 (see note 11), p. 63.
24 "I can easily imagine the healing effect of art. I know medicine men in Nigeria—they are doctors, but for me they are actually great artists—who induce healing processes." Michael Buthe in 1986, trans from *Der andere Blick: Heilungswirkung der Kunst heute*, ed. Walter Smerling (Cologne, 1986), p. 29.

25 »Es geht um Leben. Es geht nicht um eine theoretische Konsequenz, um Dogmatismus oder irgend so etwas. Es geht letztlich um eine Auflösung dieser Realität, in der wir befangen sind, in der wir auch gefangen gehalten werden, ob das jetzt Politik ist, Wirtschaftsstrukturen [...]. Das sind alles Dinge, die mich als Künstler überhaupt nicht interessieren. Ich lebe in meinem eigenen Königreich. Das ist etwas völlig anderes als die politischen Parteien.« Michael Buthe 1994, in: Franke 2010 (wie Anm. 11), S. 72.

26 »Wenn ich Kunst mache, wenn ich mich auf eine andere Ebene begebe, dann kann ich das nur, indem ich das einfach vergesse [die alltägliche Realität mit ihren Zwängen, Anm. d. Verf.]. Da fängt es an, interessant zu werden. Da fängt auf einmal eine Euphorie an. Das ist eine orgiastische Angelegenheit, und das ist auch eine religiöse Angelegenheit.« Ebd., S. 19.

27 Vielhaber 1992 (wie Anm. 7), S. 6. Dem Vorwurf, alles sei zu voll, begegnete Buthe mit der ausstellungsästhetischen Maxime, dass alles, was in einem Zeitraum passiert sei, ohne etwas auszulassen, im Nebeneinander der verschiedenen Medien und Ausdrucksweisen gezeigt werden müsse.

28 Thomas Mann (1875–1955) hat diesen Wunsch eindrucksvoll am Helden seines Romans *Bekenntnisse des Hochstaplers Felix Krull* (erschienen 1954) diagnostiziert: »Er ist ein Mensch, der, so begünstigt seine Individualität von Natur wegen ist, sich doch niemals in dieser Individualität genügt, sondern schauspielerisch ins Andere hinüberstrebt. [...] Sein eigentliches Anliegen, sein tiefstes Ungenügen an der eigenen Individualität geht aber weiter. Es ist ein Verlangen aus sich heraus ins Ganze, eine Weltsehnsucht, die – auf ihre kürzeste Formel gebracht – als Panerotik anzusprechen wäre.« Thomas Mann 1953 in seiner Einleitung zu einer Lesung des Musterungskapitels aus den *Bekenntnissen des Hochstaplers Felix Krull,* Mitschnitt im Thomas-Mann-Archiv, ETH, Zürich. Die nicht klar umrissene Figur des Hochstaplers wie die des Künstlers, der sich auf das Prozessuale seiner Werke zurückzieht, drücken den Wunsch des Ich aus, sich in einer allgemeineren Wesenheit aufzulösen.

29 Franke 2010 (wie Anm. 11), S. 46.

30 Michael Buthe 1991, in: Wix 2014 (wie Anm. 16), S. 20.

25 "It's about life. It's not about a theoretical consequence, about dogmatism or anything like that. It is ultimately about dissolving this reality in which we are caught up, in which we are held captive, whether by politics, economic structures . . . . Those are all things that do not interest me as an artist at all. I live in my own kingdom. That is something completely different from political parties." Trans. from Michael Buthe in 1994, quoted in Franke 2010 (see note 11), p. 72.

26 "When I make art, when I go to another level, I can only do it by simply forgetting that [everyday reality with all its constraints—H.S.]. That's when it starts to get interesting. Suddenly the euphoria starts. That is an orgiastic opportunity, and that is also a religious matter." Trans. from Ibid., p. 19.

27 Vielhaber 1992 (see note 7), p. 6. Buthe responded to the reproach that everything is too full with the aesthetic maxim for exhibitions that everything that happens in a period of time has to be shown in the juxtaposition of different media and forms of expression without leaving anything out.

28 Thomas Mann (1875–1955) impressively diagnosed this desire in the hero of his novel *Die Bekenntnisse des Hochstaplers Felix Krull* (translated as *The Confessions of the Confidence Man Felix Krull*) of 1954: "He is a person who, however blessed by nature his individuality may be, is never satisfied with that individuality but instead strives, by acting, for the other. . . . But his true concern—his profound dissatisfaction with his own individuality—carries on. It is a desire to get outside of oneself into the whole, a desire for the world that—summed up in the most succinct formulation possible—could be called paneroticism." Thomas Mann in his introduction to a reading of a sample chapter from *Die Bekenntnisse des Hochstaplers Felix Krull*, 1953, recording in the Thomas-Mann-Archiv, ETH, Zürich. The unclearly outlined figure of the confidence man and that of the artist who withdraws into the process of his works expression the desire of the ego in be dissolved in a universal being.

29 Franke 2010 (see note 11), p. 46.

30 Michael Buthe in 1991, trans. from Wix 2014 (see note 16), p. 20.

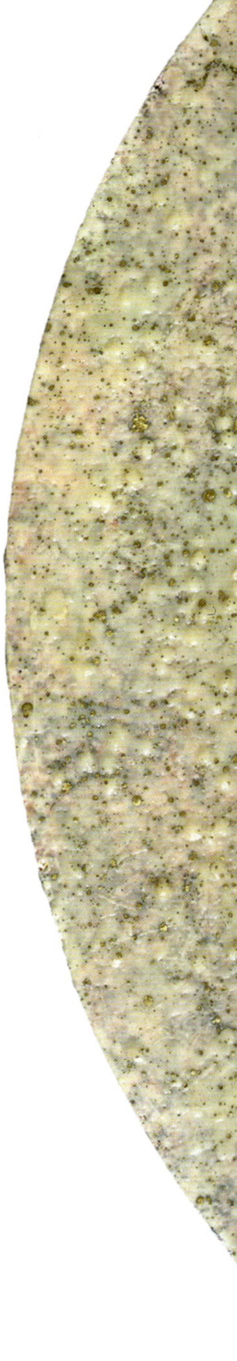

Le soleil *The Sun* 1974 [Kat. cat. 49]

In einem Brief an seinen Berner Galeristen Toni Gerber beschreibt Michael Buthe 1971 zwei Werke, die er für sein erstes Environment *Hommage an die Sonne* in der Galerie des Freundes plant: »[...] eine Sonne aus leuchtend rosa Pajetten [sic!] in einem silbernen Kreis auf rostfarbenem Samt. Im Moment nähe ich die ganzen Pajetten, es relaxt mich sehr. [...] eine Sonne aus durchsichtigem Wachs natur und hunderte von Federn stecken raus.«[1]

Das *Paillettentuch* (Abb. S. 40) und die *Wachssonne* sind zwei typische Beispiele für Buthes sinnlichen Umgang mit Material. Bei Letzterer wird das Weiche der weißen Federn vom Wachs gebunden und verfestigt, wobei dieses zugleich flüssig wirkt. Für Ersteres hat Buthe unzählige kleine Pailletten in einem meditativen Vorgang auf den Stoff appliziert. Sie stehen mit ihrer glänzenden Oberfläche im Kontrast zu der stumpfen Farbe des roten Samts. Stoff und Flitter sind nach herkömmlichem Verständnis nicht unbedingt Materialien für »große« Kunst, sondern haben bis dahin vor allem im Kunsthandwerk Verwendung gefunden. Dieses wird zwar häufig von Männern entworfen, dann aber zumeist von Frauen ausgeführt.

Buthe schert sich bei seinen Arbeiten weder um solche Geschlechterkonnotationen noch um Grenzen zwischen hoher und niederer Kunst. Bei der Vernissage einer seiner frühen Ausstellungen näht er – nach und nach unterstützt von Besucherinnen – zerrissene Tücher wieder zusammen. Der Künstler ist vielmehr an stofflichen Gegensätzen und Transformationen interessiert: »Kohle ist für mich etwas sehr Symbolhaftes. Kohle ist Silber, hat mit Wasser zu tun, obwohl es dann auch wieder mit Feuer zu tun hat.«[2]

Überdies senden die glitzernden Pailletten wie das himmlische Gestirn, für das Buthe sich begeistert, bei jeder Bewegung Lichtstrahlen aus. So stellen sie eine Verbindung zwischen Kunstwerk und Betrachterin und Betrachter her. (HS)

1 Michael Buthe in einem Brief an Toni Gerber, August / September 1971, in: *Tutti frutti molto bene. Michael Buthe & Toni Gerber. Briefe 1970–1994. Zur Schenkung Toni Gerber im Kunstmuseum Luzern*, Ausst.-Kat. Kunstmuseum Luzern, Luzern 2013, S. 17.

2 Michael Buthe 1994, in: Marietta Franke, *Der absurde Blick. Künstlerische Entwicklungsfähigkeit, Spiritualität und Abstraktion bei Michael Buthe*, Frankfurt am Main 2010, S. 22.

In a letter Michael Buthe wrote to his Bern dealer, Toni Gerber, in 1971, the artist described two works that he was planning for his first environment, *Hommage an die Sonne (Homage to the Sun)*, at his friend's gallery: "A sun of bright pink sequins in a silver circle of rust-colored velvet. At the moment, I am sewing all the sequins, which I find very relaxing. . . . A sun of translucent natural wax with hundreds of feathers sticking out."[1]

Paillettentuch and *Wachssonne (Sequin Cloth*, ill. p. 40, and *Wax Sun)* are two typical examples of Buthe's sensuous approach to material. In the latter work, the softness of the white feathers is combined and fixed with wax, although the latter looks fluid. In the former work, Buthe applied countless small sequins to the fabric in a meditative process. Their glittering surface contrasts with the dull color of the red velvet. In the traditional view, fabric and sequins are not necessarily materials for "great" art but have been used primarily in crafts. They are often designed by men but are usually produced by women.

In his works, Buthe was concerned neither about such gender connotations nor about the boundaries between high and low art. At the opening of one of his early exhibitions, he spent the evening sewing torn fabrics back together—and one by one, people attending the event started to help him. The artist's interest tended to be more on material contrasts and transformations: "For me, charcoal is something very symbolic. Charcoal is silver; it is related to water, even though it is also related to fire."[2]

Like celestial bodies, a subject that fascinated Buthe, the glittering sequins also radiate rays of light, with every movement. Thus they establish a connection between the work of art and the viewer. (HS)

1 Michael Buthe to Toni Gerber, August/September 1971, trans. from *Tutti frutti molto bene: Michael Buthe & Toni Gerber, Briefe, 1970–1994; Zur Schenkung Toni Gerber im Kunstmuseum Luzern*, exh. cat. Kunstmuseum Luzern (Lucerne, 2013), p. 17.

2 Michael Buthe in 1994, trans. from Marietta Franke, *Der absurde Blick. Künstlerische Entwicklungsfähigkeit, Spiritualität und Abstraktion bei Michael Buthe* (Frankfurt am Main, 2010), p. 22.

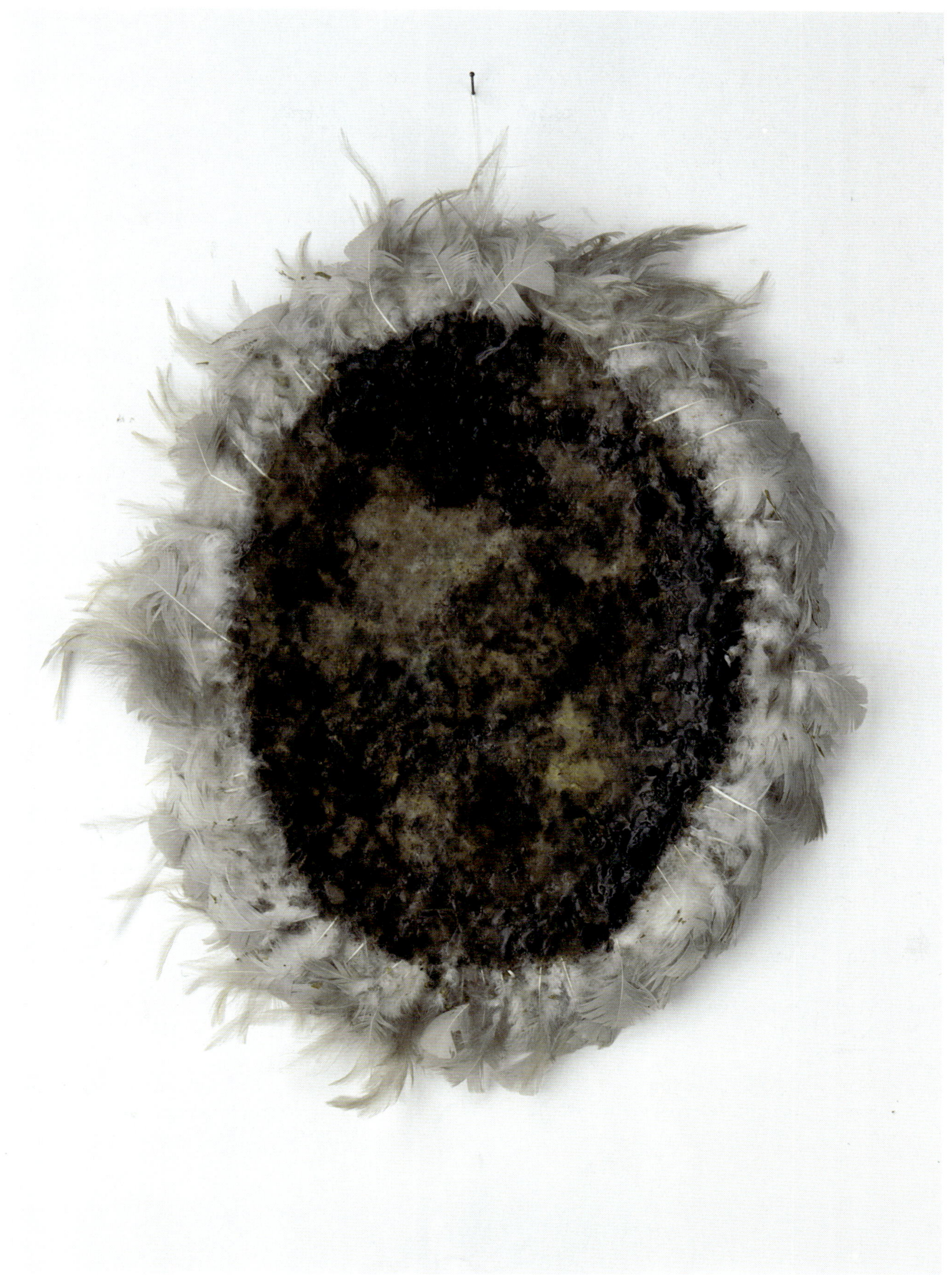

Wachssonne Wax Sun 1972 [Kat. cat. 44]

Abb. S. Ill. pp. 38/39 Buchobjekt Book Object 1976 [Kat. cat. 53]

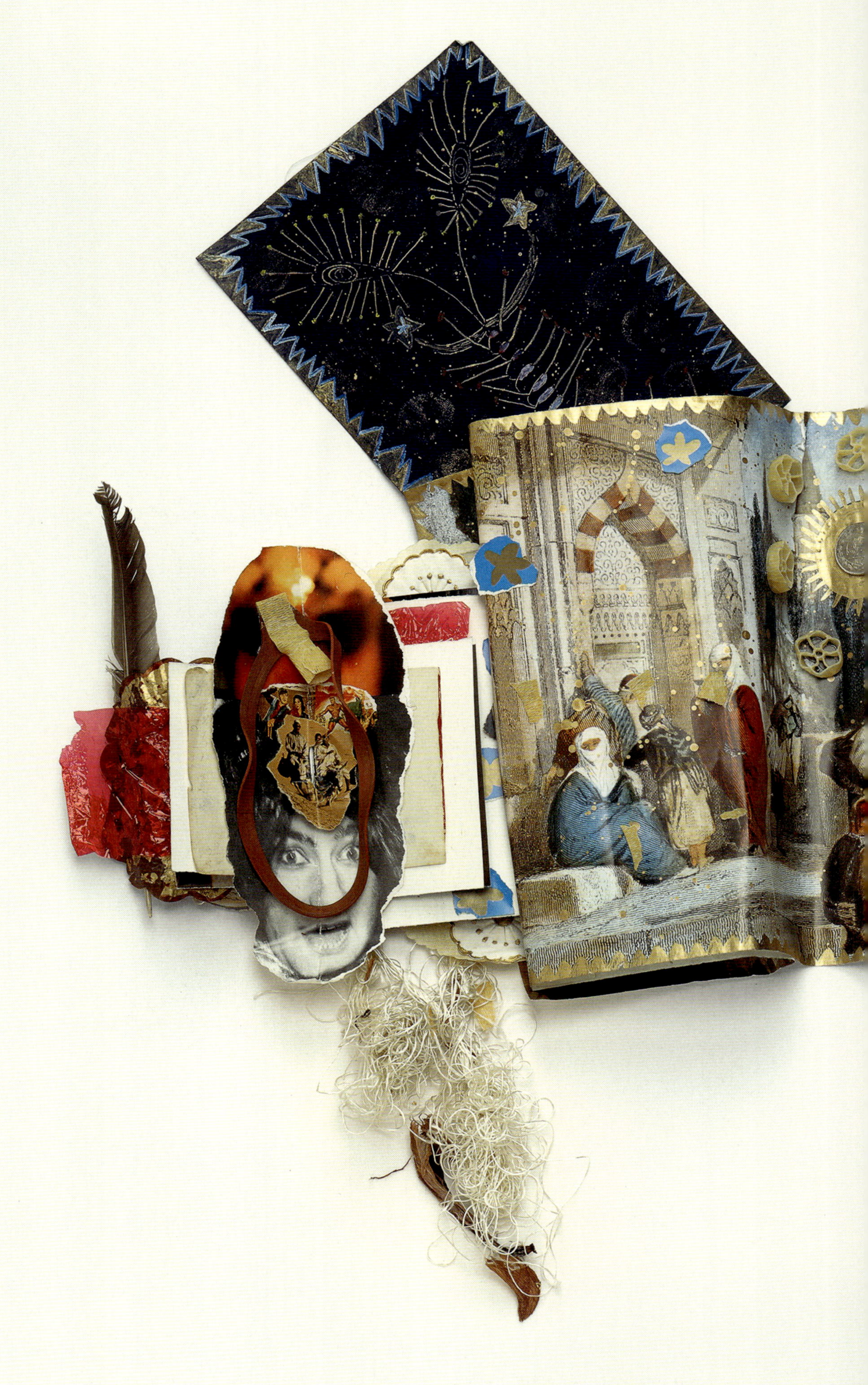

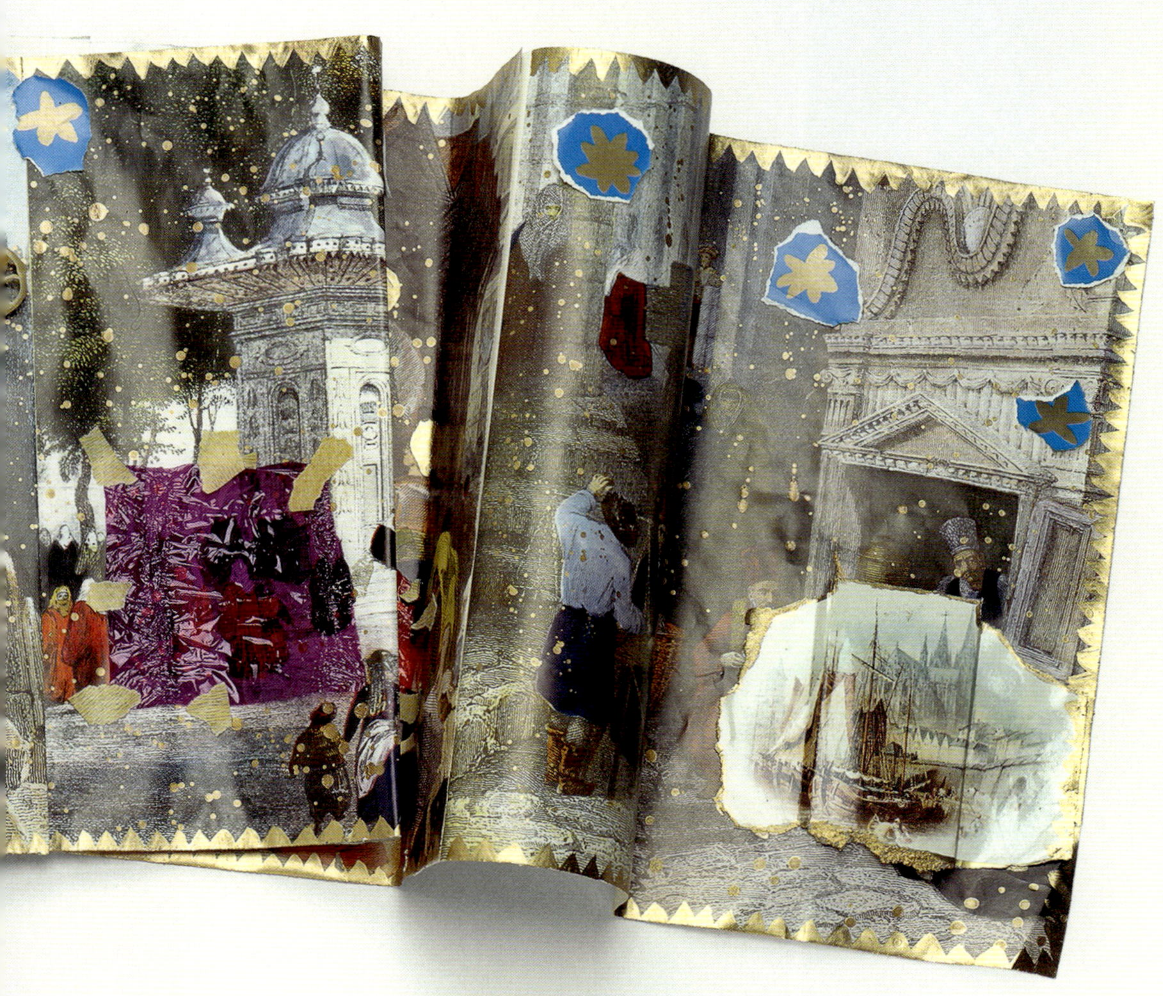

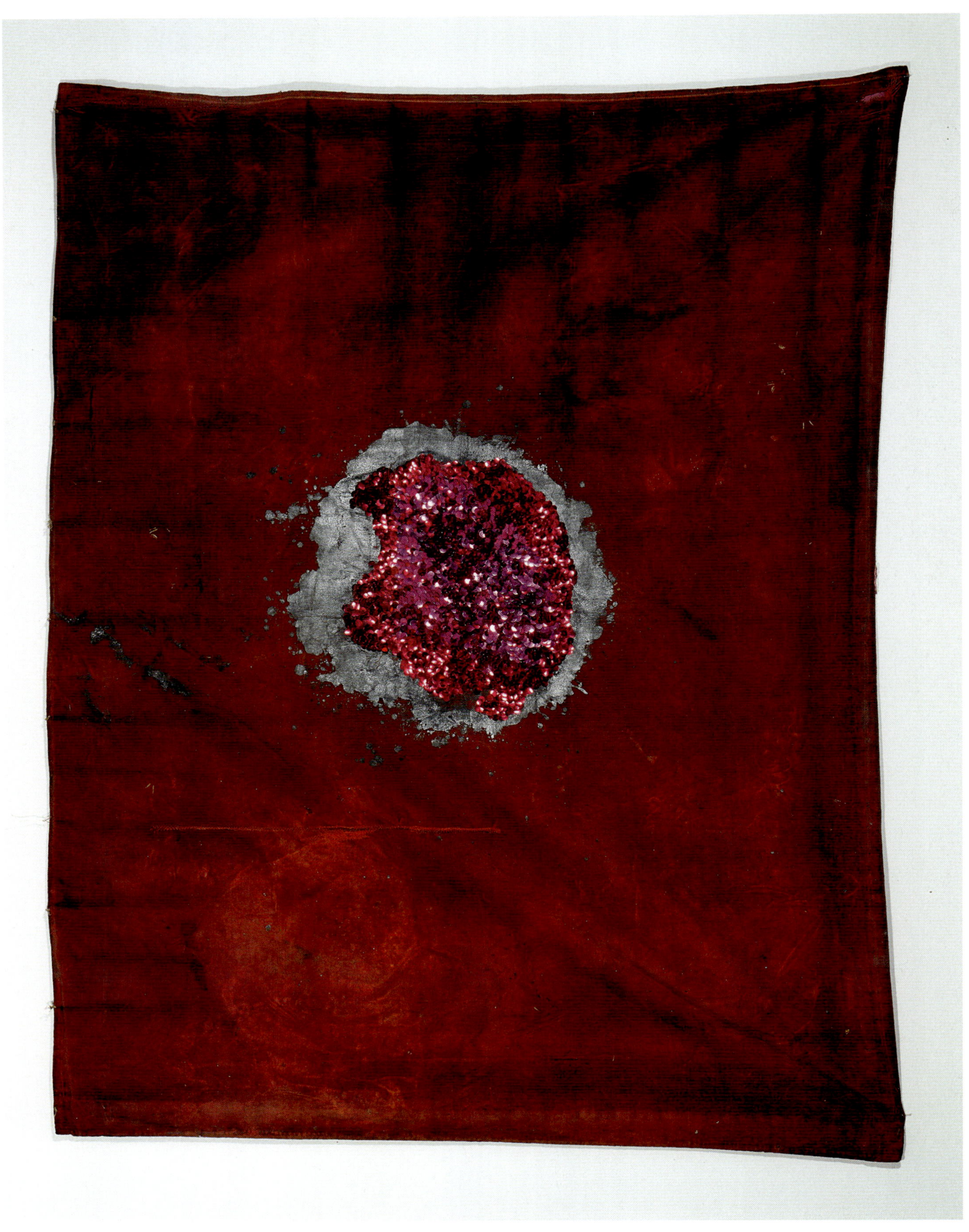

Paillettentuch *Sequin Cloth* 1970/71 [Kat. cat. 38]

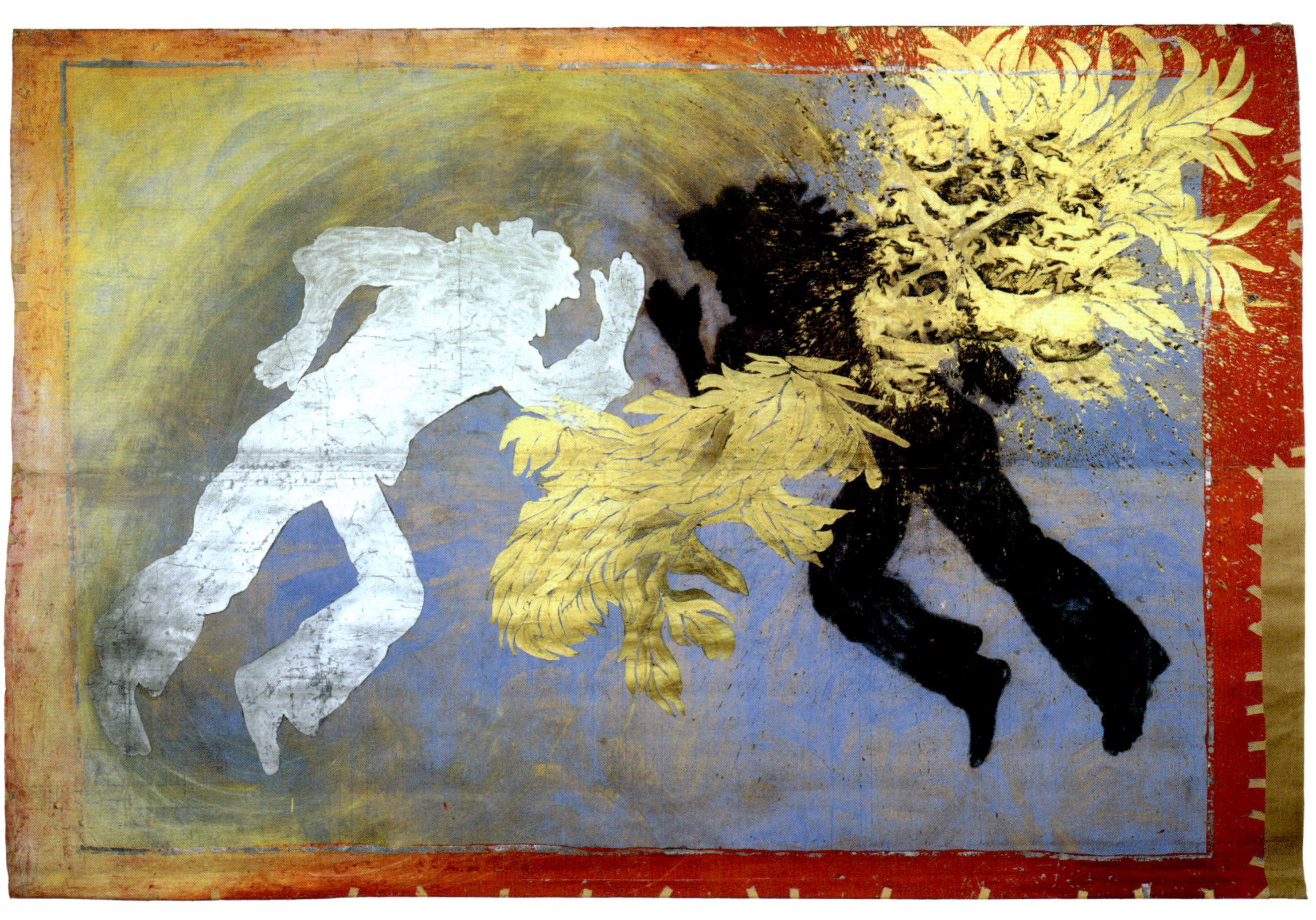

Der Engel und sein Schatten *The Angel and His Shadow* 1974 (Kat. cat. 48)

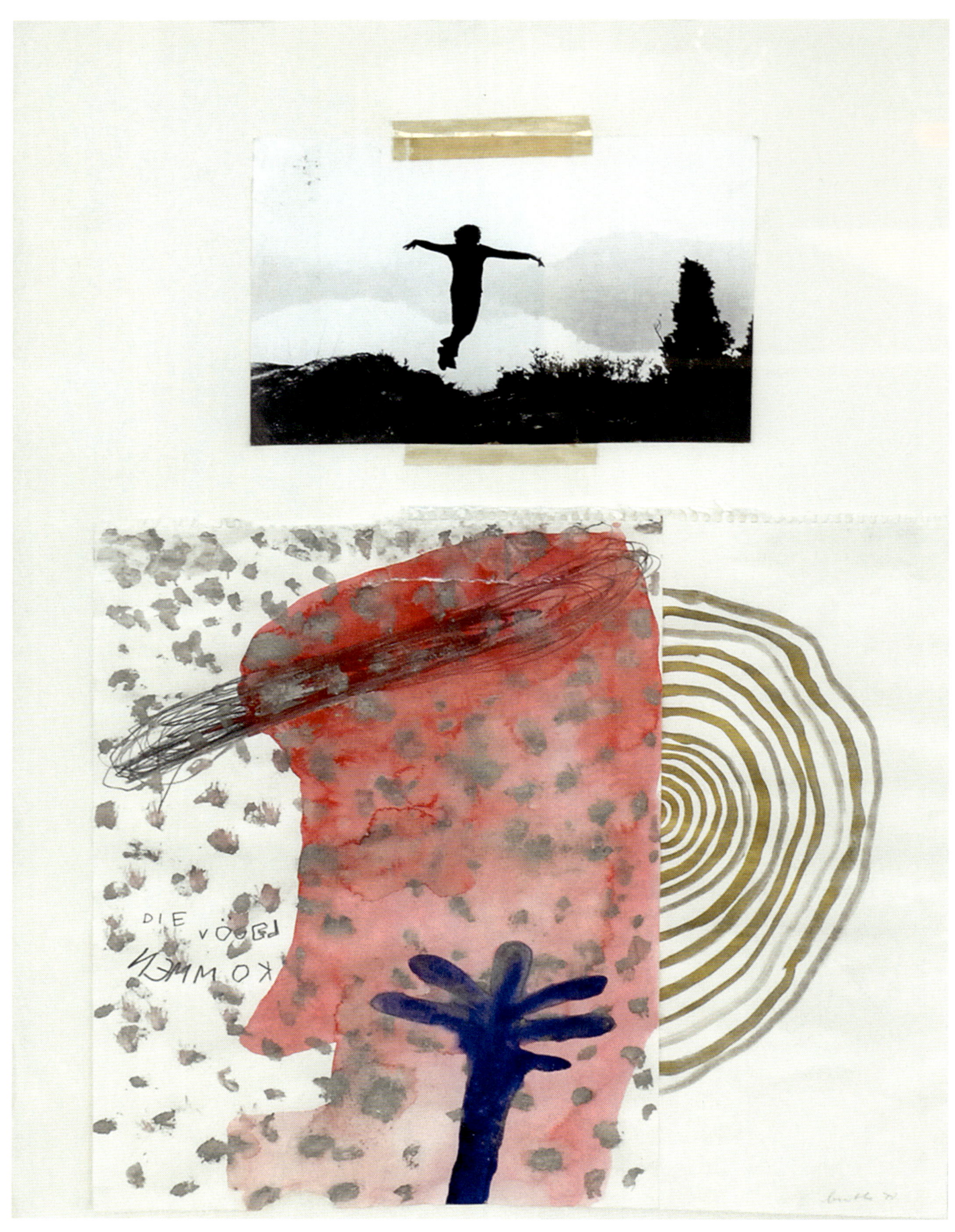

Auf 2 Bewusstseinsebenen (die Vögel kommen) *On Two Levels of Consciousness (The Birds Are Coming)* 1970 (Kat. cat. 28)

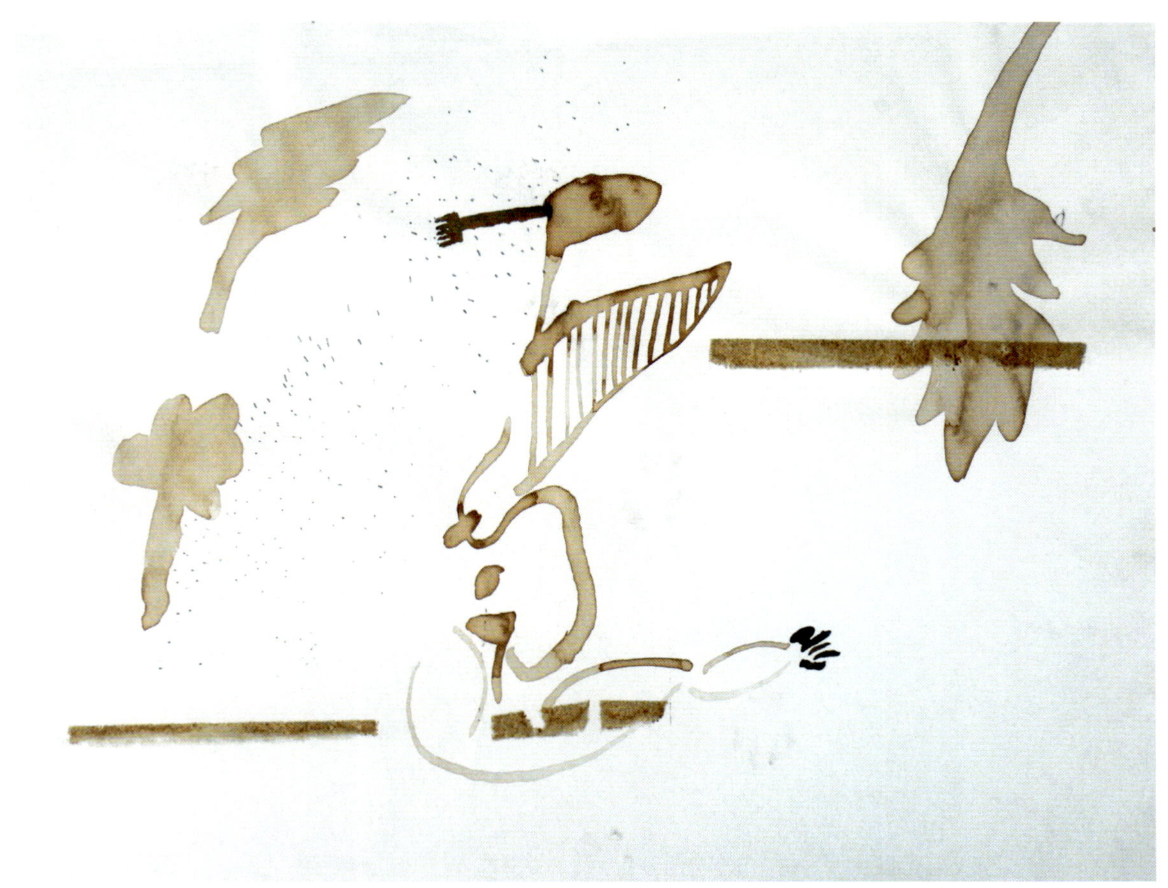

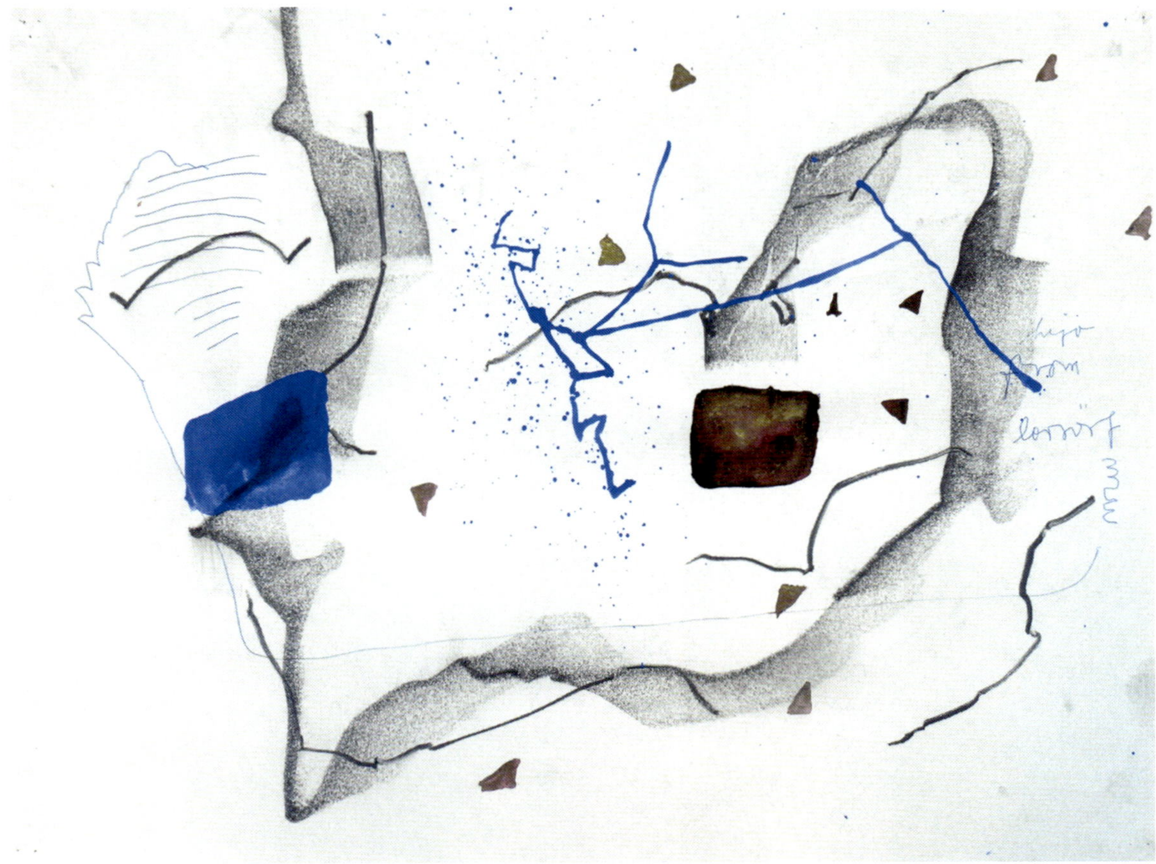

Ohne Titel Untitled 1970 (Kat. cat. 34)

Ohne Titel *(Schrift)* Untitled *(Script)* 1970 (Kat. cat. 36)

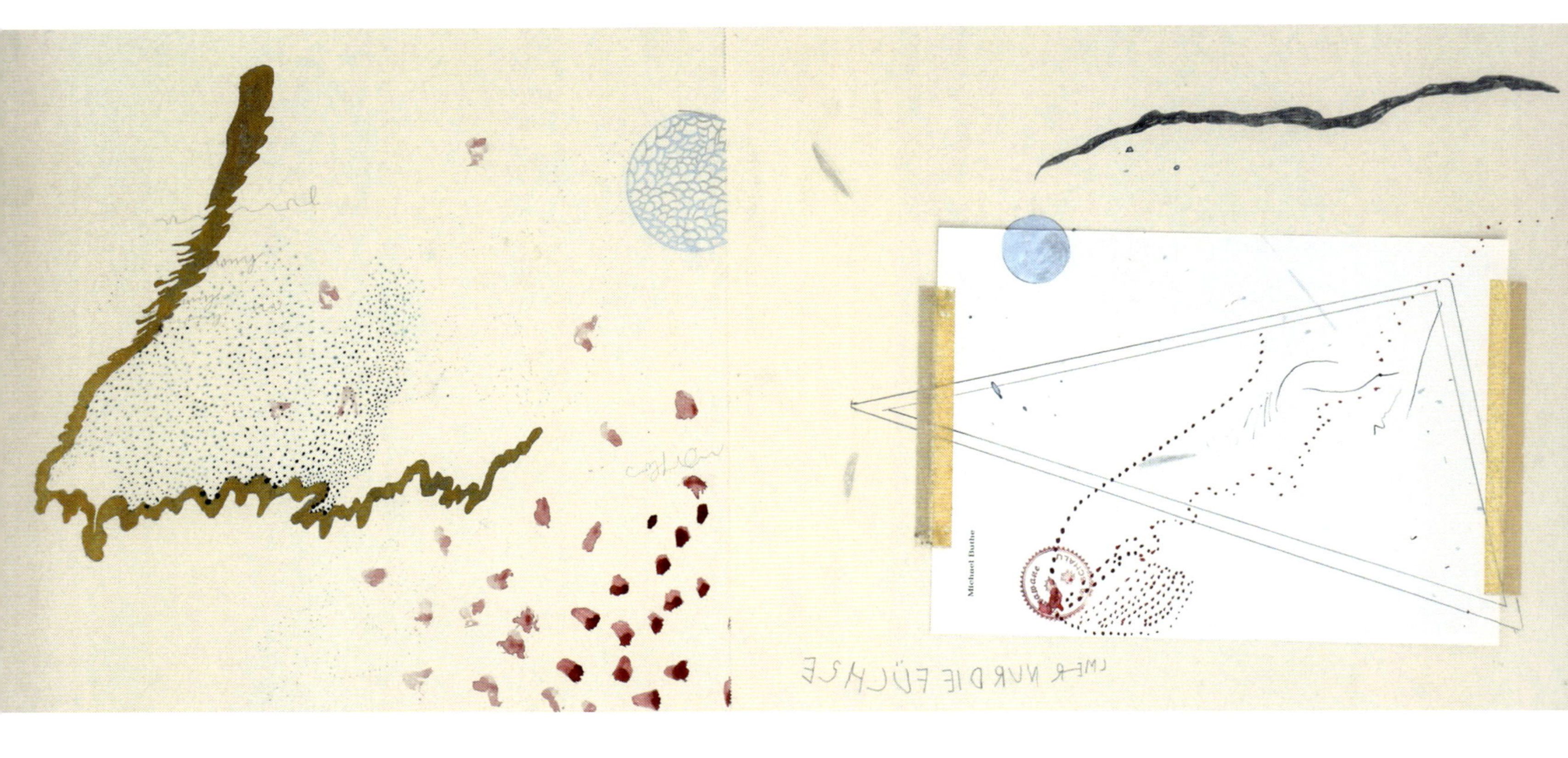

Ohne Titel *(Imer nur die Füchse)* Untitled *(Only Ever Foxes)* 1970 (Kat. cat. 35)

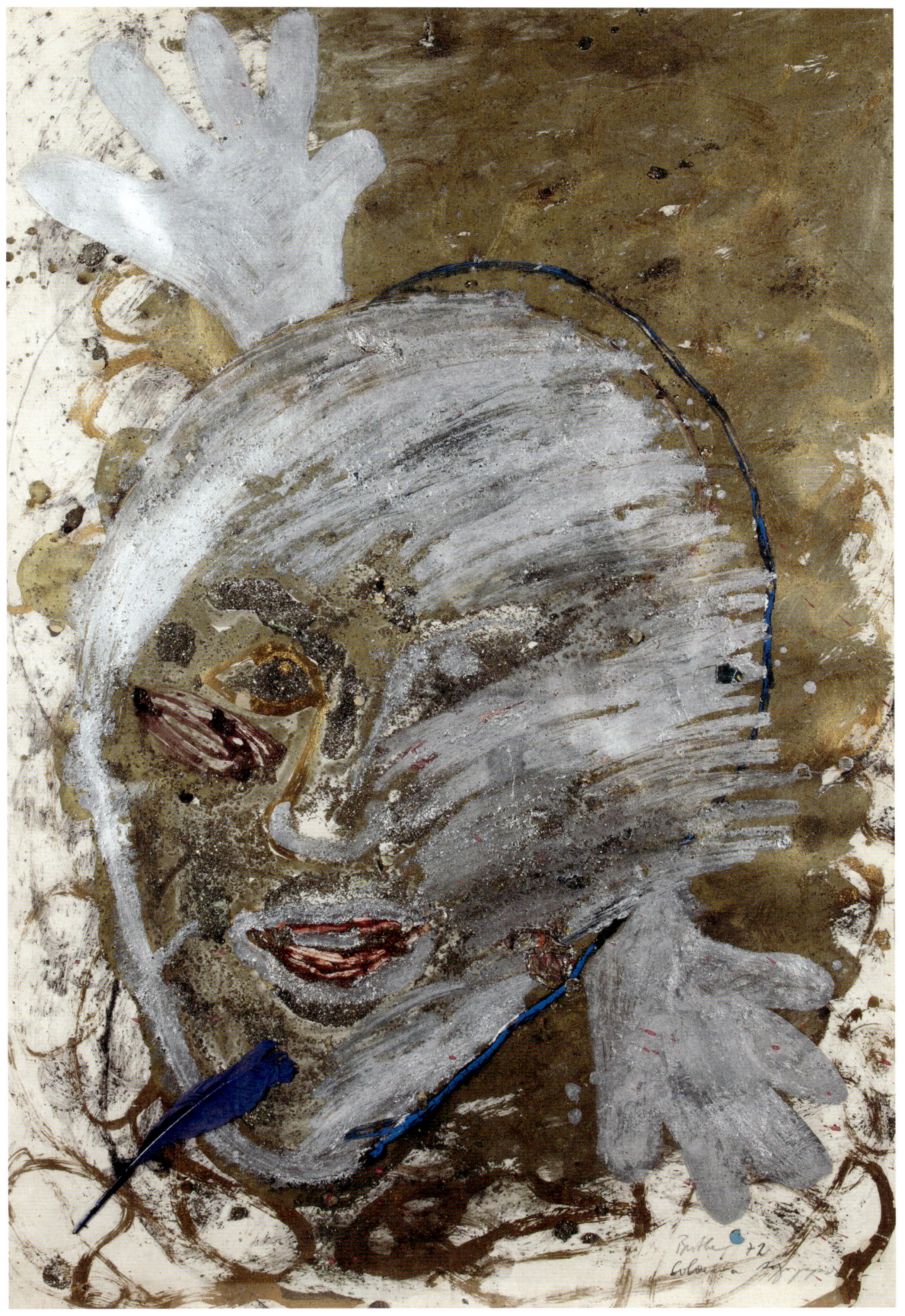

Colonia Agrippinensis 1972 (Kat. cat. 41)

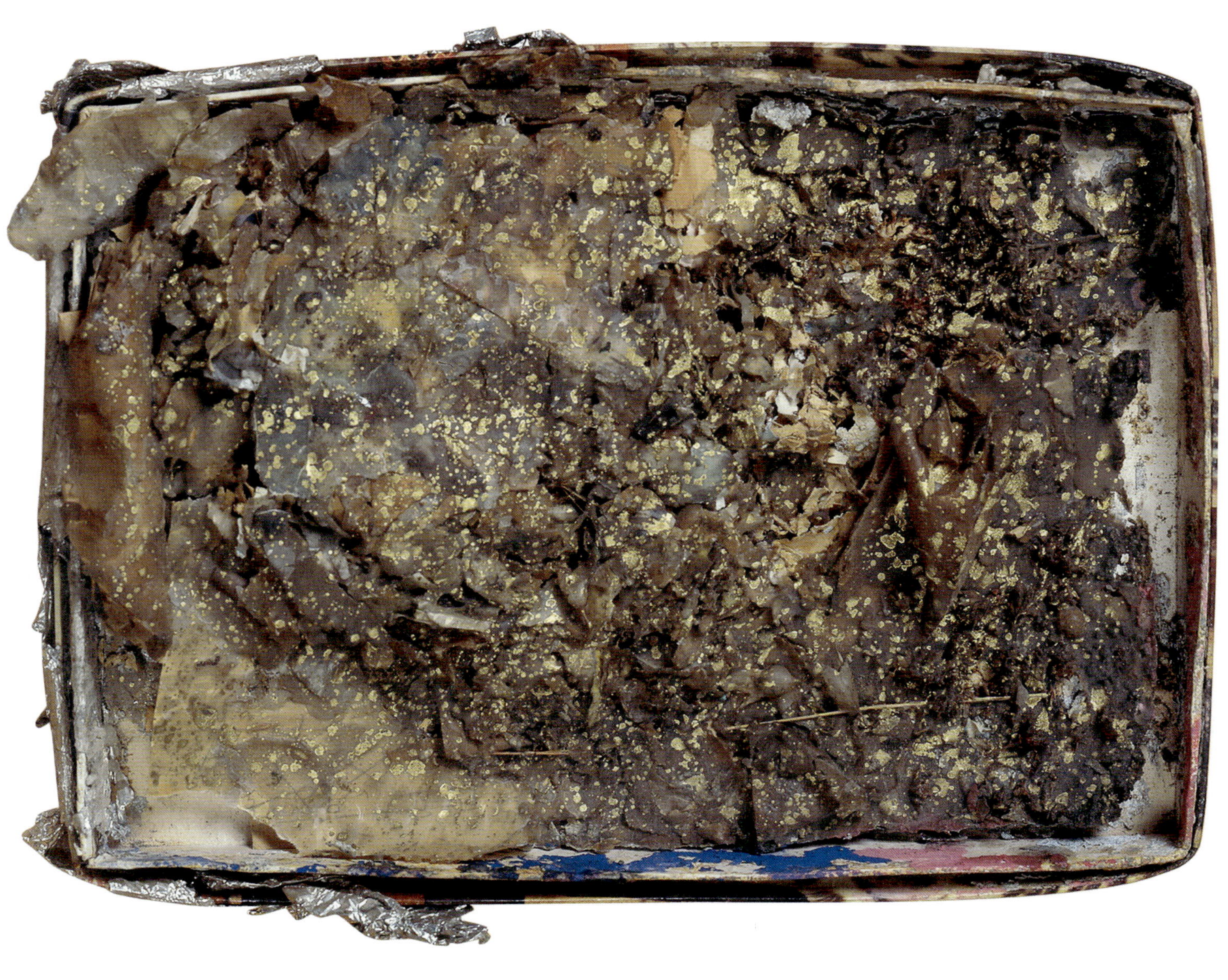

Mäusenest *Mouse Nest* 1970–1982 [Kat. cat. 39]

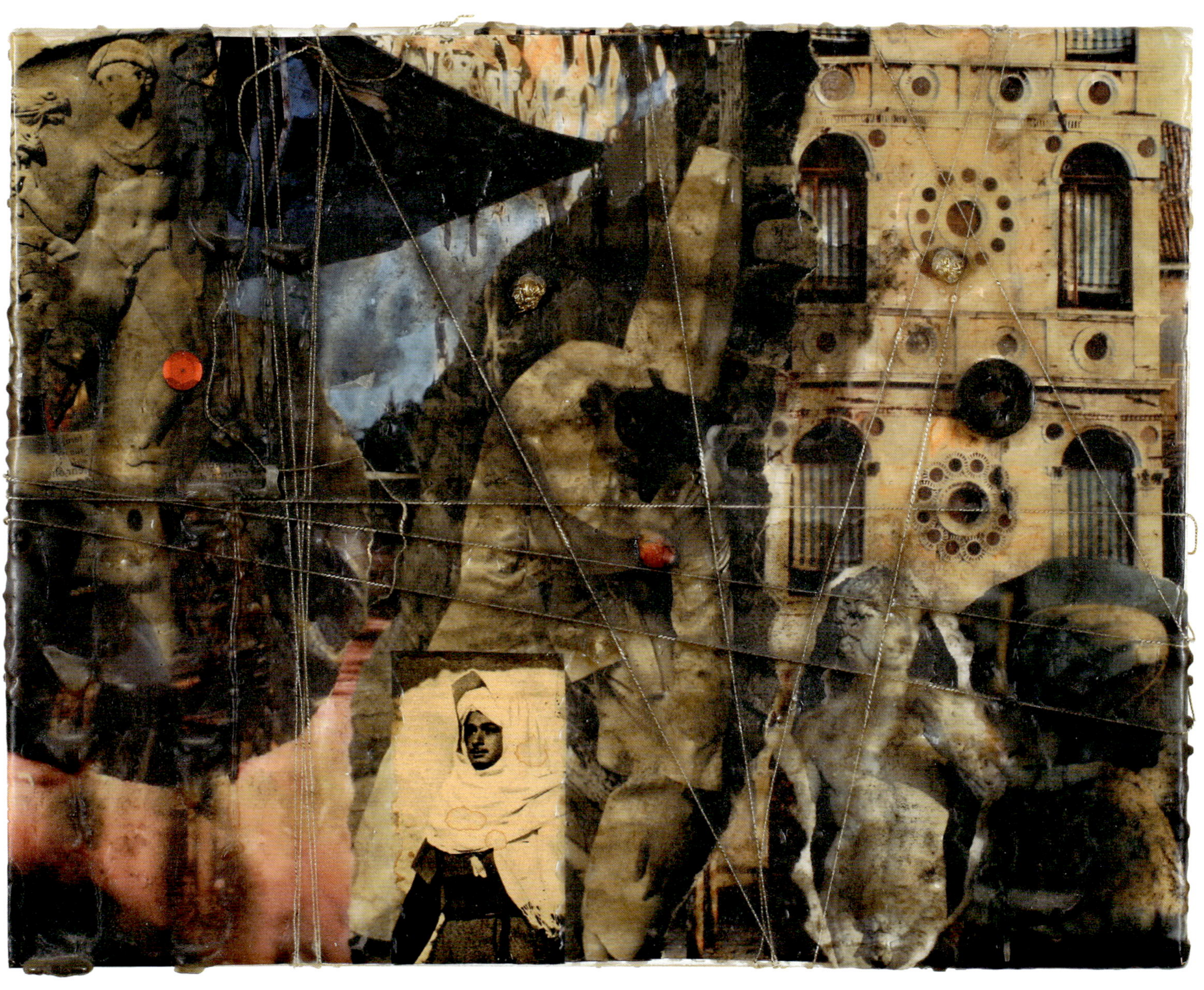

Ohne Titel Untitled 1978 (Kat. cat. 55)

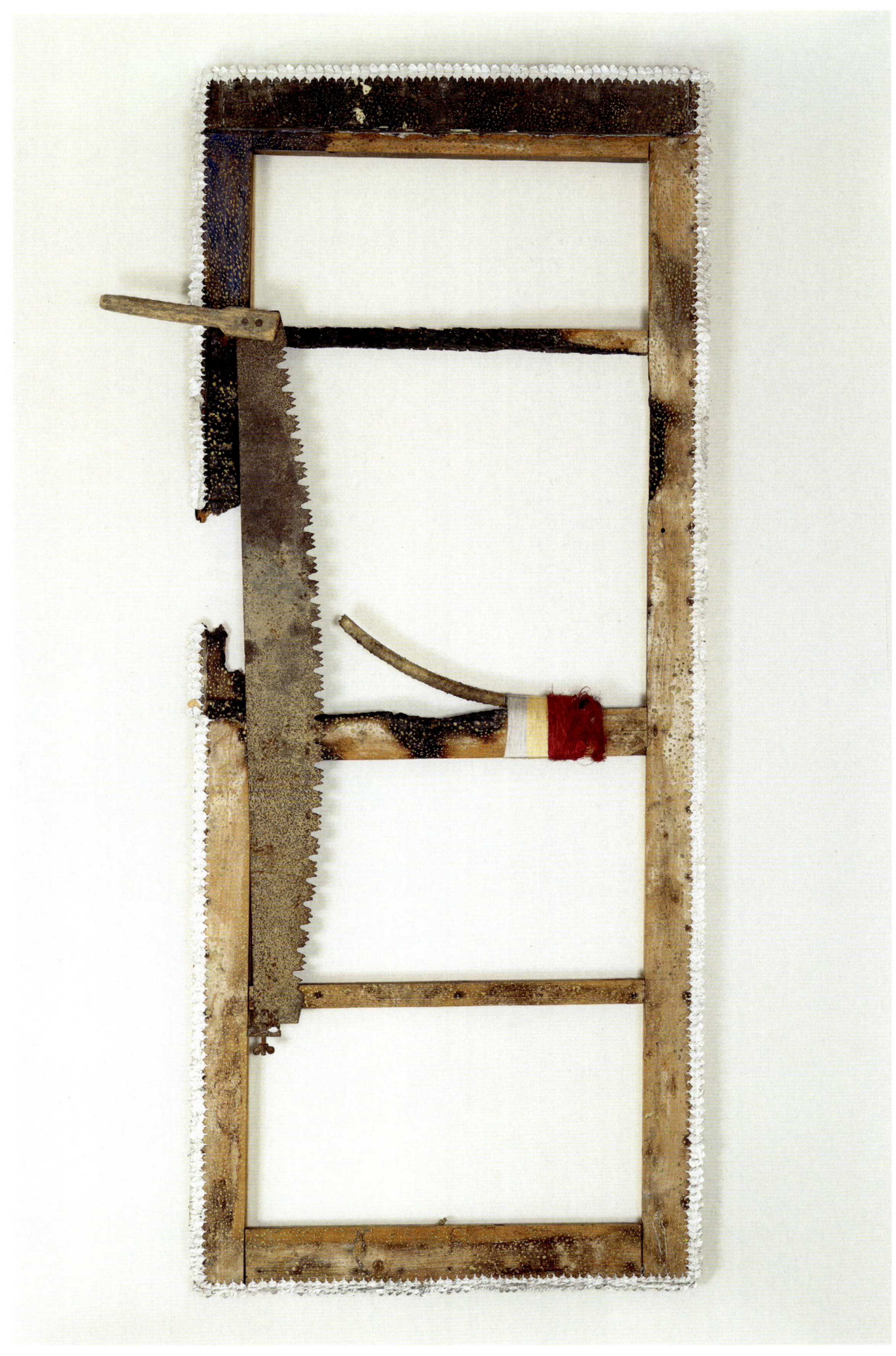

Diabolo mönstrale *Monstrous Devil* 1979 (Kat. cat. 57)

»Ich habe lange gesucht, bis ich diese alte Scheibe fand. Es ist ein alter Fassboden von einem Weinfass. Es ist ein Material, das viel Gelebtes und viele Energien gespeichert hat, ich könnte mich damit identifizieren.«[1]

Michael Buthe ist offensichtlich fasziniert von alltäglichen Gegenständen, die Spuren ihrer Geschichte zeigen. Immer wieder bezieht er solche Objets trouvés in seine Werke ein, um diese mit der in den Dingen gespeicherten Kraft aufzuladen. Dass Buthe seine Kunstwerke nicht aus dauerhaften, unveränderlichen Materialien wie Marmor oder Bronze, sondern aus gebrauchten, häufig beschädigten Fundstücken schafft, zeigt sein Interesse am Prozessualen. Der Defekt verweist darauf, dass das Objekt in der Vergangenheit intakt gewesen ist und dies in der Zukunft auch wieder werden kann, wenn auch vielleicht in anderer Form als zuvor. So kündet das Kunstwerk auch nicht von ewigen Wahrheiten, sondern vom Wandel als einzig Stetigem.

Der grobe hölzerne Keil- oder Fensterrahmen von *Diabolo mönstrale* weist Nagellöcher, Farb- und Brandspuren auf. An mehreren Stellen haben die Flammen das Holz sogar so weit verkohlt, dass Stücke des Rahmens herausgebrochen sind. An diesen Stellen band Buthe mit Fäden andere Objekte an die Leisten, die die Defekte teilweise ergänzen. Trotz (oder vielleicht gar wegen) dieser Beschädigungen umkränzt der Künstler den Rahmen wie einen Edelstein mit einer Fassung aus Stanniolpapier – auch dies eine für sein Schaffen typische Verschränkung von Gegensätzen: von Schönem und Hässlichem, Verworfenem und Edlem. Dieses Zusammenbringen von Gegensätzen findet seine deutlichste Ausprägung auf der linken Seite von *Diabolo mönstrale:* Hier überbrückte Buthe die durch Feuer entstandene Fehlstelle mit einem groben, rostigen Sägeblatt. Das Paradox, dass ein Gegenstand zur Zerstörung zur Regeneration eingesetzt wird, entspricht Buthes Vorstellung vom Künstler als Heiler.[2] (HS)

1 Michael Buthe 1986, in: *Der andere Blick. Heilungswirkung der Kunst heute,* hrsg. von Walter Smerling, Ausst.-Kat., Köln 1986, S. 29.

2 Karsten Müller, »Der Sonne entgegen«, in *Michael Buthe. Der Engel und sein Schatten / The Angel and His Shadow,* hrsg. von Karsten Müller, Ausst.-Kat. Ernst Barlach Haus, Hamburg; Arp Museum Bahnhof Rolandseck, Remagen, Bielefeld 2009, S. 12–25, hier S. 18.

"I searched for a long time before I found this old disk. It is the bottom of an old wine barrel. It is a material that has stored much life and many energies; I could identify with it."[1]

Michael Buthe was clearly fascinated by everyday objects that reveal the traces of their history. Again and again, he integrated such *objets trouvés* into his works in order to charge them with the energy stored in these things. The fact that Buthe created his works not from enduring, unchanging materials such as marble or bronze but rather from used, often damaged found pieces shows his interest in process. The defect indicates that the object was once intact and that this is possible again in the future, albeit perhaps in a different form than it was previously. Hence the work of art does not herald eternal truths but rather change as the only constant.

The coarse wooden stretcher or window frame of *Diabolo mönstrale (Monstrous Devil)* has nail holes and traces of paint and burns. In several places, flames had carbonized the wood so much that pieces of the frame have broken off. In these places Buthe used string to tie other objects to the moldings to partially replace them. Despite (or even precisely because of) this damage, the artist surrounds the frame like a precious stone with a setting of tin foil—another intertwining of opposites typical of his work: the beautiful and the ugly, the rejected and the precious. This bringing together of opposites is expressed most clearly on the left side of *Diabolo mönstrale:* Buthe bridged the piece missing as a result of a fire with a rough, rusty saw blade. The paradox that an object for destruction is employed to regenerate is in keeping with Buthe's idea of the artist as healer.[2] (HS)

1 Michael Buthe in 1986, trans. from *Der andere Blick: Heilungswirkung der Kunst heute,* ed. Walter Smerling, exh. cat. (Cologne, 1986), p. 29.

2 Karsten Müller, "Der Sonne entgegen," in *Michael Buthe: Der Engel und sein Schatten / The Angel and His Shadow,* ed. Karsten Müller, exh. cat. Ernst Barlach Haus, Hamburg; Arp Museum Bahnhof Rolandseck, Remagen (Bielefeld, 2009), pp. 12–25, esp. p. 18.

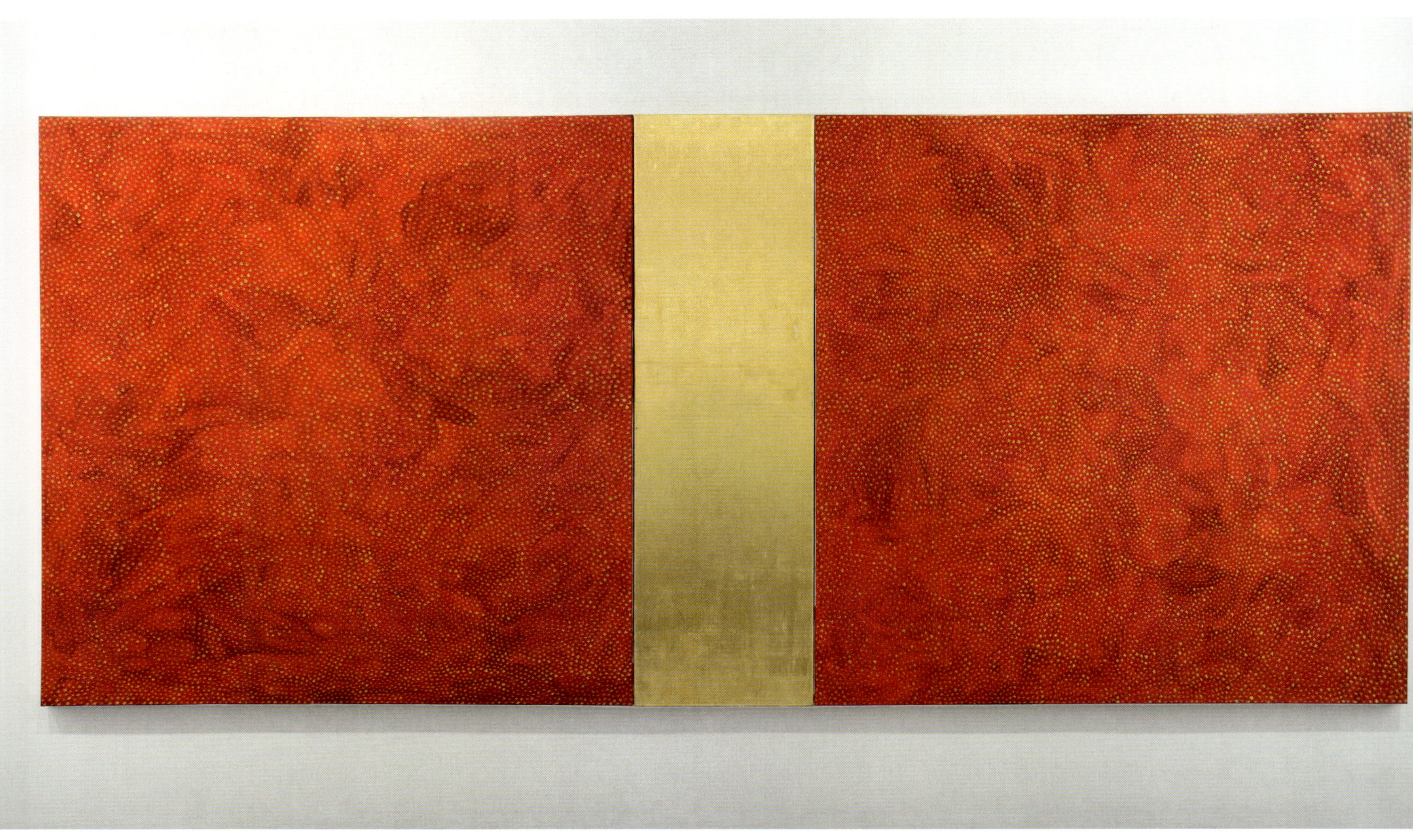

Le dernier secret de Fatima *Fatima's Last Secret* 1985 (Kat. cat. 63)

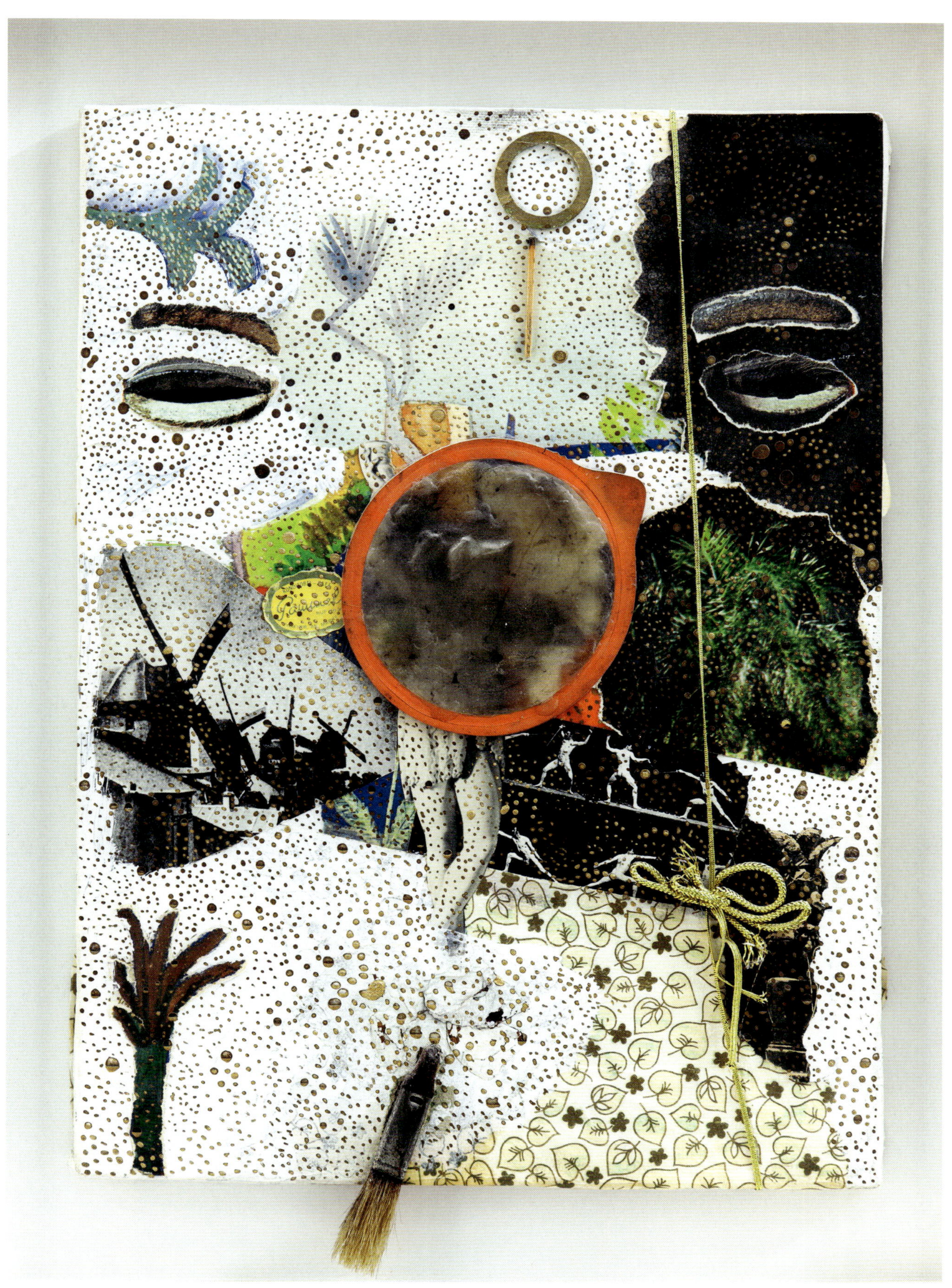

Ohne Titel Untitled frühe 1970er-Jahre early seventies (Kat. cat. 27)

Besonders im Spätwerk scheut Michael Buthe Kategorien wie Kitsch oder Humor, die üblicherweise von der hohen Kunst gemieden werden, bewusst nicht:

»Schöner Kitsch ist doch eigentlich prima und ist ebenfalls ein Teil des Lebens. Ich sehe im Kitsch nicht diese Negativform. Dann wäre auch die ganze Ornamentik in dem Sinne Kitsch. Oft werden doch nur Dinge Kitsch genannt, die nicht verstanden werden, oder wenn bestimmte Sachen wie z. B. Farben nicht gesehen werden.«[1]

Landschaft (Spanische Energie) lässt nicht nur Gold und Brokat brachial mit einer hölzernen Heugabel und einem Stück Pappkarton zusammenkrachen. Auch verschiedene Formen von Malerei sind in diesem Werk verbunden: Weit ausholende Malgesten und pastose Farbschüttungen treffen direkt auf breite Felder, auf denen Buthe die Farbe in einem für sein Schaffen seit den 1970er-Jahren typischen Punktmuster aufgetragen hat; dem langwierigen Schaffensprozess stehen spontane Bewegungen gegenüber. Verschiedene dieser Malgesten bilden einzelne Züge eines grotesken Gesichtes.

Dadurch verschränkt Buthe zwei Richtungen, die noch zu seiner Jugendzeit nicht nur kunsttheoretisch, sondern auch politisch heiß debattiert werden: die gegenständliche und die abstrakte Kunst. Während für viele die gegenständliche Darstellung als vorherrschende Kunstform der totalitären faschistischen und sozialistischen Diktaturen diskreditiert ist, gilt die Abstraktion als Ausdrucksform der westlichen Demokratien.[2] Wenn Buthe Gegenständlichkeit und Abstraktion in einem Gemälde mit Opulenz, Kitsch und Groteskem zusammenbringt, zeigt er sich als Mitglied der Generation von Künstlern wie Sigmar Polke, die auf die existenzielle Schwere der Nachkriegskunst mit dadaistischem Witz und Ironie reagieren. Damit entziehen sich die Zeitgenossen des RAF-Terrors und der sogenannten »bleiernen Zeit« auch einer politischen Vereinnahmung. (HS)

1 Michael Buthe 1991, in: Christiane Vielhaber, »Kunst ist ein Sprechen mit der Seele. Über Michael Buthe«, in: *Künstler. Kritisches Lexikon der Gegenwartskunst*, 17, 5, München 1992, S. 7.

2 Eduard Beaucamp, »Der säkulare Bilderstreit«, in: *Willi Baumeister – Karl Hofer. Begegnungen der Bilder*, hrsg. von Hans-Werner Schmidt, Ausst.-Kat. Museum der bildenden Künste Leipzig, Bielefeld 2005, S. 212–219, hier S. 214.

Particularly in his late work, Michael Buthe deliberately refused to shy from categories such as kitsch and humor that are usually avoided by high art:

"Beautiful kitsch is great, really, and it too is part of life. I don't regard kitsch in this negative way. For then all ornamentation would be kitsch in that sense. Often things are merely called kitsch by those who fail to understand them, or when certain things, such as colors, are overlooked."[1]

Landschaft (Spanische Energie) does not just cause gold and brocade to collide violently with a wooden pitchfork and a piece of cardboard. Different forms of painting are also linked in this work: Sweeping painterly gestures and impasto dripped paint meet directly on broad fields on which Buthe applied the paint in the dot pattern typical of his work from the nineteen-seventies onward; the prolonged process of creation is contrasted with spontaneous movements. Many of these painterly gestures form the individual features of a grotesque face.

In the process, Buthe intertwines two movements that in his youth were hotly debated not only in art theory but also politically: representational and abstract art. Whereas for many, representationalism—as the dominant art form of totalitarian, fascist, and socialist dictatorships—had been discredited, abstraction was considered the form of expression of Western democracies.[2] When Buthe combined representationalism and abstraction in one painting with opulence, kitsch, and the grotesque, he was revealing himself to be a member of the generation of artists such as Sigmar Polke who reacted to the existential gravity of postwar art with Dadaist wit and irony. By doing so the contemporaries of the terrorism of the Rote Armee Fraktion (Red Army Faction) and Germany's so-called *bleierne Zeit* (literally "leaden times") avoided political appropriation as well. (HS)

1 Michael Buthe in 1991, trans. from Christiane Vielhaber, "Kunst ist ein Sprechen mit der Seele: Über Michael Buthe,"in *Künstler: Kritisches Lexikon der Gegenwartskunst* 5, no. 17 (Munich, 1992), p. 7.

2 Eduard Beaucamp, "Der säkulare Bilderstreit," in Willi Baumeister, Karl Hofer: Begegnungen der Bilder, ed. Hans-Werner Schmidt, exh. cat. Museum der bildenden Künste Leipzig (Bielefeld, 2005), pp. 212–19, esp. p. 214.

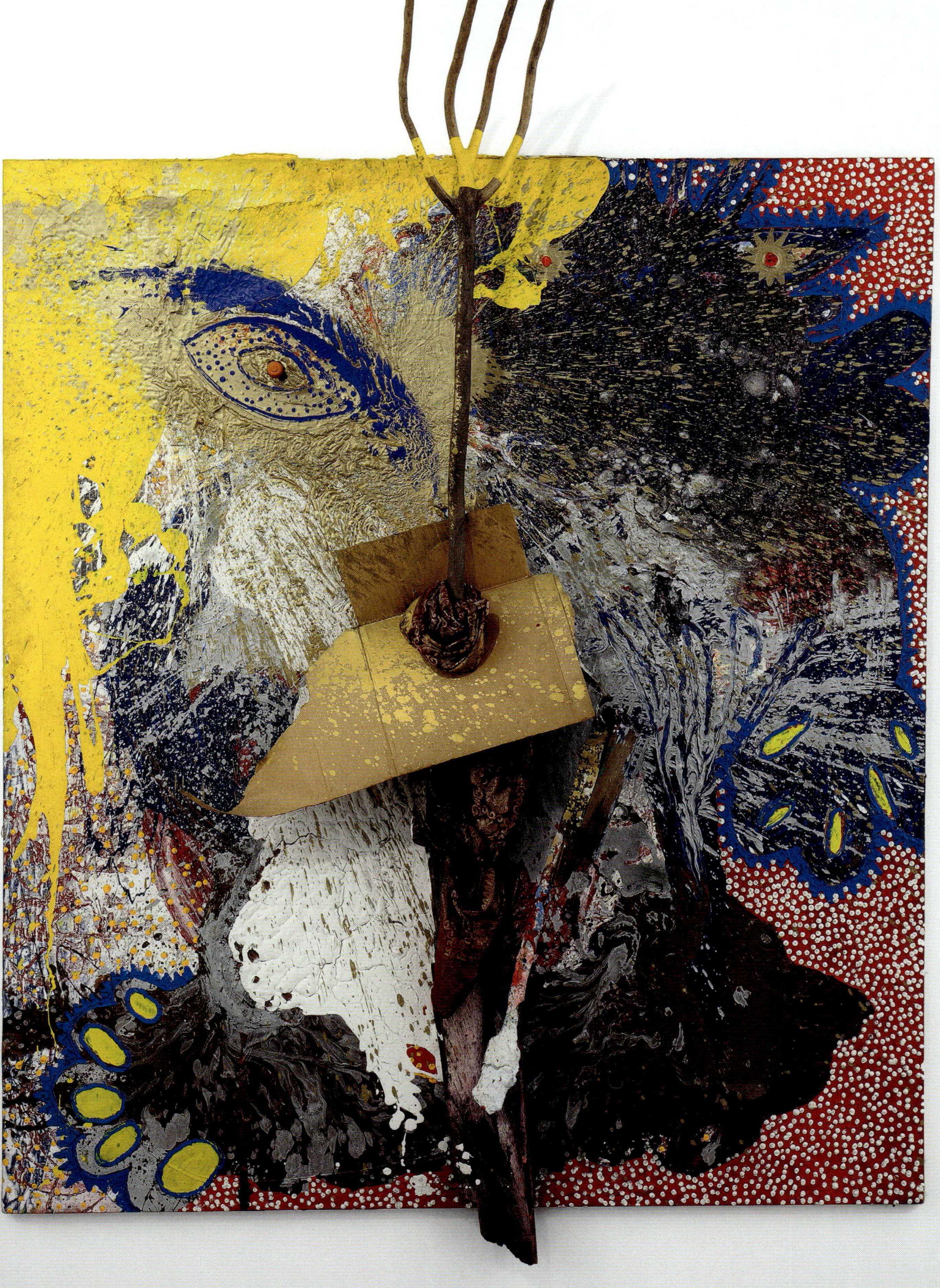

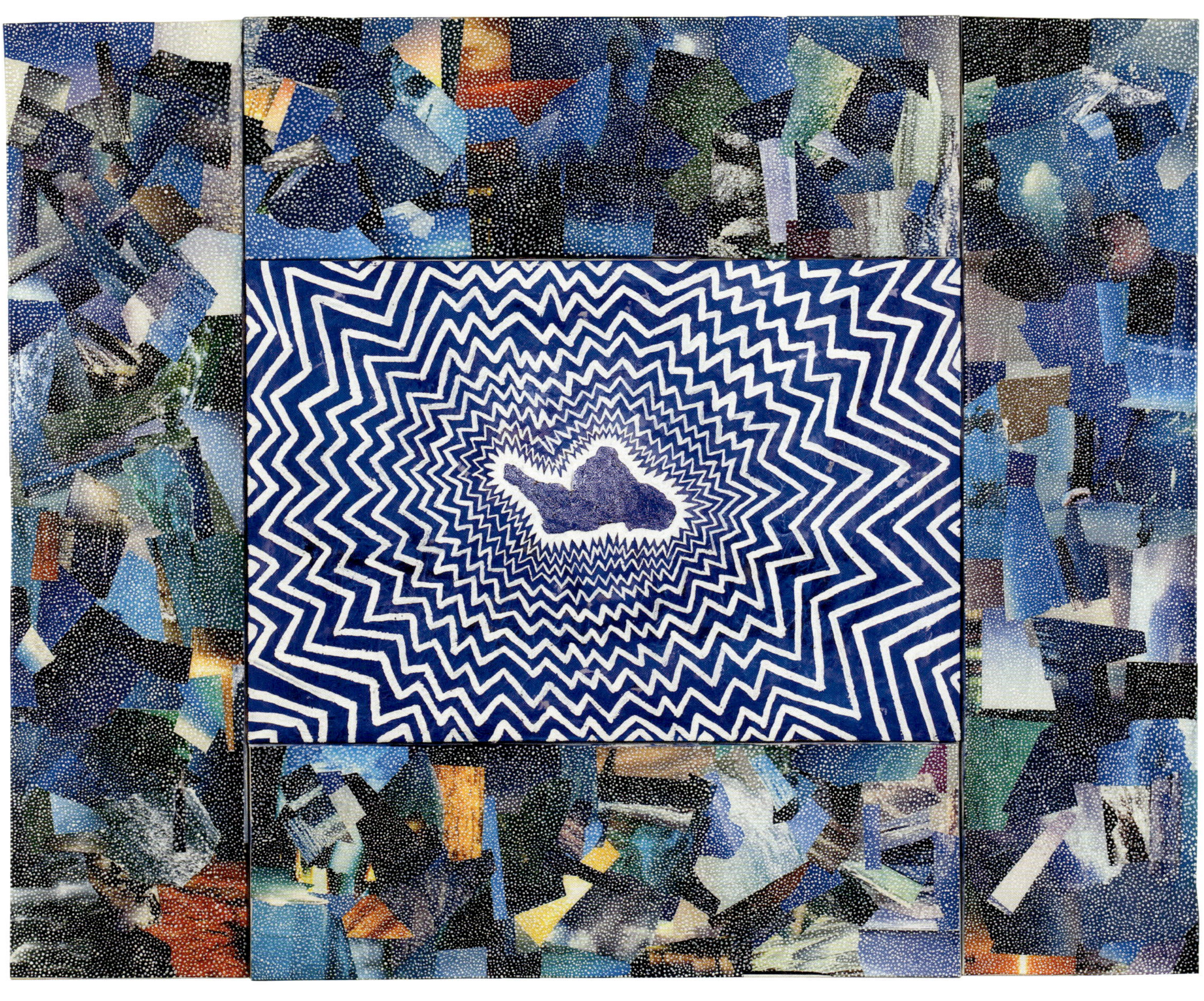

Die Insel The Island 1989 (Kat. cat. 70)

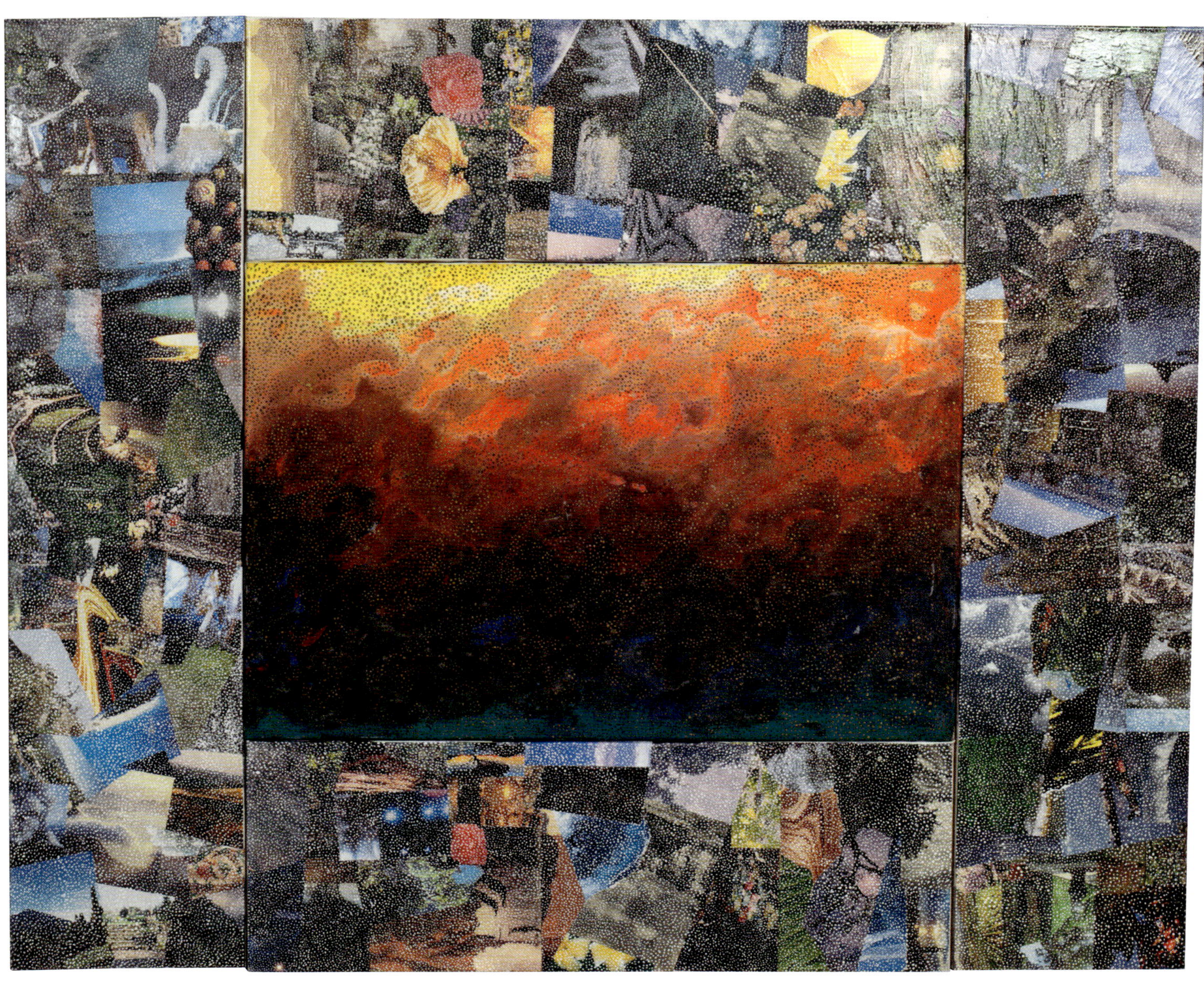

Sonnenaufgang *Sunrise* 1989 [Kat. cat. 72]

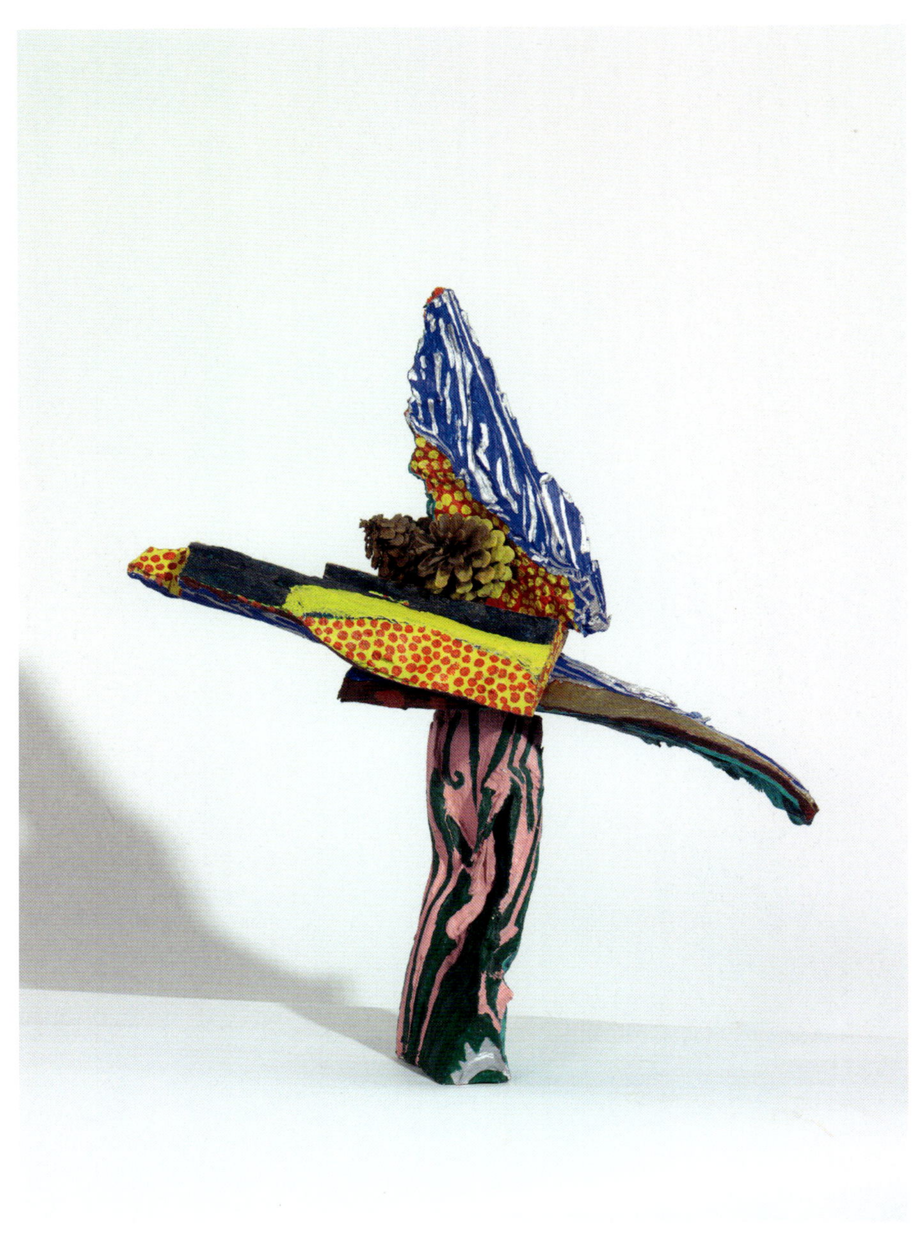

Ohne Titel Untitled 1991 (Kat. cat. 75)

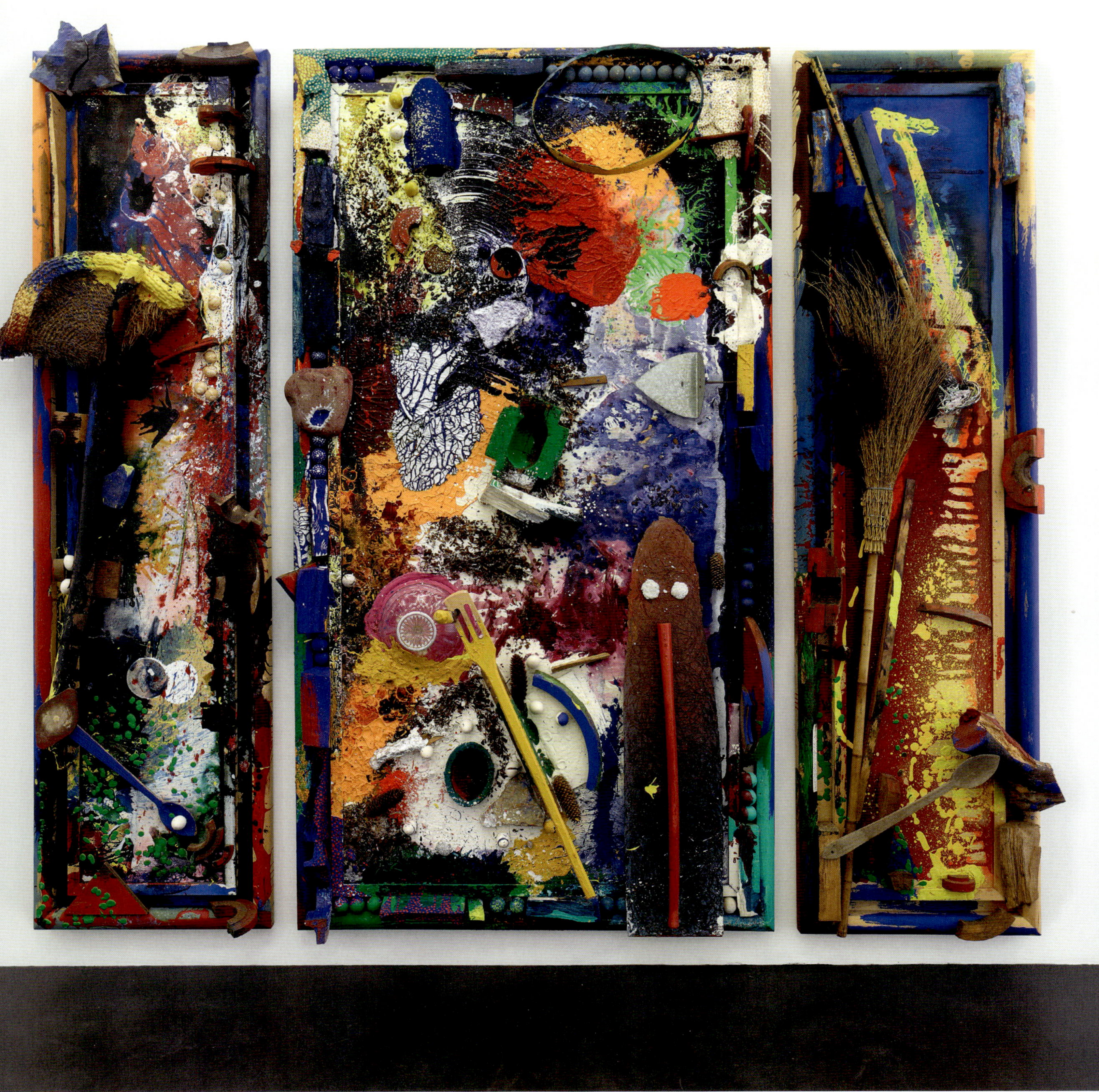

Ohne Titel Untitled 1992 (Kat. cat. 77)

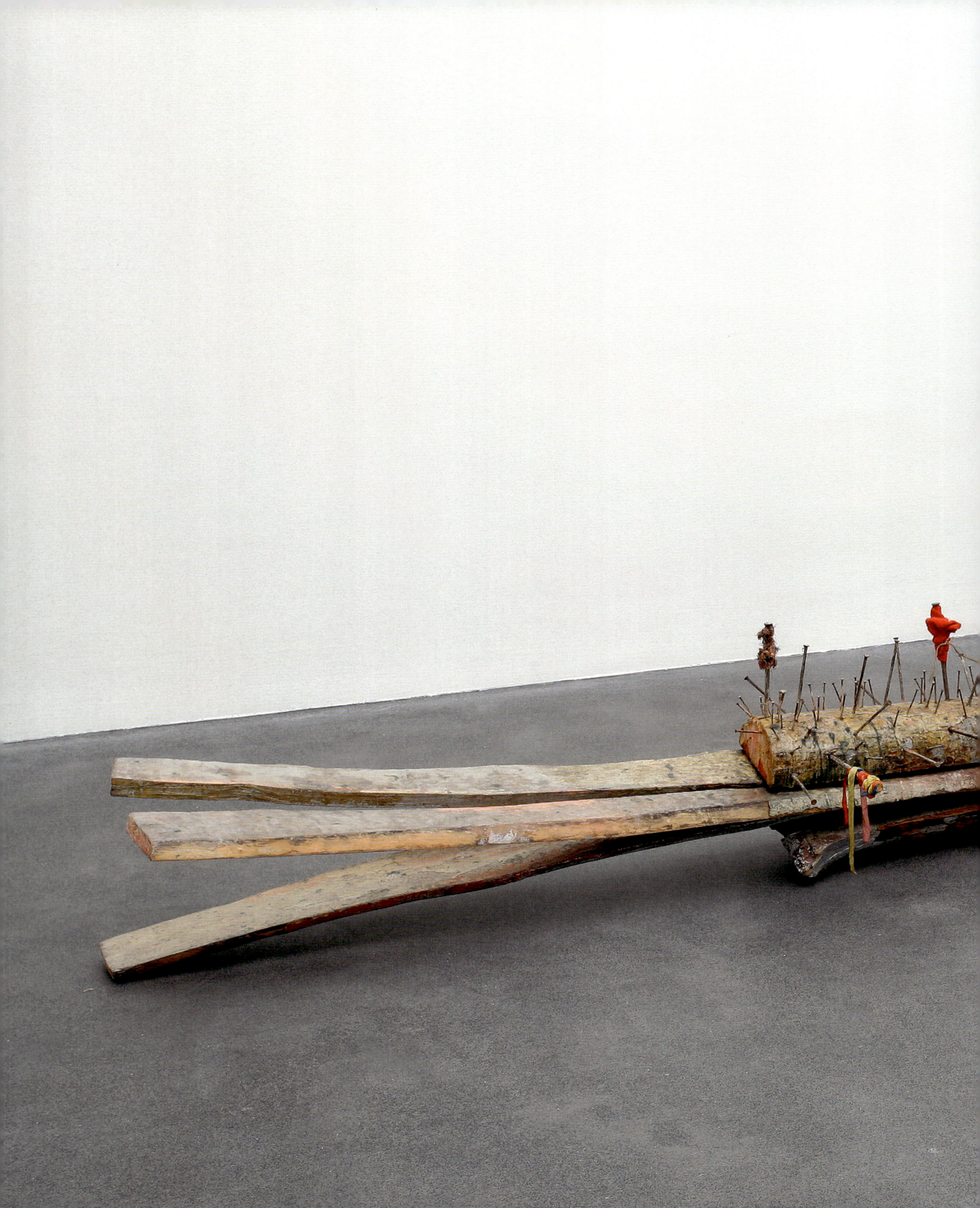

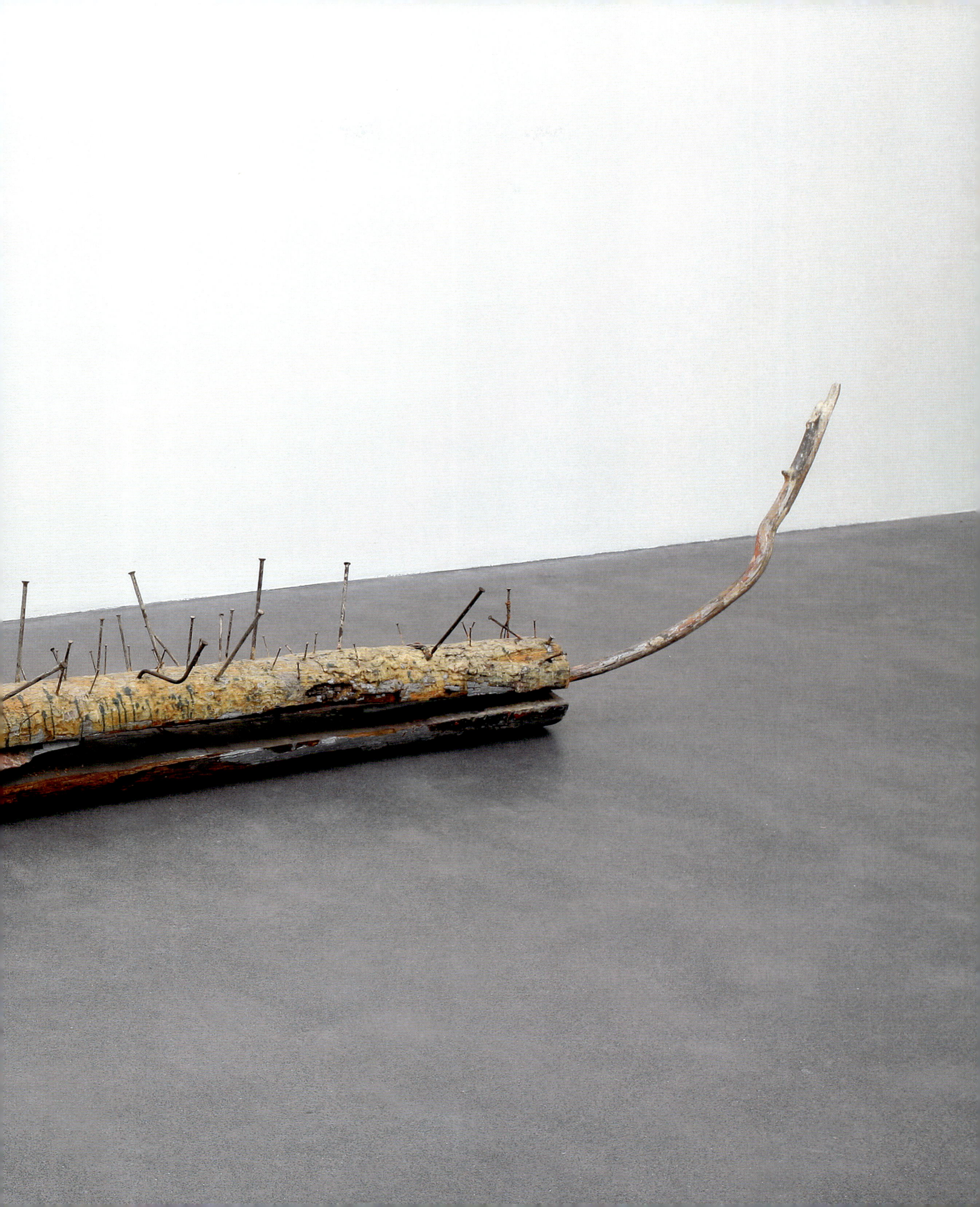

Das offene System
Skulptur und Sprache bei Michael Buthe

Martin Germann

Wird eine Retrospektive organisiert, so ist der Präsentationsgegenstand in der Regel das Verbliebene, was aus diesem oder jenem Grund als zeigenswert erachtet wird. Bei Michael Buthe, dessen Werk sich ab Ende der 1960er-Jahre im Zusammenspiel von Zeichnung, Malerei, Bildhauerei, aber auch Aktion und Performance entfaltet, wird das Hinterlassene trotz der kurzen Zeitspanne von knapp dreißig Jahren künstlerischer Aktivität reflexhaft als unübersichtlich wahrgenommen, was primär in der unerhörten optischen Fülle und Sprachkraft des Geschaffenen begründet liegen könnte. Doch wie Stephan von Wiese feststellt, erschöpft sich Buthes Werk grundsätzlich nicht in gewöhnlichen Kategorien von »Form und Materialität«, sondern geht aufgrund seiner wesenshaften Berührung mit außereuropäischen Riten, Mythen und Ritualen »über einen bürgerlichen Kunstbegriff weit hinaus«.[1] Möglicherweise scheinen logisch-rationalistische Übersichtskategorien hier nicht gewünscht oder, weiter noch, strukturell ausgeschlossen.

Denn was sich in Wieses Vorwort, zu Lebzeiten Buthes verfasst, auf die kulturelle Spannweite des Werkes bezog, zeigt sich mit einem retrospektiven Blick – also einer Betrachtung, die die vermeintliche Totalität einer Praxis sichtbar machen könnte – mit anderer Brisanz: Eine systemische Erfassung wurde noch längst nicht vollzogen, die wissenschaftliche Aufarbeitung in Form eines Werkverzeichnisses oder eines Catalogue raisonné steht weiterhin aus. Eine solche Widerspenstigkeit gegenüber Parametern musealer oder wie auch immer gearteter Organisation weist auf eine kritische und bislang noch nicht vollständig gewürdigte Komponente im Schaffen des Künstlers hin. Ein tiefes Unbehagen gegenüber dem Rückblick und ein Faible für die Gegenwart trieben den fortlaufenden Grenzgang von Buthes Schaffen an. Geografisch gesehen ist Buthes Heimatstadt Höxter der Ort in Deutschland, der am weitesten von einer Autobahn entfernt liegt. Ohne stigmatisierende Hintergedanken mag diese »Kunstferne« dazu beigetragen haben, dass Höxter den deutschen Künstler der zweiten Hälfte des 20. Jahrhunderts hervorgebraucht hat, der am ehesten für so etwas wie »künstlerische Freiheit« stehen könnte.

Zu Beginn seiner Karriere arbeitete Michael Buthe vor allem an Zeichnungen, Stoffbildern und Skulpturen, die er auch 1969 in Harald Szeemanns wegweisender Wanderausstellung *When Attitudes Become Form* zeigen sollte. Sowohl in den Stoffbildern, für die der Künstler ungefärbten oder eingefärbten Stoff auf Keilrahmen spannte und dann einriss, wie auch in seinen collagenhaften, häufig Wachs und Fäden integrierenden Zeichnungen brach Buthe, ähnlich wie Eva Hesse, Blinky Palermo oder Robert Morris, die Finalität und Strenge der minimalistischen Kunst auf. Über das jeweils Weiche, Organische oder Prozesshafte materialisierte sich die Idee einer fragmentarischen, unabgeschlossenen Natur der Dinge. Dieser Material-

Abb. S. III. pp. 58/59 *Krokodil* *Crocodile* 1973 (Kat. cat. 46)

The Open System
Sculpture and Language in Michael Buthe's Work

Martin Germann

When it comes to organizing a retrospective, the works presented are generally those that have survived, those considered worthy of exhibiting for one reason or another. In the case of Michael Buthe, whose work unfolded from the mid nineteen-sixties in an interplay between drawing, painting, sculpture as well as interventions and performances, his legacy at first conveys the impression of obscurity—despite the relatively short period of almost thirty years that encompassed his artistic activity. This is almost certainly due to the extraordinary visual abundance and evocative power of his oeuvre. However, as Stephan von Wiese has observed, the usual categories of "form and material" do not suffice to describe Buthe's work, which "goes far beyond the bourgeois notion of art,"[1] due to his interest in non-European rites, myths, and rituals. In this context, logical and rational categories are probably not called for or perhaps structurally impossible to apply.

Wiese's reference to the cultural breadth of the artist's work in his foreword, written when Buthe was still alive, takes on a different relevance in the hindsight of a retrospective—a perspective that could potentially expose the hypothetical totality of an artist's practice. A systematic overview of Buthe's work has by no means been compiled, and a scholarly investigation of his oeuvre in form of a catalogue raisonné is still to be undertaken. This intractability in relation to the parameters dictated by a museum or similar organization points to a critical and not yet fully appreciated aspect of the artist's oeuvre. A strong resistance to the historical overview and an affinity for the present remain driving elements behind Buthe's work, a practice defined by the exploration of boundaries. Geographically speaking, Buthe's native city Höxter is the German town situated farthest away from an *autobahn*. Without implying any kind of stigma, this location far off the "art map" may have contributed to bringing forth the German artist from the second half of the twentieth century who could be considered to most readily embody the concept of "artistic freedom."

At the beginning of his career Michael Buthe worked primarily on drawings, fabric paintings, and sculptures, which were shown in 1969 in Harald Szeemann's seminal traveling exhibition *When Attitudes Become Form*. Both in his fabric paintings, for which the artist spanned dyed or natural cloth onto frames before tearing it apart, and in his collage-like drawings often incorporating wax and thread, Buthe broke with the finality and stringency of minimalist art—as did Eva Hesse, Blinky Palermo, and Robert Morris. Through softness, organic elements, and a process-based approach, the idea of the fragmentary, unresolved nature of things is manifested. This use of material—which relativized any

und Symbolgebrauch, der jegliche Totalität relativiert und aus Gegensatzpaaren wie Wunde (Riss) und Heilung (Wachs, Faden) seine Spannung bezieht, sollte als Grundton Buthes gesamte Arbeit bestimmen: »Eine demonstrative Unordnung steht einer geheimen Ordnung gegenüber«,[2] häufig auch, indem das Bestehende oder Vorhandene – auch im eigenen Werk – paraphrasiert, ironisiert oder gespiegelt wird. Oder gar verschwindet, denn *es ist ja in der Welt gewesen*.

Der französische Filmemacher und Künstler Michel Auder (geb. 1945) beschreibt ein Schlüsselerlebnis während eines Besuches im marokkanischen Essaouira, wo Michael Buthe 1972 nach seinen ersten Afrika-Reisen 1970 und 1971 zeitweise lebte:

»Wir stießen auf ein fürstliches Haus, in dem Michael der Prinz war. Das Haus hatte drei Etagen, innen einen Hof, etwa fünfzehn Zimmer insgesamt. In vielen gab es Gemälde, Skulpturen und Installationen von Michael – Häuser aus Zweigen mit vielen Dingen behangen, die er am Strand fand und mitbrachte. Ständig fügte er hinzu oder nahm wieder weg. Rundherum liefen in den Zimmern die Hühner und gackerten.«[3]

In dieser Beobachtung bündeln sich trotz der Kürze wesentliche Merkmale von Buthes Kunstverständnis. Bemerkenswert scheint das permanente Addieren und Subtrahieren von Material, das einen fortlaufenden Fluss der Aktivität beschreibt. Beinahe wird ein Raum gewordener Zustand des Machens dargestellt, der weniger für eine anekdotische Momentaufnahme als vielmehr für eine spezifische künstlerische Ökonomie einsteht, die sich über die nähere Betrachtung einiger Elemente aus Buthes Kosmos vertiefen lässt.

Michael Buthes Idee von Collage und Skulptur ließ keinen Stillstand zu. Einige Werke wuchsen über längere Zeiträume, sie blieben prekär und offen im Wortsinne. Mit *Boulli Afrikaa* (Abb. S. 135) betitelte Buthe eine Skulptur, die 1972 die Schuhe und eine rote Kette eines senegalesischen Musikers zum ideellen Ausgangspunkt nahm und von diesem Moment an sukzessive mit Erinnerungsstücken und weiteren Objets trouvés angefüllt wurde. Holzstücke, Knochenteile, Haushaltswerkzeuge und Schnüre wurden hinzugefügt, bis das Ganze zu einem in der Werklegende nicht vermeldeten Zeitpunkt abgeschlossen war. Auch die Entstehung von *Mäusenest* (1970–1982, Abb. S. 46) durchlief die gesamten 1970er-Jahre, um in den frühen 1980er-Jahren zum Stillstand zu kommen. Es zeigt einige prototypische Idiome Buthes, wie das beständige, häufig humorvolle, beinahe pendelartige In-Beziehung-Setzen von Disparatem: Die Ränder des Kästchens, in dem sich Mäuse eingenistet hatten und das Buthe in seinem Höxter Atelier fand, sind mit kräftigem Pink und Blau bemalt, innen wird die farbliche Rahmung von bräunlichen Wachsschichten konterkariert, die wiederum mit goldfarbenen Sprenkeln überzogen sind. Das von Mäusen bewohnte und dann vom Künstler bearbeitete Objekt versinnbildlicht ebenso die Vorstellung der lebenden Skulptur wie Buthes Unterminierung kulturbegrifflicher Grenzen, unterstrichen durch die zuvorkommende Behandlung dieser meist unliebsamen Gäste.

Mit ähnlicher Offenheit behandelte Buthe auch die Installation von Werken, die keinesfalls an jedem Ausstellungsort gleich aussehen mussten. Eine 1976 entstandene, unbetitelte 16-teilige Collage aus der Sammlung Goetz zeigt eine Reihe von mit Wachs, Farbe und weiterem Material überzogener Halbprofile von Gesichtern. Auf verschiedenen Installationsansichten wird erkennbar, dass Buthe das mehrteilige

potential notion of totality and which drew its inherent tension from the use of opposites such as the wound (tear) and healing (wax, thread), formed an underlying tone of his work as a whole: "Overt disorder is paired with secret order,"[2] often in that existing or given elements—even those of his own work—are paraphrased, treated ironically, or mirrored. Or such elements even disappear, after having been a temporary part of the world's existence.

The French filmmaker and artist Michel Auder (born in 1945) described a key experience during one of his visits to Essaouira in Morocco, where Michael Buthe lived for a while in 1972 after his first trips to Africa in 1970 and 1971:

"We came to a lavish house, where Michael was the prince. The house had three stories, an inner courtyard, some fifteen rooms in all. In many of them there were paintings, sculptures, and installations by Michael—houses made of branches draped with many different things he had found and brought back from the beach. He was constantly adding or removing things. All the while there were clucking chickens running around the rooms."[3]

Although brief, this observation conveys essential aspects of Buthe's idea of art. Notable is his constant adding and subtracting of materials, which describes a continuous flow of activity. It almost indicates a spatial manifestation of the act of creation, which, rather than serving as an anecdotal snapshot,brings a specific creative economy to light, which is best expanded through a closer look at several aspects of Buthe's cosmos.

Michael Buthe's idea of collage and sculpture did not allow for standstill. Some works developed over extended periods of time, literally remaining precarious and open. *Boulli Afrikaa* (ill. p. 135) is the title that Buthe gave to a sculpture, which began conceptually in 1972 with the shoes and red necklace of a Senegalese musician and from then on was successively filled with other keepsakes and *objets trouvés*. Pieces of wood, bits of bone, household tools, and twine were added, until the object was finished at a point in time not recorded in his list of works. The creation of *Mäusenest* (*Mouse Nest*, 1970–1982, ill. p. 46) spans the entire decade of the seventies, finally coming to a standstill in the early eighties. It illustrates a typical idiom of Buthe's—a constant, often humorous, and almost pendulous placing of disparate elements in relation to one another. The edges of a box, where mice had nested and which Buthe had found in his studio in Höxter, are painted in bright pink and blue. On the interior, this colorful framing is countered by brownish layers of wax, which are covered with sprinkles of gold. Inhabited by mice and transformed by the artist, the object represents both the notion of a living sculpture as well as Buthe's tendency to undermine traditional definitions and delineations of culture, as demonstrated by this most courteous attitude towards generally unwelcome guests.

Buthe approached the installation of his works with a similar openness; by no means did they need to appear in the same form from one exhibition to the next. A sixteen-piece, untitled collage from 1976, now in the Goetz Collection, shows a row of faces in three-quarter profile and coated with wax, paint, and other materials. Different photos of his installations demonstrate how Buthe sometimes showed the work vertically and sometimes horizontally depending on the

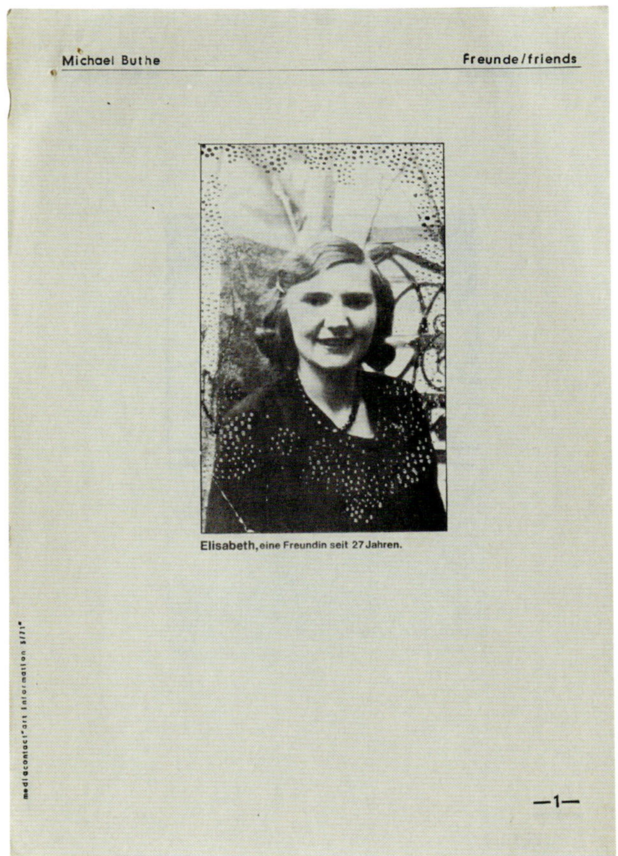
Michael Buthe Freunde/friends

Elisabeth, eine Freundin seit 27 Jahren.

mediacontact"art information 5/71"

—1—

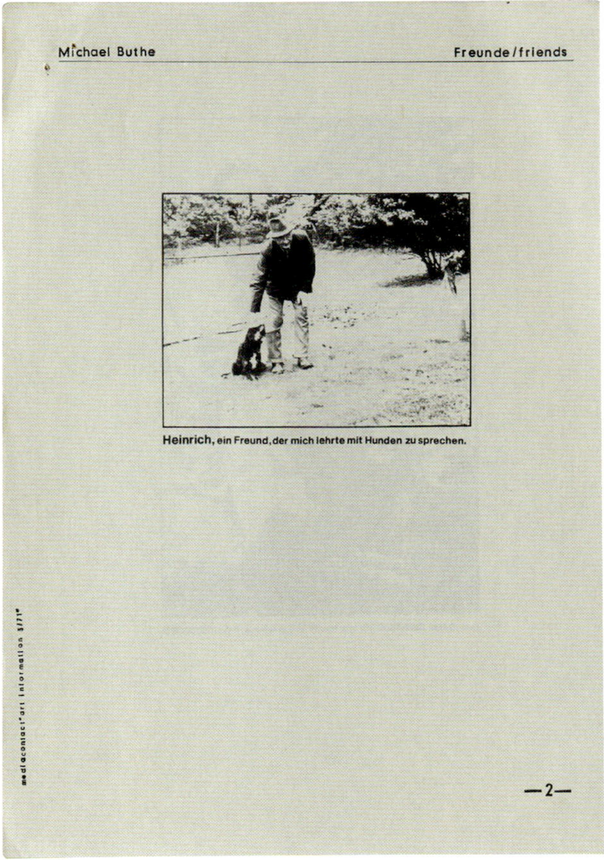
Michael Buthe Freunde/friends

Heinrich, ein Freund, der mich lehrte mit Hunden zu sprechen.

mediacontact"art information 5/71"

—2—

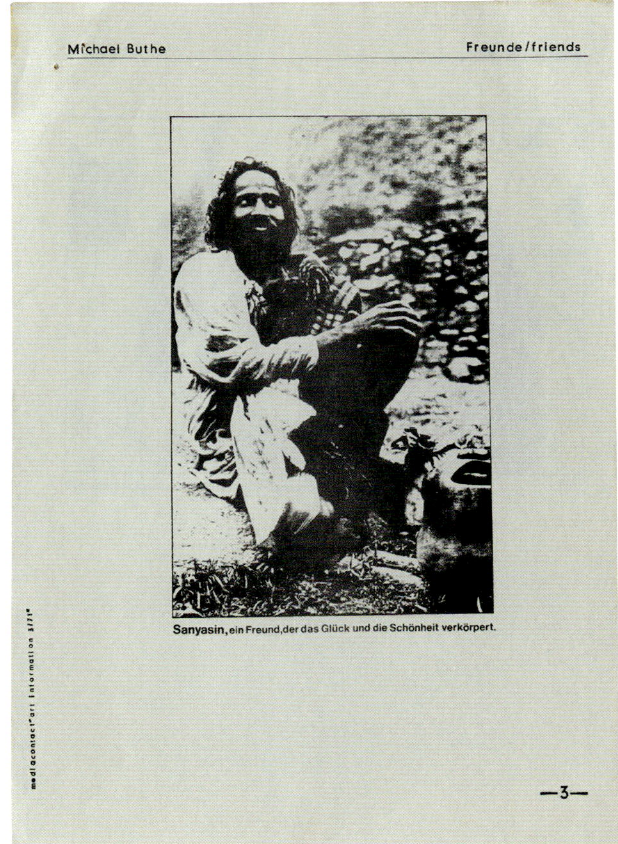
Michael Buthe Freunde/friends

Sanyasin, ein Freund, der das Glück und die Schönheit verkörpert.

mediacontact"art information 5/71"

—3—

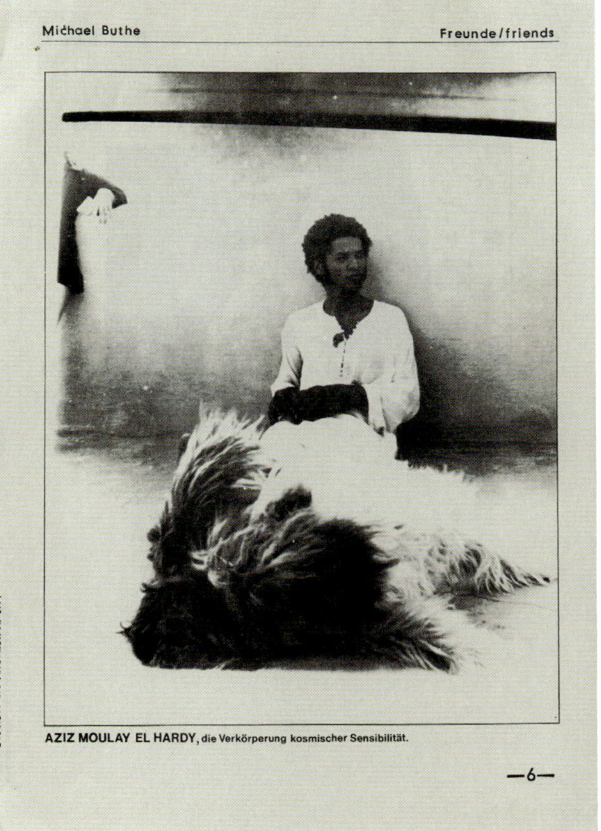
Michael Buthe Freunde/friends

AZIZ MOULAY EL HARDY, die Verkörperung kosmischer Sensibilität.

mediacontact"art information 5/71"

—6—

mediacontact (Dietmar Kirves), *art information of Michael Buthe. Freunde / friends,* 1972, Edition 1/200

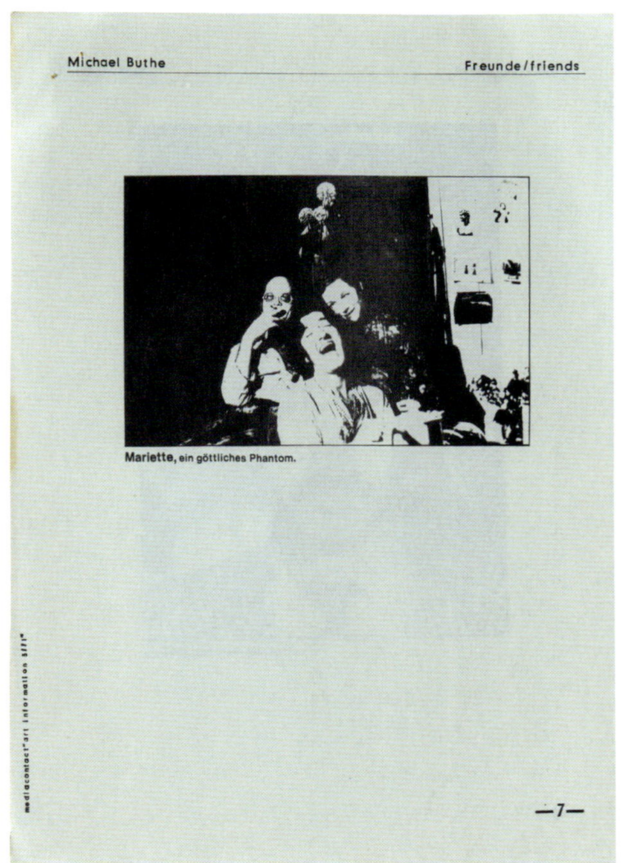
Michael Buthe — Freunde/friends

Mariette, ein göttliches Phantom.

mediacontact"art information 3/71"

—7—

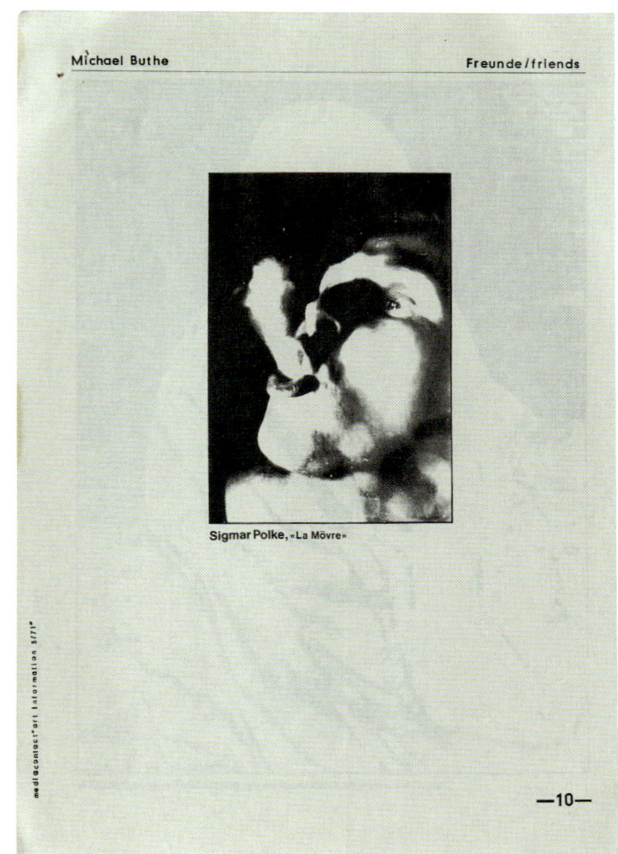
Michael Buthe — Freunde/friends

Sigmar Polke, «La Mövre»

mediacontact"art information 3/71"

—10—

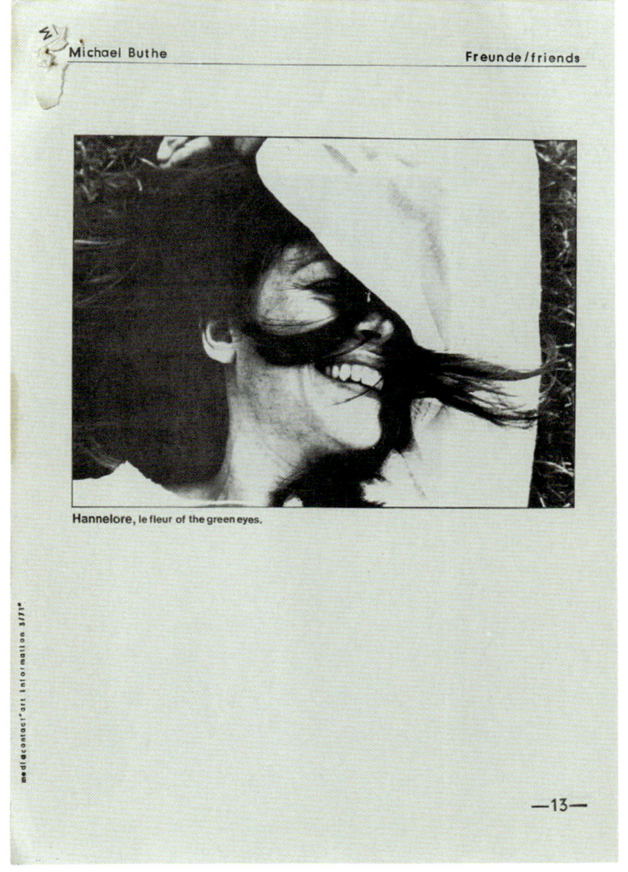
Michael Buthe — Freunde/friends

Hannelore, le fleur of the green eyes.

mediacontact"art information 3/71"

—13—

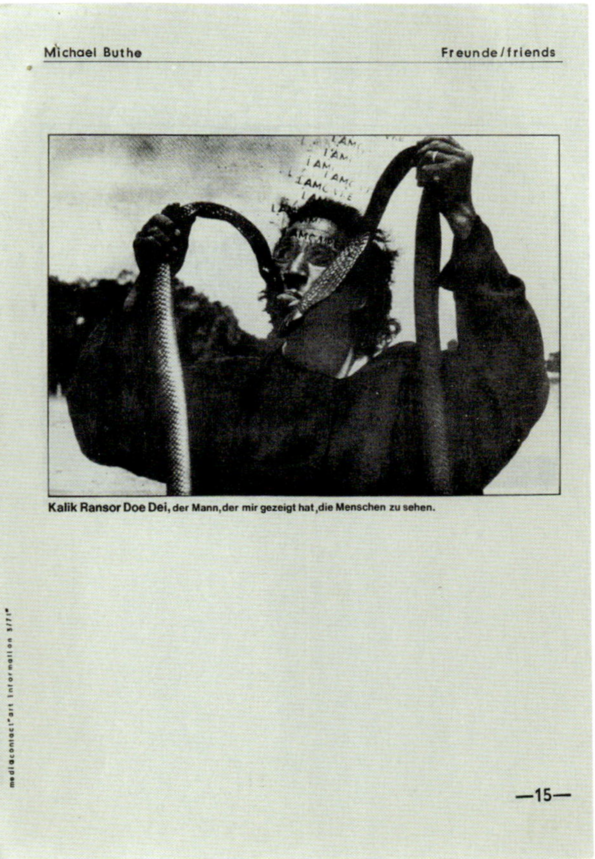
Michael Buthe — Freunde/friends

Kalik Ransor Doe Dei, der Mann,der mir gezeigt hat,die Menschen zu sehen.

mediacontact"art information 3/71"

—15—

Ensemble je nach Ausstellung mal vertikal und mal horizontal präsentierte. Das Werk hat damit eine Dynamik, die in gewisser Weise auch der Wechselhaftigkeit sozialer Beziehungen entspricht: Eines der Porträts stellt den Schauspieler Udo Kier dar, der wie viele andere Menschen in Buthes Umfeld (u. a. Aziz Moulay El Hardy, Jürgen Klauke, Sigmar Polke, Astrid Klein, Blinky Palermo, Mariette Althaus, Hannelore Kunert) in der 1972 erschienenen Druckedition *Freunde/friends* auftaucht, über die Buthe seine soziale Umgebung bar jeder Hierarchien und gespickt mit karnevalesken Elementen zum Teil seiner Kunst deklarierte. Die Freunde, mit denen er – wie übrigens auch die Gruppe um Rainer Maria Fassbinder – zeitweise reiste, stellten für ihn zeitlebens einen integralen Teil seines Schaffensraumes dar. In den 1980er-Jahren lebte Buthe zusammen mit Marcel Odenbach und Udo Kier in einer Art Künstlerkolonie in seinem Köln-Ostheimer Atelier. Häufig musste er die wärmende Nähe allerdings durch Eskapismus brechen, wie es seinen Tagebüchern zu entnehmen ist, die die Vorzüge des alleinigen Umherschweifens betonen. Zahlreiche Werke wie *Due Ragazzi, Firenze* (1976) oder *Ohne Titel – Klauke und Freunde* (1975) sind weitere, zuweilen erotisch, zuweilen mythisch unterlegte Hommagen an die Freunde, die in wechselnden Konstellationen den Kunst und Leben durchdringenden Schutzraum konstituierten, den Buthe zeitlebens zu konstruieren suchte – der gemeinschaftliche Kontext war Material und Teil der künstlerischen Arbeit. Dies rückt Buthe in eine gewisse Nähe zu Kai Althoff (geb. 1966), der eine Generation später in Köln aktiv ist, und, im Unterschied zu Buthe, die Geborgenheit gemeinschaftlicher Zusammenhänge vor dem Hintergrund seines Aufwachsens im Wohlfahrtsstaat der 1970er-Jahre tendenziell eher mit deren Bedrohung kontrastiert.

Zweifelsohne ist Buthes Methode der ständigen Über- und Weiterbearbeitung von Bestehendem – des Re-Edits des eigenen Werkes – auch bei anderen Künstlern identifizierbar. Dazu zählen Kollegen, deren Ästhetik auf den ersten Blick kaum etwas mit Buthe zu tun hat. Eine Verwandtschaft zeigt sich jedoch in der jeweils individuellen Ökonomie der Produktion: Der belgische Maler Raoul De Keyser (1932–2012) etwa begann ab den späten 1960er-Jahren fertige Leinwände zu zerschneiden, um daraus neue Werke zu generieren, oft auch, um diese, bis an sein Lebensende, immer wieder neuen Revisionen zu unterziehen. Insbesondere lässt sich an den Düsseldorfer Bildhauer Reinhard Mucha (geb. 1950) denken, der seit Ende der 1970er-Jahre an einem expandierenden, hochgradig selbstreflexiven Werk arbeitet. Wie Buthe integriert Mucha Fundstücke oder macht sie zum Ausgangspunkt seiner »Werkstücke«, von denen immer wieder neue Fassungen erstellt werden. Auch Mucha arbeitet an einer Kunst und Leben amalgamierenden und in ständiger Mutation befindlichen Werkbiografie, die mit maschineller Präzision und leichtfüßiger Poesie – im entscheidenden Unterschied zu Buthe – vor allem das Phänomen der Arbeit ins Verhältnis zum menschlichen Leben setzt.

In Michael Buthes Werk existiert jedoch ein blinder Fleck, der ihn deutlich von den oben genannten Künstlerkollegen absetzt. 1970 begann er seinen in einem Übersichtskatalog genannten *Schrank mit Objekten* zu füllen, ein ebenso mit Häuslichkeit wie mit Bewahrung konnotiertes Gefäß, das durch einen Umzug zufällig in die Hände des Künstlers fiel. Er benutzte es über Jahre hinweg, um darin Dinge zu archivieren, hinzuzufügen oder wegzunehmen – ähnlich seiner Tätigkeiten in der marokkani-

exhibition. The work has a dynamic that to a certain extent also corresponds to the shifts in social relationships. One of the portraits depicts the actor Udo Kier, who like many other people in Buthe's circle of acquaintances (such as Aziz Moulay El Hardy, Jürgen Klauke, Sigmar Polke, Astrid Klein, Blinky Palermo, Mariette Althaus, and Hannelore Kunert), appeared in the printed edition of *Freunde / friends* in 1972. Disregarding any kind of hierarchy and stippled with carnivalesque elements, the work served as a medium through which Buthe declared his social environment an aspect of his art. Throughout his life Buthe's friends formed an integral part of his creative sphere, and sometimes he traveled with them—as did the group surrounding Rainer Maria Fassbinder. In the eighties Buthe lived with Marcel Odenbach and Udo Kier in a kind of artist colony in his Cologne-Ostheimer studio. However, he often needed to break out of the intimacy of these relationships with moments of escapism, as he indicates in his journals, where he emphasizes the advantages of wandering about on his own. Numerous works, such as *Due Ragazzi, Firenze* (1976) and *Ohne Titel – Klauke und Freunde* (*Untitled—Klauke and Friends*, 1975) are other kinds of homage, sometimes erotic, sometimes mythically intoned, to the friends who formed the shifting constellations making up a protective sphere—permeating art and life—that Buthe always attempted to construct around himself. This collective context serves as material and forms an inherent part of his artistic work. One could draw an analogy between Buthe and Kai Althoff (born 1966). Unlike Buthe however, Althoff, active in Cologne a generation later and having grown up in the welfare state of the seventies, tends to contrast the security of communal relations with their risks.

Undoubtedly Buthe's method of constantly reworking and continuing existing works—the reediting of his own oeuvre—is characteristic of other artists as well. This includes artists whose aesthetic initially seems to have almost nothing in common with Buthe. However, there is an evident connection in the artists' respective economy of production. For example, the Belgian painter Raoul De Keyser (1932–2012) began to cut apart finished canvases in the nineteen-sixties in order to generate new works and also subject his paintings to constant revision, which he continued throughout his life. The Düsseldorf sculptor Reinhard Mucha (born in 1950) is worth a special mention: since the late seventies he developed an expansive and highly self-reflective body of work. Like Buthe, Mucha integrates found objects or uses them as starting points for his "*Werkstücke*" or "work pieces," which he continues to revise in new versions. Mucha also produces a "work biography" that is an amalgamation of art and life, and in a constant state of mutation. With machine-like precision and fleet-footed poetry, his practice, in clear contrast to Buthe's, is concerned with the socio-historical phenomenon of work in relation to human life.

However, Michael Buthe's oeuvre does contain a blind spot, which clearly sets him apart from the fellow artists mentioned above. In 1970 he began to fill a cupboard, titled *Schrank mit Objekten* (*Cupboard with Objects*)—a receptacle connoting both domesticity and conservation that happened to fall into the artist's hands in conjunction with a move. Over a period of years he used it to archive

schen Villa. Zuweilen tauchte der heute noch existierende Schrank auch in Katalogen oder eingebettet in Installationen auf. Irgendwann verschwand er jedoch aus Buthes künstlerischem Kosmos. Bemerkenswert aber ist, dass er nie die Funktion eines Werkes eingenommen hat und auch in Werklegenden nie mit einer Jahreszahl versehen wurde. Eher handelte es sich um ein – durchaus Lebensvergewisserung spendendes – Ding, eine funktionale Kulisse im Gesamtkunstwerk, deren undefinierter Status unvermittelt zu einem grundsätzlichen Problem führt: Buthes Werk über das Hinterlassene zu beschreiben liegt natürlich nahe, ebenso zulässig wäre es allerdings, das nicht mehr Vorhandene ins Zentrum zu setzen, ist es in seiner Wertigkeit doch ebenso relevant:

»An die Stelle von Ergebnissen rückt der Weg, und für den Künstler heißt das: prozessualer Ablauf ohne Ende statt durchkomponierter Form. Die Zeichnung, das Bild, das Environment, es wird im Grunde niemals fertig, und wo es doch den Anschein des Beendeten hat, da wird es vom Medium suggeriert, ist aber nicht im Tatsächlichen begründet.«[4]

Um eine Ahnung davon zu bekommen, reicht ein kurzer Blick auf die Sachlage: Von den größeren Rauminstallationen, Environments oder Interieurs, die Buthe zwischen 1971 und 1992 erstellt hat,[5] sind die meisten nicht mehr existent oder nicht mehr vollständig rekonstruierbar. Erhalten sind lediglich die 1984 für die Ausstellung *Inch Allah* in Gent erstellte *Taufkapelle mit Papa und Mama* (Abb. S. 90–95) sowie die für die ebenso von Jan Hoet kuratierte Documenta 9 konzipierte Installation *Die heilige Nacht der Jungfräulichkeit* (Abb. S. 100–103). Alle weiteren dieser fragilen und überaus aufwendigen Komplexe sind in Einzelwerke zersplittert, verloren oder vernichtet – häufig vom Künstler selbst, dessen Urteil gegenüber dem eigenen Schaffen trotz aller darin vorgeführter ästhetischer Pirouetten keinesfalls beliebig war. Während er viele Teile selbst weggeworfen hat, verwendete er andere Teile weiter, indem er sie zu autonomen Stücken deklarierte. Für seine Einzelausstellung im Essener Folkwang Museum (1980) wählte Buthe den Titel *Die endlose Reise der Bilder,* und das Betonen des Nomadischen steht paradigmatisch für seine Idee einer transitorischen Skulptur ein, die – immer in der Zone des Übergangs verbleibend – etwa den Materialpathos von Joseph Beuys mit dem Humor Sigmar Polkes vermählen konnte.

Elvira Oasis wurde zum ersten Mal 1972 als Teil der Installation *Hommage an die Sonne* bei der Documenta 5 gezeigt (Abb. S. 131). Zu diesem Zeitpunkt bestand es lediglich aus Holzbrettern und Federn. 1977 wurde das Objekt dann einer Revision unterzogen, indem es für eine Neupräsentation hinter eine honiggelbe Stoffdecke gearbeitet wurde. Eine umfangreichere Ausstellungskarriere hat das *Paillettentuch* (1970/71, Abb. S. 40) hinter sich, das erstmals an einem weder fotografisch noch im Materialindex vollständig dokumentierten Ort präsentiert wurde, der in Buthes Werk aber sicher eine einmalige Rolle einnimmt: Schichtenübergreifend und beeindruckend war der Besucherstrom, der 1976 in das »Musée du Echnaton« floss, das Michael Buthe sich in seinem Kölner Atelier auf mehreren Etagen eingerichtet hatte. Ebenso wie Marcel Broodthaers 1968 appropriierte Buthe acht Jahre später das mit Tod und Ewigkeit behaftete bürgerliche Institut »Museum«, um dessen Funktion umzukehren und es radikal mit Leben zu füllen. Über ein Jahr fanden in Buthes »Musée du Echnaton« Performances, Filmabende, Happenings und Präsentationen

things, to which he added more things or took others away, much like in his Moroccan villa. Sometimes the piece of furniture, which still exists today, appears in catalogues or is embedded in installations. At some point it disappeared from Buthe's artistic cosmos. What is remarkable is that the object never assumed the function of a work, and in lists of his works it was never assigned a date. Instead, it seems to be a, certainly somehow life-affirming, thing—a functional stage in the *Gesamtkunstwerk* whose undefined status directly points to a fundamental problem. Although it might certainly seem natural to describe Buthe's work by means of what still remains, it would be equally valid to focus on what no longer exists, as its significance appears to be equally relevant:

"The process takes precedence over the results, and for the artist that means: a creative process ad infinitum instead of fully composed form. The sketch, the painting, the environment; in principle, they are never finished, and where a work does give the impression that it is finished, it is merely a suggestion of the medium, it is not actually the case."[4]

A brief look at the facts offers some insight. Most of the large-scale installations Buthe showed between 1971 and 1992[5] no longer exist or cannot be completely reconstructed. The only two that remain are *Taufkapelle mit Papa und Mama* (*Baptismal Chapel with Papa and Mama,* ill. pp. 90–95) dating from 1984, created for the exhibition *Inch Allah* in Ghent, and the installation *Die heilige Nacht der Jungfräulichkeit (The Holy Night of Virginity,* ill. pp. 100–03) conceived for Jan Hoet's Documenta 9. All the rest of these fragile and utterly complex constellations have been broken down into individual works, lost, or destroyed—often by the artist himself, whose assessment of his own work was by no means random, despite its overt aesthetic pirouettes. Although he himself discarded many components of his work, he reused others by declaring them autonomous elements. For his solo exhibition at the Museum Folkwang in Essen (1980), Buthe chose the title *Die endlose Reise der Bilder* (*The Endless Journey of Paintings*). His emphasis of the process paradigmatically stands for Buthe's idea of a nomadic sculpture which—always remaining in a state of transition—was able to coalesce (for example) the material pathos of Joseph Beuys and the humor of Sigmar Polke.

Elvira Oasis was first shown in 1972 at Documenta 5 as part of the installation *Hommage an die Sonne* (*Homage to the Sun*, ill. p. 131). At this point, it consisted only of wooden planks and feathers. In 1977, the object was revised, and installed behind a honey-yellow colored blanket in a new presentation. The work *Pailletten-tuch* (*Sequin Cloth*, 1970/71, ill. p. 40) has had a more extensive exhibition career. It was first presented at a location that was neither photographically documented nor completely recorded in the artist's index of works but certainly assumes a unique role in his oeuvre: There was an impressive flow of visitors from all walks of life at the *Musée du Echnaton* in 1976, which Michael Buthe had installed on several floors of his studio in Cologne. Just as Marcel Broodthaers had done in 1968, Buthe appropriated the bourgeois institution of the "museum" eight years later, inverting its traditional role, burdened with death and eternity, and radically filling it with life. For more than a year, performances, film screenings,

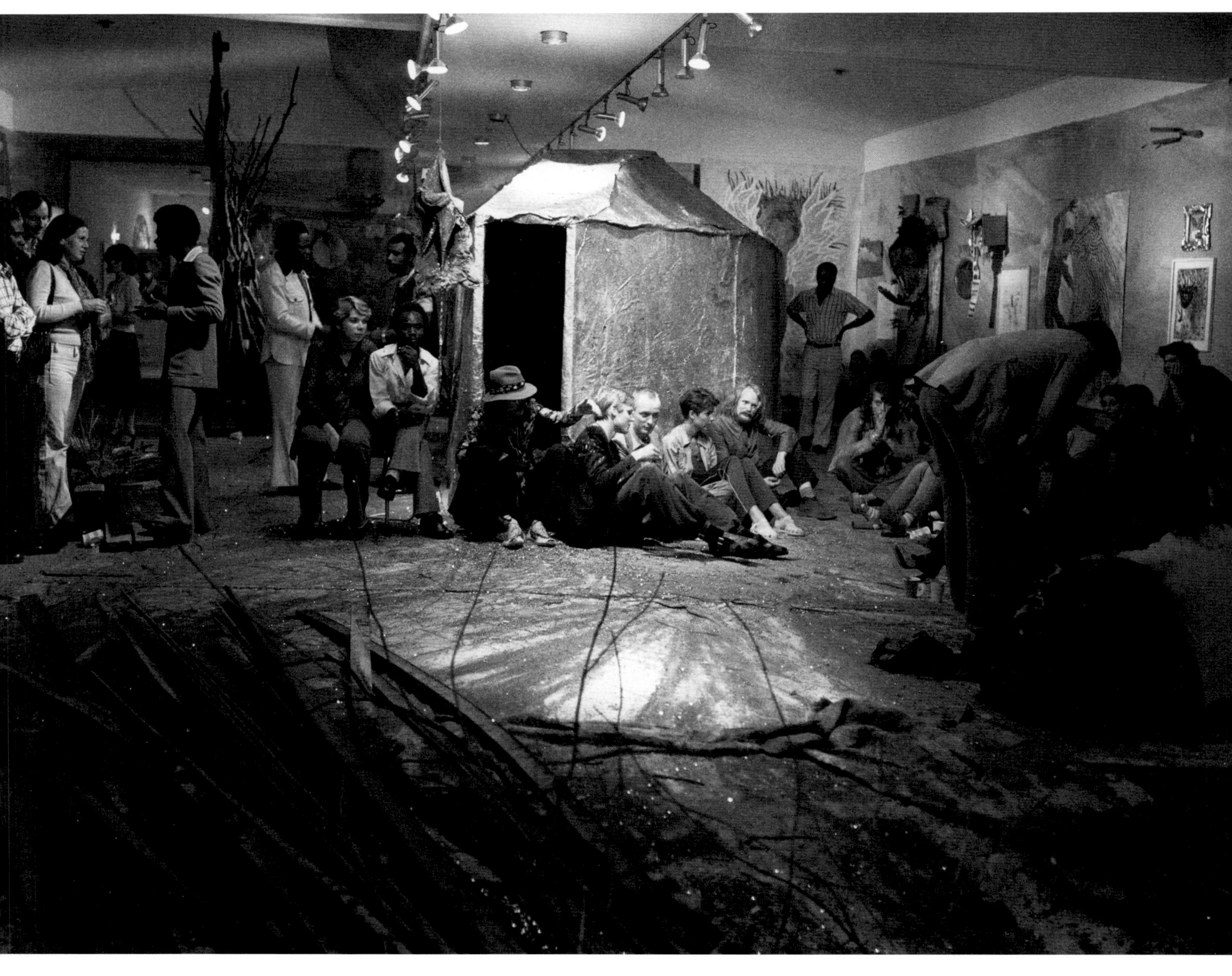

Vernissage der Ausstellung *Le Dieux de Babylon,* Kölnischer Kunstverein, Köln, 24. August 1973
Opening of the *Le Dieux de Babylon* Exhibition, Kölnischer Kunstverein, Cologne, August 24, 1973

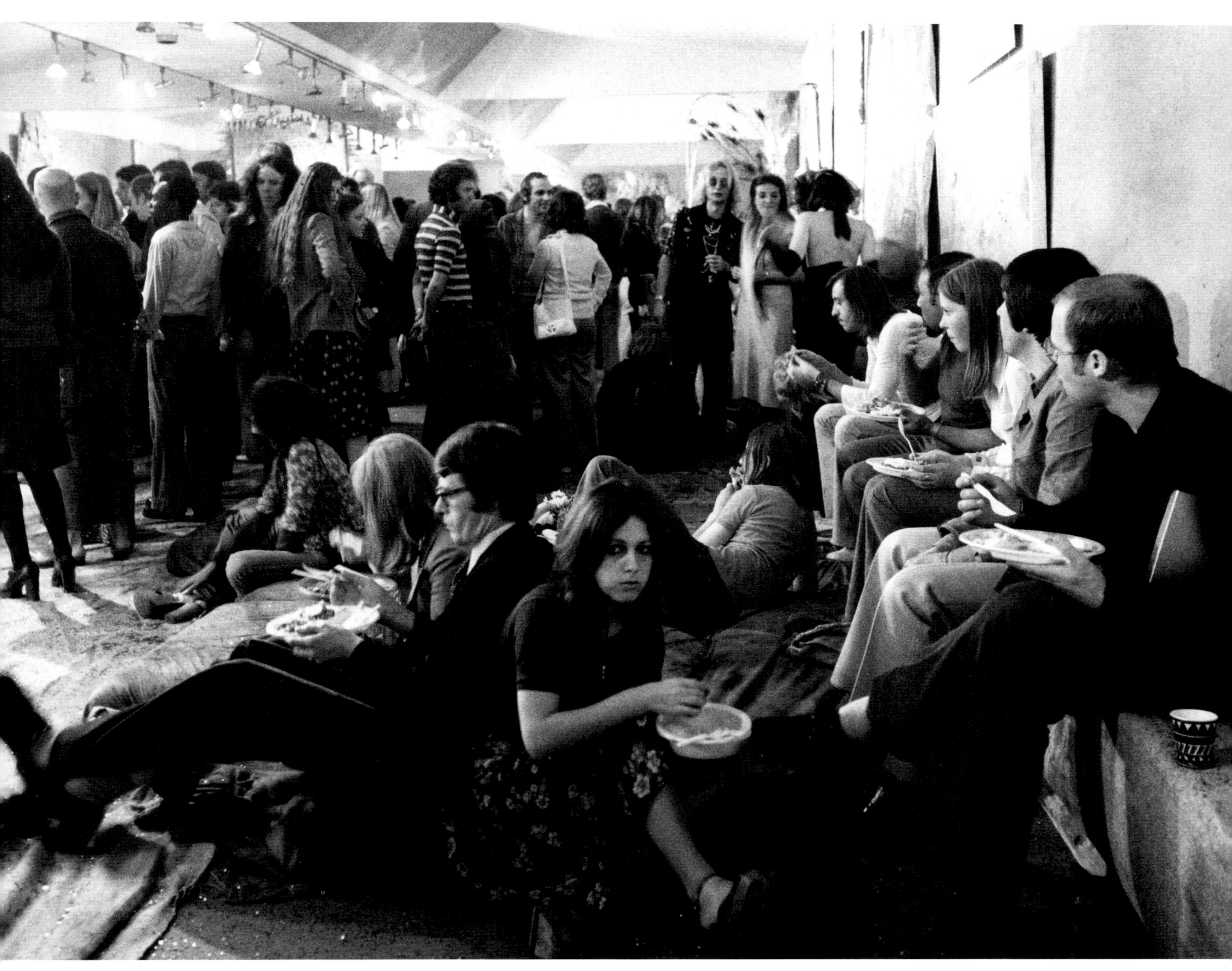

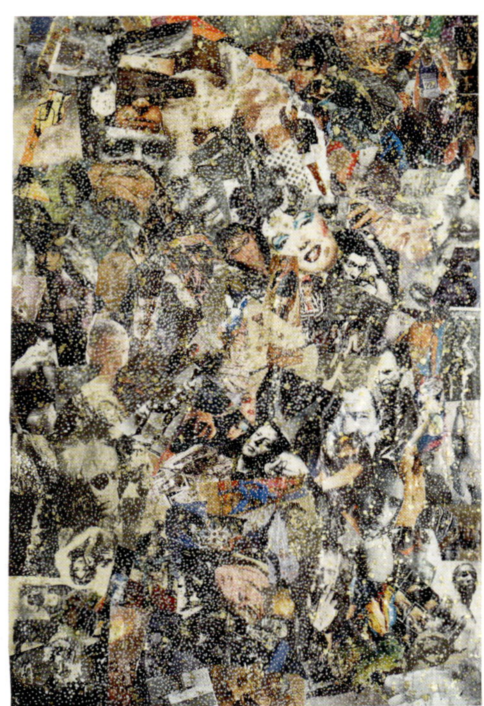

Ohne Titel (Detail) Untitled (detail) 1987/88
(Kat. cat. 69)

anderer Künstler statt, Co-Betreiber war Dietmar Werle.[6] In dem Museum existierten Räume mit den Titeln *Benin, Die Königin, Afrika-space, Sonnenraum,* und während der Betriebsdauer waren Kolleginnen und Kollegen involviert wie C. O. Paeffgen, Sigmar Polke, Ulrike Rosenbach und viele mehr.

Im kunstgeschichtlichen Rückblick führen Michael Buthes Werke, das vom gegenkulturellem Hippie-Transzendentalismus geprägte Westdeutschland der 1970er-Jahre verlassend, zu Kurt Schwitters (1887–1948), den Hans-Michael Herzog sogar als Buthes Vorbild erklärte.[7] Zu den bekanntesten Räumen des Bildhauers, Dichters und Werbegrafikers Schwitters gehört der *Merzbau,* von dessen vier Versionen die erste 1923 in Schwitters' Hannoveraner Privatwohnung seinen Ausgangspunkt nahm: Wie Buthes Refugien waren auch dies »andere«, für Besucher zugängliche Räume, in denen das weltliche Regularium nicht mehr gültig war. Orte, die im Lauf von Jahren mit Dingen, Erinnerungsstücken angefüllt wurden und die damit, ebenso wie das Werk Buthes, offen und entlang einer Zeitachse konzipiert waren – und im »Original« nicht mehr vorhanden sind, was jedoch im Falle des Hannoveraner *Merzbaus* dem Zweiten Weltkrieg geschuldet ist. An Schwitters denkend, gerät der Aspekt der Sprache in den Fokus, die als tagtägliches Mittel der Kommunikation Teil einer umfassenden Idee von *Collage* wurde. In seiner Laut- und Vokalkunst hat Schwitters die Sprache bis ins Kleinste fragmentiert und wieder neu zusammengesetzt, bestehende Grammatiken korrumpiert und Neues geschaffen. Buthe ging formal ähnlich vor, war dabei jedoch von anderen Interessen getrieben. Rolf Wedewer schreibt dazu 1977:

»Überall sucht Michael Buthe nach jenem ›Anderen‹, dem außerhalb der Logik wirksamen, das in Europa verlorenging und auch in den Kulturen ferner Völker – die längst keine Natur mehr sind – nur in Spuren und Fragmenten vorhanden ist, deren Dauer und erst recht deren lebendige Annahme absehbar zu Ende geht. Buthe übersetzt dieses Andere – Symbole, Mythen und Legenden – in seine Sprache zwar, doch belässt er ihnen dabei ihre Erkennbarkeit. Es ist der Versuch, eine andere Identität in die eigene erweiternd einzubeziehen.«[8]

Fern seiner wiederholten Afrika-Reisen war Michael Buthe auch im Köln der 1970er-Jahre an ungewöhnlichen Austausch- und Begegnungsformen interessiert. Regelmäßig besuchte er Cafés türkischer Gastarbeiter, die für einen Großteil der westdeutschen Bevölkerung eher dubios erschienen, da das »Andere« mitten im »Eigenen« vorzufinden war. Buthe aber hat beständig das »Eigene« mit dem »Anderen« in Kontakt gebracht, vereinigt, harmonisiert, in der Komposition von Objekten und Bildern, insbesondere aber auch in seinen Sprachschöpfungen. So finden Buthes dinglich verschwundene oder verschollene Environments und Räume letztlich in der Sprache, die für Buthes Skulpturenbegriff von ebenso großem Belang war, ihr zukünftiges Bleiberecht: *Le Dieux de Babylon, I ono L'amoro preciöse, nach Kaspar David Friedrich* etwa sind beispielhaft gewählte Titel von Rauminstallationen oder Environments, die, nachdem sie faktisch nicht mehr rekonstruierbar sind, nur noch als sprachlicher Index existieren können. Gerade letzterer Titel steht – prototypisch für Buthes Wortkompositionen – als Bricolage von Elementen eines grellen Jargons der 1980er-Jahre italienischer sowie deutscher Provenienz für eine Operation ein, die der aus Martinique stammende Kulturphilosoph Édouard Glissant (1928–2011) am Beispiel afrikanisch-amerikanischer, aber auch karibischer Migrationsprozesse als

happenings, and presentations by other artists took place in Buthe's *Musée du Echnaton*, which was co-organized by Dietmar Werle.[6] In the museum there were rooms with the titles *Benin, Die Königin (The Queen), Afrika-space, Sonnenraum (Sun Room)*, and over the course of its existence other artists were involved in the museum, such as C. O. Paeffgen, Sigmar Polke, Ulrike Rosenbach, and many more.

Leaving nineteen-seventies West Germany, with its counterculture hippie transcendentalism, and looking back into art history, one can trace Michael Buthe's work to Kurt Schwitters (1887–1948), whom Hans-Michael Herzog declared as Buthe's role model.[7] Among one of the most famous spaces created by the sculptor, poet, and graphic designer Schwitters is the *Merzbau*. The first of four versions began in Schwitters' private apartment in Hanover in 1923. Like Buthe's personal places of refuge, these spaces were "different" places accessible to viewers, in which the normal dictates of the world did not apply. Places that over time became filled with keepsakes and which, like Buthe's works, were open and developed along a temporal trajectory—and which no longer exist in their "original" form. In the case of the Hanover *Merzbau* this was due to World War II. Recalling Schwitters draws language into focus, which, as an everyday means of communication, was integrated into his encompassing idea of *collage*. In his vocal art, Schwitters fragmented language into its tiniest components and pieced it together again, corrupting language and creating something new. Buthe took a similar formal approach but was driven by different interests. In 1977 Rolf Wedewer wrote:

"Michael Buthe looks everywhere for the 'other' that asserts itself outside of logic, that has been lost in Europe and is only present in the cultures of distant peoples—long no more peoples of nature—as traces and fragments whose time and certainly whose vital transmission is visibly waning. Buthe translates this 'other'—symbols, myths, and legends—into his language, but allows it to remain recognizable. It is an expansive attempt to integrate another identity into one's own."[8]

Apart from his repeated trips to Africa, Buthe also demonstrated an interest in unusual forms of exchange and encounters while living in Cologne in the seventies. He regularly visited cafes frequented by Turkish immigrant workers, which were considered shady places by the majority of the West German population, where the "other" could be found right in the midst of one's own familiar world. Buthe constantly brought the "familiar" into contact with the "other," unifying and harmonizing the two in his compositions of objects and images and in his creative use of language in particular. Ultimately, Buthe's environments and spaces that have been lost or have physically disappeared now find their *raison d'être* in language, which played an important role in Buthe's understanding of sculpture. *Le Dieux de Babylon* and *I ono L'amoro preciöse, nach Kaspar David Friedrich* are typical examples of Buthe's titles for spatial installations and environments, which, since the works are no longer physically reconstructible, continue to assert themselves as a linguistic index. Typical of Buthe's word compositions, this last title, a bricolage Italian, over the top nineteen-eighties jargon and words of German provenance, represents an operation that the Martinique-

»Kreolisierung« bezeichnet: Die Vereinigung kultureller Identitäten, die aber davon motiviert ist, eine Spur des Eigenen in der Begegnung mit dem Fremden aufrechtzuerhalten, was nicht mit dem vorhersehbaren Modus der Vermischung zu verwechseln ist, in dem die Spur schlussendlich gekappt wird. Die Spur bleibt identifizierbar, das Eigene im Anderen lebbar.

In der sogenannten *Poetik der Beziehung* sieht Glissant eine Chance, anstelle der Dominanz eines Weltentwurfes in und zwischen einer Vielheit der Entwürfe leben zu können. Angesichts der globalen politischen wie religiösen Krisen, die die Gegenwart erschüttern, scheint eine solche Haltung mehr als erstrebenswert. Folgt man Glissant weiter, so ist die »Ästhetik der Beziehung« nicht nur ein grundsätzlich im Kulturkontakt verankerter Teilaspekt, sondern vielmehr die einzige Chance, die Herausforderungen der »Chaos-Welt«, wie er es nennt, leben zu können:

»Die Identität einer einzigen Wurzel zu verlassen, um die Wahrheit der Kreolisierung der Welt zu finden. Ich glaube, wir müssen uns dem Denken der Spur annähern, einem Denken ohne System, das weder beherrschend, noch systematisch, noch bezwingend ist, sondern stattdessen vielleicht ein nicht-systematisches, intuitives, brüchiges, ambivalentes Denken, das der außerordentlichen Komplexität und der außerordentlichen Vielfältigkeit der Welt, in der wir leben, am besten gerecht wird.«[9]

Ein solches Denken fordert eine Haltung ein, die für Glissant ebenso zentral ist, wie sie im Werk Michael Buthes prototypisch gelebt wurde: Die Suche nach dem *Unvorhersehbaren*. Dies ist vermutlich, wonach Michael Buthe ebenso zeitlebens gesucht hat: Orte der Freiheit zu kreieren, in denen sich Unvorhersehbares vollziehen kann, oder, um mit den Worten Buthes zu enden: »Was heißt überhaupt Kunst. Es gibt überhaupt keine Kunst, es gibt nur Leben.«[10]

1 Stephan von Wiese, »Procès Infini«, in: ders., *Michael Buthe. Skulptura in Deo Fabulosa,* München 1983, S. 8.

2 Hans-Michael Herzog, »Michael Buthe – Frühe Zeichnungen, Collagen und Tagebücher«, in: *Michael Buthe. Frühe Zeichnungen, Collagen und Tagebücher,* hrsg. von Hans-Michael Herzog, Ausst.-Kat. Kunsthalle Bielefeld, Ostfildern 1999, S. 7–19, hier S. 8.

3 Zit. n. Stephan von Wiese, »Biographie«, in: *Michael Buthe. Michel de la Sainte Beauté,* hrsg. von Stephan von Wiese, Ausst.-Kat. Kunstmuseum Düsseldorf, Heidelberg 1999, S. 195.

4 Rolf Wedewer, »Michael Buthe«, in: *Michael Buthe. Tarahumaras. Bilder, Zeichnungen und Bücher,* Ausst.-Kat. Städtisches Museum Leverkusen, Schloss Morsbroich, Leverkusen 1977, S. 9.

5 *Hommage an die Sonne* (Toni Gerber, Bern; Documenta 5, 1971/72), *Le Dieux de Babylon* (Kölnischer Kunstverein; Kunstmuseum Luzern, 1973/74), *Eine Reise in den Orient* (Galerie Ingrid Oppenheim, Köln, 1973), *Musée du Echnaton* (Gilbachstraße 27, Köln), *Marabu* (Bonner Kunstverein; Württembergischer Kunstverein, Stuttgart, 1981), *Winterreise durch Westfalen* (Kampnagel-Fabrik, Hamburg, 1982), Installation für I. Goetz (Ibiza, 1982), *Taufkapelle mit Papa und Mama* und *Speicherraum* (Museum van Hedendaagse Kunst, Gent, 1984), *Le dernier secret de Fatima* (Louisiana Museum, Humblebaek, 1986), *Primavera Pompeijana* (Württembergischer Kunstverein, Stuttgart, 1989), *Der Vorfall mit dem Körbchen* (Galerie Dietmar Werle, Köln, 1989), *Die heilige Nacht der Jungfräulichkeit* (Documenta 9, 1992).

6 Dietmar Werle im Gespräch mit dem Autor, Efringen-Kirchen, Juni 2015.

7 Herzog 1999 (wie Anm. 2), S. 15.

8 Wedewer 1977 (wie Anm. 4), S. 3.

9 Édouard Glissant, *Kultur und Identität, Ansätze zu einer Poetik der Vielheit,* Heidelberg 2013, S. 21.

10 Michael Buthe, »Ein Eldorado des Chaos«, in: Bielefeld 1999 (wie Anm. 2), S. 21–23, hier S. 22.

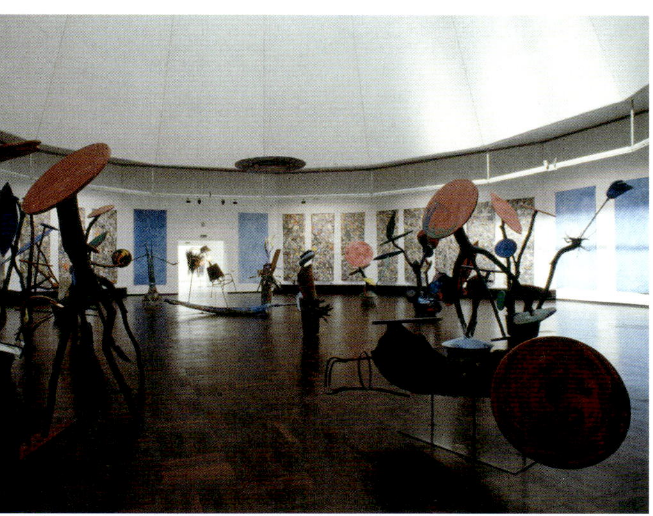

Blick in die Ausstellung *Michael Buthe. Primavera Pompeijana,* Württembergischer Kunstverein, Stuttgart 1989; im Vordergrund links die Skulptur *Ohne Titel* (Kat. 71)
Exhibition View *Michael Buthe: Primavera Pompeijana,* Württembergischer Kunstverein, Stuttgart, 1989; in the front on the left the sculpture *Untitled* (cat. 71)

born cultural philosopher Édouard Glissant (1928–2011) described as "Creolization" through the example of Afro-American and Caribbean migration processes. It is a manner of drawing together cultural identities, motivated by maintaining a trace of one's own identity in the encounter with the foreign, which should not be confused with the predictable mode of blending, in which one's own identity is negated. The trace remains identifiable; it is possible to experience the Self in the Other.

In the so-called *poetics of relation* Glissant sees a chance to live in and amongst a diversity of concepts, instead of living in accordance with a predominating worldview. Given the global political and religious crises convulsing the globe, such an attitude seems more than desirable. If one takes Glissant a step further, then the "aesthetics of relation" is not an isolated aspect rooted in intercultural contact, but in fact the only chance to face the challenges of the "chaos-world" as he calls it:

"Leaving behind the identity of a single root, to discover the truth of the creolization of the entire world. I think we must come closer to the thought of the trace, thought without a system, which is neither dominating, nor systematic, nor imperative, but instead perhaps non-systematic, fragmented, ambivalent thought, that best does justice to the extraordinary complexity of the world we live in."[9]

This approach calls for an attitude that is as central to Glissant's work as it was typical of how Michael Buthe lived his work. The search for the *unexpected.* This is probably what Michael Buthe also sought throughout his life—a way to create a place of freedom, in which the unexpected can occur. Or, concluding in Buthe's words: "What is art anyway? There is no art, only life."[10]

1 Trans. from Stephan von Wiese, "Procès Infini," in *Michael Buthe: Skulptura in Deo Fabulosa* (Munich, 1983), p. 8.
2 Trans. from Hans-Michael Herzog, "Michael Buthe – Frühe Zeichnungen, Collagen und Tagebücher," in *Michael Buthe: Frühe Zeichnungen, Collagen und Tagebücher,* edited by Hans-Michael Herzog, exh. cat. Kunsthalle Bielefeld (Ostfildern, 1999), pp. 7–19, here p. 8.
3 Trans. from Stephan von Wiese, "Biographie," in *Michael Buthe: Michel de la Sainte Beauté,* ed. by Stephan von Wiese, exh. cat. Kunstmuseum Düsseldorf (Heidelberg, 1999), p. 195.
4 Rolf Wedewer, "Michael Buthe," in *Michael Buthe: Tarahumaras. Bilder, Zeichnungen und Bücher,* exh. cat. Städtisches Museum Leverkusen, Schloss Morsbroich (Leverkusen, 1977), p. 9.
5 *Hommage an die Sonne* (Toni Gerber, Bern; Documenta 5, 1971/72), *Le Dieux de Babylon* (Kölnischer Kunstverein, Cologne; Kunstmuseum Luzern, 1973/74), *Eine Reise in den Orient* (Galerie Ingrid Oppenheim, Cologne, 1973), *Musée du Echnaton* (Gilbachstraße 27, Cologne), *Marabu* (Bonner Kunstverein, Bonn; Württembergischer Kunstverein, Stuttgart, 1981), *Winterreise durch Westfalen* (Kampnagel-Fabrik, Hamburg, 1982), Installation for I. Goetz (Ibiza, 1982), *Taufkapelle mit Papa und Mama* and *Speicherraum* (Museum van Hedendaagse Kunst, Ghent, 1984), *Le dernier secret de Fatima* (Louisiana Museum, Humblebaek, 1986), *Primavera Pompeijana* (Württembergischer Kunstverein, Stuttgart, 1989), *Der Vorfall mit dem Körbchen* (Galerie Dietmar Werle, Cologne, 1989), *Die heilige Nacht der Jungfräulichkeit* (Documenta 9, 1992).
6 Dietmar Werle in conversation with the author, Efringen-Kirchen, June 2015.
7 Herzog 1999 (see note 2), p. 15.
8 Trans. from Rolf Wedewer 1977 (see note 4), p. 3.
9 Trans. from Édouard Glissant, *Kultur und Identität, Ansätze zu einer Poetik der Vielheit* (Heidelberg 2013), p. 21. [Translator's note: This is a translation of the German text, since the work does not exist in English translation but was originally published in French in 1996 as *Introduction à une poétique du divers.*]
10 Michael Buthe, "Ein Eldorado des Chaos," in Bielefeld 1999 (see note 2), pp. 21–23, here p. 22.

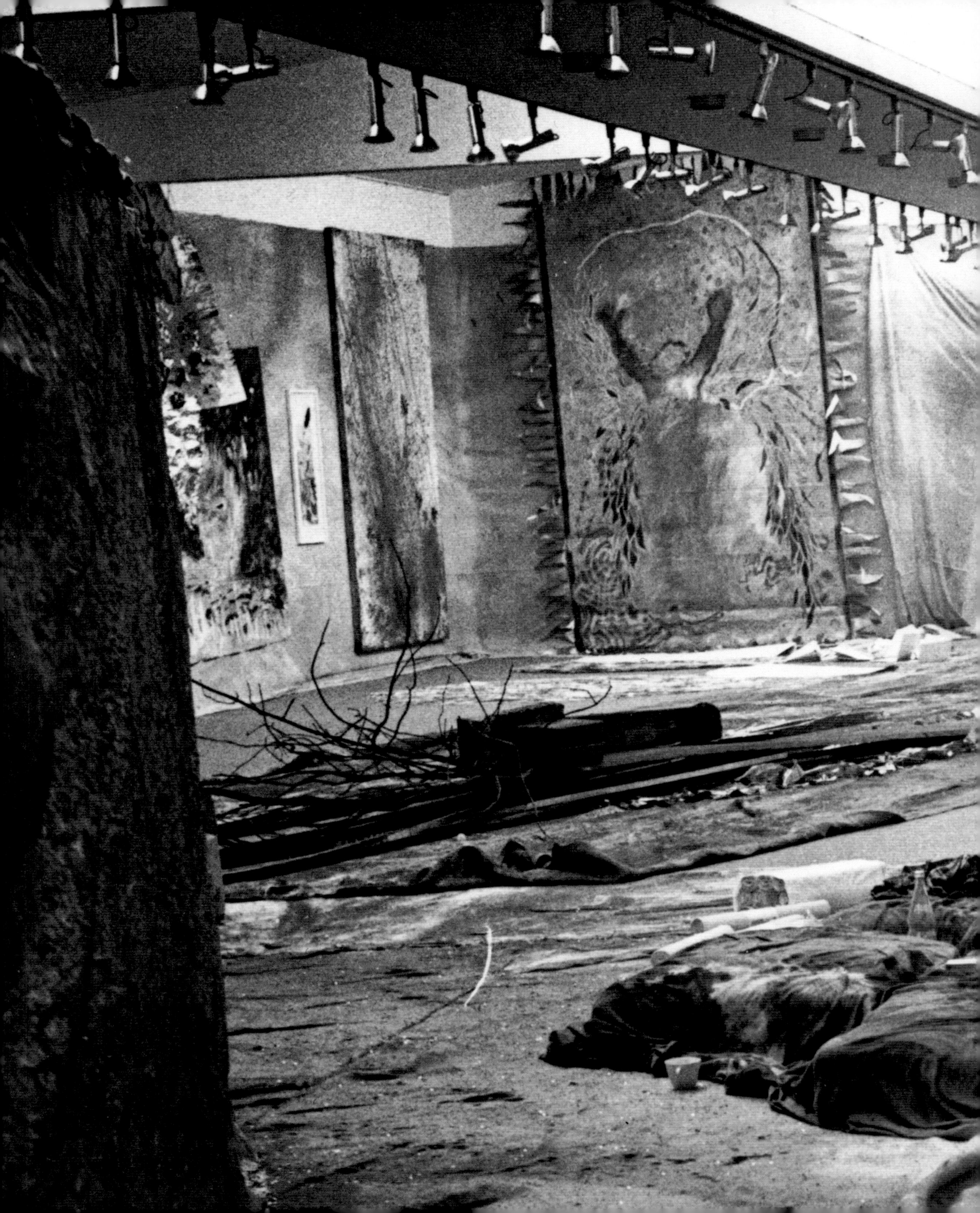

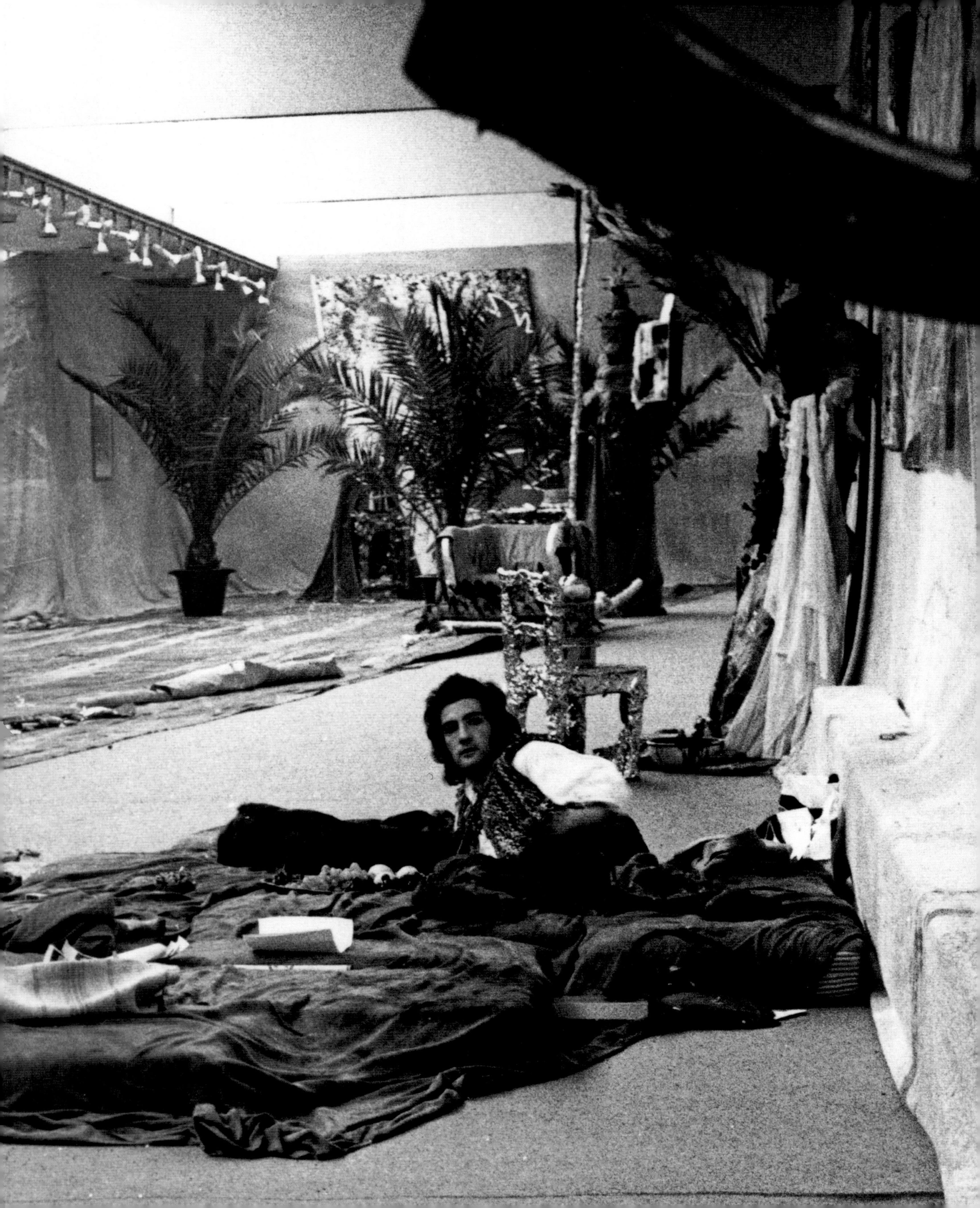

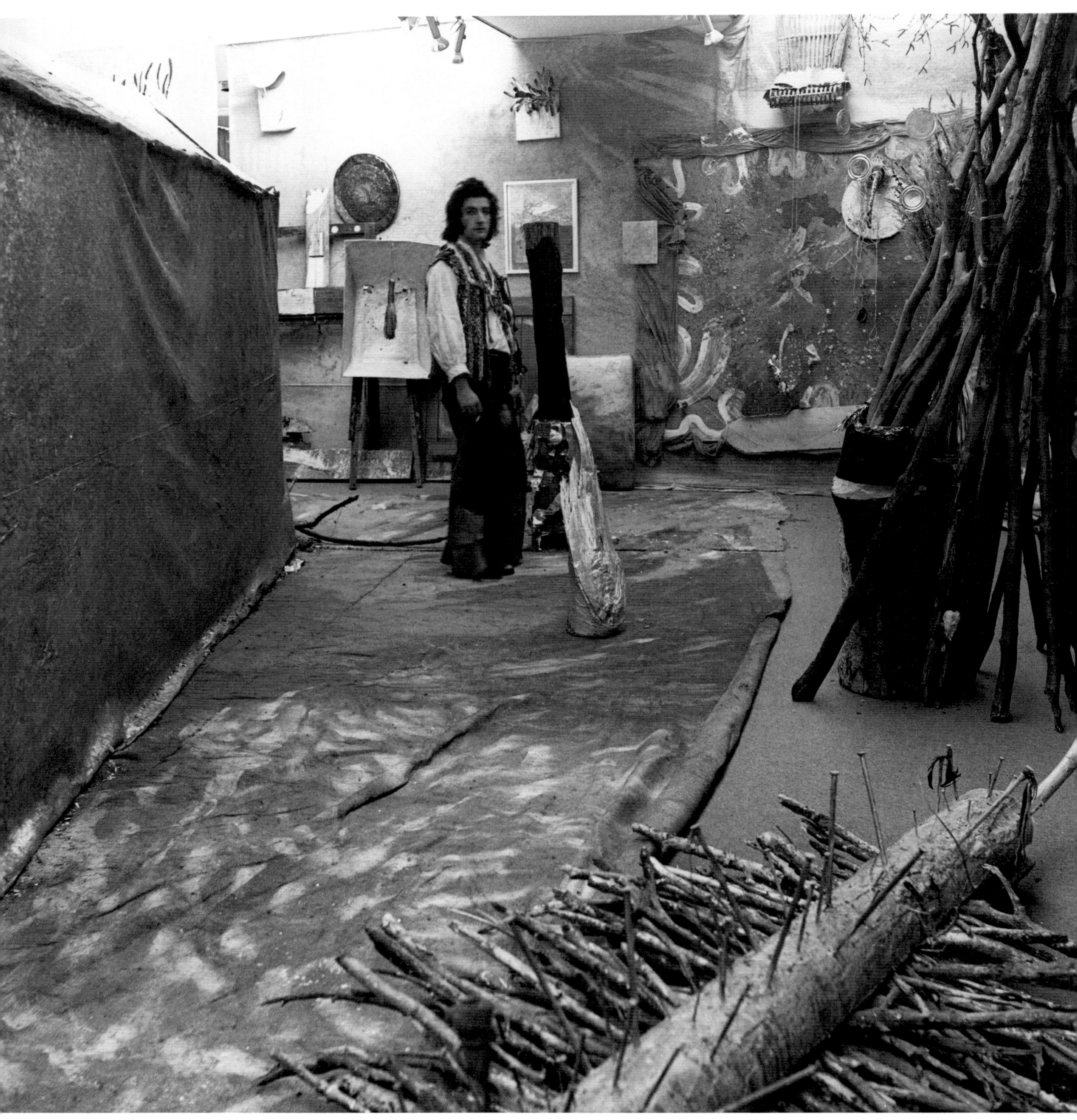

Abb. S. Il. pp. 76–78
Michael Buthe in seiner Ausstellung *Le Dieux de Babylon,* Kölnischer Kunstverein, Köln, 1973
Michael Buthe at his *Le Dieux de Babylon* Exhibition, Kölnischer Kunstverein, Cologne, 1973

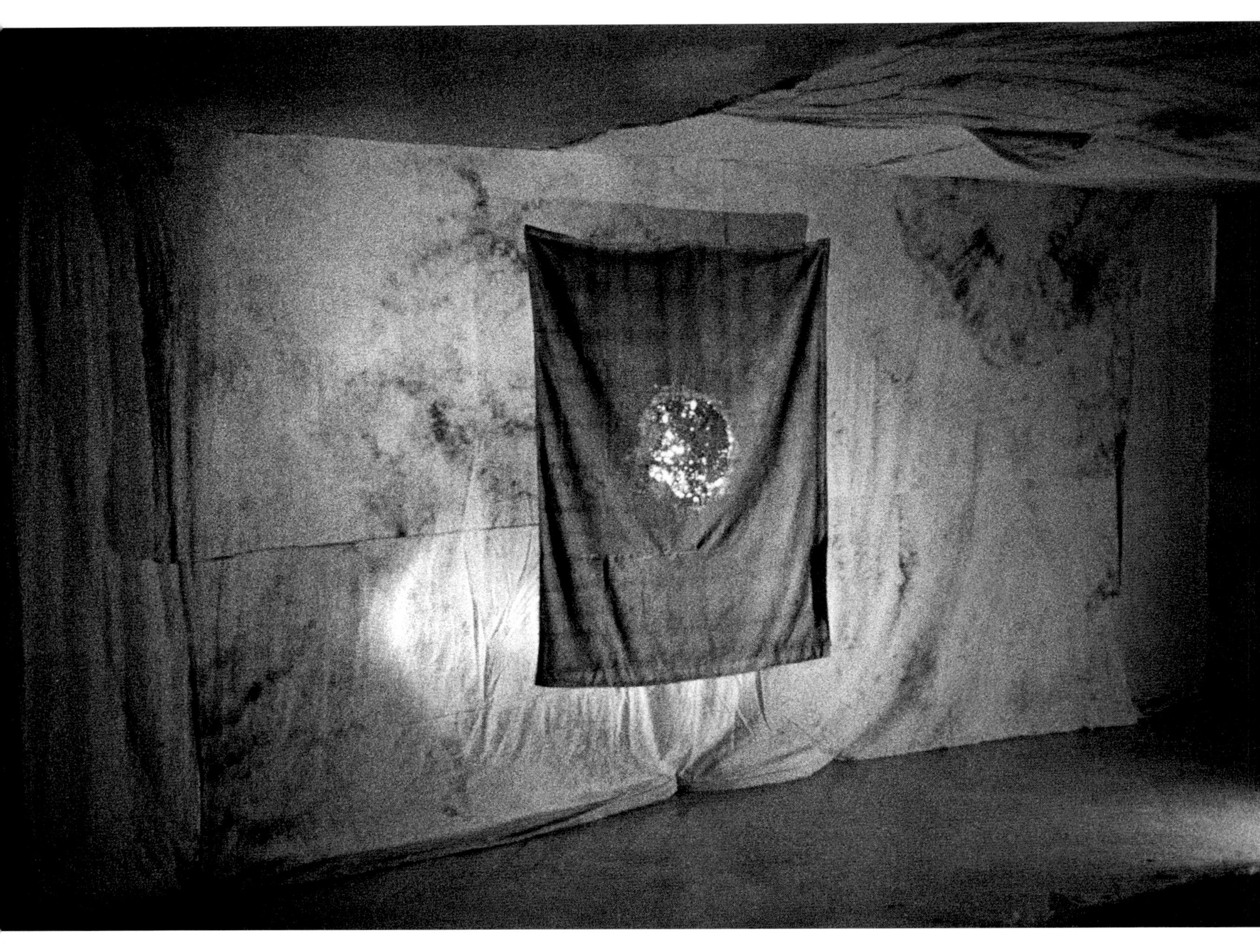

Installationsansichten der Ausstellung *Hommage an die Sonne,* Galerie Toni Gerber, Bern, 1971
Installation View of the Exhibition *Homage to the Sun,* Galerie Toni Gerber, Bern, 1971

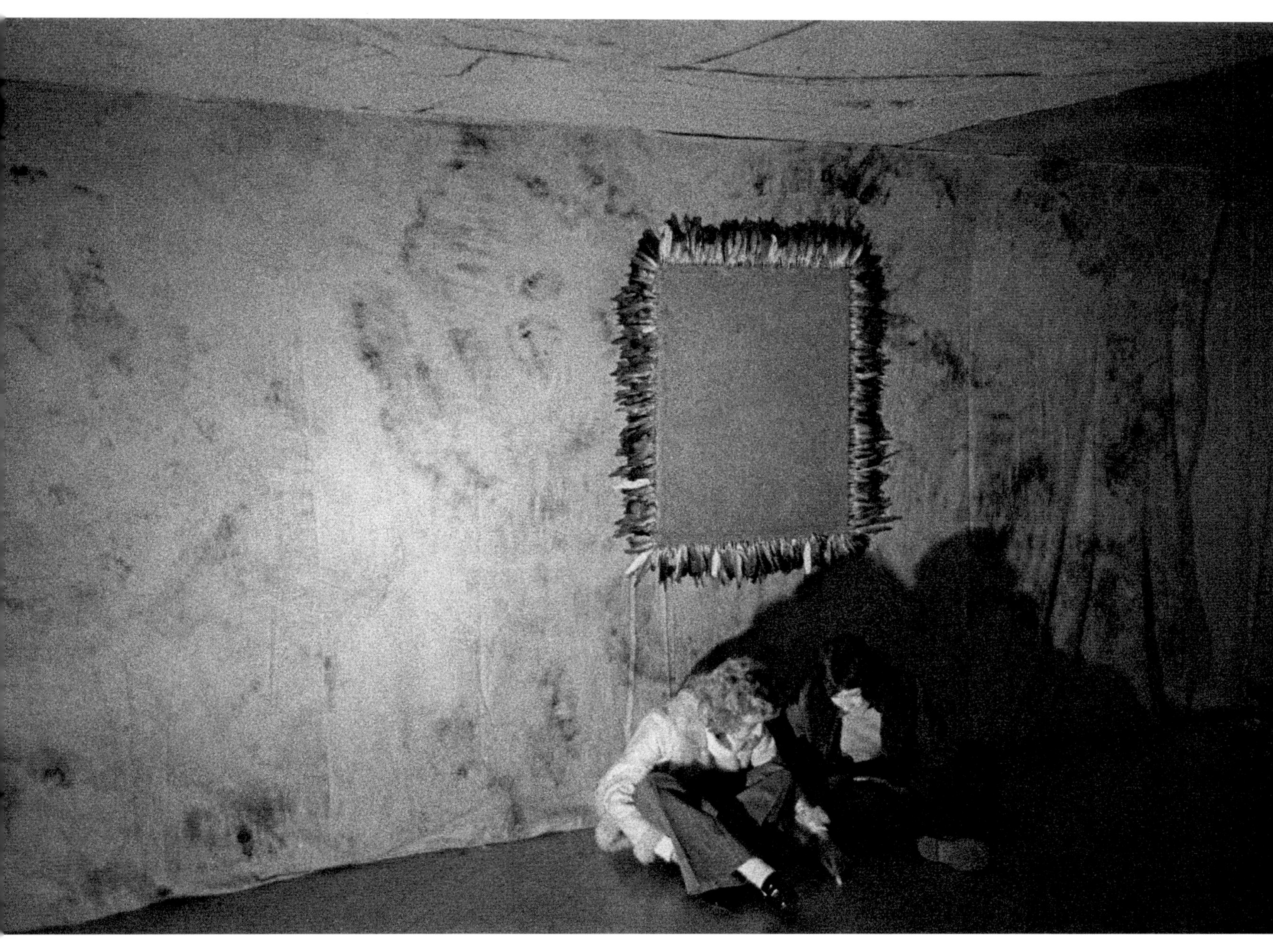

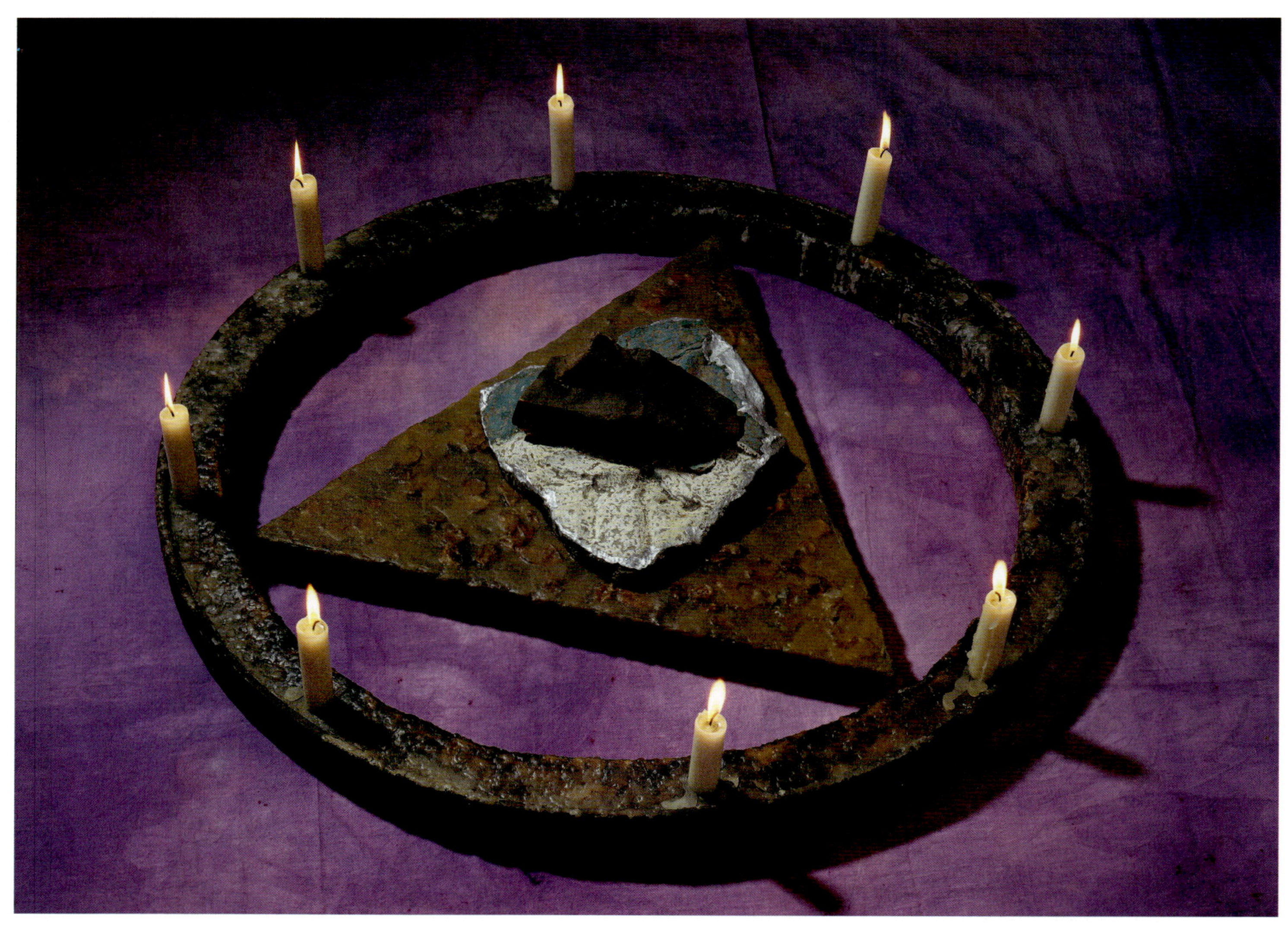

Schlange *Snake* 1974 [Kat. cat. 51]

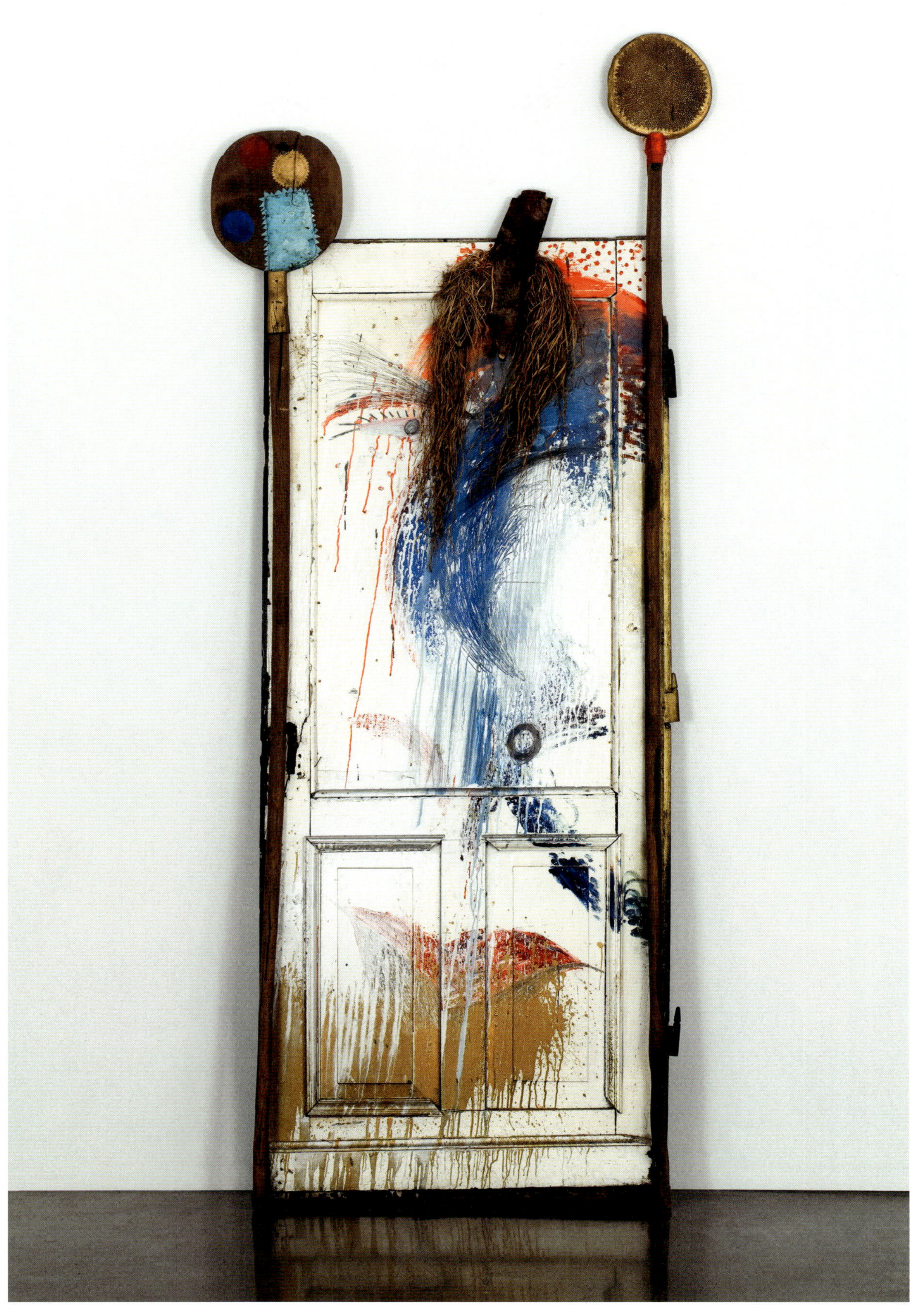

Ohne Titel Untitled 1973 (Kat. cat. 47)

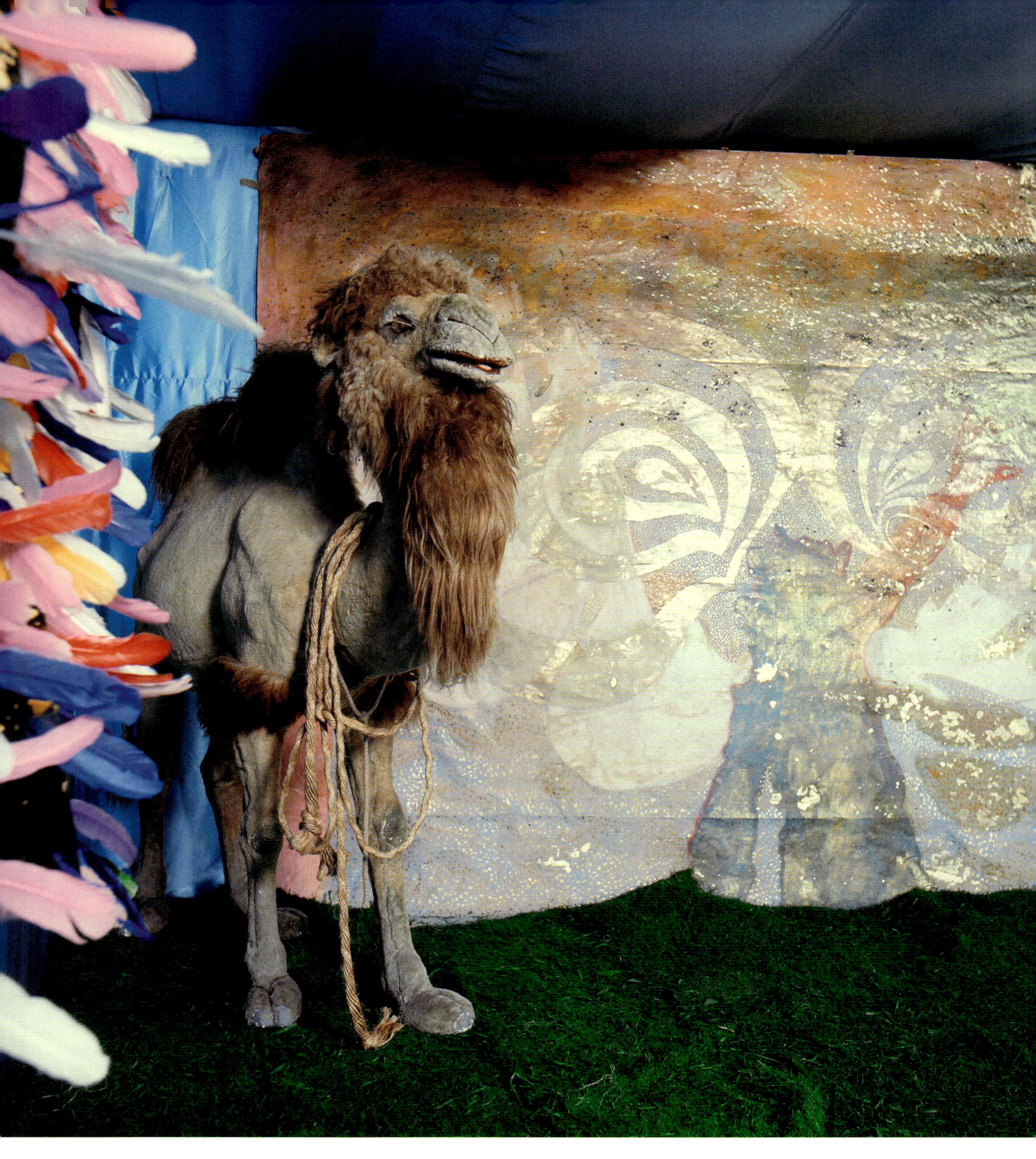

Ausstellung *Eine Reise in den Orient*, Galerie Ingrid Oppenheim, Köln, 1973,
A Journey to the Orient Exhibition, Galerie Ingrid Oppenheim, Cologne, 1973

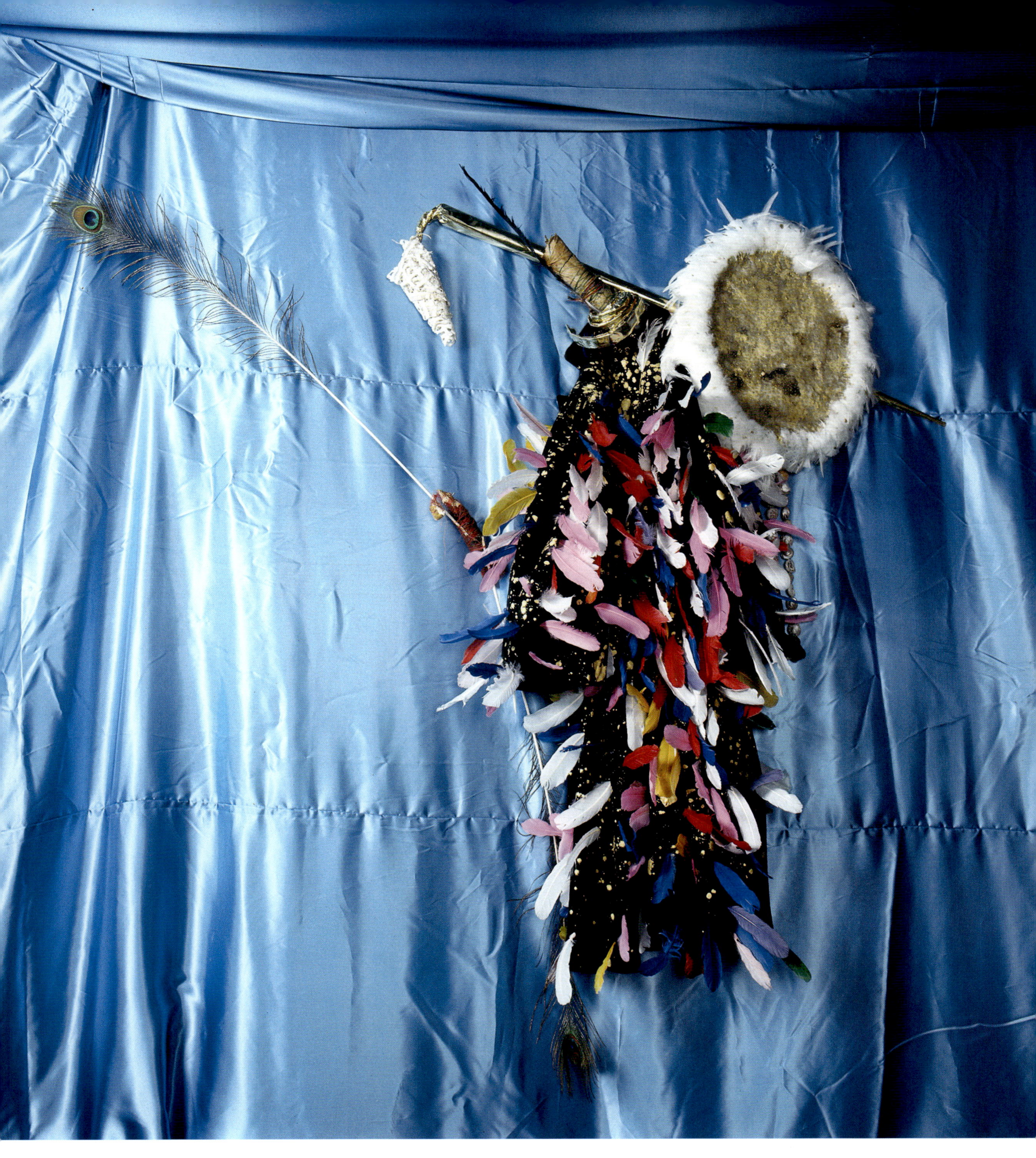

Wachssonne (Kat. 44) in der Ausstellung *Eine Reise in den Orient*, Galerie Ingrid Oppenheim, Köln, 1973
Wax Sun (cat. 44) in the *A Journey to the Orient* Exhibition, Galerie Ingrid Oppenheim, Cologne, 1973

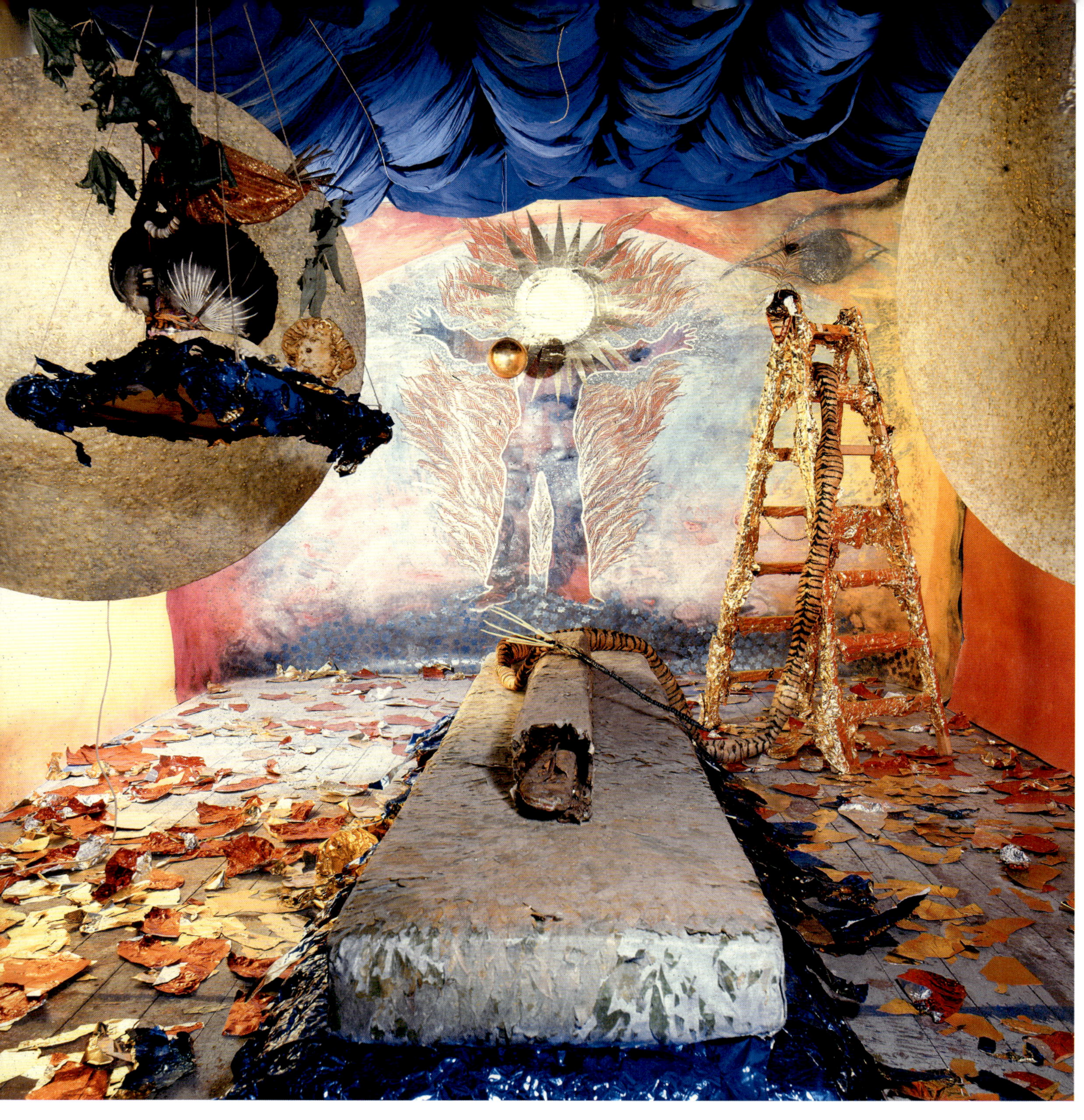

Musée du Echnaton, *Sonnenraum,* Atelier Gilbachstraße, Köln, 1976
Musée du Echnaton, *Sun Room,* Atelier Gilbachstrasse, Cologne, 1976

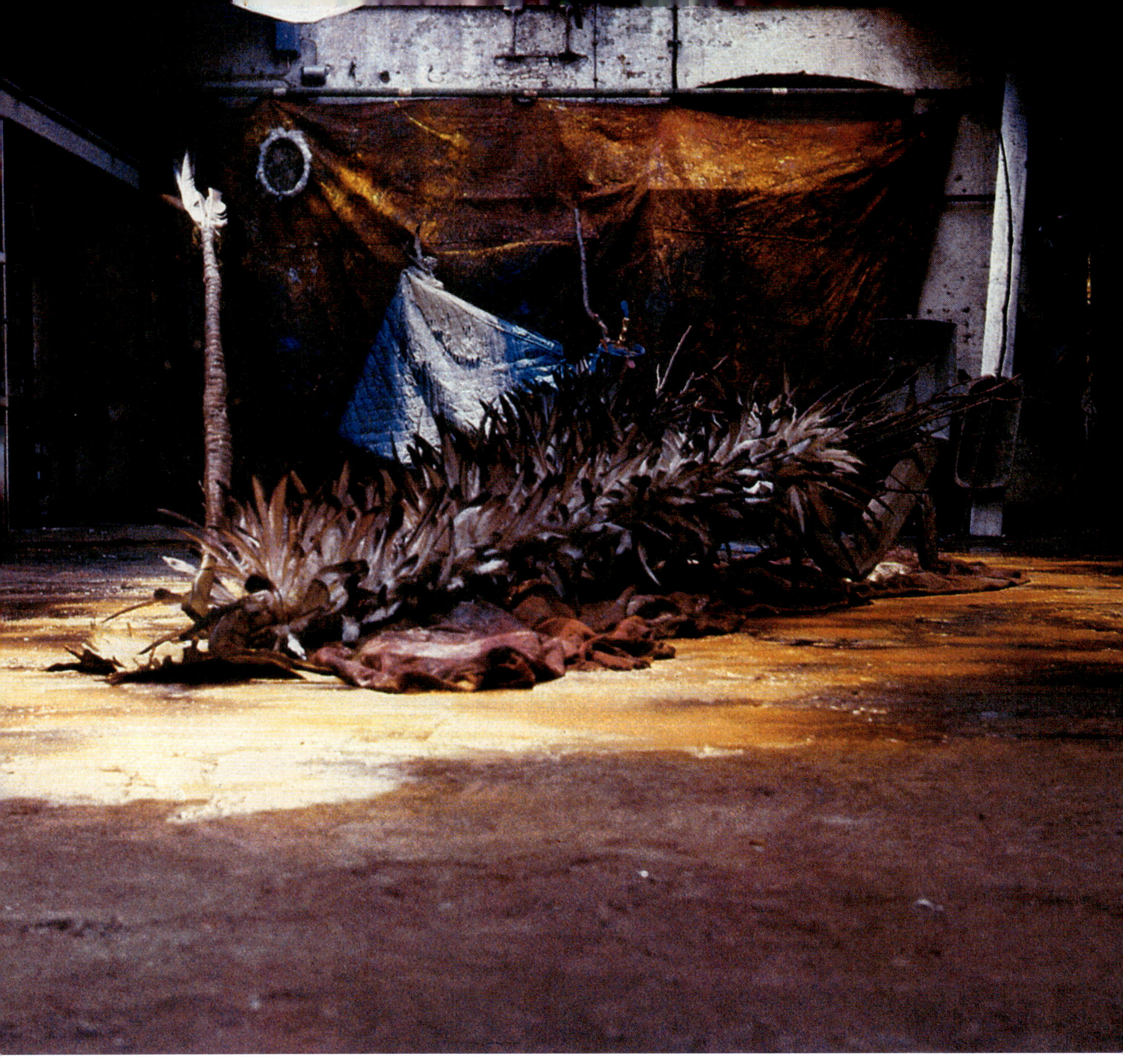

Winterreise durch Westfalen, Kampnagelfabrik, Hamburg, Halle 6, 1982
Winter Journey through Westphalia, Kampnagelfabrik, Hamburg, Hall 6, 1982

1984 widmet der damalige Direktor Jan Hoet Michael Buthe eine Einzelausstellung im Museum van Hedendaagse Kunst, Gent. Buthes opulentes und sinnliches Schaffen entspricht Hoets Vorstellung einer Kunst der Individualität und Intuition, wie er es in seinem Text zum Katalog der Genter Ausstellung formuliert: »Es muss anerkannt werden, dass Buthes Kunst ein selbstverständlicher und natürlicher Teilaspekt seiner Existenz ist und nicht eine bewusste Wahl, die auf analytischer Reflexion beruht oder aus kenntnistheoretischen [sic!] Beweggründen entstanden ist.«[1]

Die Ausstellung in Gent, die an die Münchner Villa Stuck weiterwandert, versammelt einige Werke der frühen 1970er-Jahre, vor allem aber aktuelle Arbeiten seit 1982. Letztere zeichnen sich durch eine üppige Farbigkeit, viel Wachs, Silber und Gold sowie exzentrische Materialkombinationen aus: Abfallholz trifft auf geblümte Textilien, Draht auf Plastikblüten, Bonbonpapier auf Muscheln und Federn. Die auf die Leinwand applizierten Objekte scheinen Buthes weit ausgreifende Malgesten in die dritte Dimension zu treiben und erweitern die teilweise großformatigen Gemälde in den Raum hinaus. All diese Charakteristika kulminieren in der Installation *Taufkapelle mit Papa und Mama*. Sechs Paravents messen nebeneinander gestellt einen rechteckigen Raum aus. Die gestisch bemalten und mit Farbe überschütteten Raumteiler sind auf jeder Seite unterschiedlich gestaltet: Kontrastierende Farben wie Rot und Blau sind auf den Seiten eines Objekts einander ebenso gegenübergestellt wie kleinteilige und großflächige Farbaufträge. Manche der Paravents werden an den Außen- und Faltkanten von Stäben überragt, an denen trophäenartig Holzstücke oder Fundgegenstände montiert sind. Den Eingang in den von den Paravents markierten Bereich flankieren die beiden anthropomorphen Plastiken *Papa* und *Mama*. Sie sind aus Abschnitten von entrindeten Baumstümpfen zusammengesetzt, ihre Gestaltform ergibt sich aus den Winkeln der Schnittflächen der Stämme, und Fundstücke bilden die Körperglieder: Bei *Mama* setzt sich das Gesicht etwa aus den Rädern eines Kinderwagens und dem Spalt zwischen den beiden oberen Holzteilen zusammen. So aktiviert Buthe die Imagination von Betrachterin und Betrachter, die die disparaten Fundstücke erst zu einer Gestalt montieren. Das Zentrum der Installation bildet ein mit Wachs und Goldfarbe bedeckter Würfel mit einer Kantenlänge von 150 cm, über dem ein Leinwandtondo schwebt.

Buthe eröffnet mit der monumentalen Installation ein Feld zahlreicher Referenzen. Die räumliche Gliederung durch gefaltete Flächen ruft in Zusammenhang mit dem Titel erstens das oktogonale Baptisterium in Florenz in Erinnerung, das dem Künstler bei seinem einjährigen Aufenthalt anlässlich der Verleihung des Villa Romana-Preises 1976 nicht entgangen sein wird. Die wellig den Raum modellierenden Paravents verweisen mit den trophäenartigen Elementen und dem Tondo aber zweitens auf die Architektur des Barock, der Buthes Schaffen inspiriert hat. Drittens verbinden sich der zentrale Würfel und das kreisförmige Tondo zu einer Konstellation elementarer geometrischer Formen, die archetypisch in allen Kulturen zu finden sind und unterschiedlichste Bedeutungen annehmen können.[2]

Die beiden den Eingangsbereich der Taufkapelle flankierenden anthropomorphen Figuren lassen sich durch die Betitelung als »Papa« und »Mama« durchaus im jüdisch-christlichen Sinne als Urelternpaar Adam und Eva oder als die Eltern Jesu, Josef und Maria, deuten. Doch erschiene dann die Bezeichnung dieser Figuren sehr umgangssprachlich, wenn nicht gar despektierlich.

Die *Taufkapelle* präsentiert sich als ein Raum, in dem Gegensätze zwischen Materialien und Formen, Ideen und Idealen miteinander konfrontiert werden: Trotz der üppigen Materialität und Sinnlichkeit ist sie ein Denkraum, in dem hinterfragt wird, ob unsere alltäglichen Ordnungskategorien Bestand haben können. [HS]

1 Jan Hoet, »Michael Buthe«, in: *Michael Buthe. Inch Allah*, Ausst.-Kat. Museum van Hedendaagse Kunst, Gent; Museum Villa Stuck, München, Gent 1984, S. 93–95, hier S. 93.

2 Siehe beispielsweise den *Stein des guten Glücks*, den Johann Wolfgang von Goethe 1777 im Park von Weimar aufstellen ließ und dessen Teile – Würfel und Kugel – für das Statische, Ewige und das Bewegliche, Veränderliche stehen.

In 1984 the Museum van Hedendaagse Kunst in Ghent, then under the direction of Jan Hoet, devoted a solo exhibition to Michael Buthe. Buthe's opulent and sensuous work corresponded to Hoet's idea of art as an expression of individuality and intuition. In his text for the catalogue to the Ghent exhibition, Hoet wrote: "Buthe's art should be looked upon as the self-evident and natural extension of his existence, rather than as a conscious choice based on a reflexive analysis or sprung from epistemological motives."[1]

The exhibition in Ghent, which traveled to the Villa Stuck in Munich, brought together several works from the early nineteen-seventies but primarily focused on his works since 1982. The latter were distinguished by a sumptuous palette; lots of wax, silver and gold, and eccentric combinations of materials: scrap wood along with flowery textiles, wire with plastic flowers, candy wrappers with shells and feathers. The objects he applied to the canvas seem to have pushed Buthe's broadly sweeping gestures into the third dimension. All these characteristics culminated in the installation *Taufkapelle mit Papa und Mama (Baptismal Chapel with Papa and Mama)*. Six folding screens next to one another delimit a rectangular space. These partitions, with their gestural and poured paint, are different on each side: contrasting colors such as red and blue are placed on opposite sides as are intricate and expansive execution. Some of the folding screens have rods that stick up at the outer edges and at the joints, on which trophy-like pieces of wood or found objects have been mounted. The entrance to the area marked by the folding screens is flanked by two anthropomorphic sculptures: *Papa* and *Mama*. They are composed of sections of tree trunks with the bark removed. Their form results from the angles of the cut surfaces of the trunks, and the found objects form the limbs; for example, the face of the figure of *Mama* is made from the wheels of a baby carriage and the split between the two upper pieces of wood. Thus Buthe activates the viewer's imagination, and only that assembles the disparate found pieces into a form. The installation's center is a cube covered with wax and gold paint, with edges measuring 150 centimeters; above it hangs a canvas tondo.

With his monumental installation, Buthe opened up a field of numerous references. First, the articulation of the space by means of folded surfaces recalls, in connection with the title, the octagonal baptistery in Florence, which the artist most certainly saw during his year-long stay there when he received the Villa Romana Prize in 1976. Second, the folding screens, which model the space into waves, allude to Baroque architecture, which inspired Buthe's work. Third, the central cube and the circular tondo combine to form a constellation of archetypical, elementary forms of wide-ranging meaning.[2]

The two anthropomorphic figures that flank the entrance to *Taufkapelle* could also, as a result of their titles, *Papa* and *Mama*, be interpreted in the Judeo-Christian sense as the first parents, Adam and Eve, or as the parents of Jesus: Joseph and Mary. Yet the names of the figures then seem very colloquial, even disrespectful.

Taufkapelle thus seems like a space in which the contrasts between materials and forms, ideas and ideals, are confronted: despite its lavish materiality and sensuousness, it is a space for thinking, in which we question whether our everyday categories for ordering things can endure. (HS)

1 Quoted in Jan Hoet, "Michael Buthe," in *Michael Buthe: Inch Allah*, exh. cat. Museum van Hedendagse Kunst, Ghent, and Museum Villa Stuck, Munich (Ghent, 1984), pp. 97–99, esp. pp. 97.

2 See, for example, the *Stein des guten Glücks* (Stone of Good Luck) that Johann Wolfgang von Goethe had placed in his garden in Weimar in 1777, whose stone cube and sphere are thought to represent the static, the eternal, the mobile and mutable.

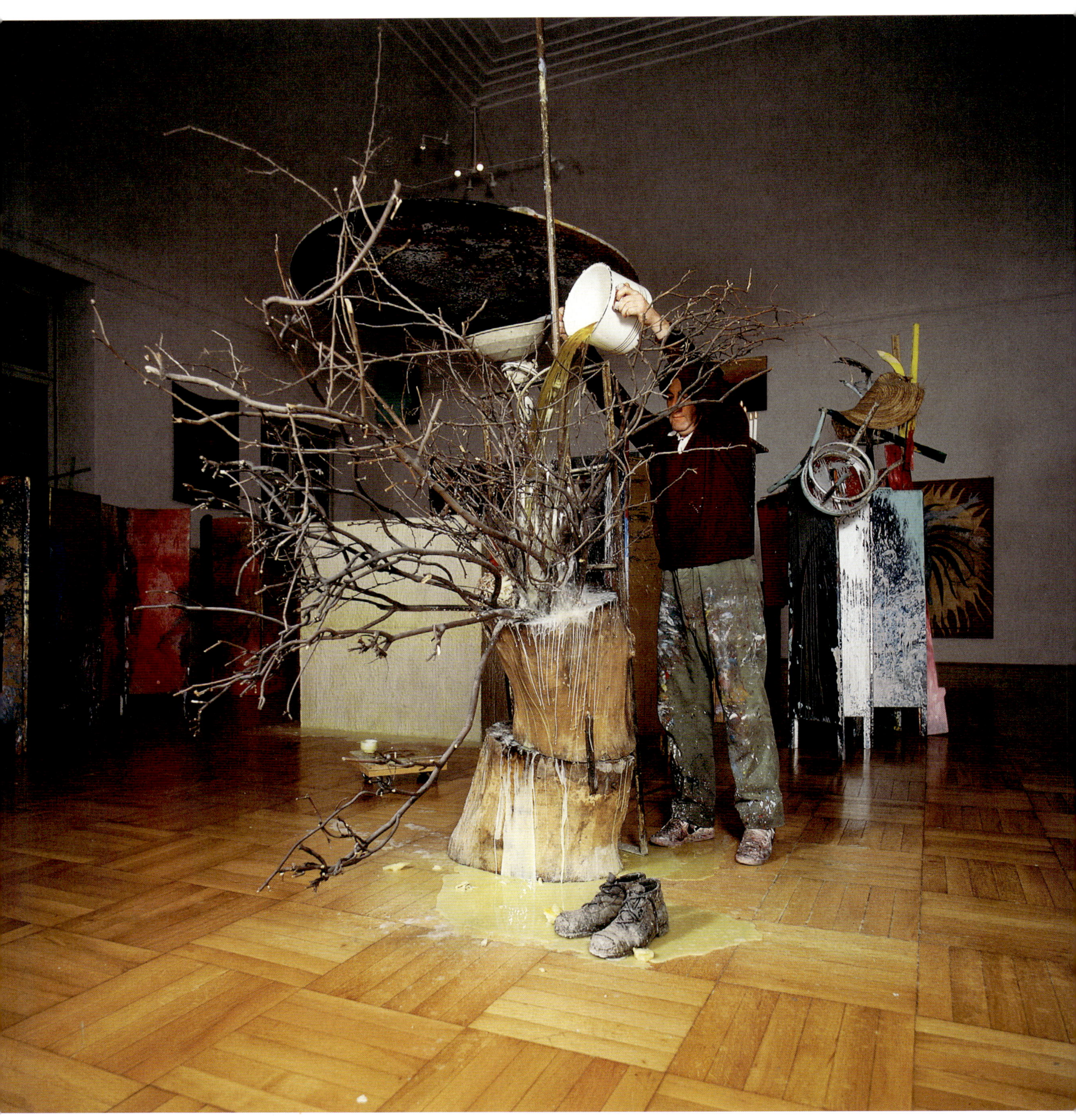

Michael Buthe beim Aufbau seiner Installation *Taufkapelle mit Papa und Mama,* Museum Villa Stuck, München, 1984
Michael Buthe during the preparation of his installation *Baptismal Chapel with Papa and Mama,* Museum Villa Stuck, Munich, 1984

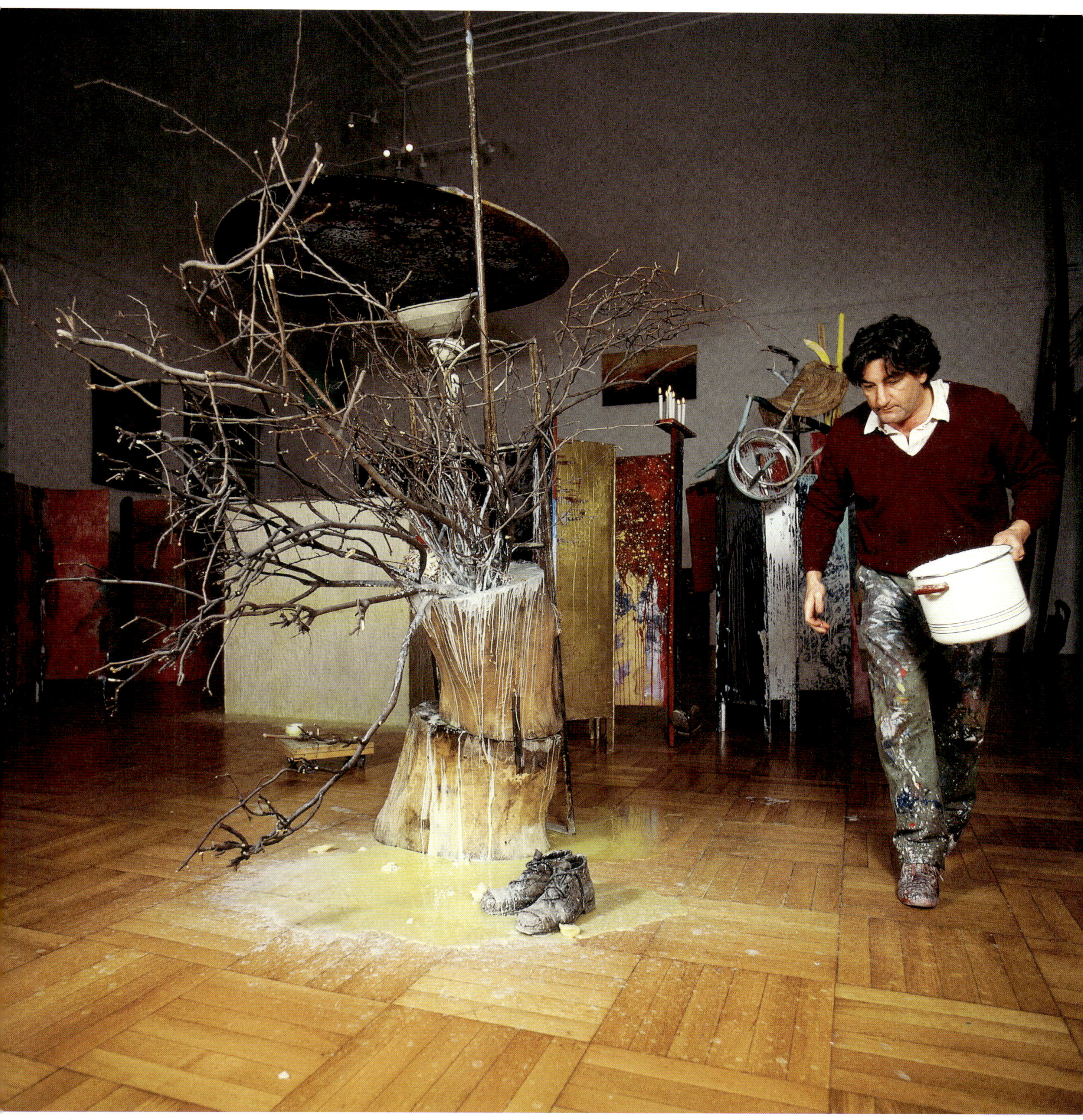

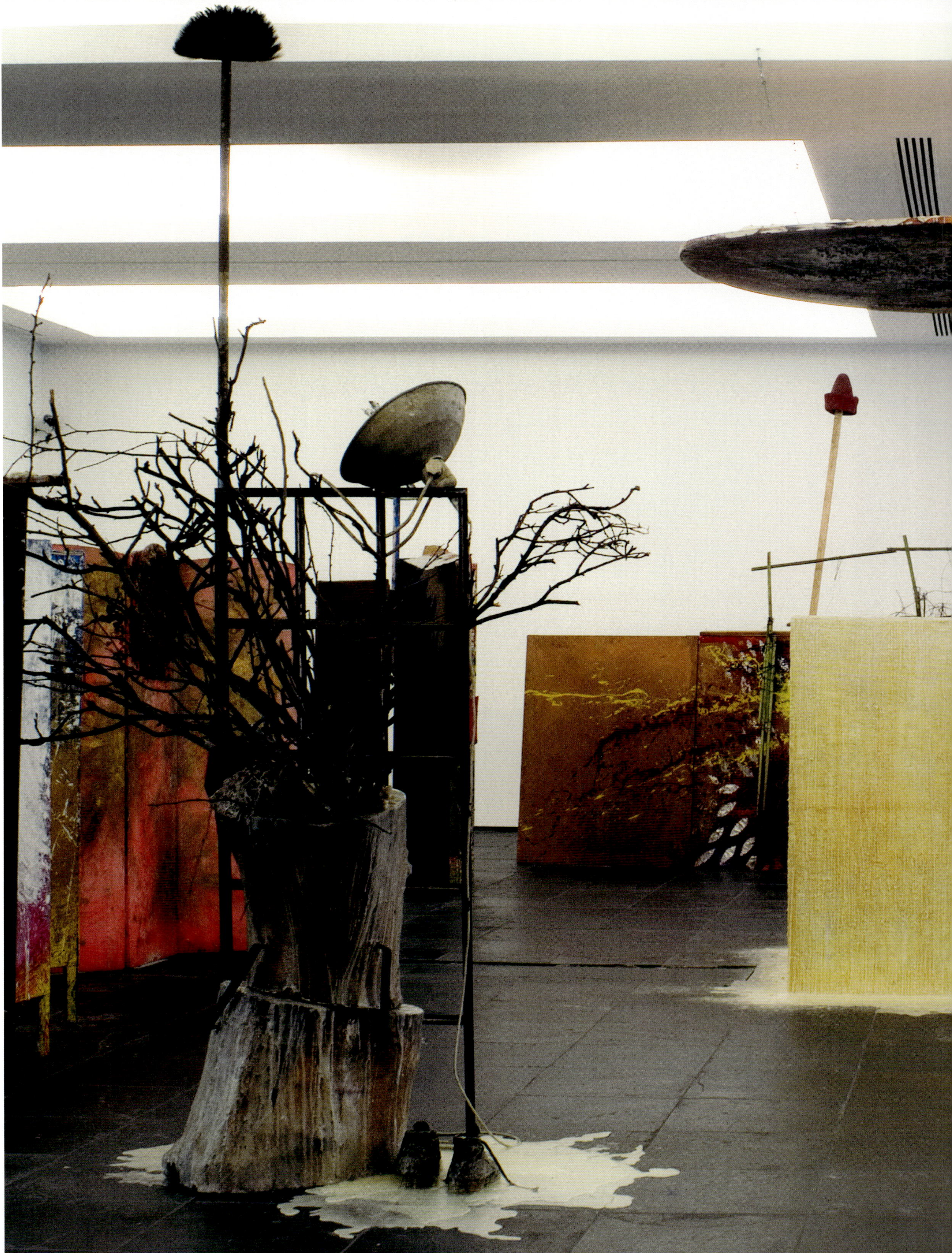

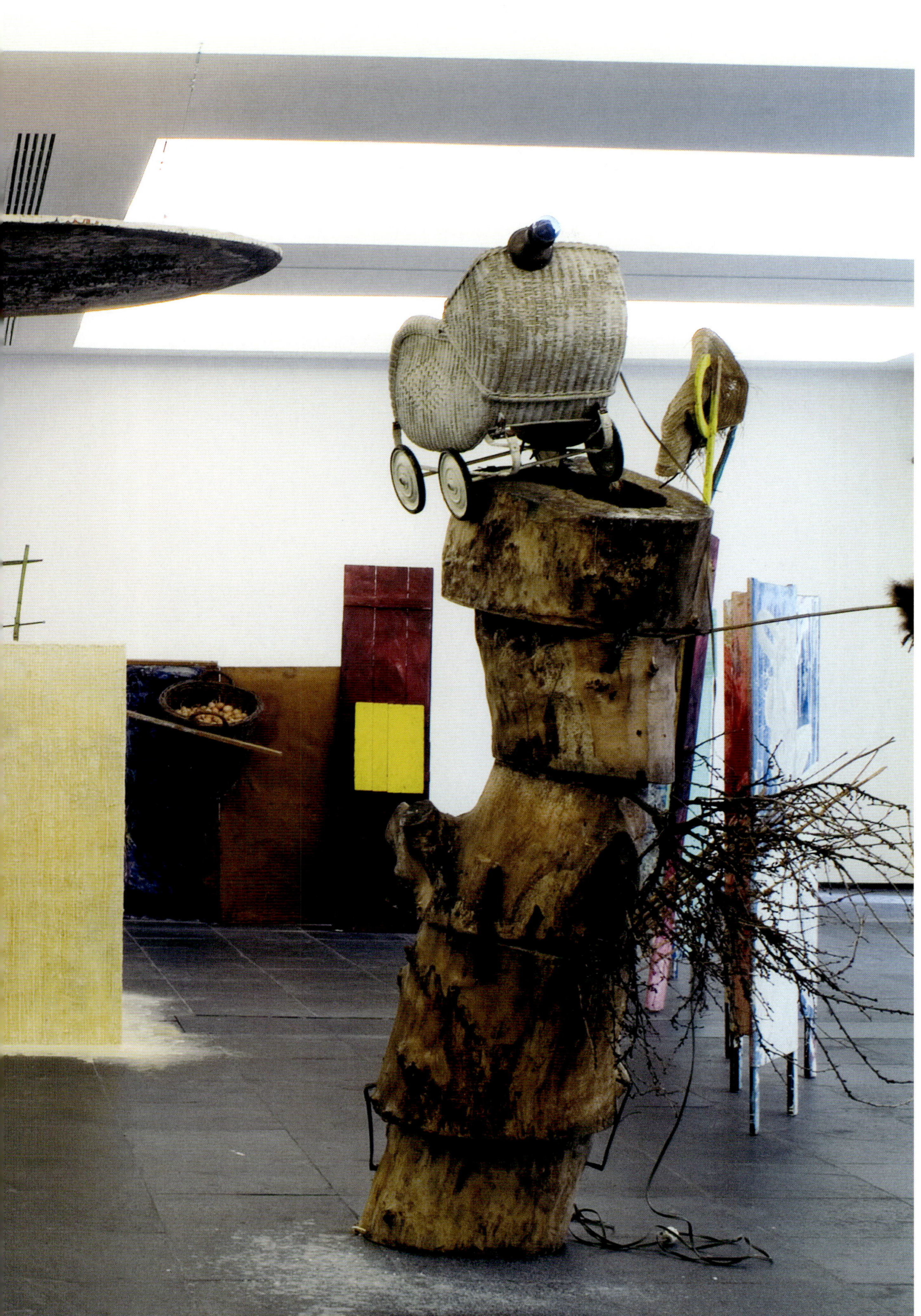

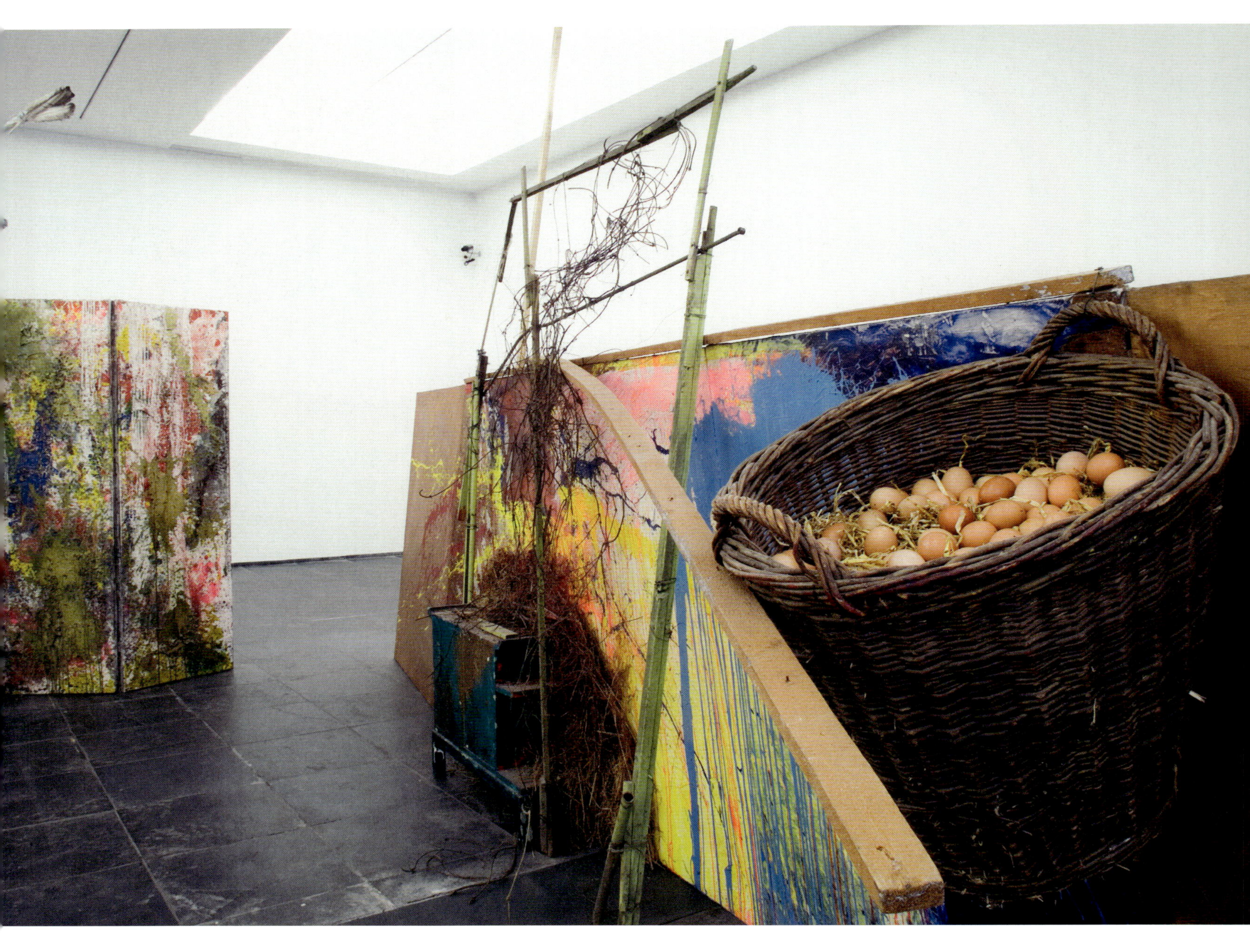

Abb. S. Ill. pp. 92–95 *Taufkapelle mit Papa und Mama* *Baptismal Chapel with Papa and Mama* 1984 (Kat. cat. 61)

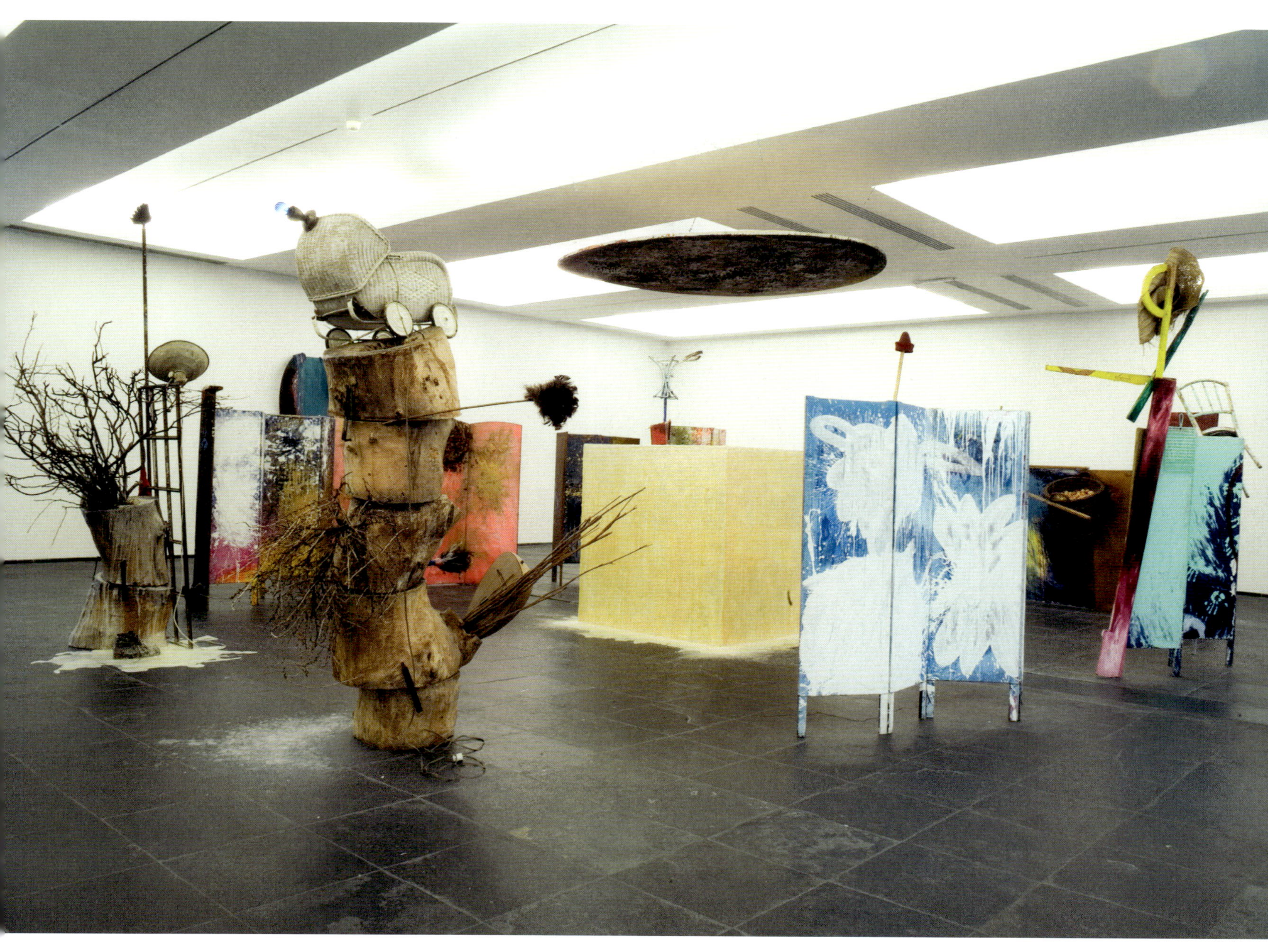

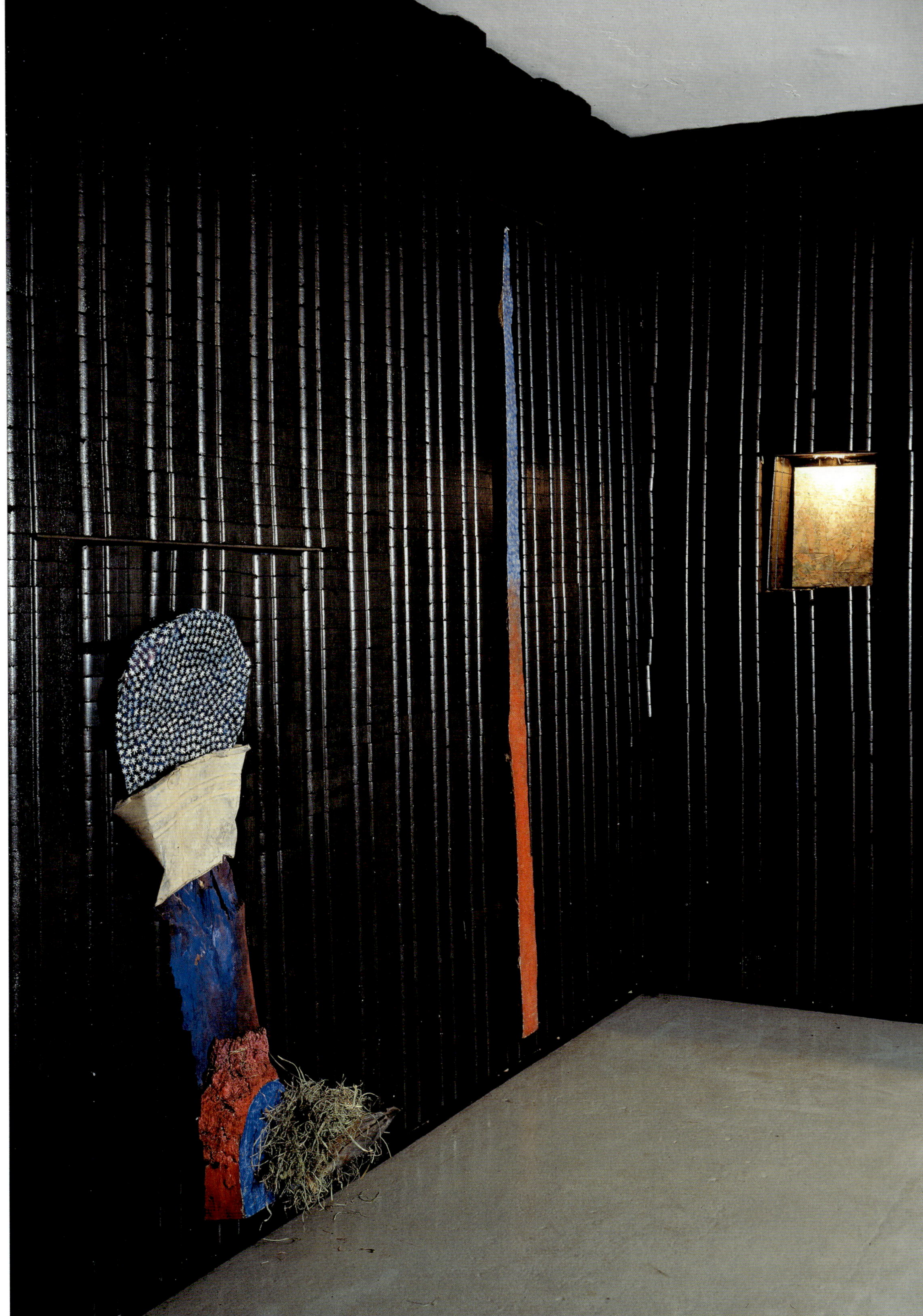

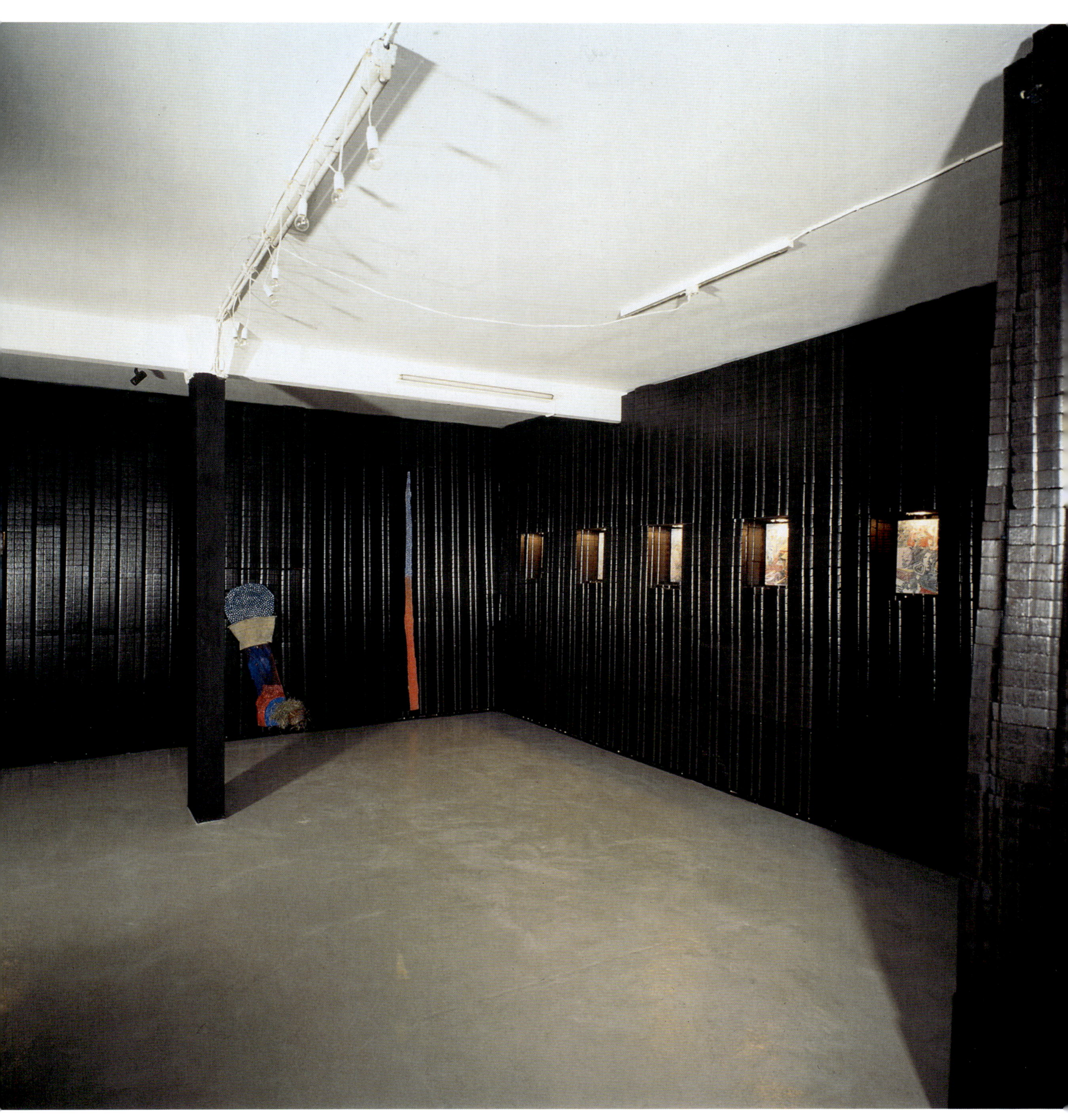

Der Vorfall mit dem Körbchen *The Incident with the Little Basket* 1989–1991 Galerie Moderne Kunst Dietmar Werle, Köln Cologne

Auf Einladung Jan Hoets, des Leiters der Documenta 9, schafft Michael Buthe die beeindruckende Installation aus einem spiralförmigen, mit unzähligen Kerzen bestückten Leuchter, der von zwei goldenen Ovoiden bekrönt wird, und 14 geschwärzten, übermannsgroßen Kupfertafeln mit den hineingeritzten Umrissen menschlicher Körper. Es ist Buthes letzte große Installation mit dem Rang eines Gesamtkunstwerks. Sie spricht die Betrachterin und den Betrachter nicht nur über den Seh- und den Geruchssinn, sondern mit der Wärme der Kerzenflammen auch über den Tastsinn an. In der Rotunde des Kasseler Fridericianums steht die Installation prominent im Mittelpunkt der alle fünf Jahre stattfindenden Weltkunstschau und exemplarisch für Hoets Ansatz, Besucherinnen und Besucher der Großausstellung über den Körper und die Sinne für die Kunst ihrer Zeit zu begeistern.

Stephan von Wiese hat jüngst das komplexe Geflecht möglicher Bedeutungen dieser Installation kenntnisreich und ausführlich dargelegt.[1] Allein die beiden vergoldeten Ovoiden lassen sich mit verschiedensten Zeit- und Kulturschichten in Verbindung bringen: Die Spanne reicht von der Ausstattung der Basilika des orthodoxen Katharinenklosters auf dem Sinai mit hängenden Straußeneiern, Leuchtern und der Ikonostase mit den edelmetallbeschlagenen, in Jahrhunderten geschwärzten Heiligenbildern über Piero della Francescas *Pala Montefeltro* (um 1473) mit dem über der Madonna schwebenden Ei bis zu Constantin Brancusis eiförmigen Skulpturen und Plastiken wie *Le commencement du monde* (1909).

Analog lässt sich die Anzahl 14 der massiven Kupfertafeln sowohl auf die 14 Kreuzwegstationen als auch auf die 14 Nothelfer beziehen; beide Deutungsmöglichkeiten wie auch das allmähliche Auftauchen und Verschwinden der Silhouettenfiguren im Schwarz der Abdeckung verweisen auf Übergangssituationen im Leben wie Krankheit oder Sterben. So spannt die Installation auf verschiedenen Ebenen inhaltlich einen Bogen zwischen Geburt und Tod.[2]

Dass der Bezug auf so unterschiedliche Zeitschichten und Bedeutungsebenen möglich ist, liegt an der grundsätzlichen Offenheit des butheschen Werks, die sich auch in seinem Antrag auf ein Freisemester zur Realisierung der *Heiligen Nacht* äußert: »Der Ausgangspunkt ist der Mensch, der fliegende Mensch, in seiner Realität der Wünsche und auch Verwünschungen, seiner Göttlichkeit und des Ausgesetztseins seiner diabolischen Triebe.«[3]

Zum großen Teil ist Buthes Werk also ein Spiegel des Betrachters und der Betrachterin; die Berücksichtigung der »Jeweiligkeit eines Jeden«[4] ist zentraler Bestandteil seines künstlerischen Konzepts. So hat es nicht nur Jan Hoet im Vorwort zum Katalog der Genter Ausstellung von 1984 formuliert:

»Jedes Kunstwerk von Michael Buthe ist als der Kreuzungspunkt zu verstehen, wo sich so kontrastierend verlaufende Linien wie das Rationale und Intuitive, das Männliche und das Weibliche, Einheimisches und Exotisches, Objektmäßiges und Subjektgebundenes, Archetypisches und Privates, Ornamentales und Fundamentales treffen. Innerhalb des divergierenden Kraftfeldes, das durch jedes Werk und das Gesamtwerk strahlt, erkennt der Beobachter in den geographischen, historischen und autobiographischen Elementen gleich viele Affinitäten mit seinen eigenen tiefverwurzelten Gefühlen hinsichtlich Vergangenheit, Gegenwart und Zukunft.«[5]

Auch Buthe selbst hat dies immer wieder betont:

»Ich möchte eine Anregung geben, dass viele Leute ihren eigenen Erlebnisbereich entwickeln. Nicht als Traumwelt. Die Leute sollen bewusster leben. Emotionalität und Spontaneität spielen dabei eine große Rolle. Das ist die Anregung der ›Individuellen Mythologien‹: Dass jeder seine eigene Mythologie haben kann und sie bewusst leben kann.«[6] (HS)

1 Stephan von Wiese, *Eine Utopia Generale*, unpubliziertes Manuskript. Der Text wird in Kürze als Nr. 369 der Reihe *Patrimonia*, hrsg. von der Kulturstiftung der Länder, Berlin 2015, erscheinen. Wir danken Barbara von Flüe, Kolumba, Köln, für den Hinweis auf den Text und Stephan von Wiese für die Erlaubnis zum Zitat.

2 So formuliert es der Künstler auch im Antrag auf ein Freisemester: Die Installation umfasse »das Spektrum vom Voraugenblick des Gezeugtwerdens bis zum Nachaugenblick des Ersterbens des Lebens«. Michael Buthe, Bericht zum Freisemester Winter 1991/92, Nachlass des Künstlers.

3 Ebd.

4 Angeli Janhsen, *Kunst sehen ist sich selbst sehen. Christian Boltanski – Bill Viola*, Berlin 2005, S. 26.

5 Jan Hoet, »Michael Buthe«, in: *Michael Buthe. Inch Allah*, Ausst.-Kat. Museum van Hedendaagse Kunst, Gent; Museum Villa Stuck, München, Gent 1984, S. 93–95, hier S. 93 f.

6 *Ausstellungsblätter der Modernen Abteilung. Kunstmuseum Düsseldorf*, 2, Juni 1977.

At the invitation of Jan Hoet, the artistic director of documenta 9, Michael Buthe created this impressive installation comprising of a spiral-shaped candelabra with innumerable candles which is crowned by two golden ovoids and surrounded by fourteen giant blackened copper panels, engraved with outlines of human bodies. This was the last of Buthe's large installations to be classed as a *Gesamtkunstwerk*, or "total work of art." It appeals not only to the viewer's senses of sight and smell but also to his sense of touch, through the warmth of the candle flames. In the rotunda of the Fridericianum Kassel, the installation has a prominent position at the center of the international art exhibition that is held there every five years. It is exemplary of Hoet's curatorial approach which was to help exhibition visitors appreciate the art of their time by physically appealing to their senses.

Stephan von Wiese recently provided a well-researched and detailed account of the complex plexus of this installation's possible meanings.[1] The two gilded ovoids alone can be associated with a number of temporal and cultural strata: the span ranges from the decorations for the basilica of the Greek Orthodox Saint Catherine's Monastery on Mount Sinai, with its suspended ostrich eggs, candelabras, and its iconostasis with paintings of saints that are adorned with precious metals and, over the centuries, have been blackened by the smoke of the candles to Piero della Francesca's *Montefeltro Altarpiece* (ca. 1473), with its egg floating above the Madonna and Constantin Brancusi's egg-shaped sculptures, such as *Le commencement du monde (The Beginning of the World,* 1909).

Similarly, the fourteen massive copper panels can be related both to the fourteen Stations of the Cross and to the fourteen Holy Helpers. Both interpretations and also the slow emergence and disappearance of the silhouette figures in black on the surface point to transitional situations in life such as illness and death. Thus the subject matter of the installation spans an arc on many levels between birth and death.[2]

The reason that such different layers of time and meaning are possible lies in the fundamental openness of Buthe's work, which is also expressed in his application for a sabbatical to realize *Die heilige Nacht der Jungfräulichkeit (The Holy Night of Virginity)*: "The point of departure is the human being, the human being flying, in the reality of his wishes and curses, his divinity, and the exposure to his diabolical impulses."[3]

To a great extent, therefore, Buthe's work is a mirror of the viewer; taking into account the "particularity of every individual"[4] is a central component of his concept of art. Jan Hoet expressed it as follows in his foreword to the exhibition catalogue in Ghent in 1984:

"Therefore, each work of Buthe is the point of intersection of lines connecting the rational and the intuitive, the male and the female, the indigenous and the exotic, the objective and the subject-directed, the archetypical and the particular, and the ornamental and the fundamental. Within the diverging field of force radiated by the whole artistic production and by each work separately, the spectator finds countless affinities between the supply of geographical, historic and autobiographical elements and his own deeply rooted feelings towards the past, the present, and the future."[5]

Buthe himself emphasized this repeatedly:

"I would like to inspire as many people as possible to develop their own world of experience. Not as a world of dreams. People should simply live more consciously, and emotionality and spontaneity are key elements of such experience. What I want to achieve with 'individual mythologies' is for people to realize that each one of us can have his or her own mythology and can consciously pursue it."[6] [HS]

1 Stephan von Wiese, *Eine Utopia Generale*, Patrimonia 369, ed. Kulturstiftung der Länder (Berlin, 2015). We are grateful to Barbara von Flüe, Kolumba, Cologne, for pointing us to this text and to Stephan von Wiese for his permission to quote it prior to its publication.

2 The artist also formulated it thus in his application for a sabbatical: he wrote that the installation incorporated "the spectrum from the moment prior to being produced to the moment after life dies." Michael Buthe, report on sabbatical semester, winter 1991–92, estate of the artist.

3 Trans. from ibid.

4 Angeli Janhsen, *Kunst sehen ist sich selbst sehen: Christian Boltanski—Bill Viola* (Berlin, 2005), p. 26.

5 Quoted in Jan Hoet, "Michael Buthe," in *Michael Buthe: Inch Allah*, exh. cat. Museum van Hedendagse Kunst, Ghent, and Museum Villa Stuck, Munich, 1984 (Ghent, 1984), pp. 97–99, esp. pp. 97–98.

6 Trans. from *Ausstellungsblätter der Modernen Abteilung, Kunstmuseum Düsseldorf*, June 2, 1977.

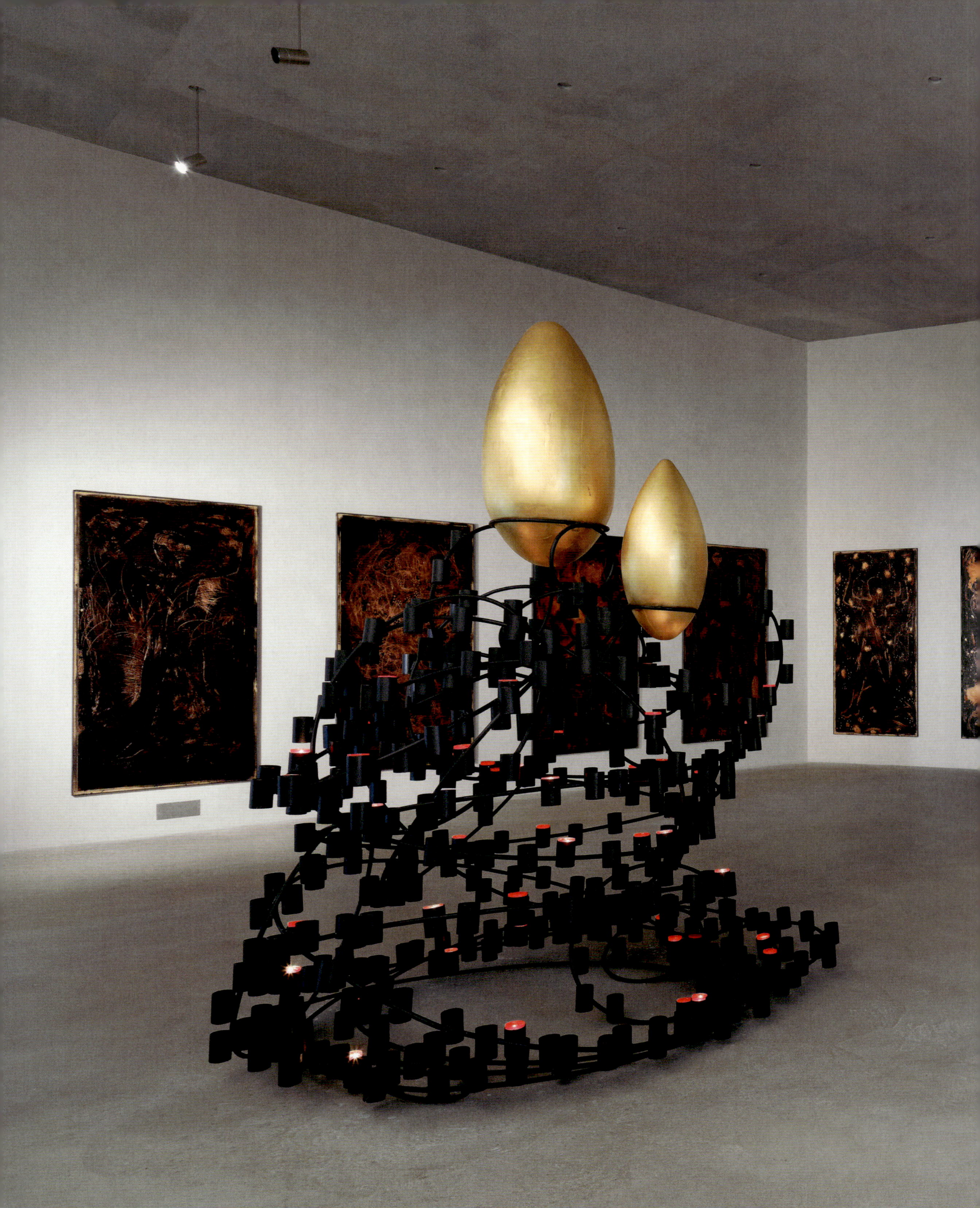

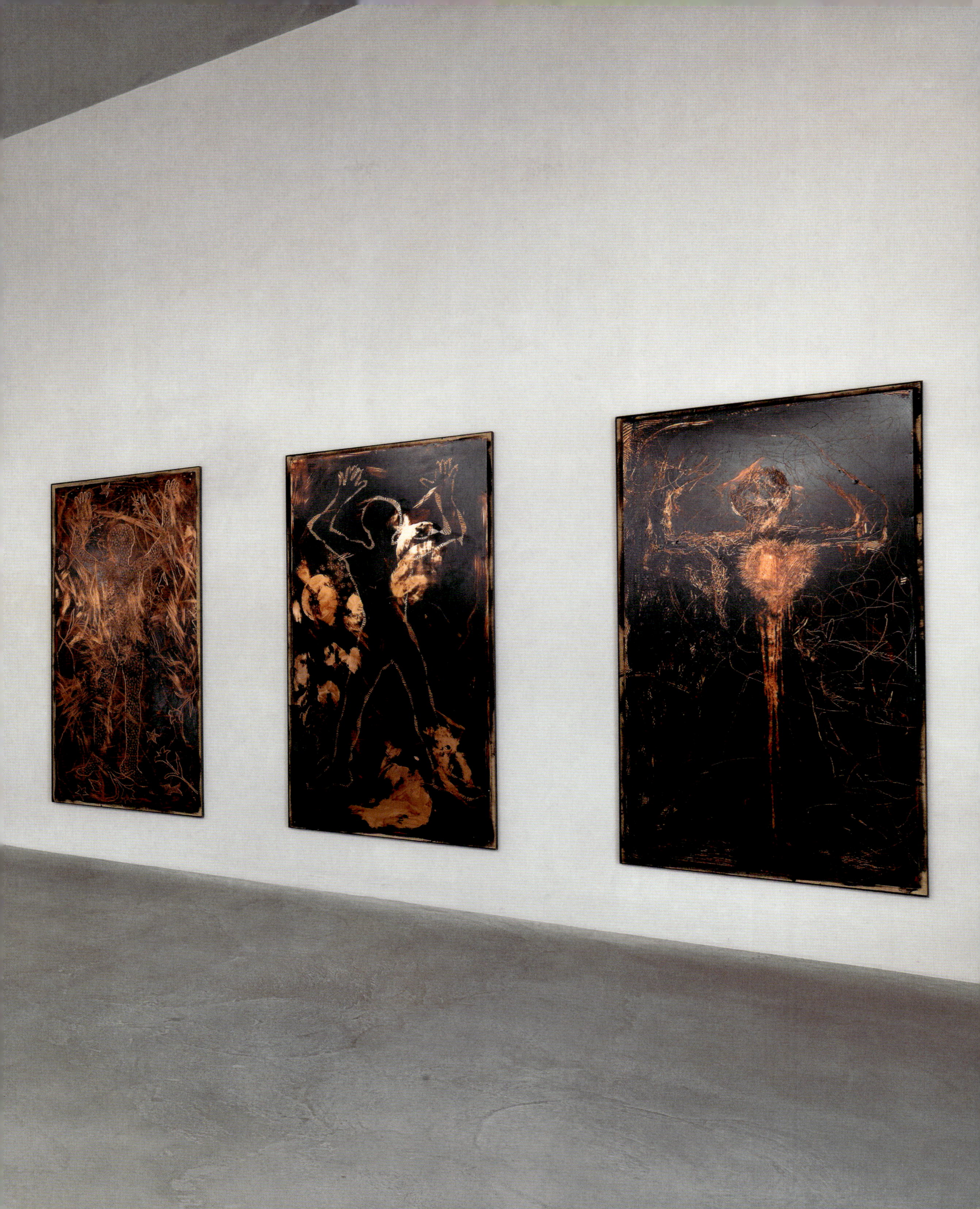

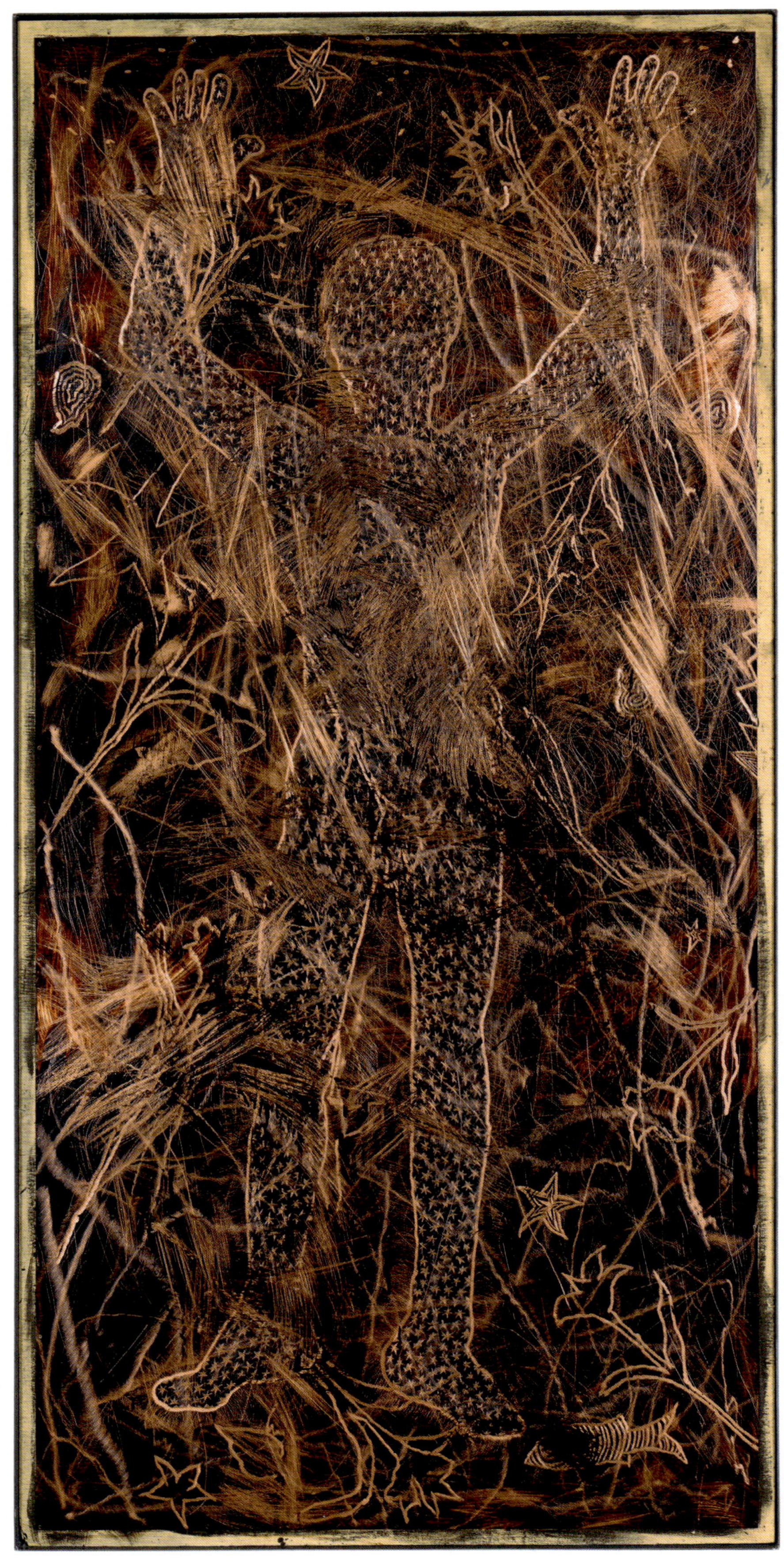

Abb. S. Ill. pp. 100–103 *Die heilige Nacht der Jungfräulichkeit* *The Holy Night of Virginity* 1992 (Kat. cat. 76)

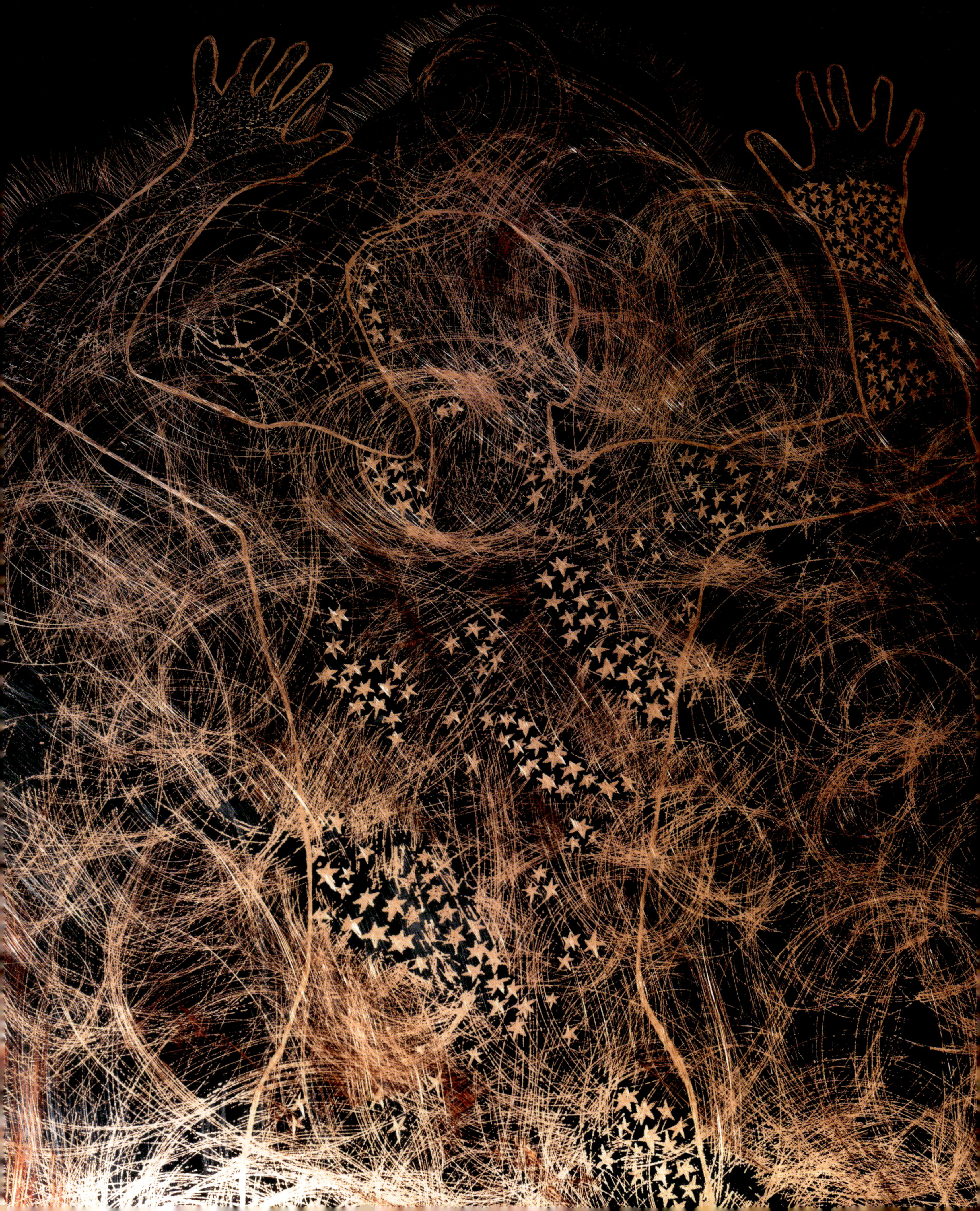

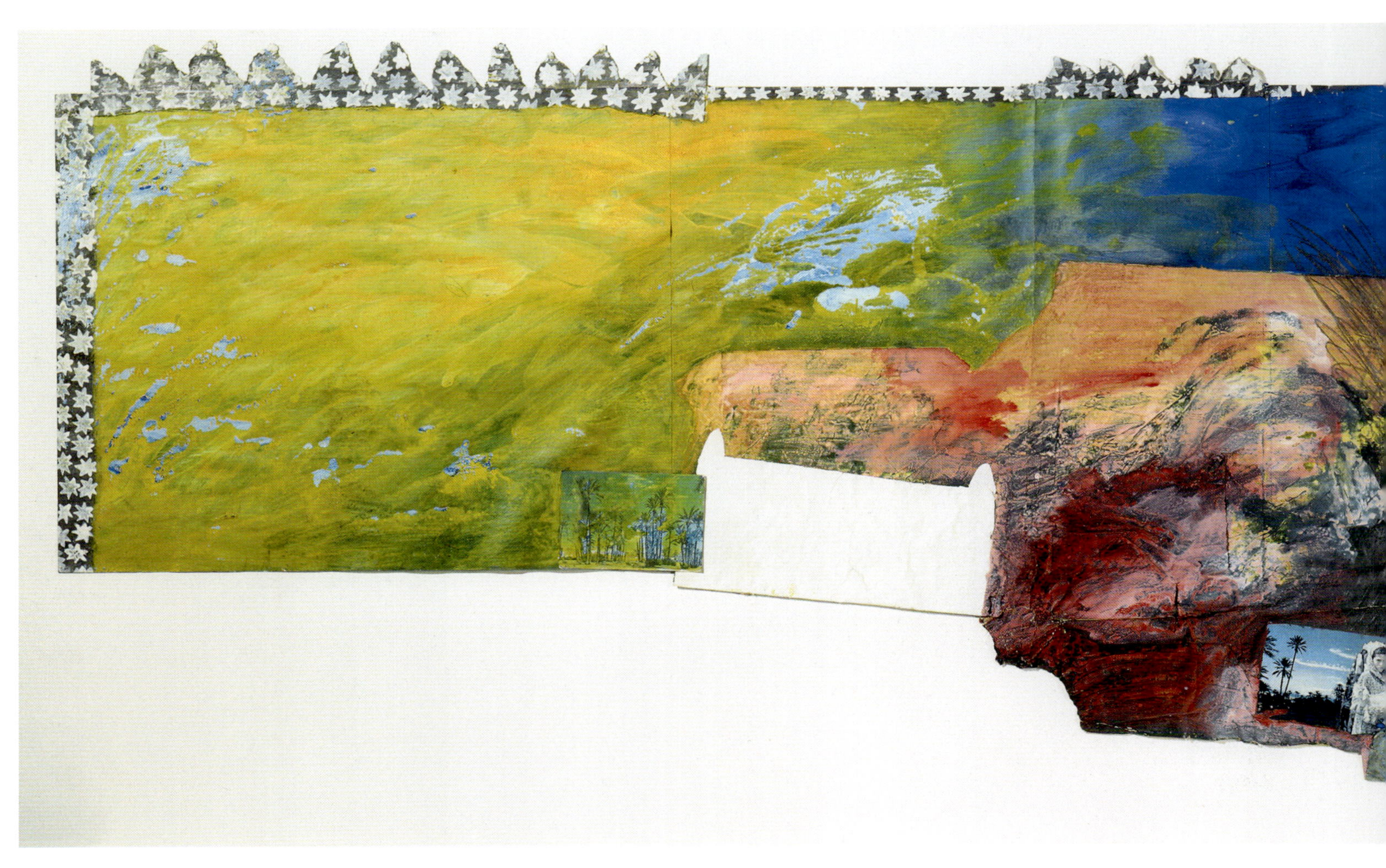

Ohne Titel (Marrakesch) Untitled (Marrakesh) 1978 (Kat. cat. 56)

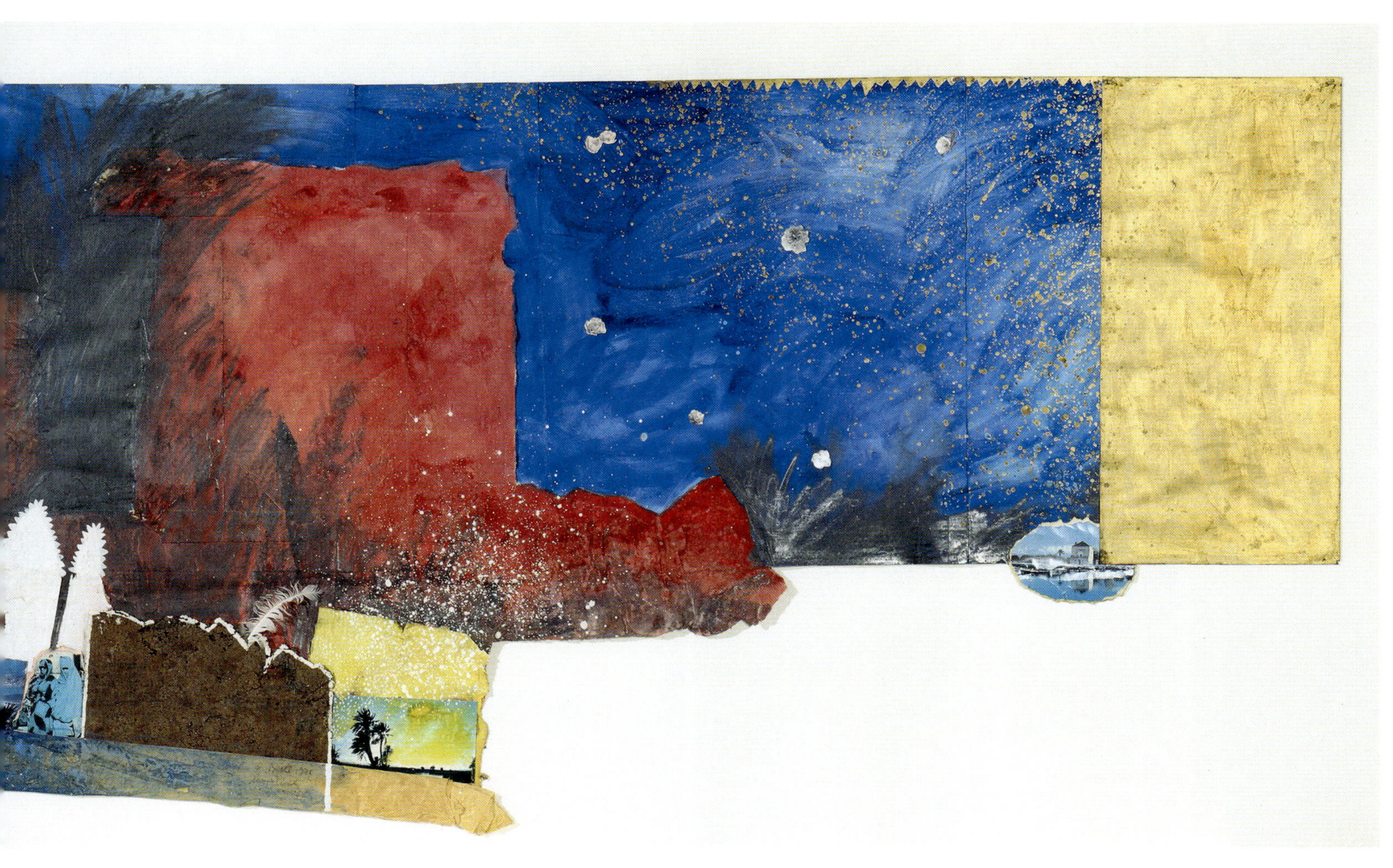

Es war an der Zeit
Zum Reisen im Werk von Michael Buthe

Ulrich Wilmes

Das ist eine Geschichte über Michael Buthe. Sie handelt vom Werk eines Künstlers, der als Nomade zwischen den Welten des Okzidents und des Orients hin und her gereist ist. Das Ziel der Reisen war, die fremden Kulturen und ihre Mythen als Gegenmittel zu den zunehmend als abstoßend empfundenen Sachzwängen und der emotionalen Kälte der zeitgenössischen westlichen Gesellschaften zu erkunden. Es ist auch eine Geschichte über ein künstlerisches Werk, das sich aufgrund der daraus resultierenden Wesensmerkmale einer unbefangenen Interpretation ebenso beharrlich wie elegant entzieht. Gleichwohl sind in den Texten über Michael Buthe zu Recht immer wieder die Mystik und Spiritualität des Maghreb im Kontrast zum aufgeklärten rationalen Weltbild der westlichen Moderne als Schlüssel zum Verständnis herangezogen worden. Die arabische Kultur des Maghreb übte de facto eine starke Anziehung auf den Künstler aus und veränderte sein bildnerisches Vokabular und seine bildhafte Sprache unmittelbar und nachhaltig.

Die 1960er-Jahre, das Jahrzehnt, in dem Buthe als Künstler ausgebildet und sozialisiert wurde, erlebten neben beispiellosen technischen Entwicklungen eine radikale politische und soziale Aufbruchsstimmung, die eine Sprengung gesellschaftlicher Konventionen und Verkrustungen bewirkte – Studentenrevolte, sexuelle Revolution, Bürgerrechts- und Protestbewegungen, Emanzipation der Frauen – sowie öffentliche Debatten über alternative Lebensformen auslöste. 1969 zeigte sich jedoch innerhalb weniger Monate, dass einige hochfliegende Ansätze und Fantasien an ihr Ende gekommen waren, bevor sie sich in der Wirklichkeit als zukunftsweisend bewahrheiten konnten. Ihre Reisen waren beendet, kurz nachdem sie aufgebrochen waren.

Am 20. Juli 1969 landete das erste bemannte Raumfahrzeug auf dem Mond. Am Tag darauf um 3:56 MEZ betrat Neil Armstrong im Mare Tranquillitatis die Mondoberfläche. Die Neugier auf das Fremdartige wurde allerdings enttäuscht, die Oberfläche des Mondes stellte sich als ein unwirtlicher Ort dar, dessen Faszination allein aus seiner Abgelegenheit erwuchs. Der Mondflug, Höhepunkt am Ende des »Jahrzehnts der Raumfahrt«, wurde vor dem Hintergrund der 68er-Studenten-Revolten und des Vietnamkriegs zum Abgesang auf den ungezügelten Glauben an den technischen Fortschritt, der von vielen als universales Instrument zur Bewältigung zivilisatorischer und gesellschaftlicher Probleme gesehen wurde.

Knapp einen Monat nach dem historischen Ereignis der ersten Mondlandung fand vom 15. bis zum 17. August 1969 »The Woodstock Music and Art Fair« statt, dessen friedlicher Verlauf allein dem Momentum des Augenblicks entsprang, an dem unsere »Zivilisation der Utopie am nächsten war«, wie Michael Fairchild in seinem Begleittext zur Aufnahme von Jimi Hendrix' Woodstock-Auftritt schrieb. Auch Woodstock stellte sich als Höhepunkt und Abgesang heraus – die drei Tage »Love and Peace«, als

It was Time
On Travel in Michael Buthe's Work

Ulrich Wilmes

This is a story about Michael Buthe. It is about the work of an artist who traveled like a nomad back and forth between the worlds of the West and the East. The goal of these journeys was to explore foreign cultures and their myths as an antidote to the practical constraints and emotional coldness of contemporary Western societies, which he increasingly perceived as repellent. It is also a tale about an artistic oeuvre that, because of the essential features that result from this, resists impartial interpretation in a way that is persistent and elegant in equal measure. Nevertheless, texts about Michael Buthe have repeatedly and rightly alluded to the mysticism and spirituality of the Maghreb in contrast to the enlightened, rational world view of Western modernity as the key to understanding him. The Arab culture of the Maghreb had in practice a strong appeal to the artist and had a direct and lasting effect on his painterly vocabulary and pictorial idiom.

The nineteen-sixties—the decade during which Buthe trained as an artist and began to make his mark—experienced not only unprecedented technological advancements but also a mood of a radical political and social new beginning that exploded social conventions and incrustations: student protests, the sexual revolution, civil rights and protest movements, women's liberation, as well as public debates about alternative lifestyles. Within a few months of the decade's final year, however, it became clear that several high-flying approaches and fantasies had come to an end before they could be confirmed in reality as pointing the way forward. Their travels were over only shortly after they had begun.

On July 20, 1969, the first manned spacecraft landed on the moon. The following day, at 3:56 a.m. Central European Time, Neil Armstrong stepped out onto the surface of the moon in the Mare Tranquillitatis. The anticipation of the exotic was, however, disappointed, as the surface of the moon turned out to be an inhospitable place whose fascination derived solely from its remoteness. Against the backdrop of the student protests of the nineteen-sixties and the Vietnam War, the flight to the moon, the climax of the "decade of space travel," became the swansong of the unbridled faith in technological progress, which many had seen as a universal instrument to overcome the problems of civilization and society.

Barely a month after the historic event of the first moon landing, the Woodstock Music and Art Fair was held from August 15 to 17, 1969; it played out peacefully thanks only to the momentum of the moment that was "the closest civilization came to utopia," as Michael Fairchild wrote in the accompanying booklet

deren Katalysator die Rock-Musik wirkte, repräsentierten eine Gegenkultur der 1960er-Jahre, die ihren Protest gegen den Vietnamkrieg, Atomrüstung und Rassendiskriminierung mit der Utopie einer repressionsfreien Gesellschaft verband.

Es war an der Zeit, sich auf den Weg zu machen, um die gewohnte Umgebung und die überkommenen Bindungen hinter sich zu lassen. Die progressiven gesellschaftsverändernden Triebkräfte der 1960er-Jahre beförderten auch in der Kunst eine Erweiterung der Horizonte. Das Jahr 1970 läutete für den 26-jährigen Michael Buthe den Aufbruch in unbekannte Welten ein, der von nachhaltiger Dauer sein sollte. In den folgenden Jahren reiste er viel und verbrachte lange Zeitspannen in Marokko, das zu seiner zweiten Wahlheimat wurde. Beides wies ihm tiefgründende Perspektiven für eine allumfassende Weltsicht. Er folgte damit dem Beispiel von Künstlern, die zu allen Zeiten aus unterschiedlichen Motiven der Faszination für das Fremde und Exotische erlagen. Die Aneignung fremder Kulturkreise diente nur bedingt einer kritischen Auseinandersetzung mit den unbekannten Wirklichkeiten und den Folgen eines kolonialistischen Eurozentrismus. Zumeist stand das künstlerische Interesse an den ästhetischen Eigenarten im Vordergrund, weniger die Suche nach einem tatsächlichen Verständnis für fremde Kulturen. Die Künstler des Mittelalters und der Renaissance folgten den Einladungen ihrer Auftraggeber, Albrecht Dürer bereiste Ende des 15. und Anfang des 16. Jahrhunderts zu Studienzwecken mehrfach Norditalien und Venedig. Für die Nazarener und Präraffaeliten war Rom seit Ende des 18. Jahrhunderts Ort der Überwindung gesellschaftlicher und akademischer Normen. Paul Gauguin wanderte Ende des 19. Jahrhunderts nach Tahiti aus, wo er sein exotisches Paradies suchte. Kurz vor Ausbruch des Ersten Weltkriegs brachen Paul Klee und August Macke zu ihrer berühmten Tunisreise auf, die sich anschaulich in ihren Werken niederschlug.

Für zwei der bedeutendsten Erneuerer der zeitgenössischen Kunst wurde das Reisen als solches zum integralen Bestandteil ihrer diametral entgegengesetzten bildnerischen Ansätze. On Kawara (1933–2014) war Künstler und Reisender. Indem er uns an seiner Zeitreise teilhaben lässt, teilt er sein Leben mit uns. Auf diesem Weg betrachtete er die Dinge stets von zwei Seiten bzw. die Wirklichkeit aus zwei Perspektiven. Zunächst war er der subjektiv Erlebende, der die Gegenwart der Orte und ihrer Ereignisse erfuhr und mitgestaltete. Gleichzeitig erscheint Kawara jedoch als objektiver Beobachter seiner Erfahrungen, deren messbare Daten und Koordinaten er mit größtmöglicher Genauigkeit registrierte.

1958 verließ Kawara sein Geburtsland Japan. »Als er Japan verließ, wollte er nur noch Künstler sein, keiner Nation mehr zugehörig. Als ein die Welt Bereisender brauchte er acht Jahre, um am 4. Januar 1966 in New York, wo er sich 1965 niedergelassen hatte, sein erstes Datums-Bild zu malen.«[1] In den Jahren 1968 bis 1979 arbeitete Kawara an weiteren Werkreihen, die in unterschiedlicher Weise der Aufzeichnung bestimmter biografischer Daten gewidmet sind. Es handelt sich dabei um zeitliche und räumliche Koordinaten, die Dauer und Begrenztheit seines Lebens betreffen. Die Formen, in denen diese Aufzeichnungen seines Zeitbewusstseins ausgeführt wurden, beziehen sich auf verschiedene Lebenszustände, Zeitabläufe und Aktivitäten an seinem jeweiligen Aufenthaltsort.

to Jimi Hendrix's first release of his Woodstock performance. Woodstock itself turned out to be both a climax and a swansong: the three days of "love and peace" whose catalyst was rock music represented a counterculture of the nineteen-sixties that combined its protest of the Vietnam War, atomic weapons, and race discrimination with the utopia of a society free of repression.

It was time to set about leaving behind familiar surroundings and traditional obligations. The progressive driving forces behind the transformation of society in the sixties also caused an expansion of horizons in art as well. For twenty-six-year-old Michael Buthe, the year 1970 rang in a departure on a journey to unfamiliar worlds that would continue for many years. In the years that followed he traveled a great deal and spent extended periods in Morocco, which became his second home. These experiences provided him with a rich source of perspectives for an all-embracing worldview. In this respect, he was following the example of artists of all ages who, with different motives, succumbed to fascination for the foreign and exotic. Appropriating foreign cultural circles is of limited use for a critical engagement with unfamiliar realities and the consequences of colonialist Eurocentrism. In most cases, the artist's primary interest was in the characteristic aesthetic features of foreign cultures, and not so much the effort to actually understand them. The artists of the Middle Ages and Renaissance pursued invitations from their patrons: Albrecht Dürer traveled to northern Italy and Venice to study on several occasions in the late fifteenth and early sixteenth centuries. From the end of the eighteenth century, Rome was the place to overcome social and academic norms for the Nazarenes and the Pre-Raphaelites. In the late nineteenth century, Paul Gauguin emigrated to Tahiti where he sought his exotic paradise. Shortly before the outbreak of World War I, Paul Klee and August Macke set off on the famous trip to Tunis, which found visible expression in their works.

For two of the most important innovators of contemporary art, traveling as such became an integral component of their diametrically opposed artistic approaches. On Kawara (1933–2014) was an artist and traveler. By allowing us to take part in his journey through time, he shared his life with us. In this way, he always viewed things from two sides and reality from two perspectives. On the one hand, he was someone who experienced subjectively, experiencing and helping shape the presence of the places and their events. On the other, he appeared to be an objective observer, registering his experiences, their measurable details and coordinates with the utmost precision.

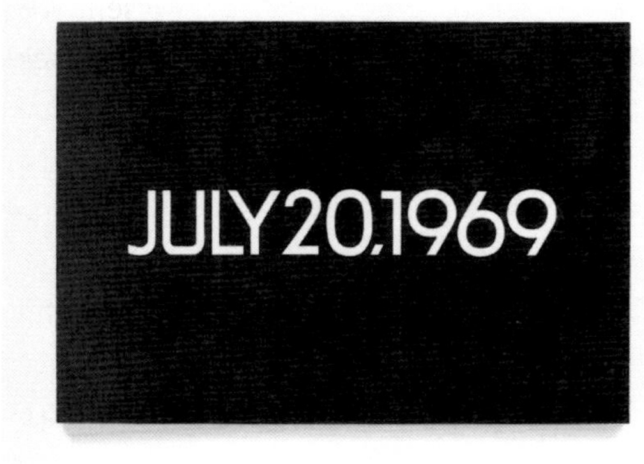

On Kawara, *July 20. 1969 (Man Walks on Moon)*, aus der *Today*-Serie (1966–2014), Acryl auf Leinwand, 154,9 x 226,1 x 3,8 cm, Glenstone, Potomac, MD
On Kawara, *July 20. 1969 (Man Walks on Moon)*, from the *Today* series (1966–2014), acrylic on canvas, 154.9 x 226.1 x 3.8, Glenstone, Potomac, MD

In 1958 Kawara left his native country of Japan. "When he left Japan, he just wanted to be an artist, free of any national ties. As a nomad traveling the world, it took him eight years to complete his first date painting on January 4, 1966 in New York, where he had moved in 1965."[1] In the years from 1968 to 1979 Kawara worked on other series of works dedicated in different ways to recording specific biographical date. These are temporal and geographical coordinates that concern the duration and limitedness of his life. The forms in which these drawings of his awareness of time were rendered refer to different life states, courses of time, and activities in the places he was staying.

Im Zentrum der Werkentwicklung steht die *Today*-Serie mit den *Date Paintings*, die nichts anderes darstellen als den Tag, an dem sie ausgeführt wurden. Ihre Gestalt ist mit einer begrenzten Vielfalt formaler Variationen weitgehend einheitlich. Als Bilder enthalten sie nichts als das abgekürzte Datum des Tages, aufgezeichnet in der Sprache des Entstehungsortes. Die Entscheidung über Tag und Ort, an denen ein Bild gemalt wurde, folgte keinem Schema, sondern wurde allein durch die Befindlichkeit des Künstlers bestimmt. Konnte er ein Bild im Laufe eines Tages nicht fertigstellen, zerstörte er es. Es konnten aber auch mehrere identische Bilder an einem Tag entstehen.

Kawara bewegte sich in seiner Arbeit ständig an der Grenze zwischen Subjektivität und Objektivität, um das eigene Ich an einem bestimmten »Punkt zwischen Leben und Tod«[2] zu lokalisieren. In den über zwölf Jahre andauernden Aufzeichnungen registrierte Kawara mit größter Disziplin seine täglichen zeitlichen Daten und Wegstrecken. Diese objektiven Daten offenbaren eine Distanz zum subjektiven Zeitbewusstsein, die unserer Alltagserfahrung für gewöhnlich fremd ist. Die dadurch vermittelte Absicht, das eigene Leben bewusst wahrzunehmen, berührt ein grundlegendes Bedürfnis, das Wesentliche vom Verzichtbaren zu unterscheiden. Tatsächlich schrieb Kawara also keine Biografie, sondern einen Kalender, der durch einfache Verhaltensmuster bestimmt wurde: Ich stehe auf, lese die Zeitung, gehe aus, treffe Menschen – Ich lebe noch!

Der Umzug nach Captiva Island in Florida markierte 1970 Robert Rauschenbergs Rückzug aus dem flirrenden Getriebe der New Yorker Kunstszene mit ihren permanenten gesellschaftlichen Verpflichtungen. In den Jahren 1970 bis 1976 brach Robert Rauschenberg (1925–2008) immer wieder zu ausgedehnten Reisen auf, die ihn unter anderem nach Italien und Frankreich, Israel und Indien führten. Deren Eindrücke und Erfahrungen schlugen sich in mehreren Werkgruppen nieder, die in sich relativ geschlossen sind und das eigene bisherige Schaffen durchaus kritisch neu betrachten. Von diesen Werkgruppen stehen die *Venetians, Made in Israel* und die *Jammers* in direktem Bezug zu längeren Aufenthalten an bestimmten Destinationen. An dieser Stelle zeigt sich eine anschauliche Wesensverwandtschaft zu Michael Buthes Werken aus derselben Zeit.

Von seinen zahlreichen Besuchen in Venedig brachte Rauschenberg stets frische Inspirationen mit ins Atelier. Ein Aufenthalt im Sommer 1972 gab ihm Anlass für eine umfangreiche Gruppe von Arbeiten, die ihn bis ins darauffolgende Jahr beschäftigten. Die *Venetians* bestehen aus allen denkbaren Materialien und gefundenen Alltagsgegenständen, die er buchstäblich von der Straße aufsammelte. Rauschenberg bewahrt in seinen skulpturalen Collagen die Integrität der Gegenstände, ohne sie durch Bemalung oder andere Eingriffe zu beeinträchtigen. Allein aus der Kombination der Fundstücke ergeben sich neue bildnerische und inhaltliche Zusammenhänge.

Die Werkgruppe *Made in Israel* geht zurück auf die Einladung zu einer Einzelausstellung 1974 im Israel Museum in Jerusalem. Rauschenberg reiste ohne bereits existierende fertige Arbeiten an und entwickelte die gesamte Ausstellung vor Ort. Wiederum arbeitete er mit Kartonkonstruktionen und entsorgten Dingen. Die Ausstellung stieß aufgrund seiner Inszenierung aus wiederverwendetem »Abfall« und kunstfernem Material bei Teilen des Publikums auf Widerstand, die einen despek-

The center of the evolution of his work is the *Today* series, including the *Date Paintings*, which represent nothing other than the day on which they were executed. Their form is largely uniform, with a limited variety of variations in form. As images, they contain nothing more than an abbreviated form of the date in the language of the given place of production. The decision about the day on and place where a particular work is painted does not follow any schema but is determined entirely by the author's state of mind. If he was unable to finish a painting over the course of a day, he destroyed it. It was, however, also possible to produce several identical paintings on one day.

In his work Kawara was constantly moving along the boundary between subjectivity and objectivity in order to localize himself at a certain "point between life and death."[2] In these drawings produced over a twelve-year period, Kawara registered with great discipline his daily temporal data and distances covered. These objective data reveal a distance from the subjective awareness of time that is usually alien to our daily experience. The intention it conveys—consciously perceiving one's own life—touches on a fundamental need to distinguish the essential from the dispensable. Kawara was in fact writing not a biography but a calendar, determined by simple behavioral patterns: I get up, read the newspaper, go out, meet people—I'm still alive!

Robert Rauschenberg (1925–2008) moved to Captiva Island, Florida, in 1970, and it marked his retreat from the whirring bustle of the New York art scene, with its constant social obligations. From 1970 to 1976, Rauschenberg set off on a number of extended journeys, to Italy and France, Israel and India, among other places. These impressions and experiences left their mark on several groups of works that are relatively self-contained and certainly critically reexamine his earlier work. Of these groups of works, *Venetians, Made in Israel*, and *Jammers* are directly related to extended stays in specific destinations. This reveals a clear relationship to Michael Buthe's works from the same period.

From his numerous visits in Venice, Rauschenberg always brought fresh inspiration back to the studio. A stay in the summer of 1972 provided the occasion for an extensive group of works that occupied him into the following year. His *Venetians* are composed of every conceivable material and found everyday objects that he literally collected from the street. In his sculptural collages, Rauschenberg preserves the integrity of the objects without detracting from them by painting them or other interventions. New contexts of art and content result solely from the combination of found objects.

The *Made in Israel* series goes back to the invitation to a solo exhibition at the Israel Museum in Jerusalem in 1974. Rauschenberg arrived without any finished works and developed the entire exhibition on site. Once again he worked with cardboard constructions and disposed goods. The exhibition met with resistance from parts of the audience for its presentation of reused "trash" and materials far from the art world, and they insinuated a disrespectful connection with the social reality of a country, which is constantly threatened by attacks.

Robert Rauschenberg, *Untitled,* 1974,
Schubkarre, Gummischlauch, hölzerner Stock,
Robert Rauschenberg Foundation, New York
Robert Rauschenberg, *Untitled,* 1974,
wheelbarrow, rubber hose, wooden stick,
Robert Rauschenberg Foundation, New York

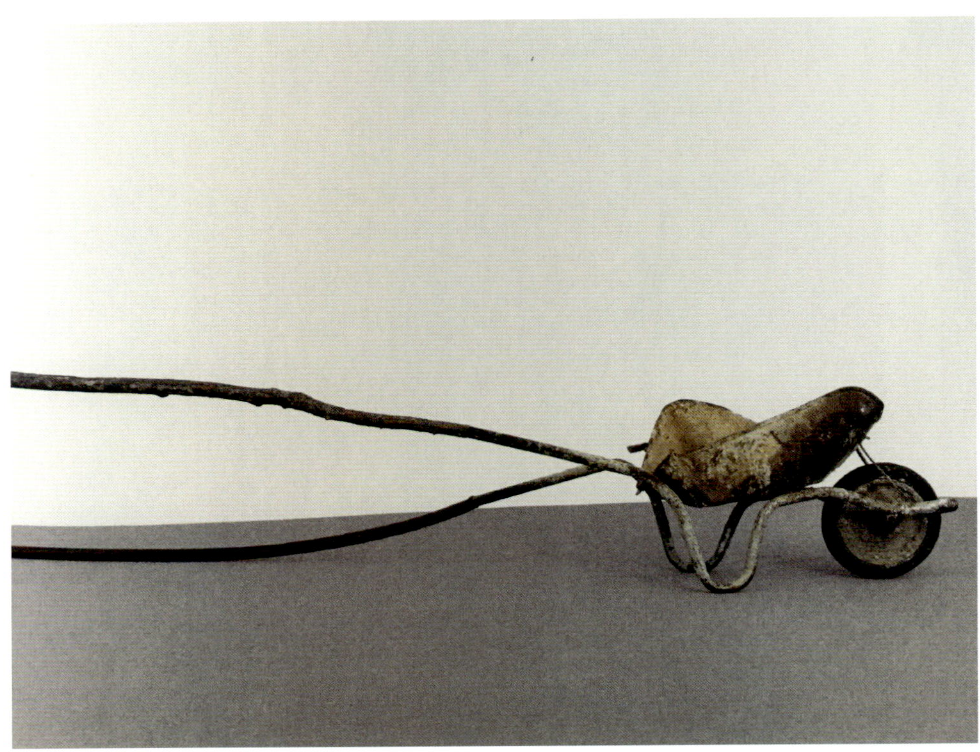

tierlichen Zusammenhang mit der gesellschaftlichen Realität des permanent von Anschlägen bedrohten Landes unterstellten.

Unter dem unmittelbaren Einfluss einer Reise nach Indien, die den Künstler ähnlich stark beeindruckte wie Buthe sein Aufenthalt in Marokko, schuf Rauschenberg die Werkserie der *Jammers*. Er hielt sich 1975 für einen Monat in einem von Mahatma Gandhi gegründeten Aschram in Ahmedabad auf, der für Angehörige der niedrigsten indische Kaste der »Unberührbaren« eingerichtet worden war. Dort im Zentrum der Textilherstellung machte sich Rauschenberg mit den lokalen Techniken der Stoff- und Papierbearbeitung vertraut, die er nach seiner Rückkehr bei der Herstellung der *Jammers* anwandte. Es handelt sich dabei um außergewöhnlich farbintensive und anmutige Arbeiten aus Seidenstoffen, Bambusstangen und diversen Fundgegenständen. Rauschenberg beschrieb die auch für ihn neue Erfahrung so: »Zum ersten Mal war mir der Anblick von Schönheit, von Eleganz nicht peinlich [...], denn wenn man jemanden sieht, der nur eine Klamotte besitzt, die aber zufällig wunderschön und pinkfarben und seiden ist, muss Schönheit nicht mehr ausgefiltert werden.«[3] Er verweist damit zweifellos auf die in Indien gewonnenen Eindrücke, die sich mit der Einsicht verbanden, dass die Würde eines Menschen nicht an seinem materiellen Besitz zu messen ist.

Michael Buthes Ausbruch aus dem Blickfeld der Selbstgewissheit verließ sich ebenfalls nicht auf die bloße Bereicherung der eigenen Bildsprache durch Eindrücke aus zweiter Hand. Sein Aufbruch in eine fremde Lebenswirklichkeit mit ihren alltäglichen Gewohnheiten und Ritualen lag ihm nicht fern jeder Vorstellung, sondern real im Hier und Jetzt. Das Reisen war für ihn mehr als ein Spiel. Buthe drang über die anschauliche Erfahrung tief in die Geschichte und Geschichten der von ihm be-

Rauschenberg's *Jammers* series was created after a trip to India. The powerful impression this journey had made on him can be compared to the effect that Morocco had had on Buthe. In 1975 he spent a month at an ashram in Ahmedabad that had been founded by Mahatma Gandhi for members of the lowest Indian cast, the "untouchables." In the center for textile manufacture there, Rauschenberg familiarized himself with the local techniques for working fabric and paper, which he then applied to produce *Jammers* after his return. They are charming works of extraordinarily intense color, based on silk fabrics, bamboo rods, and diverse found objects. Rauschenberg described his experience with the results, which was new for him as well: "For the first time, I wasn't embarrassed by the look of beauty, of elegance . . . . Because when you see someone who has only one rag as their property, but it happens to be beautiful and pink and silk, beauty doesn't have to be separated."[3] He was doubtless referring to his impressions from India, combined with the insight that the dignity of a human being cannot be measured by his or her material possessions.

Michael Buthe's escape from the scope of vision of self-certainty did not rely either on the simple enrichment of his own pictorial idiom with second-hand impressions. His departure for a foreign reality, with its everyday habits and rituals, had nothing to do with any idea but with the reality of the here and now. Traveling was more than just a game for him. By means of visual experience, Buthe penetrated deep into the history and stories of the countries he traveled and tried if not to understand their traditions completely then to study and adopt them in their profundity.

Buthe's fascination with the East related not just to the richness of the outward appearance of objects, of their forms, materials and colors, but also to the cultural roots and mystical experiences on which they were based, and, for him, these seemed very much alive in Morocco. The essential aspect of his journeys was his observation of everyday life. He drew deeply from the roaring life between work and domesticity, from its rituals and culture of festivity, from the opulence of Eastern colors, symbolic language, and ornament, from the celebration of its poetry and spirituality. The experiences he had, their sensory stimuli and intellectual puzzles, provided him with material for his thought and actions. They led Buthe to an attitude of openness and receptivity to an everyday life he had never lived before. Buthe collected a wealth of objects, images, forms, and colors in such fabulous quantities that every attempt at interpretation simply drips off them. He seemed to observe the world with "kaleidoscope eyes" that spread out every detail into quasi-anarchic spectra and projections. Their visual parables and magical fables enrapture the viewers who are seduced into following the works' graphic development.

Texts about Buthe have described the disparity of form and material, color and drawing, objects and symbols, histories and rhetoric, as well as the obsessions of his creative process as essential features and energies of his artistic volition. The dissolute self-dramatization and design of his living quarters testify to an egocentrism that places the artist himself at the center of a private cosmology. As a result the commentator on and interpreter of his works will, it

reisten Länder ein und versuchte, ihre Überlieferungen, wenn nicht vollends zu verstehen, so doch in ihrer Tiefgründigkeit zu studieren und anzunehmen.

Buthes Faszination für den Orient bezog sich nicht allein auf den Reichtum der äußeren Erscheinung der Gegenstände, ihrer Formen, Materialien und Farben, sondern auch auf die ihnen zugrunde liegenden kulturellen Wurzeln und mystischen Erfahrungen, die er in Marokko als noch immer lebendig erlebte. Dabei war das wesentliche Moment seiner Reisen das Alltagserlebnis. Er schöpfte tief aus dem tosenden Leben zwischen Arbeit und Häuslichkeit, seinen Ritualen und seiner Festkultur, der Opulenz der orientalischen Farben, Symbolsprache und Ornamentik, aus der Zelebrierung von Poesie und Spiritualität. Die gemachten Erfahrungen, ihre sinnlichen Reize und intellektuellen Rätsel lieferten Buthe Stoff für sein Denken und Tun. Sie führten ihn zu einer Haltung der Offenheit und Empfänglichkeit für einen nie zuvor gelebten Alltag. Buthe versammelte eine Fülle von Objekten, Bildern, Formen und Farben in solch fabelhaften Gemengen, dass jeder Deutungsversuch von ihnen abperlt. Er schien die Welt mit »kaleidoskopischen Augen« zu betrachten, die jedes Detail in quasi anarchische Spektren und Projektionen auffächern. Die bildlichen Gleichnisse und zauberhaften Fabeln entrücken den Betrachter, der dazu verführt wird, den Werken anschaulich nachzufolgen.

In den Schriften über Buthe werden die Disparität von Form und Material, Farbe und Zeichnung, Gegenständen und Symbolen, Geschichten und Rhetorik sowie die Obsessionen seiner Schaffensprozesse als die wesentlichen Merkmale und Energien seines Kunstwollens beschrieben. Dabei zeugen die ausschweifende Selbstinszenierung und Ausgestaltung seiner Lebensräume von einer Egozentrik, die den Künstler selbst in das Zentrum einer privaten Kosmologie stellt. Daher wird der Kommentator und Interpret der Werke, so scheint es, beharrlich hinter den Äußerungen des Künstlers zurückbleiben müssen. In seinen Aufzeichnungen und seiner Korrespondenz hat Michael Buthe die spontanen Eindrücke seiner Reisen wie seine Pläne für Projekte in der ihm eigenen exzentrischen Schrift und bildreichen Sprache notiert. Seine Texte sind teils multilingual, durchsetzt mit englischen und französischen Wendungen, die häufig auch in einer merkwürdigen Lautschrift oder spiegelverkehrt wiedergegeben und immer von Zeichnungen unterbrochen bzw. begleitet werden. Da er nach eigener Aussage nie Skizzen machte, waren ihm diese Aufzeichnungen ebenso wichtig wie die Tagebücher, in denen er seine permanenten Wahrnehmungen, Gedanken, Einfälle, Notizen sprachlich und bildlich gesammelt hat. Sie wuchsen sich im Laufe der Zeit zu großen Sammelalben aus. So scheint die Feststellung allein, dass sich in Buthes Werk Kunst und Leben ineinander verschränken, nicht hinreichend. Dieser Ansatz ist vielmehr das Indiz eines Kunstwollens, das sich über den Formalismus einer wirklichkeitsabgewandten Gestaltung hinweghebt. Buthe erweitert den schlichten Befund: »Schließlich geht alle Kunst um Leben«, indem er hinzufügt: »Es geht um die eigene Seele. Die muss man erkennen.«[4] Darin liegt der Schlüssel für eine Annäherung, deren unabdingbare Voraussetzung im Mitgefühl des Betrachters angesiedelt wird, so wie Buthe es auch in seinem Märchen *Hommage an einen Prinzen aus Samarkand* dargelegt hat. Und wenn es darin heißt, » [...] und alles, was er liebte, sah, all das, was er nicht mehr in Wort fassen konnte, was nicht mehr in Briefen, Fabeln, Geschichten verfaßbar war, band er in Bündeln zusammen. Selbst

seems, necessarily persistently chase after the artist's statements. In his notes and correspondence, Michael Buthe took down the spontaneous impressions of his travels and his plans for projects in his own eccentric script and image-rich language. His texts are in part multilingual, sprinkled with English and French expressions, often rendered in a strange phonetic script or mirror-reversed, and always interrupted or accompanied by drawings. Because he never made sketches, by his own account, these notes were just as important as the diaries in which he collected, in words and images, his constant perceptions, thoughts, ideas, and notes. Over the course of time, they grew into large scrapbooks. So it does not seem to be enough to say simply that art and life dovetail in Buthe's work. This approach is rather an indication of an artistic volition that rises above the formalism of design that is alienated from reality. Buthe expands on the simple diagnosis that "In the end, all art is about life" by adding "It is about one's own soul. One has to recognize it."[4] Therein lies the key to an approach whose indispensable prerequisite is the viewer's sympathy, as Buthe also stated in his fairy tale *Hommage an einen Prinzen aus Samarkand* (*Homage to a Prince from Samarkand*). And when he wrote there "and everything he loved and saw, all that he could no longer capture in words, which could no longer be written in letters, fables, and stories, he bound together into bundles. Even if they were only glitter,"[5] it was a description of his own approach to formal means that seem limitless in their diversity.

In the first years of his stay in Morocco from 1970 to 1972, Buthe remained longest in Essaouira and Marrakesh; in 1973, he bought a house in the old town of the latter. His extended excursions in those years took him through the entire country:

"He saw the colorful fabrics in the dyers' alleys in Fez, where he himself now dyed Molton fabrics, 'was able to start making something again.' He learned the dance rituals in the mountains near Marrakesh, the sacred *moussem* festivals," in whose ritual events an "interference between aesthetic appearance and psychological, somatic state" became evident. He was particularly fascinated by the "Trance states [inducing], hours-long playing of Gnawa musicians, who sometimes lived with Buthe under one roof."[6]

In 1972 this music inspired Buthe's original concept for Documenta 5. Buthe planned to have Moroccan players performing in authentic tents at the Documenta. The Gnawa (or Gnaoua) people, originally from the Sahel regions of West and Central Africa, are an ethnic minority in Morocco. Their community is similar to the Sufi orders and retains religious views and meanings that go back to the traditions of the pre-Islamic kingdom of Mali, combined with principles of the Islamic faith. The music of the Gnawa is of central significance to this culture. Its ecstatic rhythms are performed using the *tbal* (a barrel drum), the *sintir* (a long-necked lute), the *gimbri* (a three-stringed, long-necked lute) and the metal *qarqaba*. Their endless repetitive runs are almost hypnotic and are apt to send both performers and listeners into trance-like states. It is no coincidence that Western rock and jazz musicians have absorbed and adapted it. Buthe's interest was inevitable, since the music is cultivated

wenn es nur kleine Glitzersteine waren [...]«,[5] dann ist dies eine Beschreibung seines eigenen Umgangs mit formalen Mitteln, die in ihrer Vielfalt grenzenlos erscheinen.

In den ersten Jahren seiner Aufenthalte in Marokko zwischen 1970 und 1972 verbrachte Buthe die längste Zeit in Essaouira sowie in Marrakesch, wo er schließlich 1973 ein Haus in der Altstadt kaufte. Seine ausgedehnten Exkursionen dieser Jahre führten ihn durch das ganze Land:

»Er sah die farbigen Tücher in den Färbergassen in Fez, wie er nun selber Moltontücher färbte, ›wieder anfangen konnte, etwas zu machen‹. Er lernte die Tanzrituale in den Bergen bei Marrakesch kennen, die heiligen Feste der Moussems«, in deren rituellen Abläufen eine »Interferenz zwischen ästhetischer Erscheinung und psychisch-somatischer Verfassung« sichtbar wurde. Eine besondere Faszination übte auf ihn das in »Trance-Zustände [versetzende] stundenlange Spiel der Ganoua [Gnawa]-Musiker [aus], die zeitweise mit Buthe unter einem Dach lebten«.[6]

Die Musik inspirierte Buthe 1972 zu seinem ursprünglichen Konzept für die Documenta 5. Buthe plante, die marokkanischen Musiker in authentischen Zelten auf der Documenta spielen zu lassen. Das ursprünglich aus den Sahelzonen West- und Zentralafrikas stammende Volk der Gnawa (Gnaoua) bildet im heutigen Marokko eine kleine Minderheit. Ihre Gemeinschaft gleicht den Sufi-Orden und pflegt religiöse Anschauungen und Inhalte, die auf Traditionen des vorislamischen Mali-Reiches zurückgehen, die sich mit islamischen Glaubensgrundsätzen gemischt haben. Der Musik der Gnawa kommt darin eine tragende Bedeutung zu. Ihre ekstatischen Rhythmen werden mit Tbal (Fasstrommel), Sintir (Langhalslaute) und Gimbri (dreisaitige hölzerne Langhalslaute) sowie der metallenen Qarqaba instrumentiert. Ihre endlos repetitiven Läufe wirken beinahe hypnotisch und sind angetan, Spieler wie Zuhörer in tranceähnliche Zustände zu versetzen. Nicht von ungefähr ist sie von westlichen Rock- und Jazzmusikern rezipiert und adaptiert worden. Buthes Interesse war unvermeidlich, da die Musik im Gebiet in und um Essaouira besonders gepflegt wird. Hier findet auch das jährliche Gnawa-Festival statt.

Im intensiven Briefwechsel mit seinem Freund, Sammler und Galeristen Toni Gerber berichtet Buthe in gewohnt euphorischem Ton von seiner Idee und seinen Anstrengungen, Unterstützung bei den marokkanischen Behörden zu finden, um sein experimentelles Vorhaben auf der Documenta auf die Beine zu stellen: »[...] was ich machen möchte, ist etwas schönes, du kannst es nur über dein Fühlen, über deine Sinne machen. Ich kann nicht Krieg, Revolution und dergleichen tun. Krieg, Tyrannei, Martyrium u.s.w. widern mich an [...]. Ich versuche zu fliegen wenn die weißen Tauben die Welt genommen haben.«[7] In diesen Sätzen von poetischer Verzweiflung über den Zustand der Gegenwart mit ihren Konflikten und ihrem Terror liegt eine tief sitzende Abkehr vom Glauben an den politischen Aktionismus, mit dem die Realität zum Besseren gewendet werden soll. Das Reisen war Buthe jedoch keine Weltflucht, sondern eine bewusstseinserweiternde Wanderung zwischen andersartigen Sphären, die er nicht zu erobern, sondern zu durchdringen suchte.

Die Begeisterung, mit der Buthe sich in die Umsetzung des außergewöhnlichen Unterfangens stürzte, beanspruchte beinahe seine gesamte Energie. Seine Berichte vom April und Mai 1972 dokumentieren eine hochgradige Erregung, die Gnawa-Musiker im Kontext der wichtigsten internationalen Überblicksausstellung zeitge-

Honigtuch *Honey Cloth* um ca. 1972 (Kat. cat. 42)

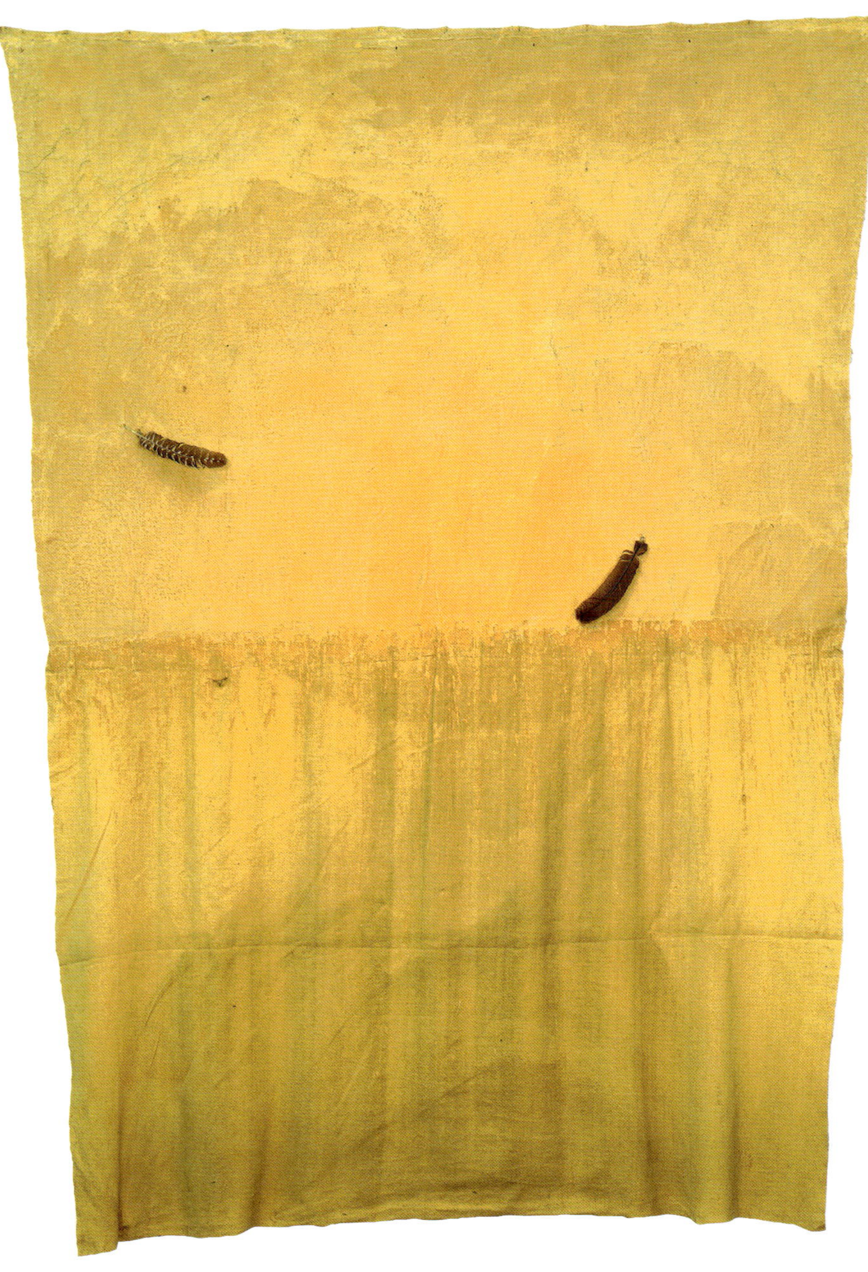

especially in the region in and around Essaouira. The annual Gnawa festival is held there.

In an intense exchange of letters with his friend the collector and gallery owner Toni Gerber, Buthe reported in his usual euphoric tone about his idea and his efforts to get support from the Moroccan authorities to get his experimental project for Documenta going:

". . . what I would like to do is something beautiful; you can only do it via your feeling, via your senses. I can't do war, revolution, and the like. War, tyranny, martyrdom, etc., repulse me . . . . I try to fly when the white doves have taken the world."[7]

nössischer Kunst einzuführen: »[...] auf der Documenta die Zelte, die Musiker und sonst niemand, es geht nicht anders, Du kannst nur Dich selbst zeigen, es ist nicht meine Aufgabe die der anderen zu zeigen.«[8] Rund zwei Wochen verbrachte er in Rabat in Verhandlungen mit Offiziellen des Kultur- und Tourismusministeriums. Gleichzeitig hoffte er auf ein Treffen mit dem marokkanischen König und dem Prinzen, um ihnen sein Anliegen vorzutragen.

Umso bitterer traf Buthe dann die Enttäuschung, dass sich sein Projekt nicht realisieren ließ, weil die administrativen Hürden sich als unüberwindbar herausstellten. Die Ressentiments gegenüber den Gnawa untergruben die Ausstellung der erforderlichen Reisedokumente. Als Angehörige einer ethnischen Minderheit hatten sie keinen Anspruch auf einen marokkanischen Pass, was den offiziellen Stellen als Vorwand diente und kaschierte, dass sie es ablehnten, von einer missliebigen Volksgruppe international repräsentiert zu werden. Am 20. April schreibt Buthe in entschiedenen Worten:

»[...] es ist also so, daß das Tourismusministerium abgesagt hat, die Gründe sind: 1. Kein Geld 2. Rassismus. Sie sagten, daß es unmöglich für Marokko ist, NEGER (Gnaua Musiker) meine Freunde zur Documenta zu schicken. Wenn ich eine offizielle Gruppe nehme, dann gerne werden sie alles tun. Aber das ist nicht meine Idee. Ich will meine Freunde und sonst nichts.«[9]

Das Projekt scheiterte also aus politischen Gründen, gegen die der Künstler letztlich machtlos war. Die Anspannung dieser Zeit zwischen Hoffnung und Verzweiflung machte Buthe dennoch nicht blind für die alltäglichen Erfahrungen und Eindrücke. Die Adjektive »phantastisch« und »großartig« waren seine Lieblingsvokabeln, um die emotionale Aufladung seines Denkens und Handelns zu beschreiben. In Marrakesch und Umgebung versuchte Buthe für die Installation in Kassel authentische Zelte zu bekommen: »[...] phantastisch, waren gestern in Moulay Ibrahim, so etwas großartiges eines totalen Environments habe ich bisher noch nicht erlebt. Wenn wir wissen, was ist, fahren wir weiter nach Zagora; Tiznit. Es ist die Sonne, die alles verschönt.«[10]

Die herbe Enttäuschung über das Scheitern des Projekts verstärkte letzten Endes die Realisierung des Environments *Hommage an die Sonne,* das die wahre Bedeutung von Buthes Reisen und seines nomadischen Lebens an diesem Punkt seiner Werkentwicklung auf nachdrücklichste Weise aufzeigt. Es hatte zuvor bei Toni Gerber in Bern (1971) seine Premiere und erfuhr auf Harald Szeemanns Documenta 5 eine Großinszenierung und seine bildnerische Emanzipation (Abb. S. 80, 162, 163). »Die Grundvoraussetzung war zunächst das vorangegangene Zerreißen und Zusammennähen von Stoffen, die Herstellung von Kleidung, der das Färben von Tüchern in Marokko folgte. Aus dem Kleidungsstück wurde nun der Zeltraum, wie er von den großen bunt eingefärbten Moltonbahnen konstituiert wurde.«[11]

Buthe kündigt Gerber die Ausstellungsidee mit den Worten an: »eine Ausstellung fuer die Sonne eine Sonne fuer Dich.« Kurz darauf meldet er die Fertigstellung der Ausstellung, die er überschwänglich als »ein totales Environment« deklariert. Es folgt eine detaillierte Beschreibung der beiden Räume von den Wandbehängen aus Papierbahnen bis zu den Materialien und einzelnen Objekten, die Buthe in der für ihn typischen bildreichen Sprache schildert. Der erste Raum sollte als »Sonnensender«

In these sentences of poetic despair about the state of the present, with its conflicts and its terrors, lies a profound rejection of the faith in political actionism intended to improve reality. For Buthe, however, traveling was not a way of fleeing the world but a way of wandering between different spheres that expands consciousness, not seeking to conquer them but rather to fathom them.

The enthusiasm with which Buthe plunged into making this extraordinary venture reality claimed nearly all his energy. His reports in April and May 1972 document an intense excitement about introducing the Gnawa musicians in the context of the most important international survey exhibition of contemporary art: "at Documenta: the tents, the musicians, and no one else. You can only show yourself; it isn't my job to show that of the others."[8] He spent roughly two weeks in Rabat negotiating with officials from the Ministry of Culture and Tourism. At the same time, he was hoping to meet with the Moroccan king and prince to present his concept to them.

Buthe's disappointment was that much bitterer when he learned that the project could not be realized because the administrative hurdles proved to be insuperable. The resentment toward the Gnawa undermined the issuance of the necessary travel documents. As members of an ethnic minority, they had no right to Moroccan passports, which served as a pretext for officials that they used to hide the fact that they refused to be represented internationally by an unpopular ethnic group. On April 20, Buthe clearly expressed his opinion:

". . . it is the case that the Ministry of Tourism has turned it down; the reasons are: 1. No money. 2. Racism. They said it was impossible for Morocco to send NEGROS (Gnawa musicians), my friends, to Documenta. If I take an official group, then they will gladly do everything. But that isn't my idea. I want my friends, nothing else."[9]

The project failed for political reasons, against which the artist was ultimately powerless. The tension of these periods between hope and despair did not, however, make Buthe blind to his everyday experiences and impressions. The adjectives "fantastic" and "great" were his favorite words to describe the emotional charge of this thoughts and actions. In Marrakesh and environs, Buthe tried to get authentic tents for the installation in Kassel: ". . . fantastic: were in Moulay Ibrahim yesterday. I have never before experienced anything as great in the way of a total environment. When we know what's up, we will continue on to Zagora; Tiznit. It is the sun that spares everything."[10]

The bitter disappointment over the project's failure ultimately strengthened his plans to realize the environments *Hommage an die Sonne* (*Homage to the Sun*), which reveals most emphatically the true meaning of Buthe's travels and his nomadic life at this point in the evolution of his work. It had its premiere two years earlier at Toni Gerber's gallery in Bern (1971) and at Harald Szeemann's Documenta 5 it experienced a large-scale staging and its artistic emancipation (ill. pp. 80, 162, 163). "The basic premise was, first of all, the previous tearing up and sewing together of fabrics, the production of clothing based on Moroccan techniques for dyeing fabrics. The piece of clothing now

gestaltet werden, »[...] aus einem dicken Baumstamm, silbern aus dem heraus ein langer Fühler kommt der mit Gase bezogen ist und am Ende eine alte Giesskannentülle natur Silber. An der Wand eine Sonnescheibe am Boden ein Sonnenschiff.« Zentrum des zweiten Raums ist das »Sonnenbett [...] aus Eichenästen die ganz mit weisser Gaze überzogen sind so siehst Du die Form darüber sind drei Matratzen die ich überzogen, aneinandergenäht und dann total mit Blättern beklebt habe, wirklich phantastisch die Blätter sind wie große Sterne und inzwischen alle golden«.[12] Hinzu kamen weitere Sonnen, die aus ephemeren Materialien wie Pailletten, Wachs, Federn und wiederum Blütenblättern gefertigt wurden. Die sorgsamen Formulierungen zeigen, wie konkret seine Vorstellungen bereits in der Planungsphase des Projekts gefasst waren. Die anschaulichen Eindrücke, die sich daraus vermitteln, beschwören eine traumhafte Sinnlichkeit. Sie erscheinen wie die poetische Verlockung eines anderen Daseins, das mit der »Sonnenbarke« bereist und erreicht werden kann. In der Mythologie des Alten Ägypten fuhr der Sonnengott am Tag mit ihr über das Himmelsgewölbe und stieg am Abend in die Nachtbarke um, mit der er nachts durch die Gewässer der Unterwelt zurück zum Ort des Sonnenaufgangs gelangte:

»Im rötenden Osten öffnet Aurora ihre Rosentore / Es fliehen die Sterne / Die Sichel des Mondes vom Rand her verblasst / steil ist am Anfang die Bahn, am Morgen / schwindelnd hoch in der Mitte des Himmels / jäh neigt sich am Ende der Weg / Komm auf meine Sonnenbarke!«[13]

Die Räume, die Buthe in den 1970er-Jahren inszenierte, illustrieren am entschiedensten die Eindrücke und Erfahrungen seiner Reisen. Ein dreimonatiger Aufenthalt in Nigeria und Benin 1973 zog ihn vollständig in seinen Bann. »Ich bin gestern im Lande der Benin [...] angekommen. Dort leben die Götter einer wunderbaren Schönheit.«[14] Buthe arbeitete direkt in den Urwäldern, durch die er und seine Begleiter zogen. »Benin war etwas so großartiges. Ein Königreich im Dschungel. I like it so much and I was 1 week with the medizinman, irsinnig, alles so direkt.«[15] Auf ihren Wegen von Dorf zu Dorf baute Buthe, auf den Spuren der lokalen Naturreligion, seine Skulpturen dort, wo er gerade Station machte. Es waren vergängliche Werke, die verblieben, wo sie entstanden waren, und von denen keine Dokumente erhalten sind.

Um diese Zeit tauchte Buthe in den gesamten mythologischen Kosmos der nördlichen Sphäre des afrikanischen Kontinents ein und sammelte seine Geschichten und Dinge des täglichen Lebens, um sie an anderem Ort zu einer anderen Zeit zu einem eigenen Mythos zu transformieren. Voller Ekstase schreibt er:

»Ich werde bald unter den Fürsten des afrikanischen Götterreichs sein, am Montag wird mich SCHIRAZ ein Vogel aus dem zum Osten geneigten Land and die Küste der Glückseligkeit + des Lichts entschwinden. Das Götterschiff, die Dämonen, Engel Tut Ench Amon + die Königin von Saba werden am Sommerbeginn sich hier ein Rendevous geben. Es wird großartig. [...] Engel mit Lichtern werden die Strassen erhellen und Myrrhe + Weihrauch wird die Häupter einer Schar junger Götter umrieseln.«[16]

Diese zugleich transzendente und sinnliche Verzückung strahlt auch in Buthes Inszenierung seines eigenen Lebensraumes auf. So war das »Musée du Echnaton« (1976) in einem Raum seines Kölner Ateliers in der Gilbachstraße dem ägyptischen Pharao der 18. Dynastie gewidmet, der den Sonnengott Aton zum höchsten aller Götter erkor (Abb. S. 86). Er wurde in Gestalt einer Sonnenscheibe dargestellt. Buthes

became the tent space as constituted by the large, colorfully dyed lengths of Molton cloth."[11]

Buthe announced his exhibition idea to Gerber by saying: "an exhibition for the sun, a sun for you." Shortly thereafter, he announced the exhibition was finished and effusively declared it to be "a total environment." This was followed by a detailed description of both rooms, constructed from wall hangings of lengths of paper, and of the individual objects, which Buthe described in his usual imagistic language. The first room should be designed as a "sun transmitter" made "of a thick trunk, silver, out of which comes a long antenna covered with gauze and on its end an old watering can spout of natural silver. On the wall, a sun disk; on the floor, a sun ship." The center of the second room was the "sun bed . . . of oak branches that are completely covered with gauze, so you see the form, above that are three mattresses that I have covered, sewed together, and then glued entirely with petals, truly fantastic, the petals are like big stars and everything in between is golden."[12] There were also additional suns made from ephemeral materials such as sequins, wax, feathers, and again petals. These careful formulations show how specific his ideas for the project were even in the planning phase. The resulting visual impressions evoke a dreamy sensuality. They seem like a poetic enticement of another existence that can only be reached and traveled by the "sun bark." In ancient Egyptian mythology, the sun god traveled across the firmament in it and then in the evening switched to the night barque, in which he then traveled by night through the waters of the underworld back to the site of the sunrise:

"In the crimson east Aurora opens up her rose portals / The stars take flight / The moon's sickle paling at its rim / Our course climbs steeply as we embark at dawn / Reaching giddy heights in the zenith of the sky / The path tips abruptly towards its end / Come aboard my sun barque!"[13]

The spaces that Buthe presented in the nineteen-seventies clearly illustrate the impressions and experiences of his trips. His three-month stay in Nigeria and Benin in 1973 captivated him completely. "I arrived yesterday in the country of Benin . . . . Gods of a wonderful beauty live there."[14] Buthe was working right in the jungles through which he and his travel companions were moving. "Benin was something so great. A kingdom in the jungle. I like it so much and I was one week with the medicine man, crazy, everything so direct."[15] On their way from village to village, following the trail of the local nature religion, Buthe built his sculptures wherever he stopped. They were ephemeral works that remained where they had been made and for which no documentation is known to have survived.

Around this time Buthe dove into the entire mythological cosmos of the northern sphere of the African continent and collected stories and things from daily life in order to transform them, in another place and time, into a myth of his own. Completely ecstatic, he wrote:

"Soon I will be among the princes of the realm of African gods, on Monday SHIRAZ, a bird from the country that slopes to the East and the coast, and the coast of bliss + of light will spirit me away. The ship of the gods, the demons, the

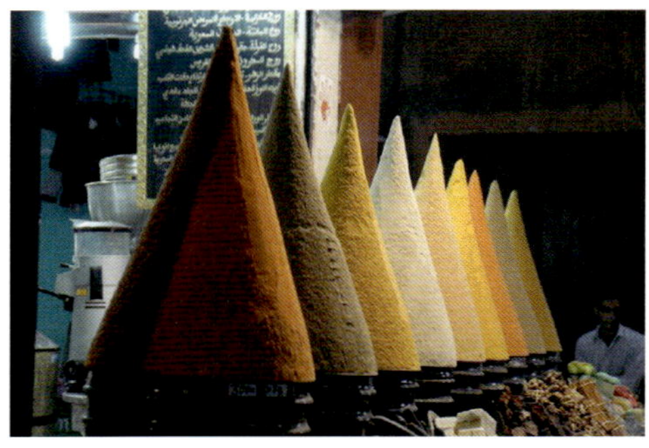

Gewürzhaufen im Souk
Pyramisa of spices at the souk

Sonnenraum zeigt sie als Kopf auf der von Flammen umgrenzten Silhouette einer modern gekleideten männlichen Figur, die auf einem Sternenhaufen steht. Davor steht der Quader eines stilisierten Sarkophags mit einer Mumie, von der sich eine Schlange auf eine in Goldstaniol gefassten Leiter windet. Über dem Ganzen wölbt sich ein aus blauen Stoffbahnen geraffter Himmel, aus dem Sonnenscheiben und Bildobjekte herabhängen.

Eine wörtlichere Versinnbildlichung von Buthes Auffassung einer Vereinigung von Kunst und Leben lässt sich kaum artikulieren: Der Künstler richtete sich sein Habitat als Werk ein und inszenierte es gleichzeitig als Leitgedanken seines Kunstwollens öffentlich. Darin eingeschlossen sind seine gesammelten Einsichten in die individuellen Unterschiede und kollektiven Gemeinsamkeiten anders gearteter, sich fremd gegenüber stehender Kulturkreise und deren emanzipiertes ebenbürtiges Nebeneinander.

Stephan von Wiese hat auf die »animistische« Wesensart des Werks von Michael Buthe, das »Magie und Geheimnis« thematisiert, hingewiesen, »wobei freilich auch die magische Kraft wie der Mythos auf das Individuum verweist und ohne Platz in der Gesellschaft bleibt«.[17] In diesem Kontext sind auch die *Madonnen* zu betrachten, insofern Buthe magisch-geheimnisvolle Eingebungen und Gedankenbilder nicht allein aus der Mystik des Sufismus ableitet, sondern ihnen auch in der christlichen Mystik nachgeht. Buthes *Madonna del Taverna* von 1982 (Abb. S. 136), die Teil seiner Präsentation auf der Documenta 7 war, verbirgt eine alte hölzerne Marienfigur in weiß bemaltem Stoff. So verschnürt ist sie an zwei übereinandergestellte Bistrotische gefesselt. Dieser Aufbau wird oben mit einem goldenen Kegel gekrönt, der die Pyramiden zitiert, zu denen die vielfarbig leuchtenden Gewürze in den Souks der orientalisch-arabischen Städte aufgeschichtet sind. Die skulpturale Anordnung der wesensfremden Objekte, die die unterschiedlichen weltanschaulichen Hintergründe, denen sie entstammen, hinter sich lassen, erweckt in ihrer Gesamtheit selbst den Eindruck einer Figuration, in der die verhüllte Madonnenfigur in der Position des Kindes im Schoß der Mutter liegt. Die Einfachheit von Form und Material, die sich auch im Titel widerspiegelt, vermag die Andacht und Aufrichtigkeit der Darstellung nicht auszublenden. Sie scheint vielmehr die Überhöhung der Gottesmutter durch den christlichen Mystiker Angelus Silesius (1624–1677) aufzurufen: »Maria wird genannt ein Thron und Gotts Gezelt, / Eine Arche, Burg, Turm, Haus, ein Brunn, Baum, Garten, Spiegel, / Ein Meer, ein Stern, der Mond, die Morgenröt, ein Hügel. / Wie kann sie alles sein? Sie ist eine andre Welt.«[18]

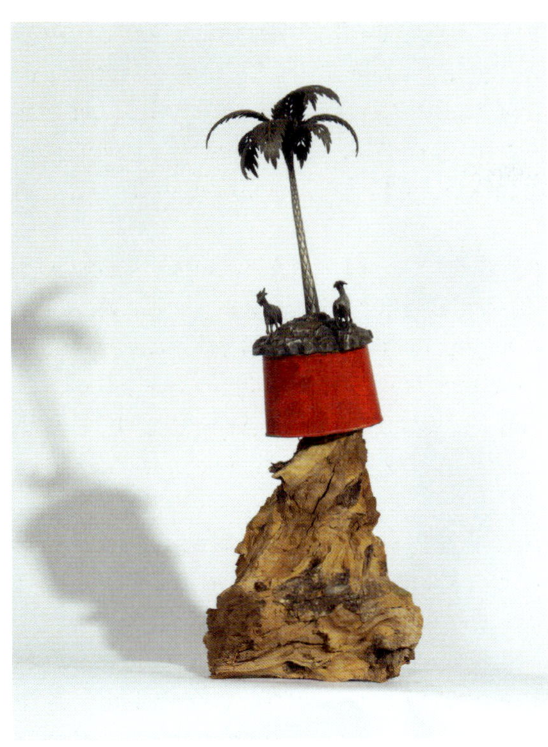

Ohne Titel Untitled 1993 (Kat. cat. 79)

angel Tut Ankh Amen + the Queen of Sheba will have a rendezvous at the start of summer. It will be great. . . . Angels with lights will illuminate the streets and myrrh + incense will swirl around the heads of a host of young gods."[16]

This simultaneously transcendent and sensual rapture radiates from Buthe's mise-en-scène of his own living space as well. For example, "Musée du Echnaton" (1976), in a room in his studio on Gilbachstrasse in Cologne was dedicated to Akhenaten, the Egyptian pharaoh of the Eighteenth Dynasty who made the sun god Aten the supreme god (ill. p. 86). Aten was depicted in the form of a sun disk. Buthe's *Sonnenraum* (*Sun Room*) shows it as a head on a silhouette, outlined by flames, of a male figure in modern clothing standing on a cluster of stars. In front of him is the ashlar block of a stylized sarcophagus with a mummy, out of which a snake is winding onto a ladder wrapped in gold foil. Vaulting above it all is a sky of gathered lengths of blue fabric, from which sun disks and pictorial objects hang.

It would scarcely be possible to articulate a more literal symbol of Buthe's idea of uniting art and life: The artist turned his habitat into a work of art and at the same time presented it publicly as the guiding idea of his artistic volition. It incorporated all his insights into the individual differences and collective commonalities of diverse, foreign cultural spheres and their emancipated coexistence on equal footing.

Stephan von Wiese pointed to the "animistic" essence of Michael Buthe's oeuvre and addressed its "magic and mystery," "whereby of course the magical power, like myth, points to the individual and has no place in society."[17] His *Madonnas* should also be seen in this context, in that Buthe derived magical, mysterious inspirations and mental images not just from the mysticism of the Sufis but also sought them out in Christian mysticism. Buthe's *Madonna del Taverna* of 1982 (ill. p. 136), which was part of his presentation at Documenta 7, conceals an old wooden statue of the Virgin in fabric painted white. Tied up thus, she was then strapped to two stacked bistro tables. This structure was then crowned by a golden cone that quotes the pyramids, on which are layered the brilliantly colored spices of the souks of Arabic cities. The sculptural arrangement of foreign objects that leave behind the different ideological backgrounds in which they originated evokes as a whole the impression of a figuration in which the veiled Madonna statue is lying in the position of a child in its mother's lap. The simplicity of form and material reflected in the title may not obscure the reverence and sincerity of the depiction. Rather, it seems to call up the elevation of the Mother of God by the Christian mystic Angelus Silesius (1624–1677): "These are the Virgin's names: a throne, God's canopy / Ark, fortress, tower, house, tree, garden, mirror, fount, / The sea, a star, the moon, the rosy dawn, a mount: / She is another world, thus she can all these be."[18]

1 Jean-Christoph Ammann, »On Kawara in Japan«, in: *On Kawara 1952–1956 Tokyo,* hrsg. von Jean-Christoph Ammann, Ausst.-Kat. Museum für Moderne Kunst, Frankfurt am Main 1994, S. 9–15, hier S. 9.

2 Olle Granath, »A Point between Life and Death«, in: *On Kawara. Continuity / Discontinuity 1963–1979,* Ausst.-Kat. Moderna Museet, Stockholm, u. a., Stockholm 1980, S. 9–35, hier S. 9.

3 Robert Rauschenberg, zit. n. Mary Lynn Kotz, *Rauschenberg. Art and Life,* New York 1990, S. 206.

4 Michael Buthe, in: Christiane Vielhaber: »Kunst ist ein Sprechen mit der Seele. Über Michael Buthe«, in: *Künstler. Kritisches Lexikon der Gegenwartskunst,* 17, 5, München 1992, S. 3 f.

5 Michael Buthe, »Hommage an einen Prinzen aus Samarkand«, 1977, in: Stephan von Wiese, *Michael Buthe. Skulptura in Deo Fabulosa,* München 1983, S. 105.

6 Stephan von Wiese, in: ebd., S. 11 f.

7 S. *Tutti frutti molto bene. Michael Buthe & Toni Gerber. Briefe 1970–1994. Zur Schenkung Toni Gerber im Kunstmuseum Luzern,* Ausst.-Kat. Kunstmuseum Luzern, Luzern 2013, S. 23.

8 Ebd., S. 25.

9 Ebd., S. 32.

10 Ebd., S. 33.

11 Stephan von Wiese, in: Wiese 1983 (wie Anm. 5), S. 13.

12 Buthe–Gerber 2013 (wie Anm. 7), S. 16 f.

13 Blixa Bargeld, Einstürzende Neubauten, »Sonnenbarke«, auf: *Silence Is Sexy,* Mute, 2000.

14 Buthe–Gerber 2013 (wie Anm. 7), S. 41.

15 Ebd., S. 39.

16 Ebd., S. 40 f.

17 Wiese 1983 (wie Anm. 5), S. 16.

18 Angelus Silesius, *Cherubinischer Wandersmann,* hrsg. von Karl-Maria Guth, Berlin 2013, IV, 42, S. 155.

1 Trans. from Jean-Christoph Ammann, "On Kawara in Japan," in *On Kawara, 1952–1956: Tokyo,* ed. Jean-Christoph Ammann, exh. cat. Museum für Moderne Kunst (Frankfurt am Main, 1994), pp. 9–15, esp. p. 9.

2 Olle Granath, "A Point between Life and Death," in *On Kawara: Continuity / Discontinuity 1963–1979,* exh. cat. Moderna Museet, Stockholm, et al. (Stockholm, 1980), pp. 9–35, esp. p. 9.

3 Robert Rauschenberg, quoted in Mary Lynn Kotz, *Rauschenberg: Art and Life* (New York, 1990), p. 206.

4 Michael Buthe, in Christiane Vielhaber, trans. from "Kunst ist ein Sprechen mit der Seele: Über Michael Buthe," in *Künstler: Kritisches Lexikon der Gegenwartskunst,* 17, 5 (Munich, 1992), pp. 3–4.

5 Michael Buthe, "Hommage an einen Prinzen aus Samarkand" (1977), in Stephan von Wiese, *Michael Buthe: Skulptura in Deo Fabulosa* (Munich, 1983), p. 105.

6 Stephan von Wiese, in ibid., pp. 11–12.

7 Trans. from *Tutti frutti molto bene: Michael Buthe & Toni Gerber; Briefe, 1970–1994. Zur Schenkung Toni Gerber im Kunstmuseum Luzern,* exh. cat. Kunstmuseum Luzern (Lucerne, 2013), p. 23.

8 Ibid., p. 25.

9 Ibid., p. 32.

10 Ibid., p. 33.

11 Stephan von Wiese, in Wiese 1983 (see note 5), p. 13.

12 Trans. from Buthe & Gerber 2013 (see note 7), pp. 16–17.

13 Blixa Bargeld, Einstürzende Neubauten, "Sonnenbarke," *Silence Is Sexy,* Mute, 2000.

14 Trans. from Buthe & Gerber 2013 (see note 7), p. 41.

15 Ibid., p. 39.

16 Ibid., pp. 40–41.

17 Wiese 1983 (see note 5), p. 16.

18 Angelus Silesius, The Cherubinic Wanderer, trans. Maria Shrady (New York, 1986), 89 (book 4, no. 42).

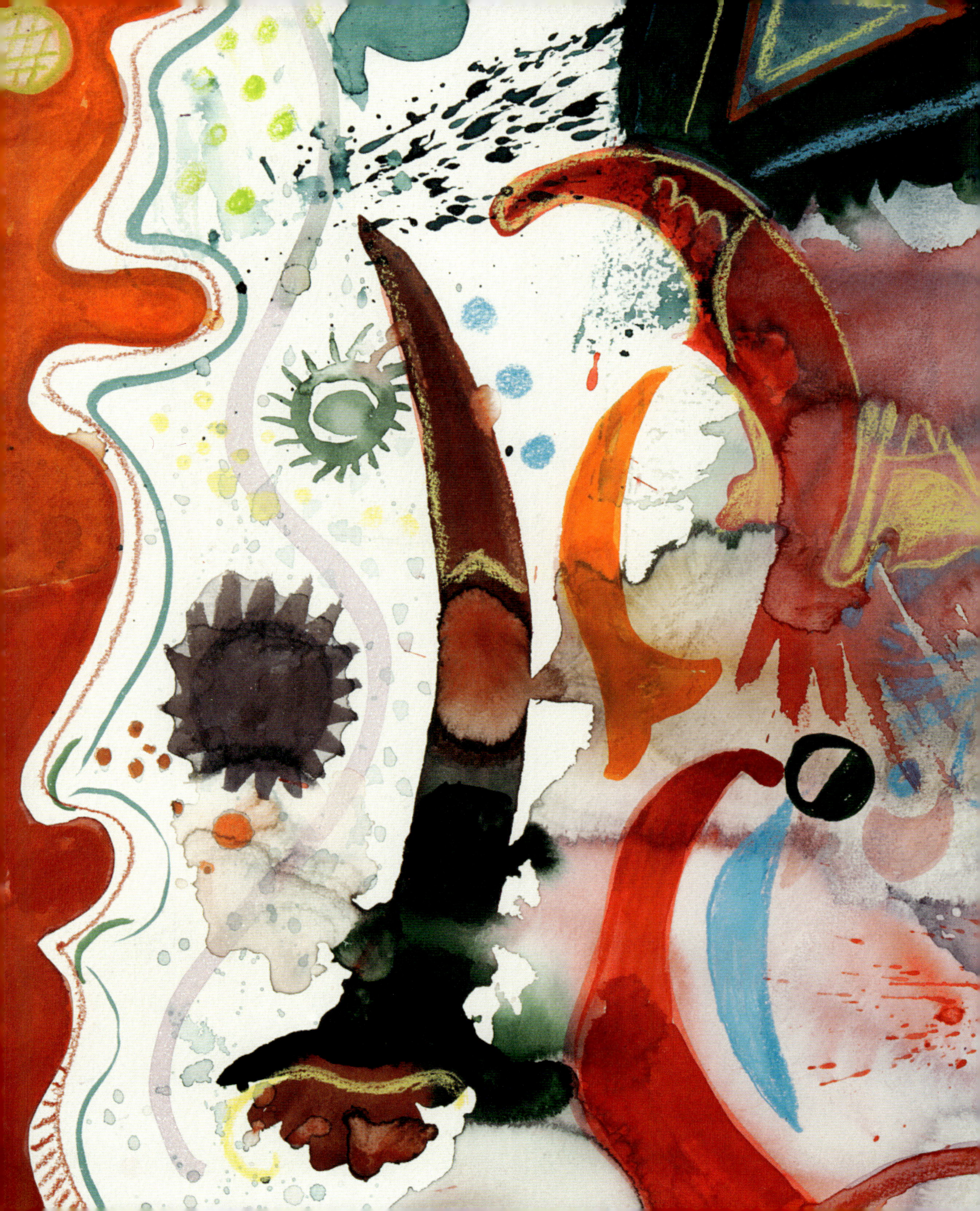

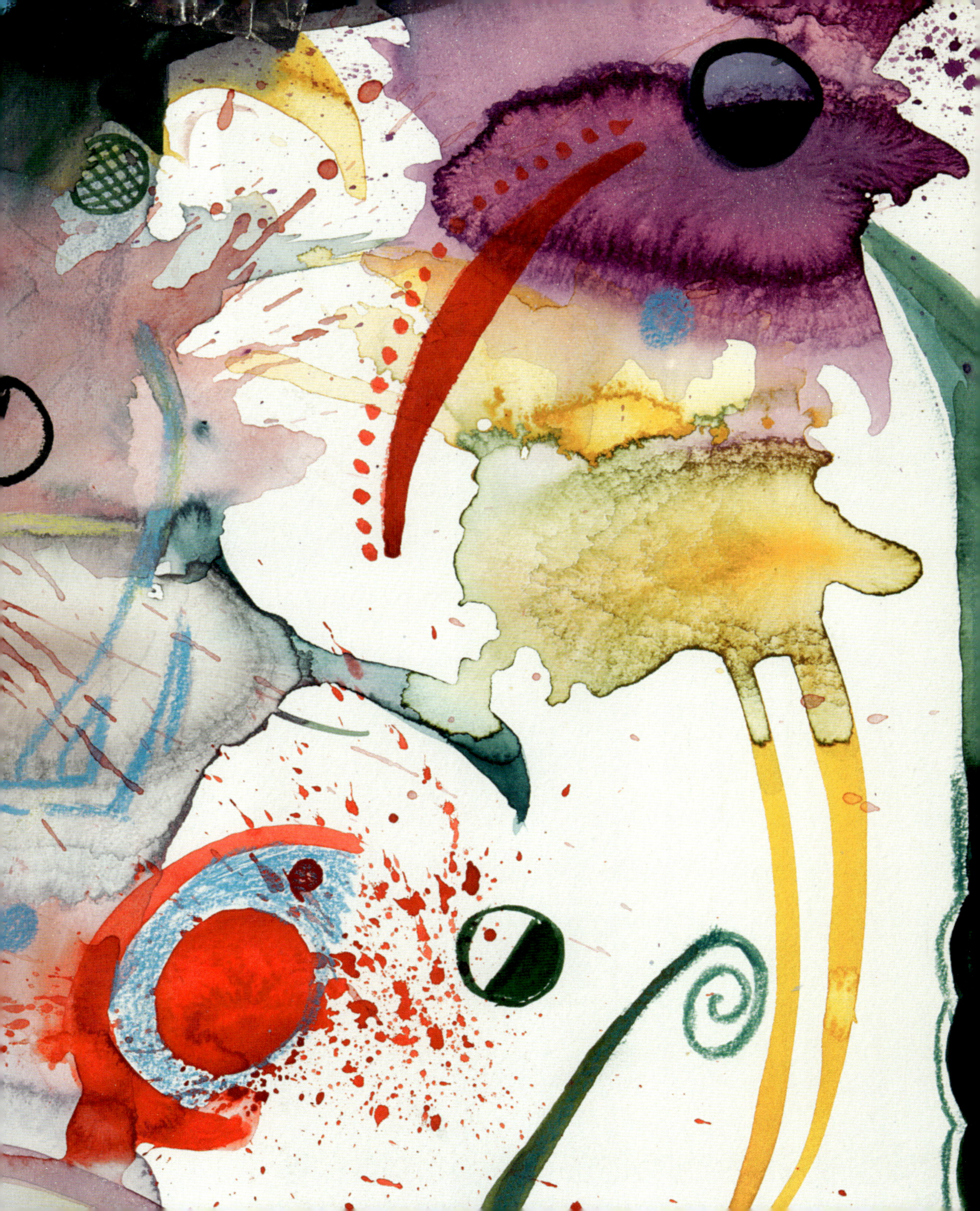

»Wenn ich reise, tue ich das ja nicht, um irgendwie auszuflippen, sondern die Länder, in die ich fahre, interessieren mich, vor allem die Menschen. Auf solchen Reisen, bei Begegnungen mit anderen Kulturen entdecke ich oft Verhaltensweisen – vor allem im Umgang mit Menschen –, die bei uns lange verschwunden sind, die aber für Künstler auch heute bei uns gelten sollten [...].«[1]

Für die großformatige Collage hat Michael Buthe unzählige Abbildungen vor allem menschlicher Figuren und Körperteile zusammengetragen. Die offensichtlich aus Zeitschriften und anderen Publikationen herausgerissenen Abbildungen schlagen nicht nur historisch, sondern auch geografisch-kulturell einen weiten Bogen: Es finden sich Darstellungen von Kunstwerken von der Antike[2] über den Barock[3] und den Klassizismus[4] bis hin zur Moderne,[5] aber auch das Dromedar von der Packung der Zigarettenmarke Camel. Doch die Bilder entstammen nicht nur dem europäischen Kulturraum. Mit persischen Miniaturen, dem Foto eines Nuba-Ringers von Leni Riefenstahl oder Masken von Bewohnern der Sepik-Region in Papua-Neuguinea sind der Vordere Orient, Afrika und Ozeanien ebenso vertreten. Dieser gewissermaßen welt- und epochenumspannende Bilderschatz ist der an sich schon unhierarchischen Tondoform[6] gleichmäßig eingefügt. Die einzelnen Elemente überdecken sich teilweise gegenseitig, und die unregelmäßig gerissenen Kanten verschleifen sie zudem noch untereinander. Buthes *Weltkarte* erweist sich so als Konglomerat von Bildern ohne hegemoniale, politische oder geografische Ordnung.[7] Zu diesem Eindruck der Gleichrangigkeit trägt das von Hand aufgetragene regelmäßige Muster von goldenen Punkten bei. Der flimmernde Goldregen legt sich als transparentes Vlies über die Bilder und schränkt die optische Differenzierung ein. (HS)

1 Michael Buthe 1991, in: Christiane Vielhaber: »Kunst ist ein Sprechen mit der Seele. Über Michael Buthe«, in: *Künstler. Kritisches Lexikon der Gegenwartskunst,* 17, 5, München 1992, S. 1.
2 *Nike von Samothrake,* um 190 v. Chr.
3 Peter Paul Rubens, *Selbstporträt mit Isabella Brant in der Geißblattlaube,* 1609.
4 François-Pascal Simon, Baron Gérard, *Amor und Psyche,* 1798.
5 Man Ray, *Les larmes,* 1933.
6 Rudolf Arnheim, *The Power of the Center,* Berkeley und Los Angeles 1982, S. 140.
7 Stephan von Wiese, »Die Weltkarte des Michael Buthe. Bemerkungen insbesondere zur Afrikarezeption in den siebziger Jahren«, in: *Michael Buthe. Michel de la Sainte Beauté,* hrsg. von Stephan von Wiese, Ausst.-Kat. Kunstmuseum Düsseldorf, Heidelberg 1999, S. 21–27, hier S. 21.

"When I travel, I don't do it for some sort of kick, but because the countries to which I travel interest me, especially the people. On such trips, while experiencing other cultures, I often discover modes of behavior—especially when dealing with people—that have long since disappeared in our culture but that should still be valid for artists even today . . . ."[1]

For this large-format collage, Michael Buthe assembled countless illustrations, above all of human figures and parts of the body. The illustrations have clearly been torn from magazines and other publications and span a broad arc, not only historically but also geographically and culturally. There are depictions of works of art ranging from antiquity[2] and Baroque[3] to Classicism[4] and modernism,[5] or even the dromedary on the Camel cigarette pack. But the works are not exclusively from the European cultural sphere. The Middle East, Africa, and Oceania are also represented by Persian miniatures, a photograph of a Nuba wrestler taken by Leni Riefenstahl, and masks by the inhabitants of the Sepik region in Papua New Guinea. This treasure of images, which in a sense spans worlds and epochs, is fitted evenly into a tondo form, which is itself unhierarchical.[6] The individual elements overlap each other somewhat, and the irregularly outlined edges help them fit smoothly together. Buthe's *Weltkarte (World Map)* thus turns out to be a conglomerate of images without any hegemonic, political, or geographical order.[7] This impression of equal rank is reinforced by regular, hand-drawn patterns of gold dots. The shimmering golden rain is placed over the images like a transparent fleece and limits the visual differentiation. (HS)

1 Michael Buthe in 1991, trans. from Christiane Vielhaber: "Kunst ist ein Sprechen mit der Seele: Über Michael Buthe," in *Künstler: Kritisches Lexikon der Gegenwartskunst* 5, no. 17 (Munich, 1992), p. 1.
2 *Nike of Samothrace,* ca. 190 BC.
3 Peter Paul Rubens, *Self-Portrait with Isabella Brant in the Honeysuckle Bower,* 1609.
4 François-Pascal Simon, Baron Gérard, *Psyche and Amor,* 1798.
5 Man Ray, *Les larmes,* 1933.
6 Rudolf Arnheim, *The Power of the Center* (Berkeley and Los Angeles, 1982), p. 140.
7 Stephan von Wiese, "Die Weltkarte des Michael Buthe: Bemerkungen insbesondere zur Afrikarezeption in den siebziger Jahren," in *Michael Buthe: Michel de la Sainte Beauté,* ed. Stephan von Wiese, exh. cat. Kunstmuseum Düsseldorf (Heidelberg, 1999), pp. 21–27, esp. p. 21.

Abb. S. Ill. pp. 126/127 Ohne Titel (Ourika 6, Detail) Untitled (Ourika 6, detail) 1994 (Kat. cat. 85)

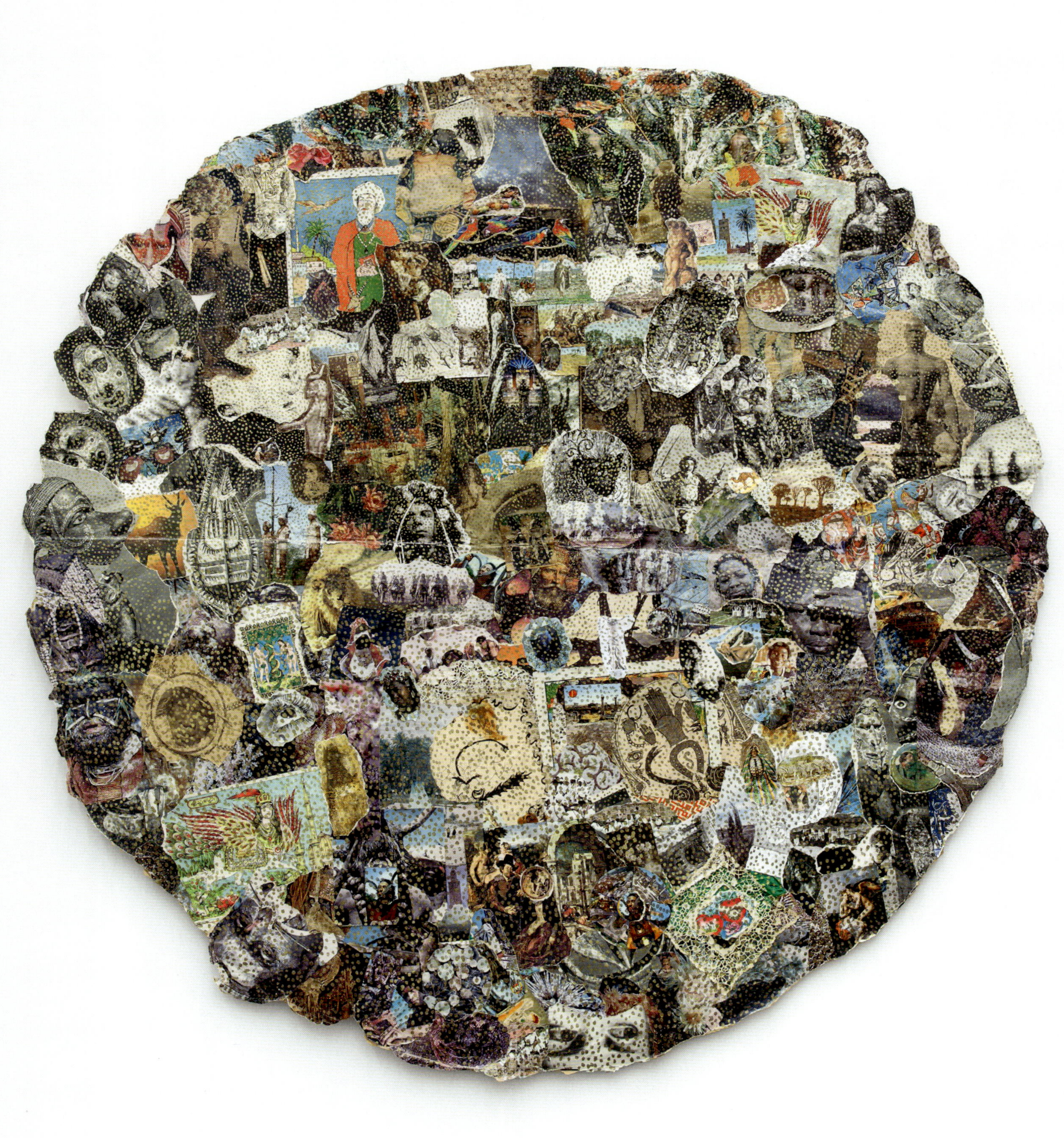

Weltkarte *World Map* um ca. 1970 (Kat. cat. 26)

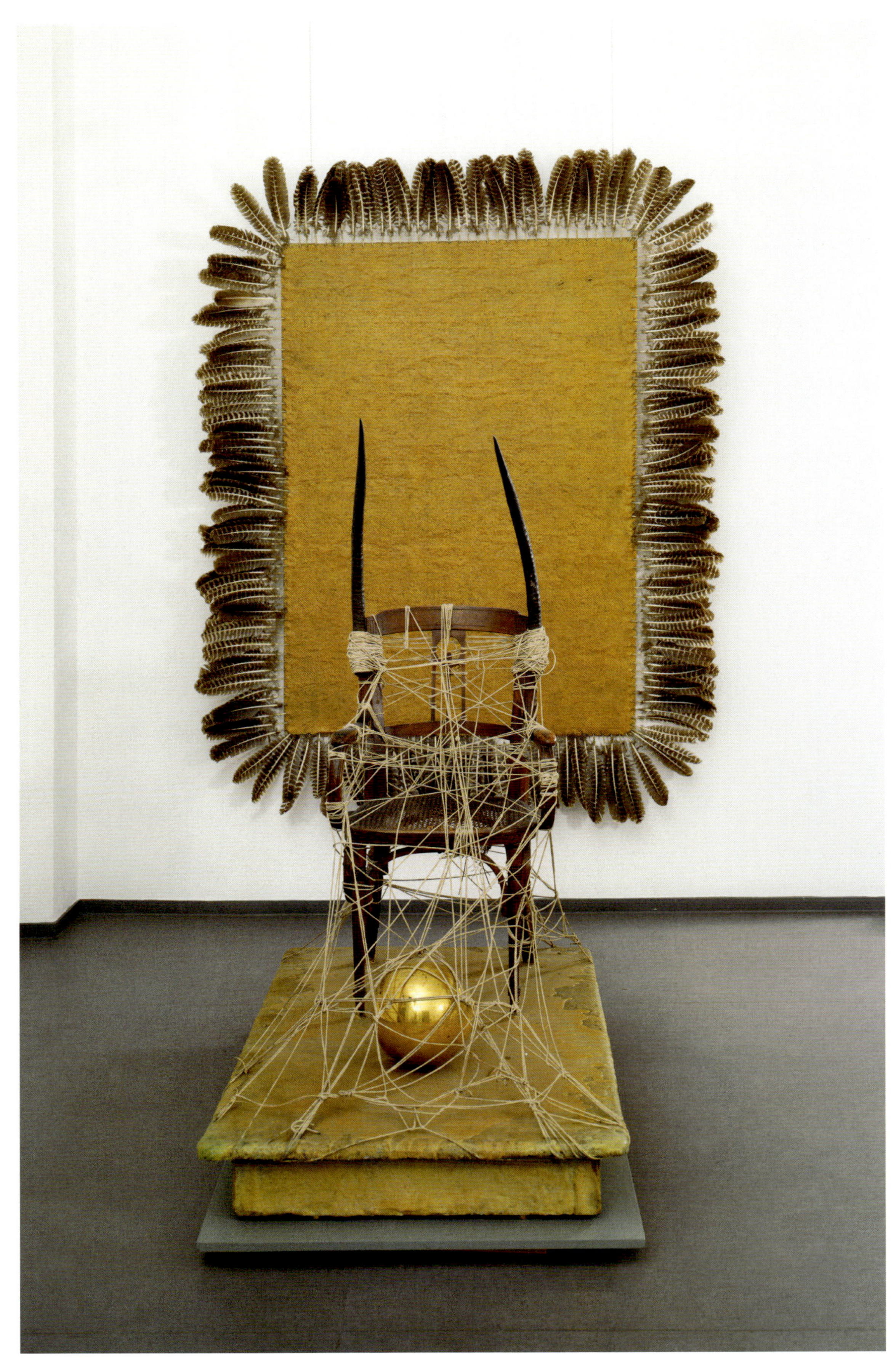

Le roi est mort *The King is Dead* 1974–1977 (Kat. cat. 52)

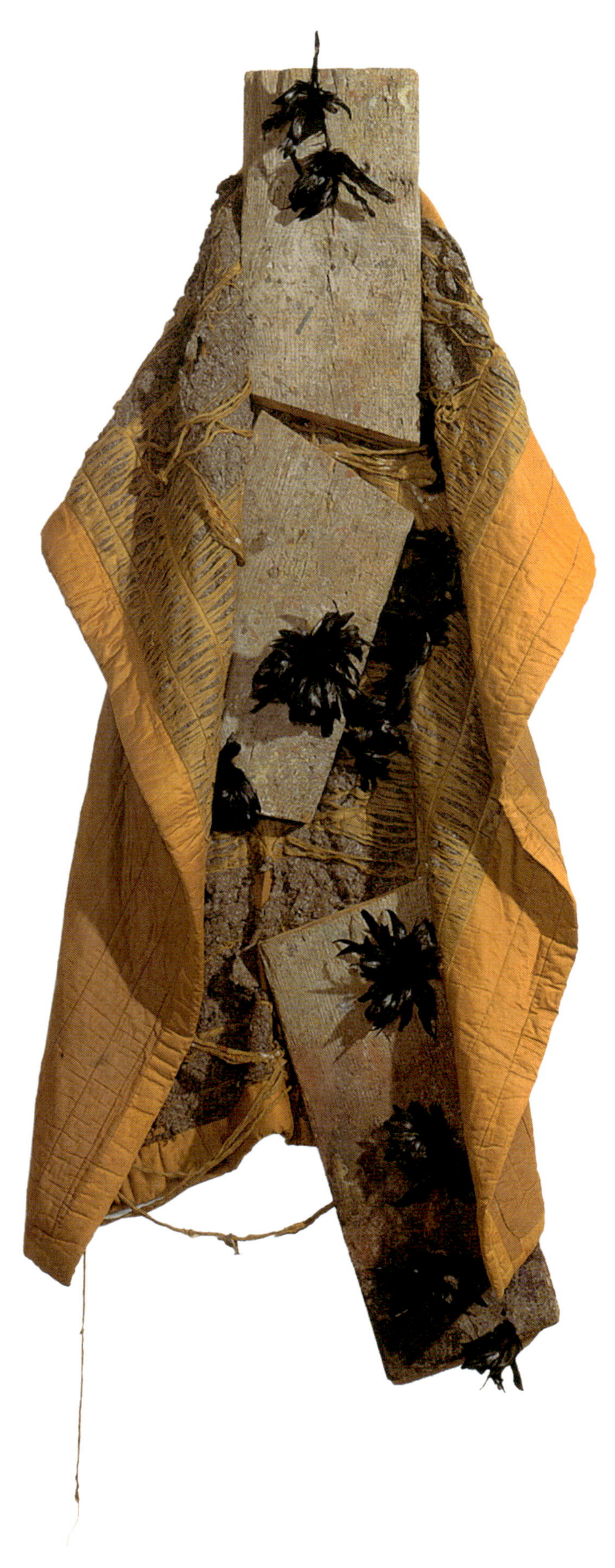

Elvira Oasis 1972/77 (Kat. cat. 45)

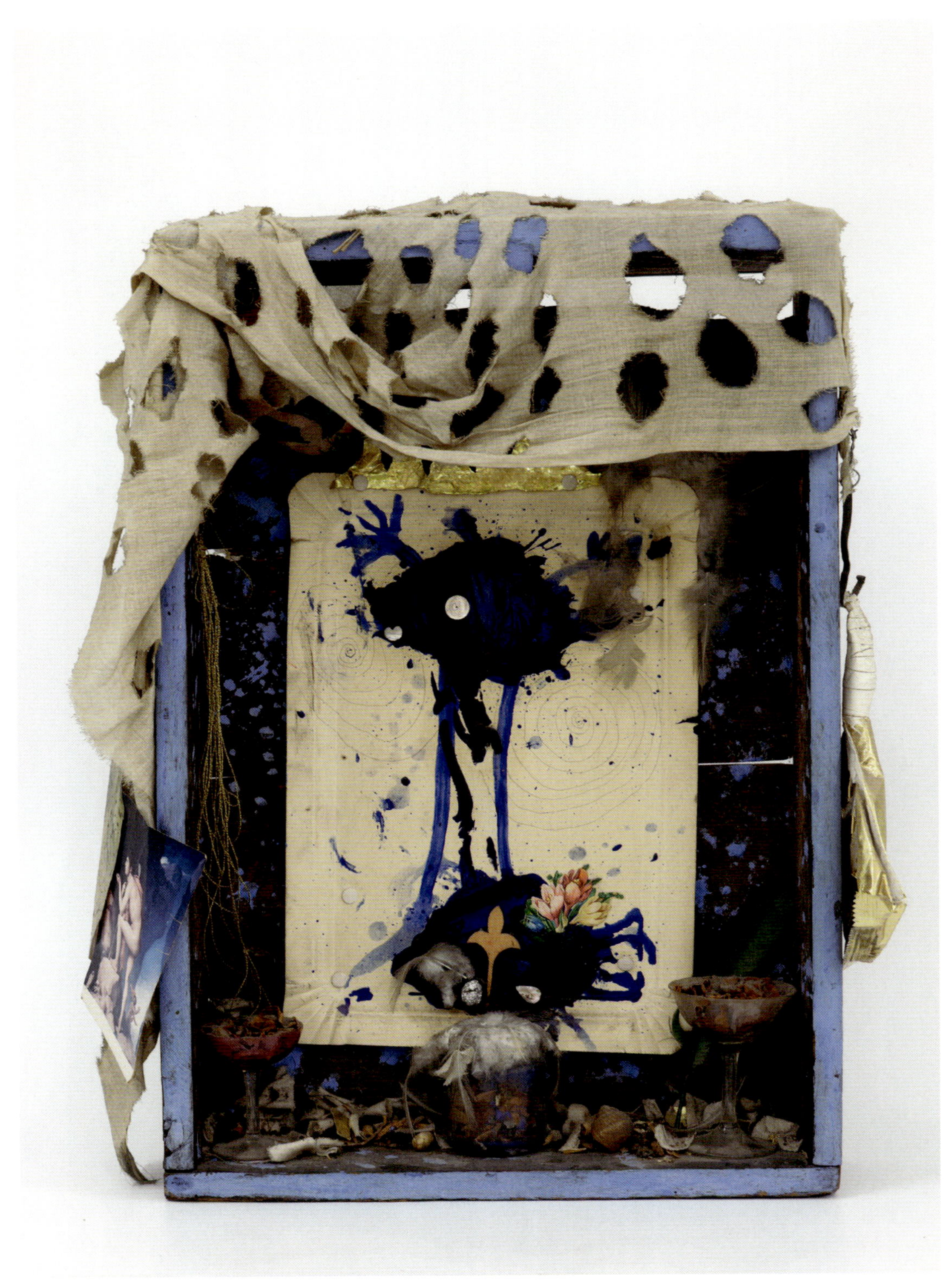

Ohne Titel Untitled 1972 (Kat. cat. 43)

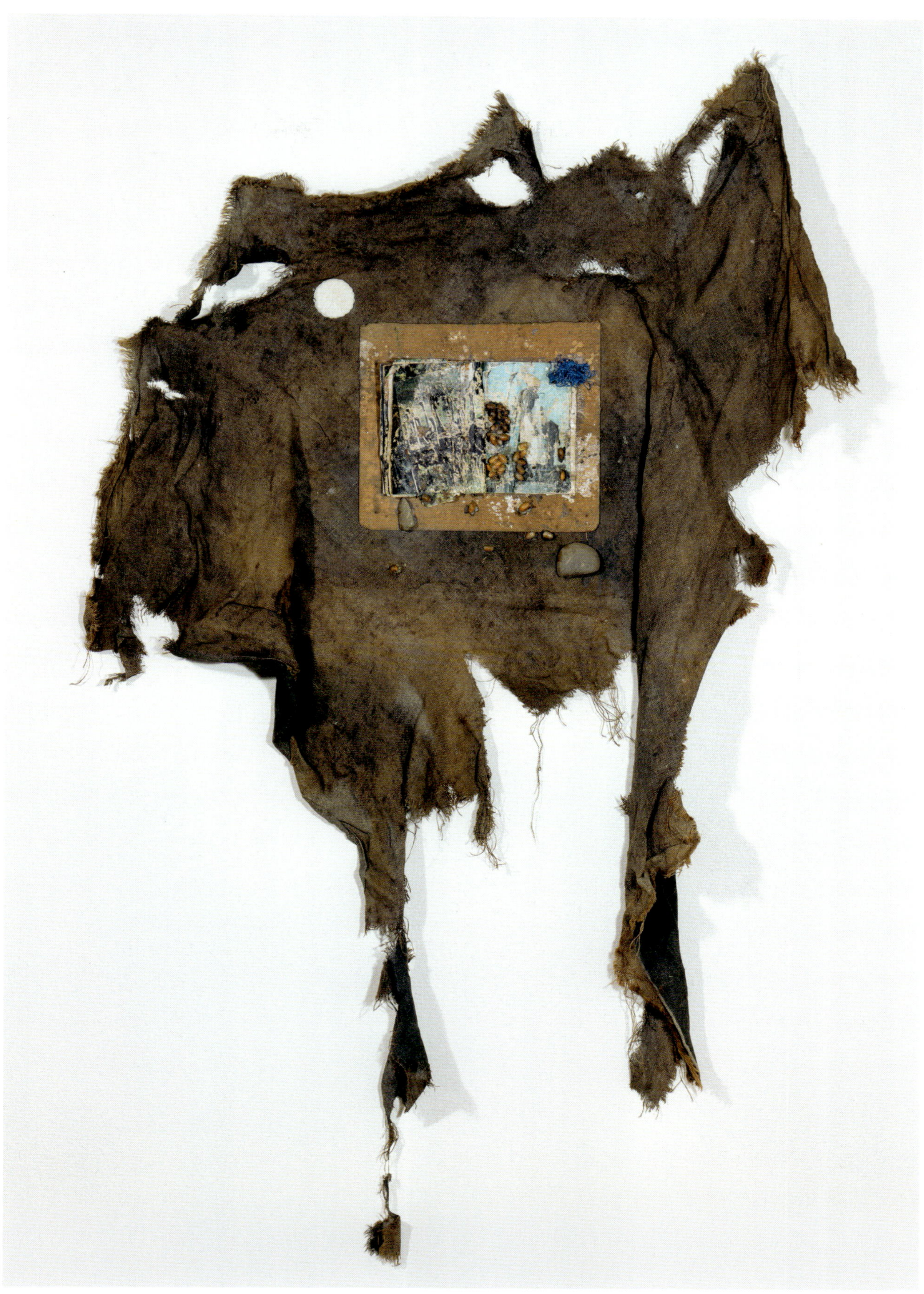

Ohne Titel Untitled 1979 (Kat. cat. 59)

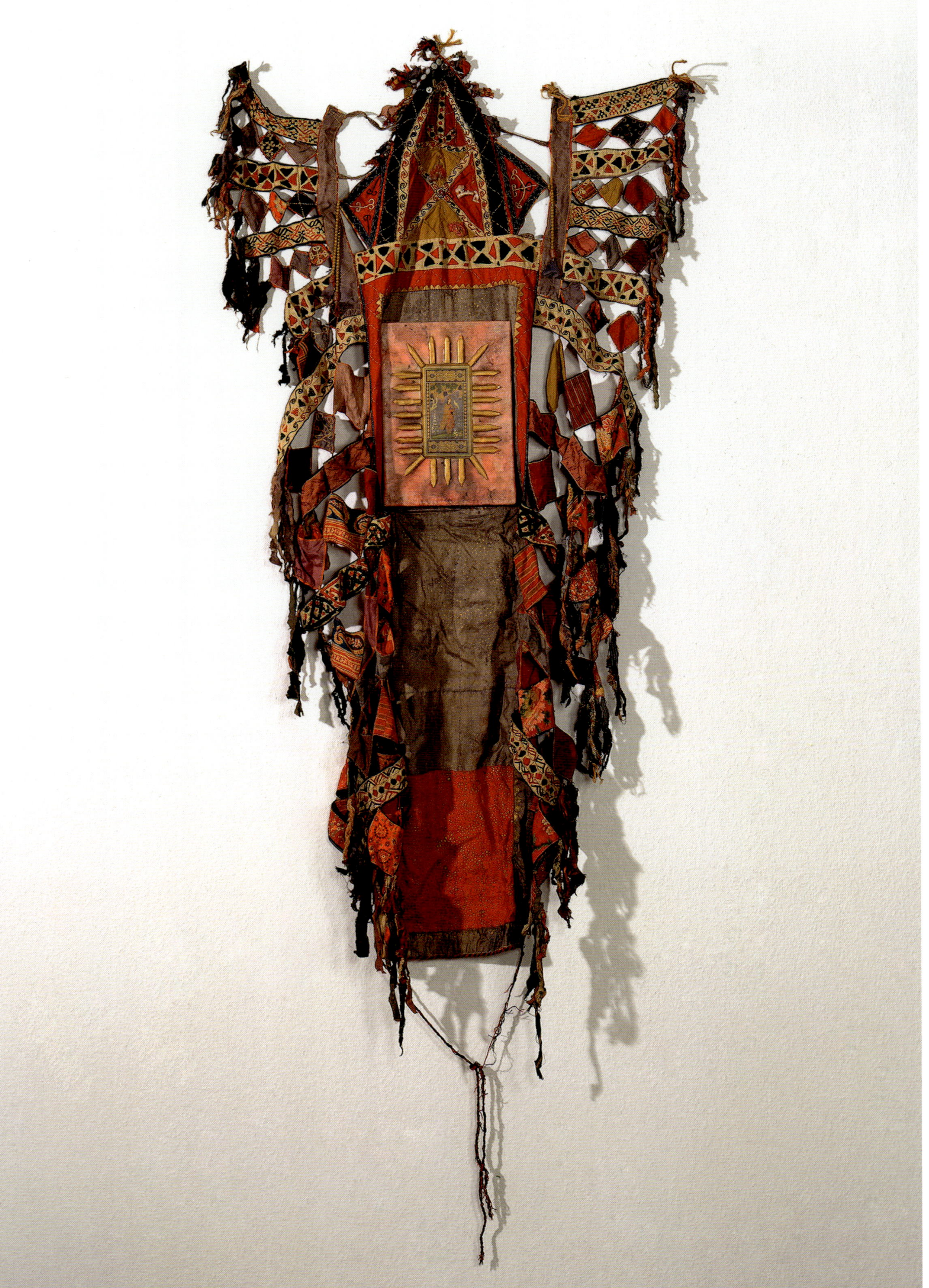

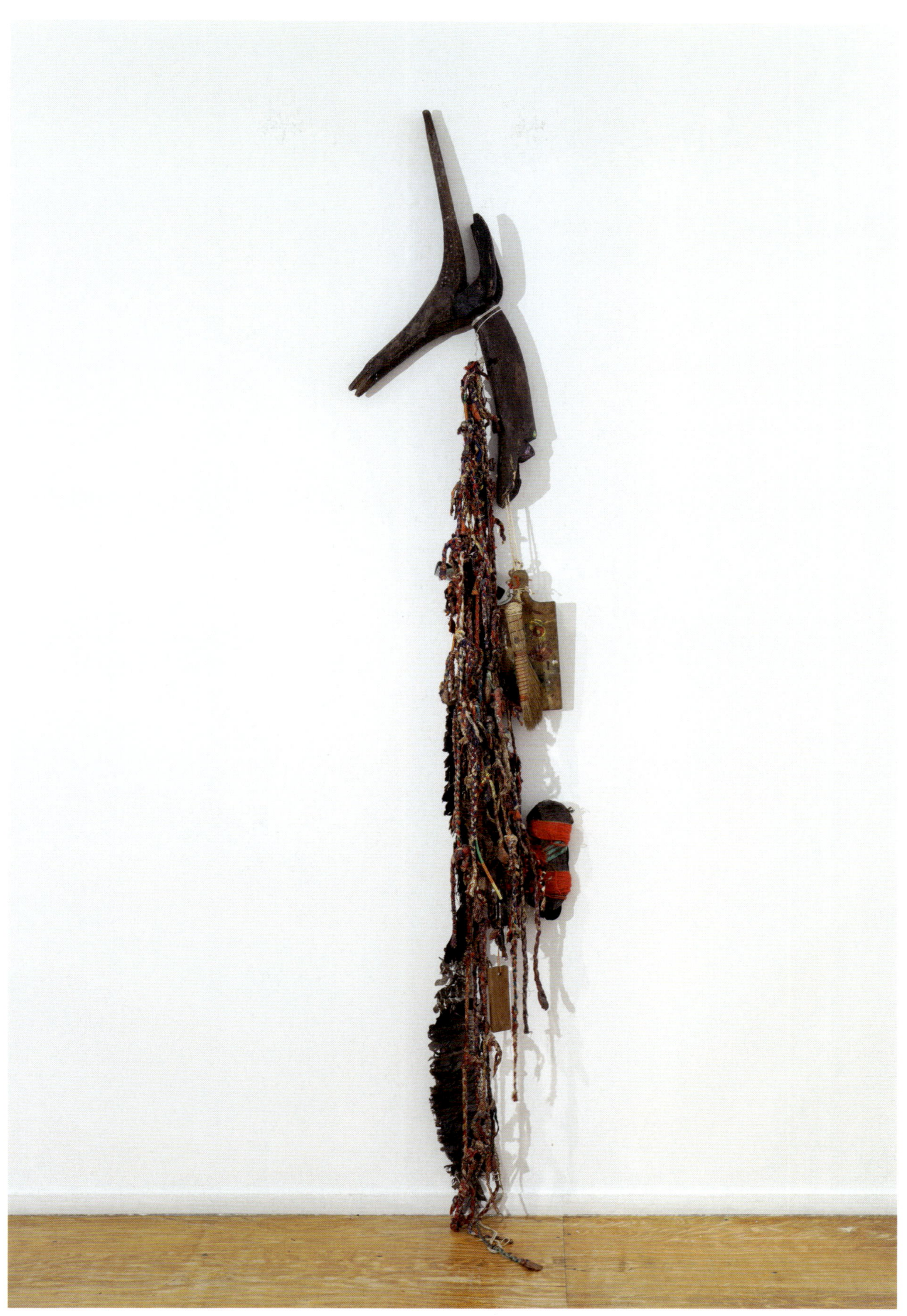

Ohne Titel Untitled 1979 (Kat. cat. 58)

Boulli Afrikaa ab since 1972 (Kat. cat. 40)

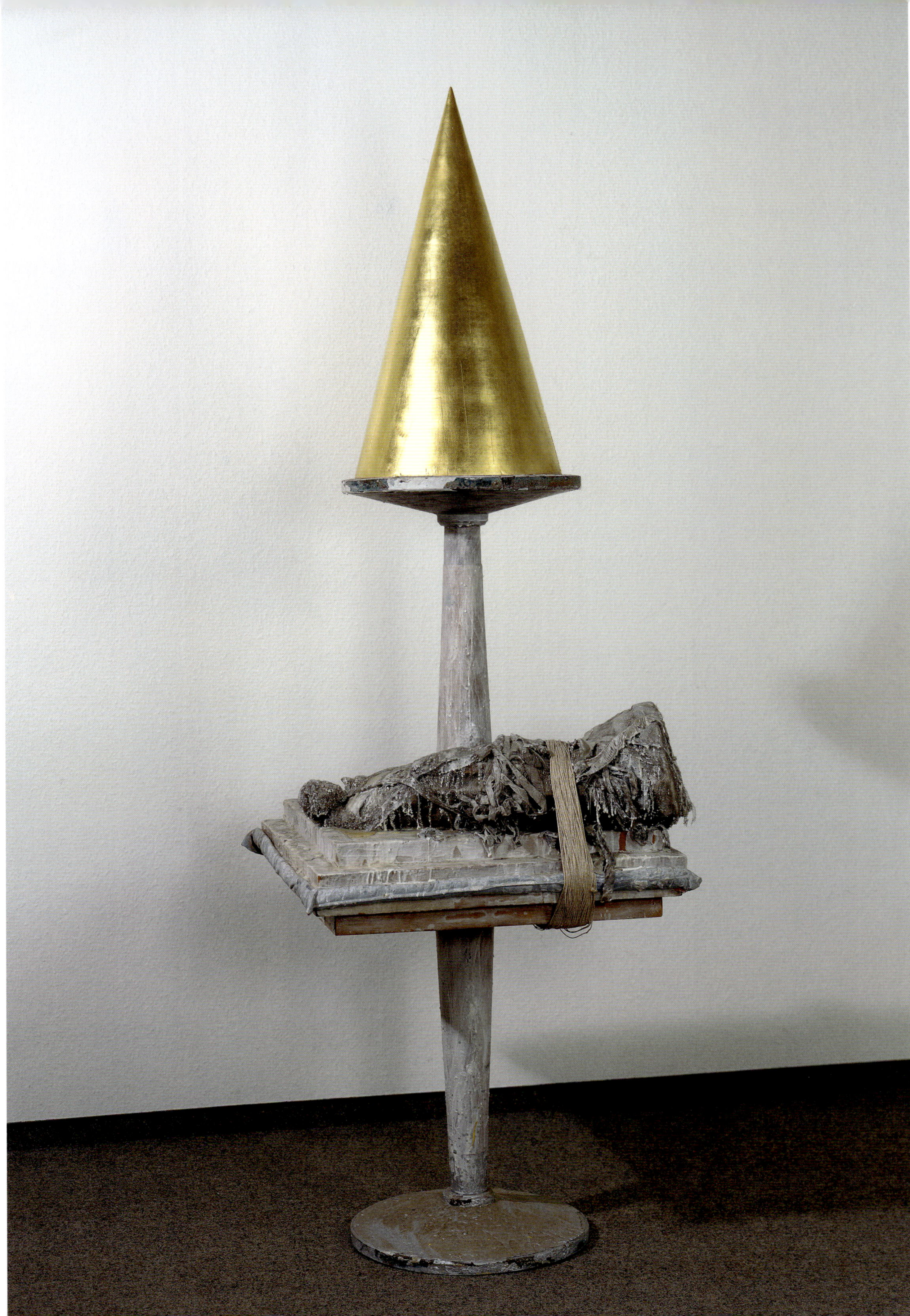

Der Muttergottes widmet Michael Buthe verschiedene seiner Werke: Schon von 1972 bis 1979 entsteht *Madonna,* ein fetischartiges Objekt auf einem versilberten Holzblock. Stoff, Federn, Strohbesen, Gartengeräte, eine Blechdose, ein Horn und ein mit Farbe und Stoff verzierter Brotschieber umfangen die Abbildung eines Madonnenbildes, dessen Kopf knapp die Stoffmassen überragt. Das über einen langen Zeitraum wiederholte Applizieren von Gegenständen um die Reproduktion des Gnadenbildes erinnert einerseits an das Behängen einer Madonnenfigur mit Votivgaben; andererseits ist Buthe diese Praxis aber auch von den afrikanischen Fetischen her bekannt, deren Kraft durch Opfergaben aktiviert werden.

Den Katalog seiner Ausstellung im Genter Museum van Hedendaagse Kunst 1984 eröffnet Buthe mit Abbildungen von päpstlichen Dokumenten zur Natur der Muttergottes. Deren Dogmatik wird allerdings auf der nächsten Doppelseite durch eine synkretistische Widmung an verschiedene historische und zeitgenössische, religiöse und weltliche Würdenträger konterkariert.

1986 schafft der Künstler die beiden großformatigen Tafeln *Le dernier secret de Fatima* (Abb. S. 50 und 23). Deren Titel nennt die portugiesische Wallfahrtsstätte, wo 1917 drei Hirtenkindern die Muttergottes erschien. Während die beiden mittleren Streifen in Blattsilber und -gold sich auf eine außergewöhnliche Sonnenerscheinung vom 13. Oktober 1917 beziehen könnten, verweist der Titel auf das letzte der drei »Geheimnisse von Fatima«, die den Hirtenkindern offenbart wurden. Sechs Jahre später entsteht für die Documenta 9 als eines der letzten Werke des Künstlers die stimmungsvolle Installation *Die heilige Nacht der Jungfräulichkeit* (Abb. S. 100–103), die auf verschiedenen Ebenen als Huldigung an die Jungfrau Maria gedeutet werden kann, aber auch Motive aus Schöpfungsmythen anderer Kulturen enthält.

Die *Madonna del Taverna* zeichnet sich durch einen vergleichbaren Herstellungsprozess und eine ähnliche Verschränkung religiöser und profaner Ikonografie aus wie die genannten früheren Arbeiten: Die vage anthropomorphe Figuration mit einem goldenen Kegel als Spitze und einem Bündel in der Mitte ließe sich als Madonna mit Kind lesen. Allerdings entpuppt sich der Kern des Bündels bei näherer Betrachtung seinerseits als Madonnenfigur. Daneben verliert die religiöse Aufladung der Plastik an Eindeutigkeit, wenn man sich bewusst wird, dass die Figur selbst aus zwei aufeinandergestellten Wirtshaustischen besteht, welche dem Werk seinen Beinamen »del Taverna« geben. (HS)

Michael Buthe dedicated a number of his works to the Mother of God: He produced a Madonna as early as 1973–79: a fetish-like object on a silver-plated block of wood. Fabric, feathers, a straw broom, garden tools, a tin can, a horn, and a bread peel decorated with paint and fabric frame a depiction of the Madonna whose head barely rises above the masses of fabric. On the one hand, the repeated application of objects over a long period of time to a reproduction of the miraculous image of the Virgin recalls, the hanging of votive gifts on figures of the Madonna; on the other hand, Buthe was also familiar with this practice from African fetishes, whose energy is activated by sacrificial gifts.

Buthe opened the catalogue for his exhibition at the Museum van Hedendaagse Kunst in Ghent in 1984 with illustrations of papal documents on the nature of the Mother of God. Their dogmatism was, however, counteracted on the following double-page spread with a syncretic dedication to various historical and contemporaneous, religious and secular dignitaries.

In 1986 the artist created the two large-format canvases *Le dernier secret de Fatima* (ill. pp. 50 and 23). The title refers to the Portuguese pilgrimage site where the Mother of God appeared to three shepherd children in 1917. Whereas the two central strips in gold and silver leaf might refer to the unusual appearance of the sun on October 13, 1917, the title refers to the last of the "secrets of Fatima" revealed to the shepherd children. Six years later, for Documenta 9, the artist produced one of his final works: the installation *Die heilige Nacht der Jungfräulichkeit* (*The Holy Night of Virginity;* ill. pp. 100–03), which can be interpreted on various levels as an homage to the Virgin Mary but also contains motifs from the creation myths of other cultures.

The *Madonna del Taverna* is characterized by a process of production and by an intertwining of religious and secular iconography comparable to the aforementioned earlier works. The anthropomorphic figuration with its golden cone and a bundle in the center can be read as a Madonna with Child. On closer inspection, however, the core of the bundle turns out to be yet another figure of the Madonna. Moreover, the religious power of the sculpture becomes ambiguous when one becomes aware that the figure itself consists of two stacked tavern tables, hence the name: "del Taverna." (HS)

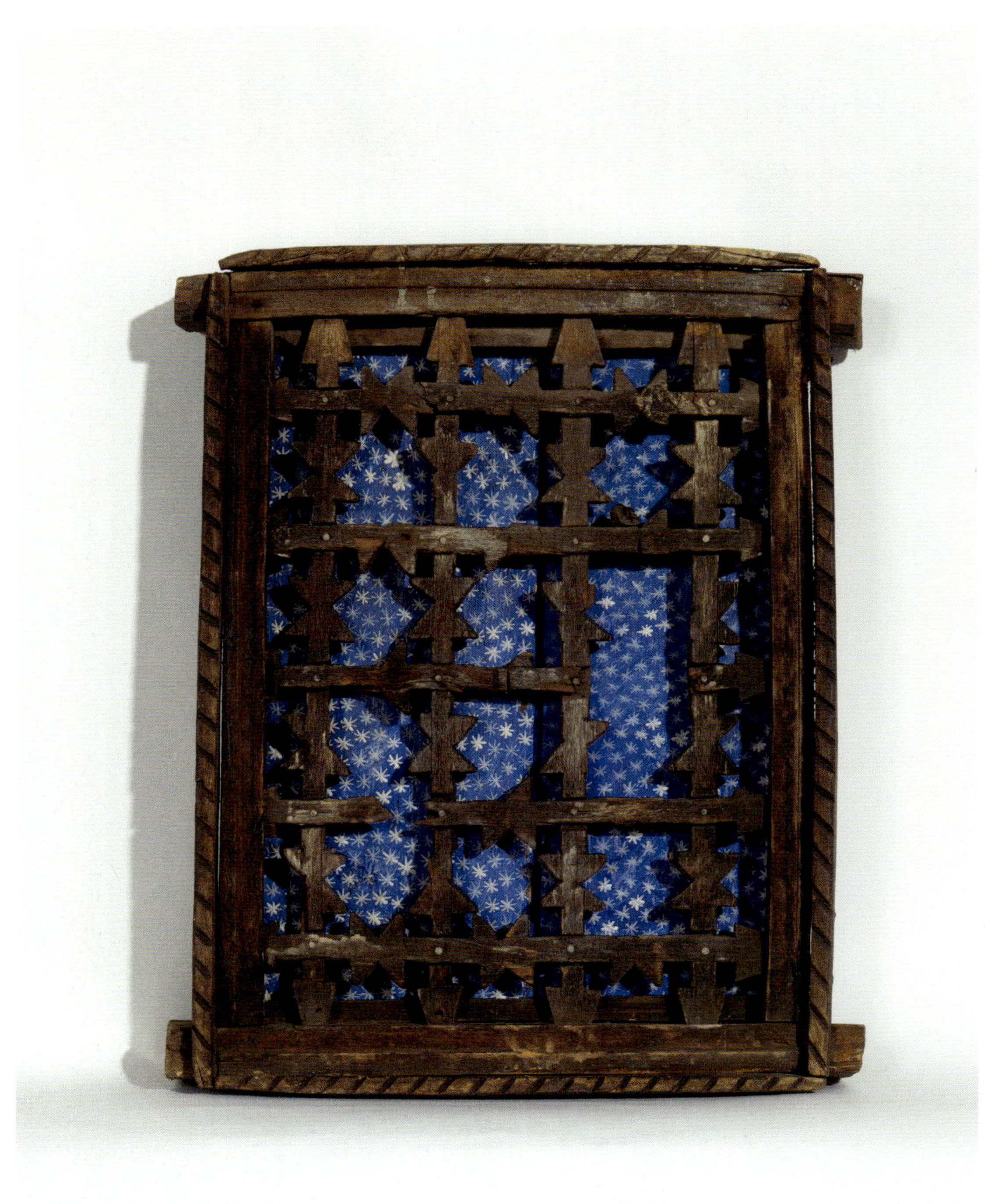

Marokkanisches Holzfenster
Moroccan Wooden Window 1986 (Kat. cat. 68)

Die Gefängnistür von Toledo – Juan de la Cruz
Toledo's Prison Door—Juan de la Cruz 1991 (Kat. cat. 74)

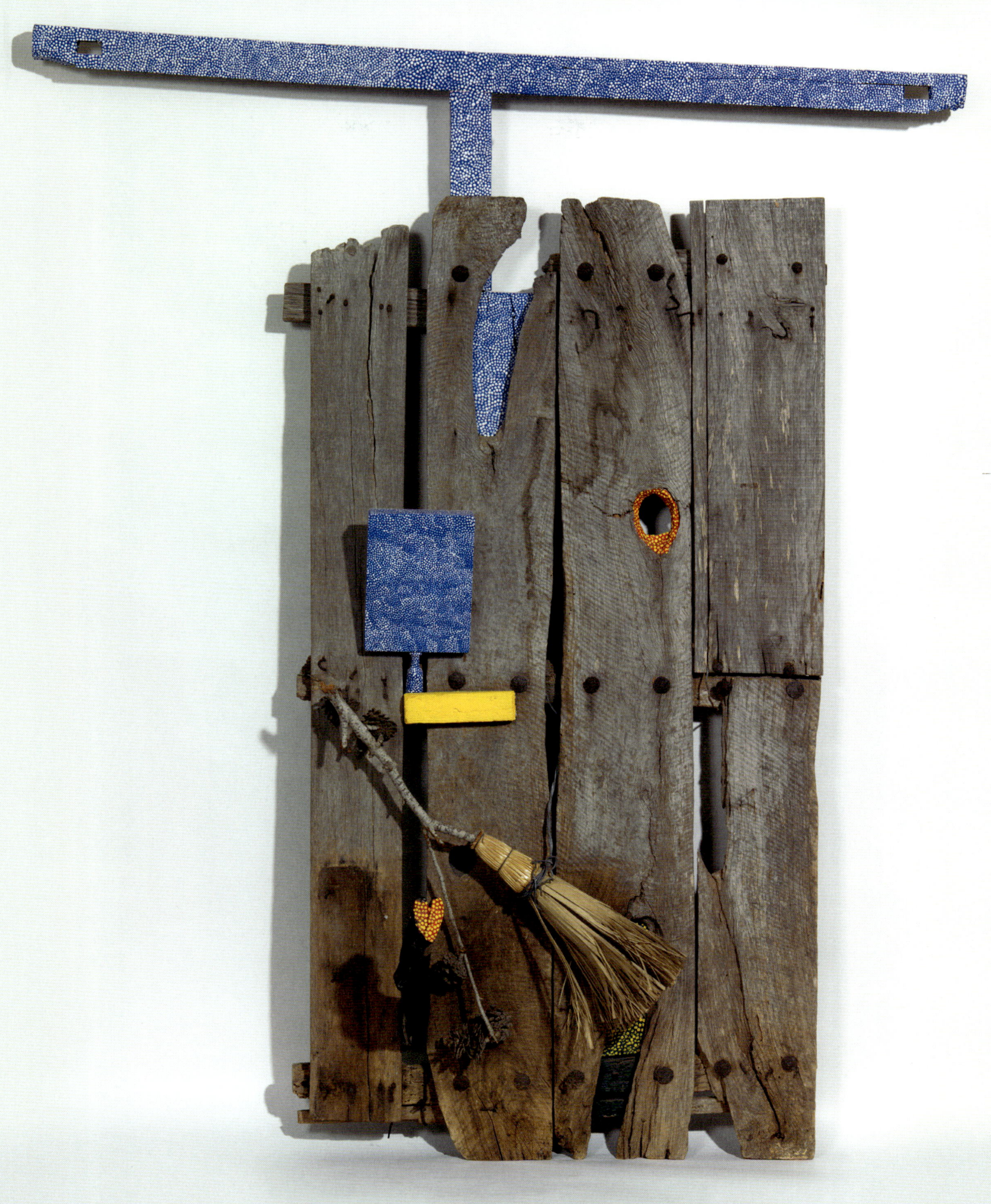

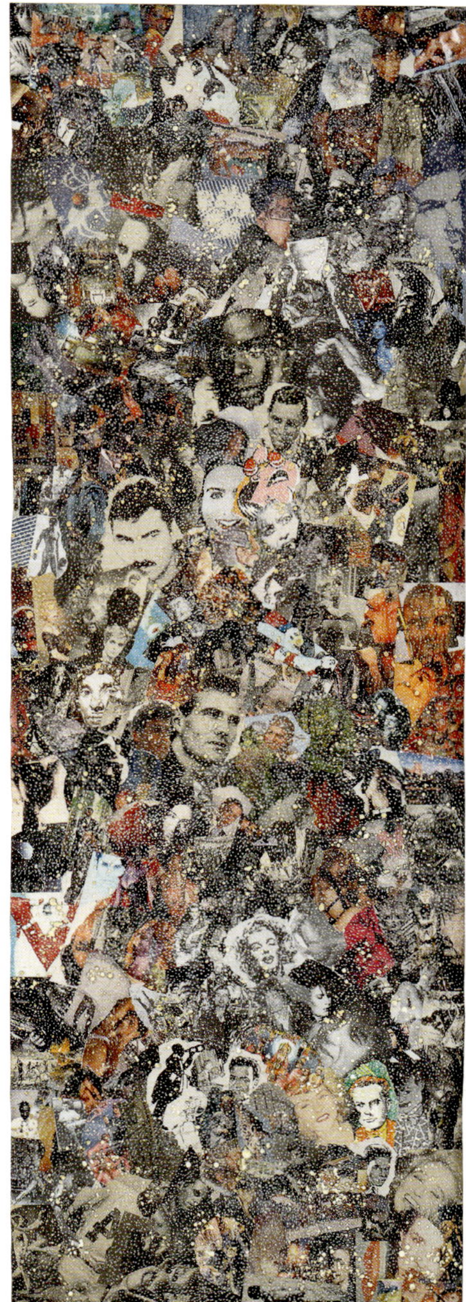

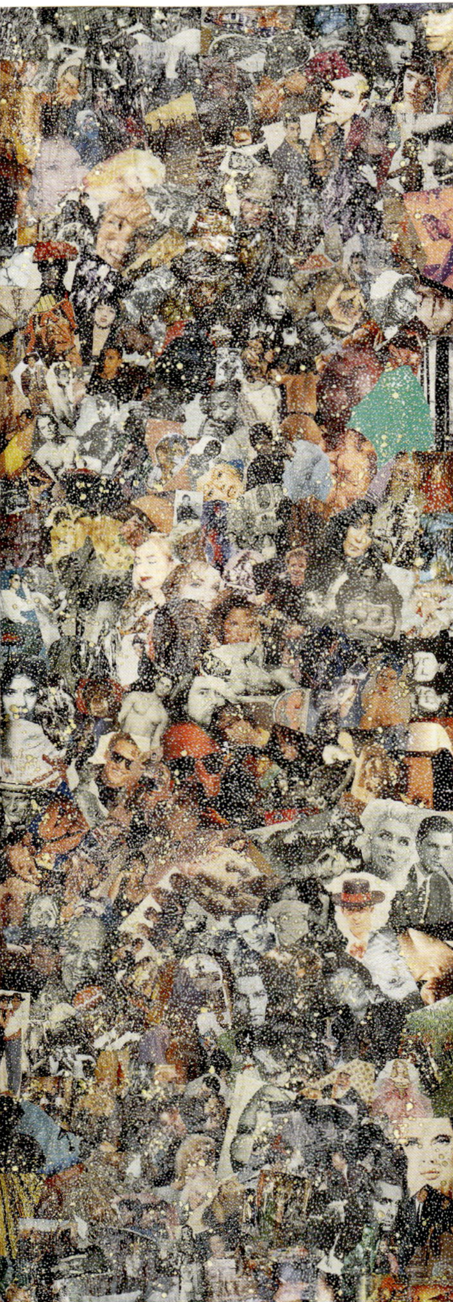

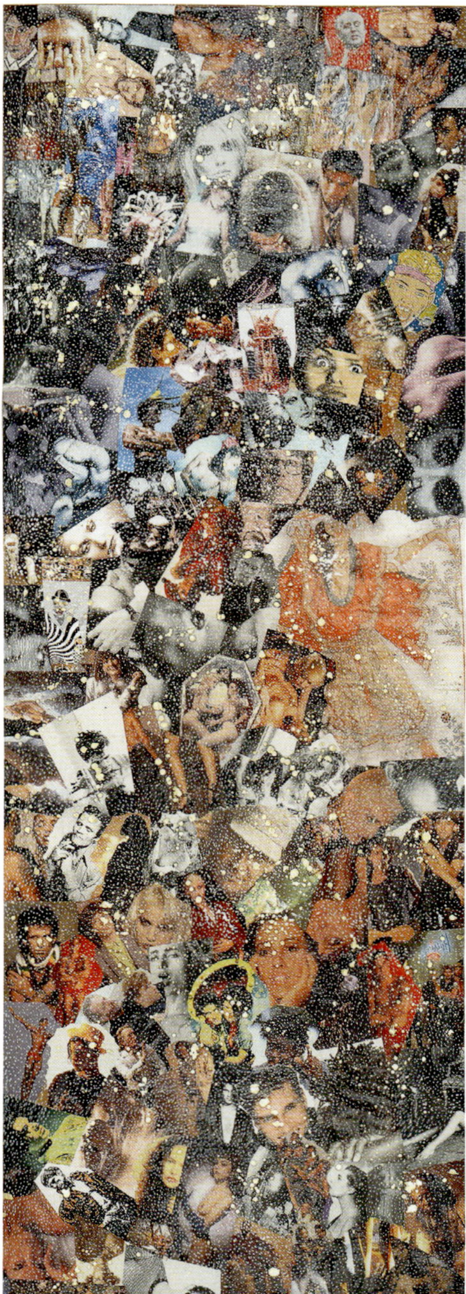

Ohne Titel Untitled 1987/88 (Kat. cat. 69)

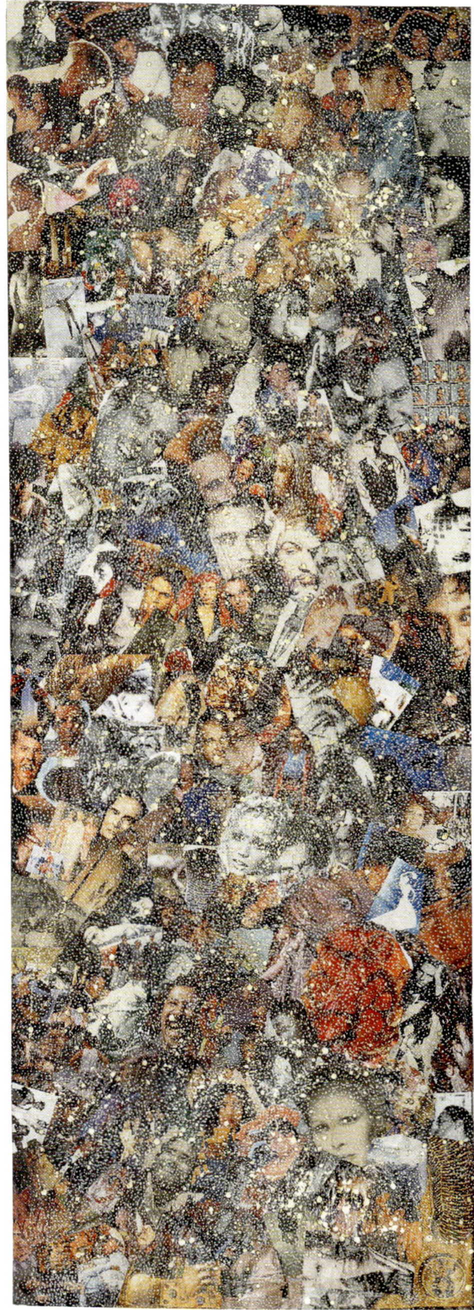

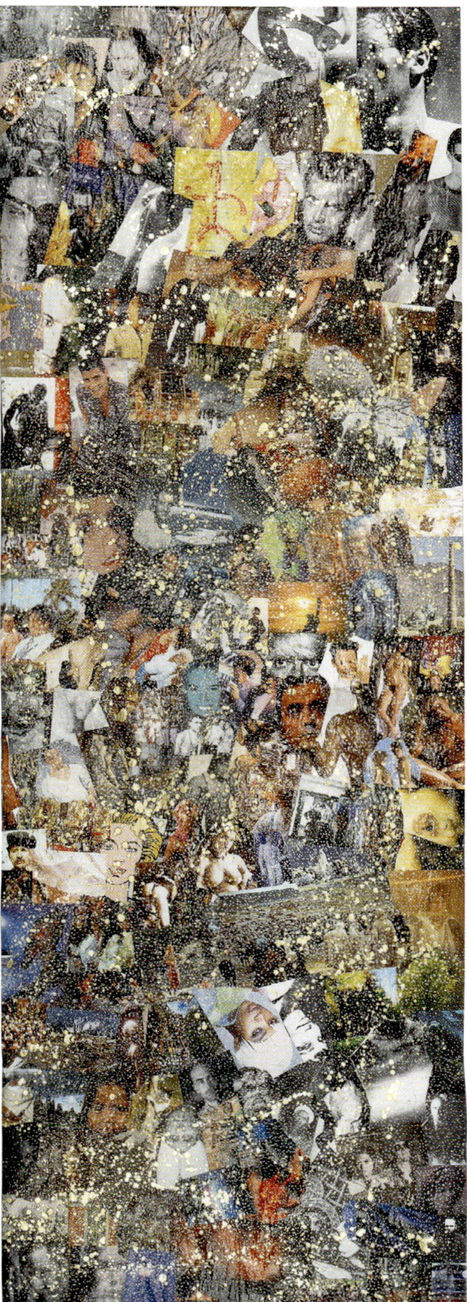

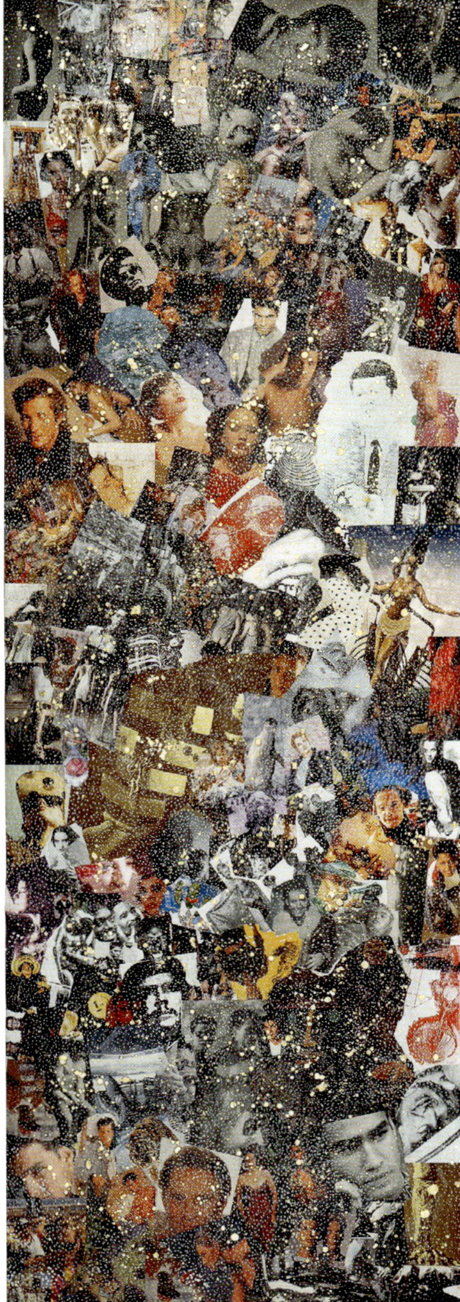

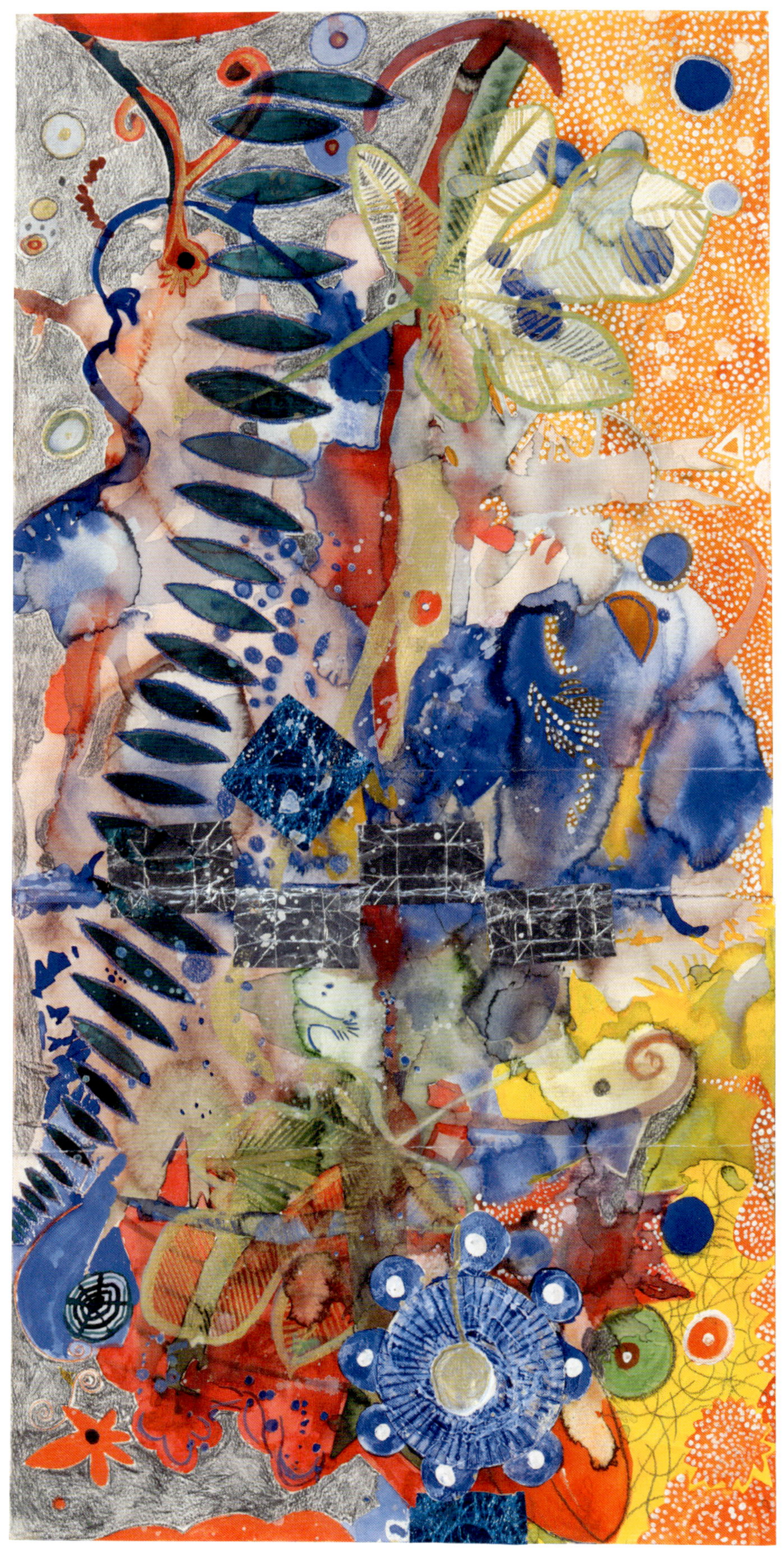

Ohne Titel (Ourika 1) Untitled (Ourika 1) 1994 (Kat. cat. 80)

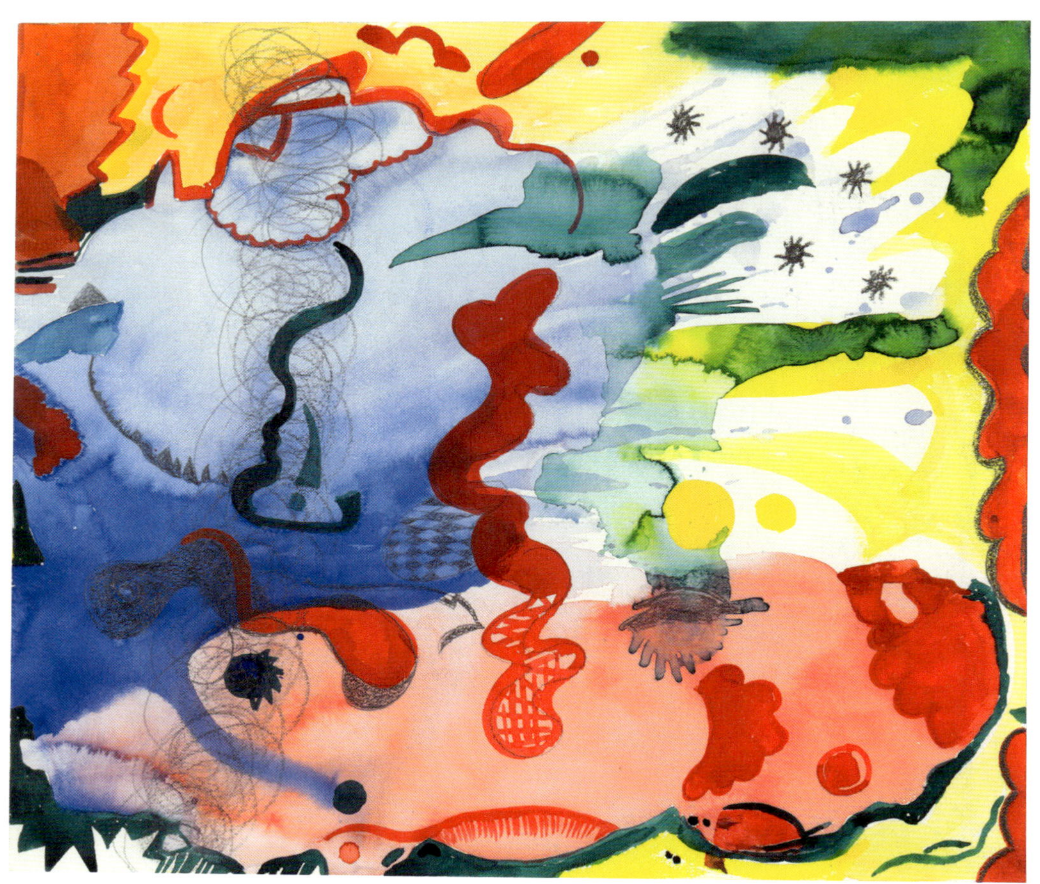

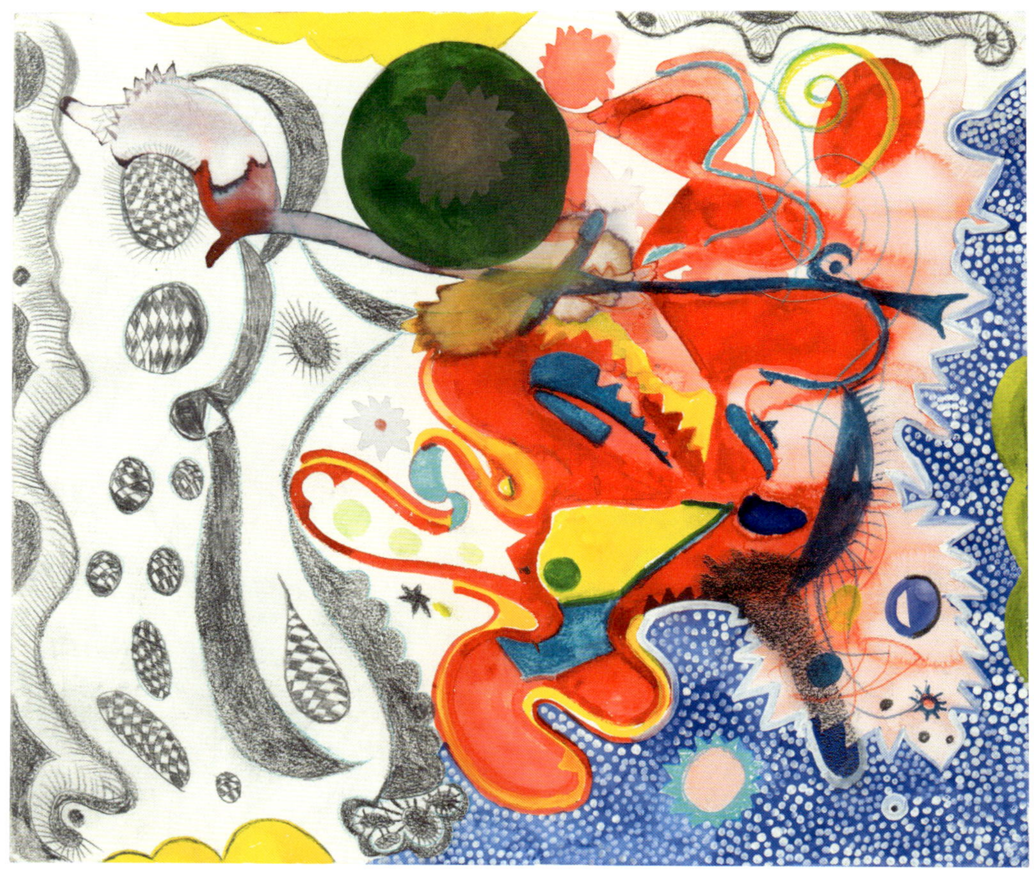

Ohne Titel (Ourika 2 und 3)   Untitled (Ourika 2 and 3)   1994   (Kat. cat. 81, 82)

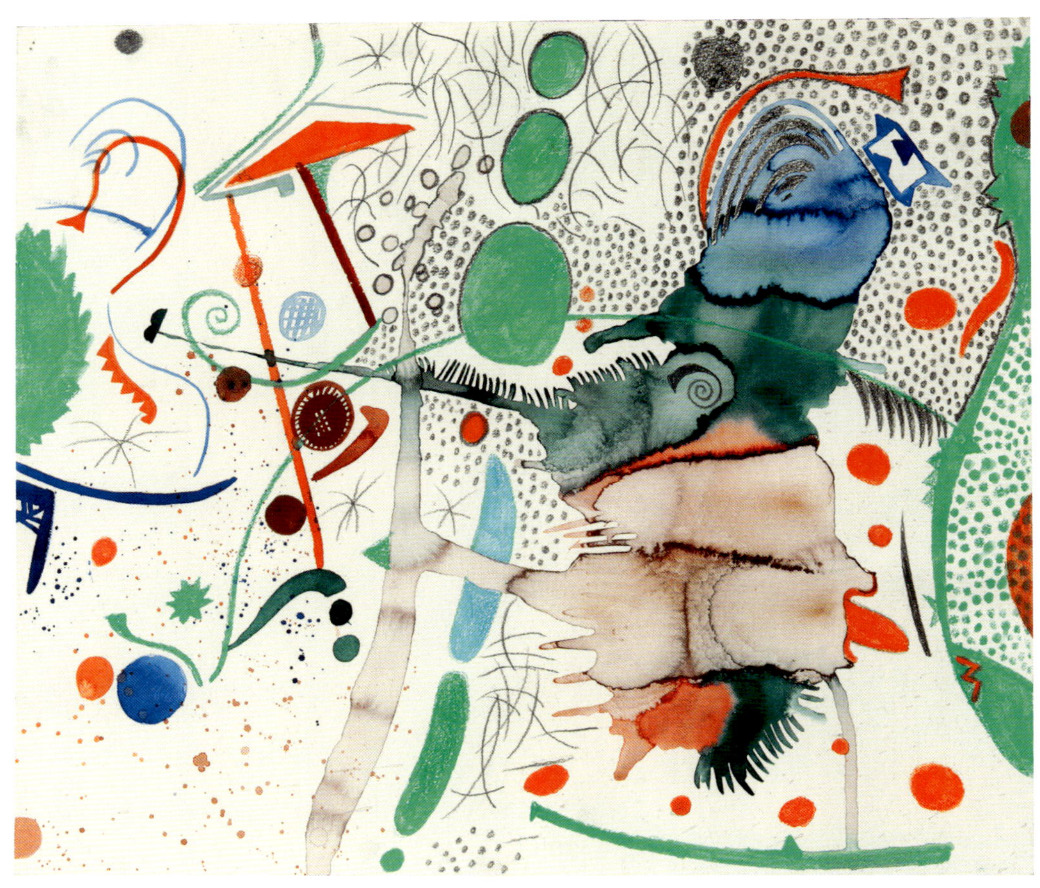

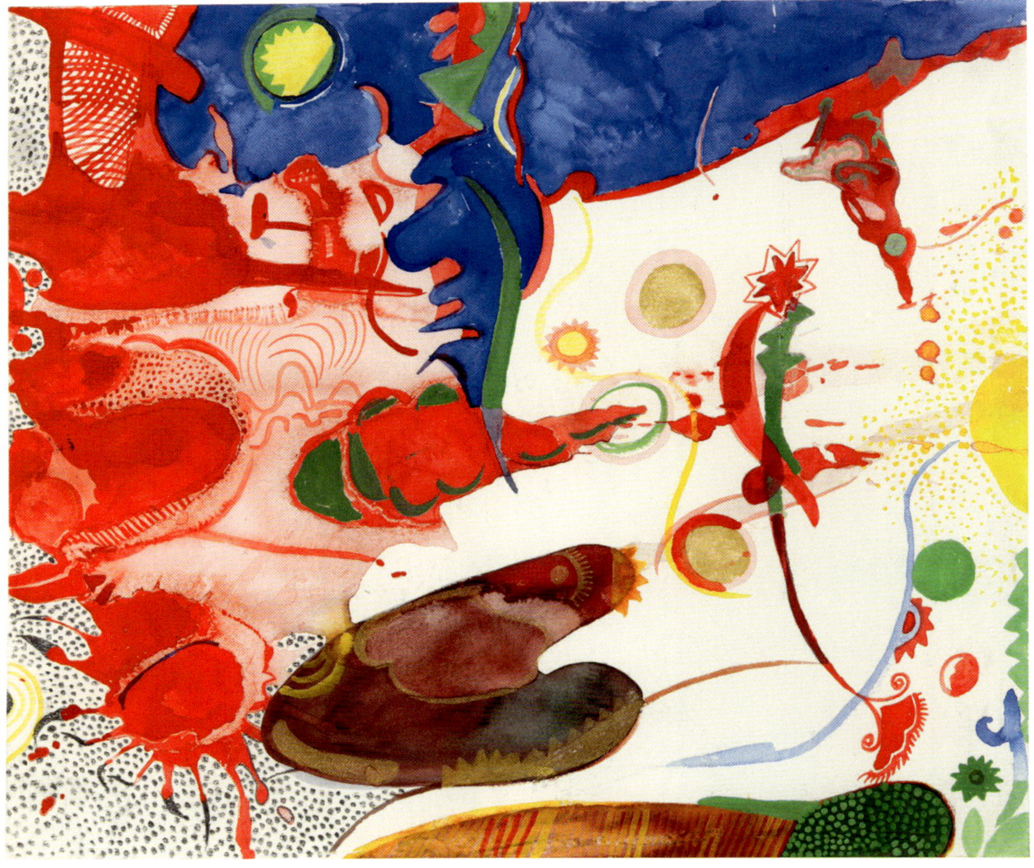

Ohne Titel (Ourika 4 und 5) Untitled (Ourika 4 and 5) 1994 (Kat. cat. 83, 84)

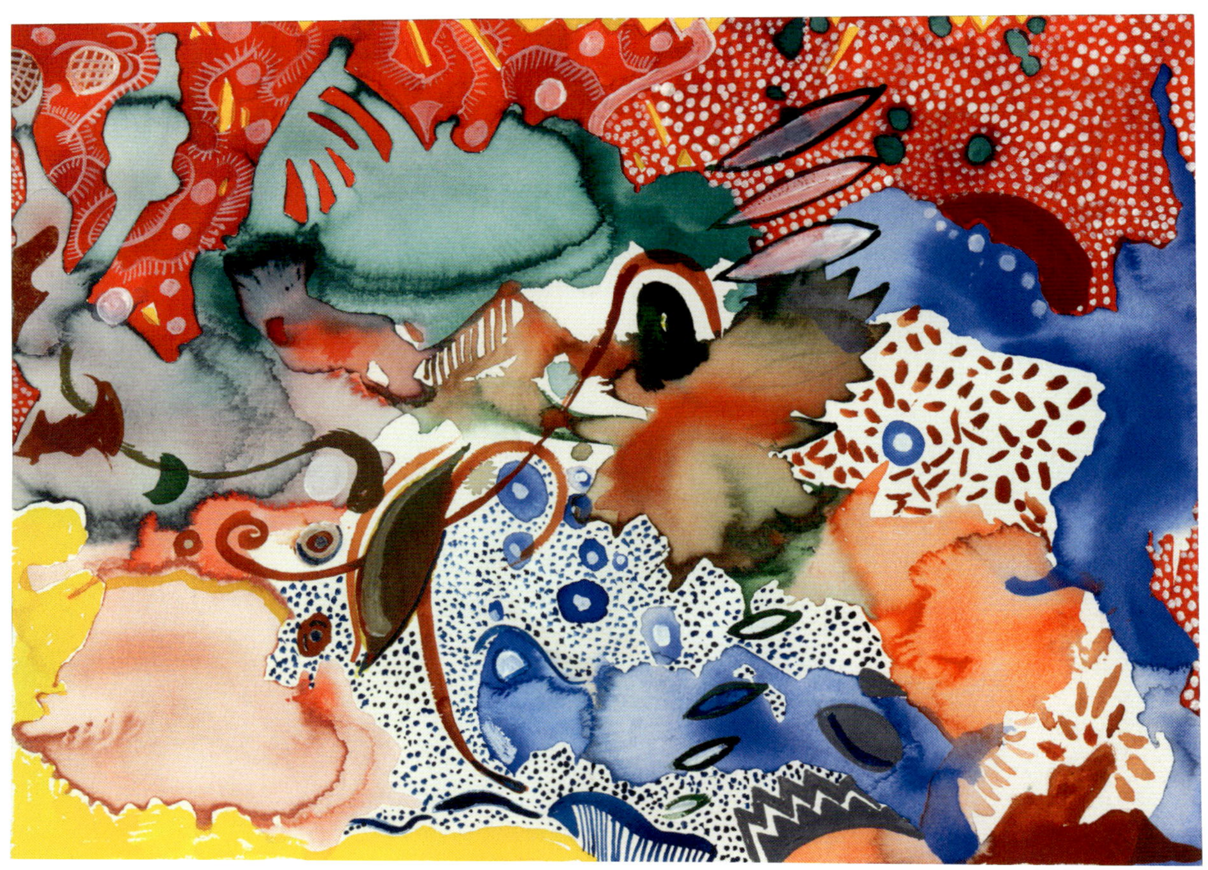

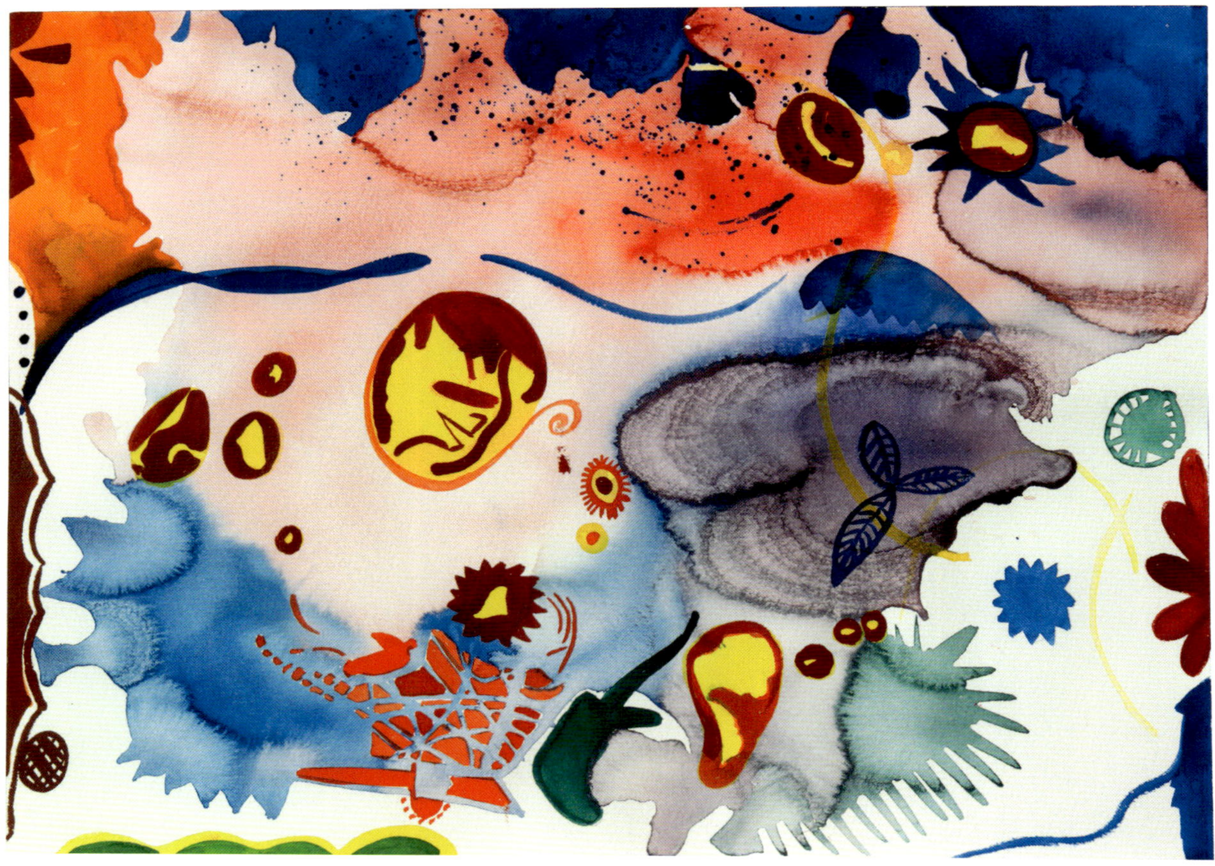

Ohne Titel (Ourika 9 und 10) Untitled (Ourika 9 and 10) 1994 (Kat. cat. 87, 88)

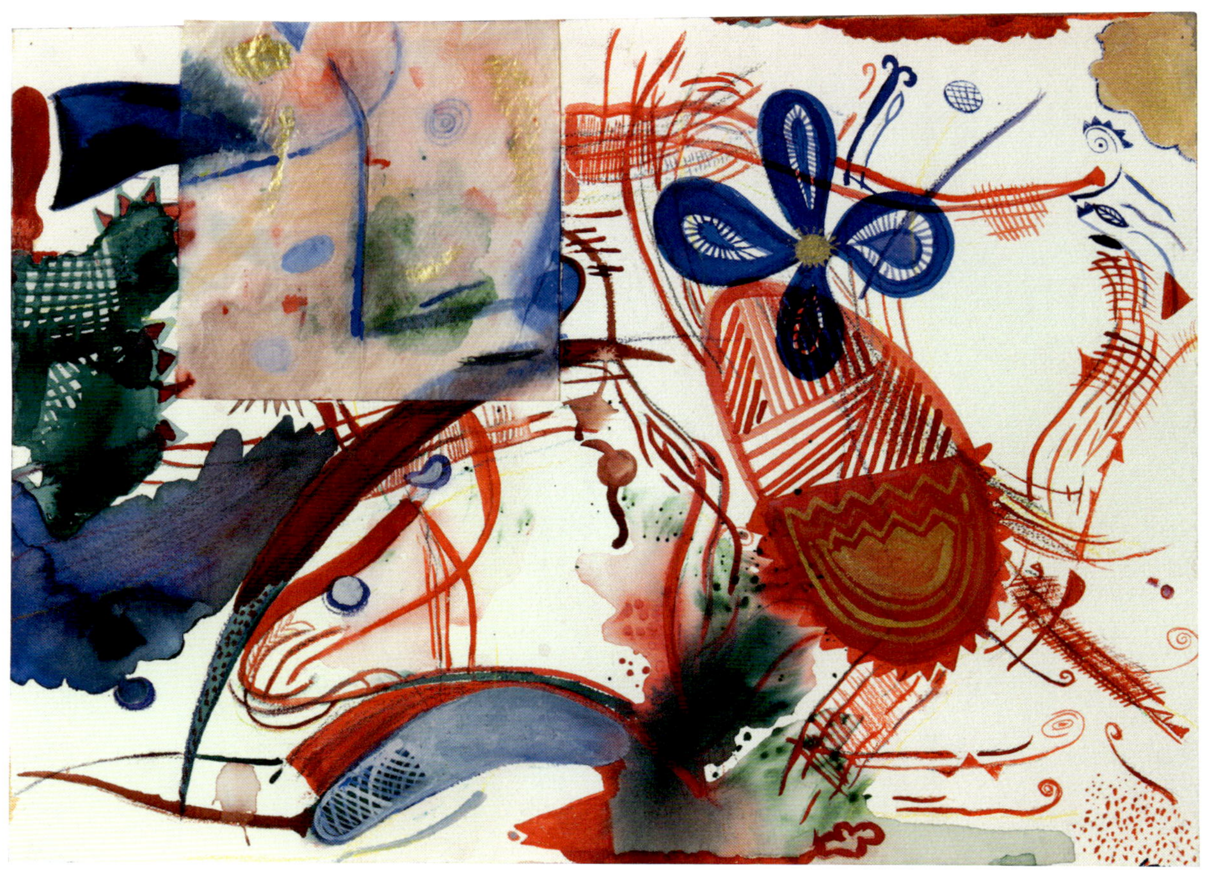

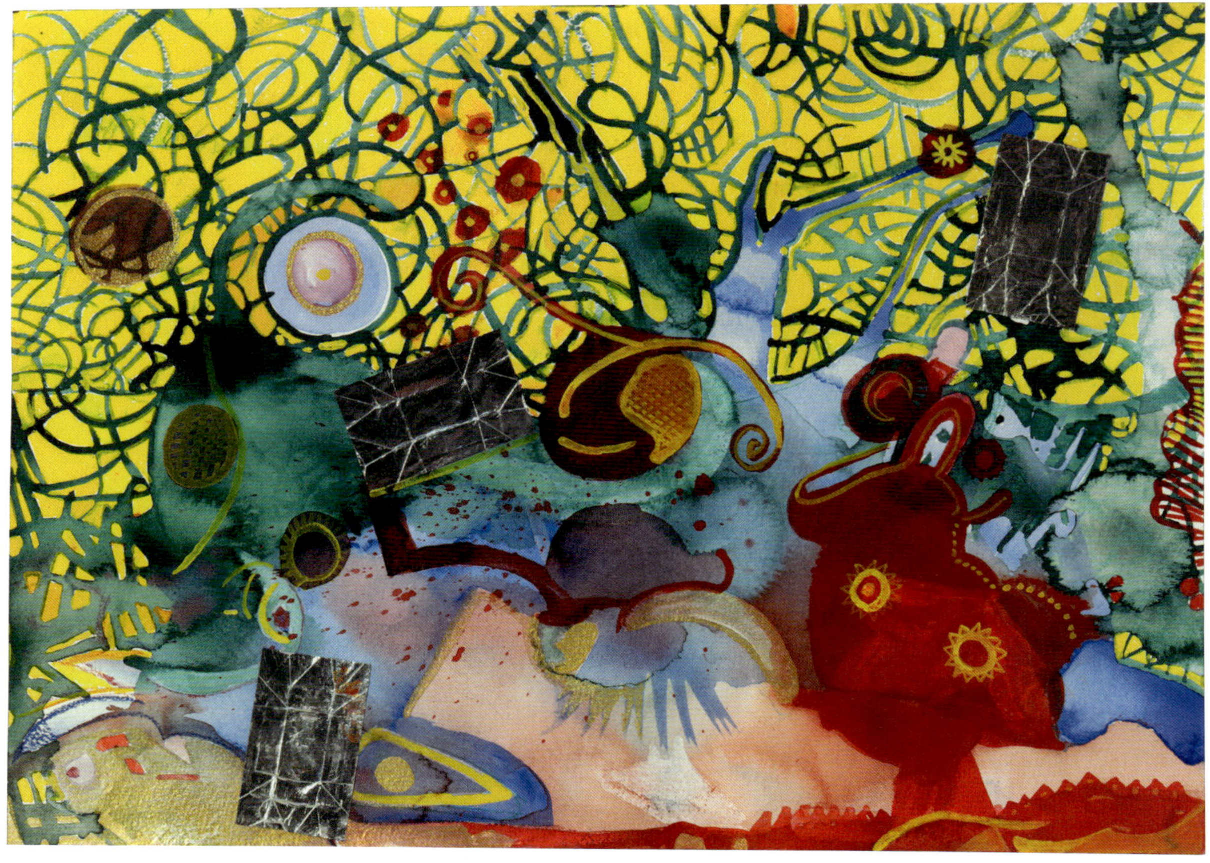

Ohne Titel (Ourika 11 und 12) Untitled (Ourika 11 and 12) 1994 (Kat. cat. 89, 90)

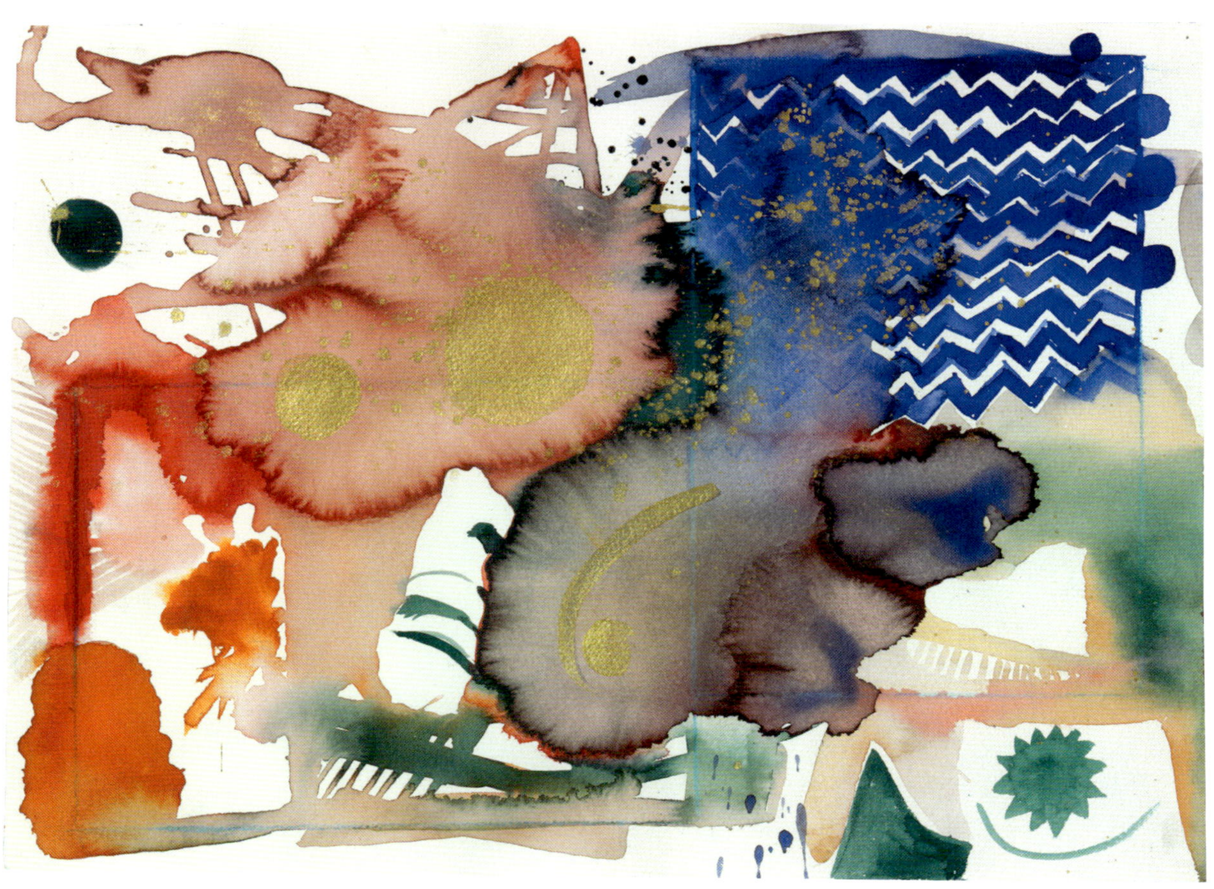

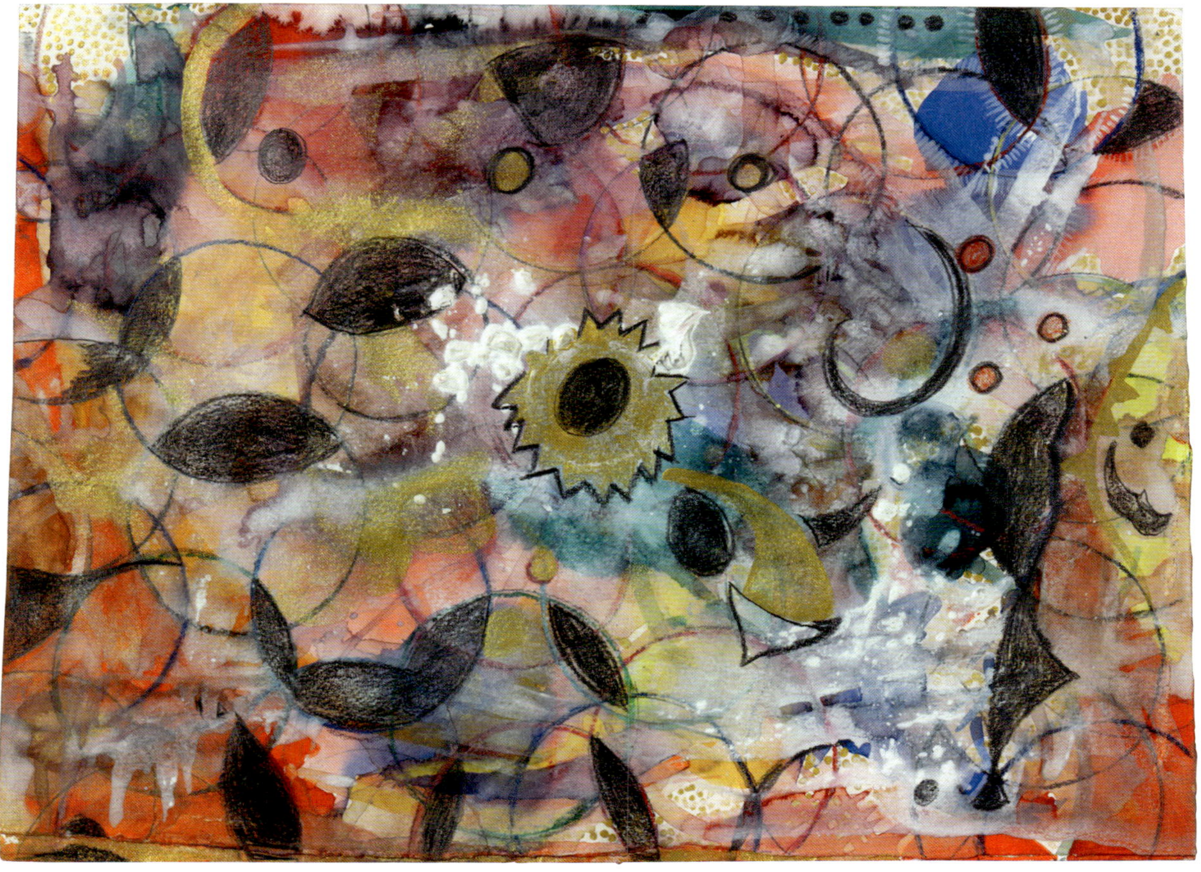

Ohne Titel (Ourika 13 und 14) Untitled (Ourika 13 and 14) 1994 (Kat. cat. 91, 92)

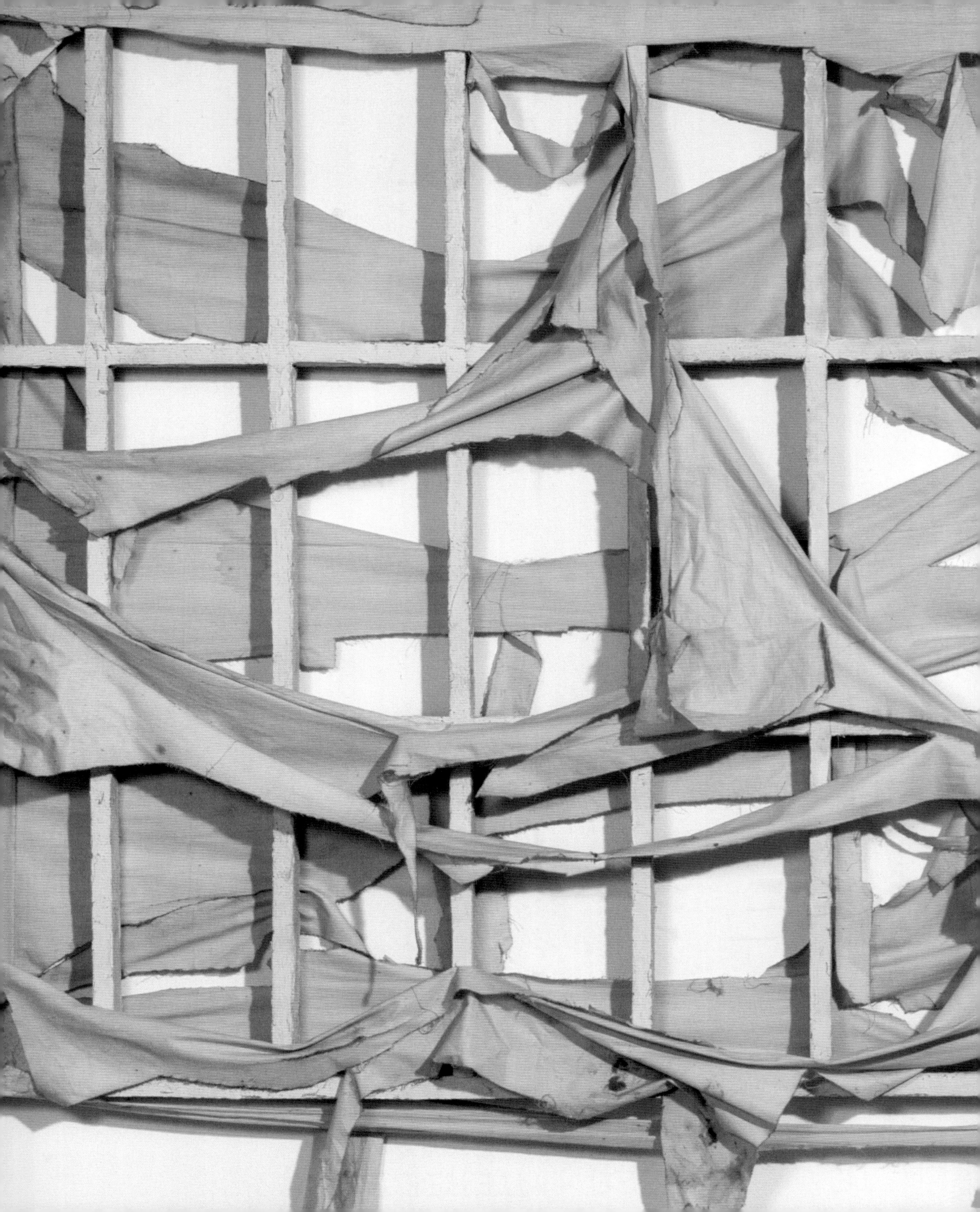

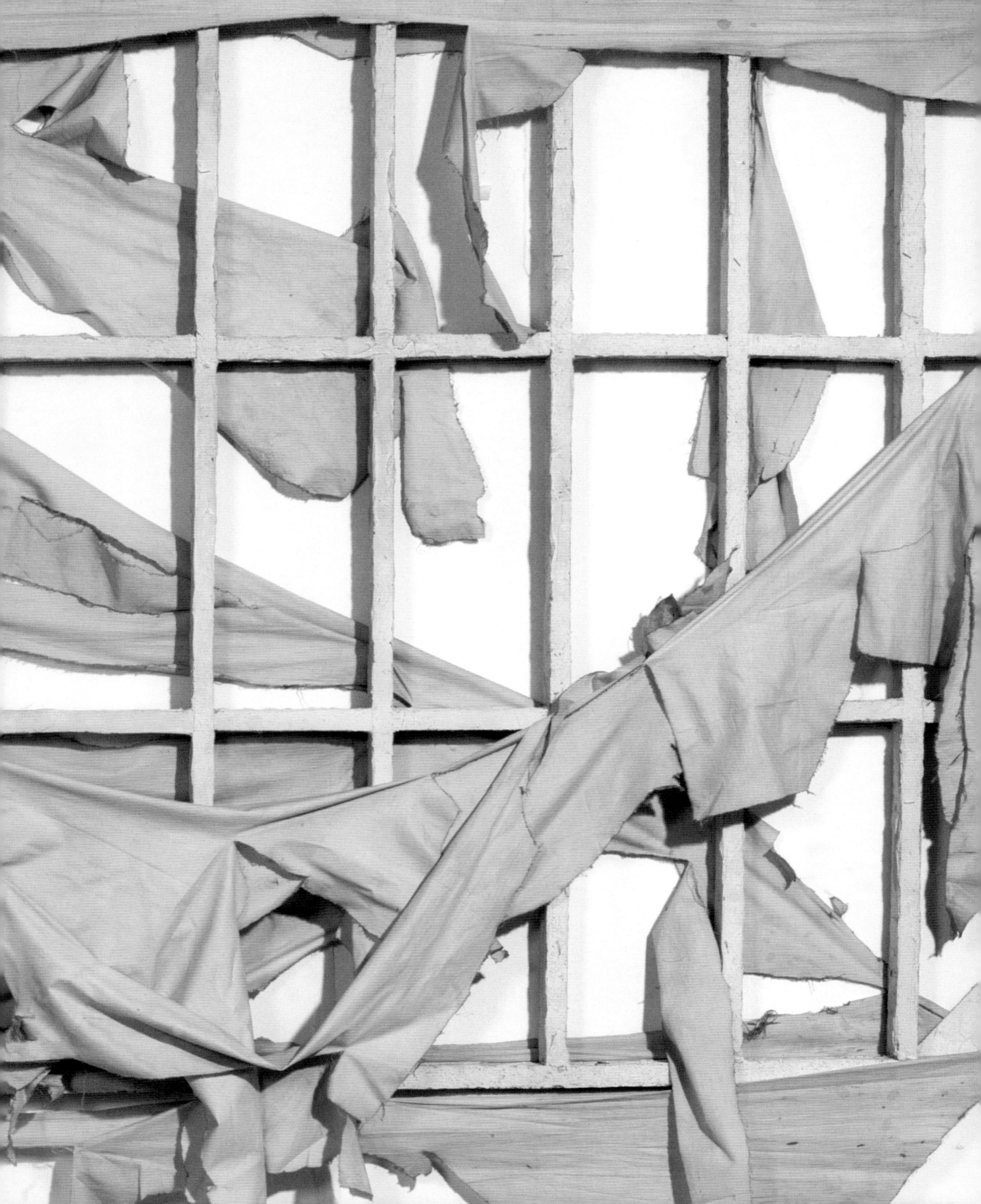

Szeemann – Ammann – Gerber
Michael Buthe und die Schweizer Szene um 1970

Dominik Müller

Wenn aus Haltungen Form wird

Michael Buthes erste künstlerische Spuren in der Schweiz finden sich 1969 in einem für die helvetische und europäische Gegenwartskunst und Ausstellungspraxis gleichermaßen wegweisenden Projekt. Harald Szeemann, der Leiter der Kunsthalle Bern, kuratiert im Frühling die prägende, den Zeitgeist widerspiegelnde und bis heute legendäre Gruppenausstellung *When Attitudes Become Form.*[1] Dafür versammelt Szeemann nach aufwendigen und weitreichenden Recherchen und Reisen neueste Werke von vierzig Künstlern aus Europa und den USA, darunter auch zwei von Michael Buthe. Szeemann verfolgt den Plan, einen möglichst breit gefächerten Querschnitt der internationalen Kunstszene kurz vor Anbruch der 1970er-Jahre zu zeigen, und verzichtet dafür auf ein konventionelles thematisches Format, das einem breiten Publikum Überblick und Verständnis über oder für eine Kunstrichtung (kinetische Kunst, Surrealismus) oder ein Material (Licht, Bronze) zu geben versucht. Szeemann wählt die Arbeiten nicht nach einheitlichen Kriterien aus, sondern versammelt unterschiedlichste Werke und erreicht mit seiner überraschenden und intuitiven Selektion beim Publikum eine beinahe totale Verwirrung. Folgerichtig bezeichnet Szeemann sein Vorgehen als »Addition von Erzählungen in Ich-Form«. Mit dem Untertitel der Ausstellung *Werke – Konzepte – Prozesse – Situationen – Informationen* unterstreicht er seine eigenwillige Position.

Bern – Amsterdam – Krefeld – London

Im selben Jahr zeigt der Basler Avantgarde-Galerist Felix Handschin eine Ausstellung mit dem Titel *Attitüden.* Der 25-jährige bisher in der Schweiz kaum bekannte Michael Buthe ist einer jener Künstler, der seine Werke nicht nur in Bern, sondern auch in Basel zeigen kann. Im deutschen Rheinland hat sich der junge Maler, Objekt- und angehende Environment-Künstler bereits einen Namen gemacht und 1968 in der Galerie Ricke seine erste Einzelausstellung gezeigt. Im Frühling 1969 gelingt ihm in der internationalen Fachwelt und bei den wichtigen Ausstellungsmachern der Durchbruch. Denn gleichzeitig mit der Ausstellung in der Kunsthalle Bern zeigt der niederländische Kurator Wim Beeren im Stedelijk Museum in Amsterdam die nach ähnlichem Prinzip kuratierte Ausstellung *Op losse schroeven.* Mit Joseph Beuys, Jan Dibbets, Richard Long, Bruce Nauman, Mario Merz und natürlich Michael Buthe sind gleich mehrere Künstler vertreten, die auch in Bern ausstellen. Zudem reist Szeemanns Ausstellung an zwei für die Gegenwartskunst ungemein wichtige europäische Institutionen weiter: das Haus Lange in Krefeld und das Institute of Contemporary Art in London.

Abb. S. Ill. pp. 148/149 *Stoffbild* (Detail)
Fabric Painting (detail) 1968 (Kat. cat. 12)

Szeemann—Ammann—Gerber
Michael Buthe and the Swiss Scene around 1970

Dominik Müller

When Attitudes Become Form

Michael Buthe's first artistic activities in Switzerland can be traced to a 1969 project that was groundbreaking both for Swiss and European contemporary art and exhibition practices. That spring, Harald Szeemann, director of Kunsthalle Bern, curated the seminal and still legendary group exhibition *When Attitudes Become Form*—a show conceived to reflect the reigning zeitgeist.[1] Conducting intensive and extensive research and traveling widely in preparation for the exhibition, Szeemann brought together the works of forty artists from Europe and the US, including two pieces by Michael Buthe. Szeemann's plan was to present the broadest possible cross section of the international art scene just prior to the beginning of the seventies. In so doing he avoided the conventional thematic format that tried to convey to a wide audience an overview and understanding of a particular art movement (Kinetic Art, Surrealism) or a material (light, bronze). Szeemann did not select works according to uniform criteria but instead assembled the broadest possible variety of works; his surprising and intuitive selection initially completely perplexed the public. Szeemann called his approach the "addition of narratives in me-form." With the subtitle for the exhibition, *Works—Concepts—Processes—Situations—Information*, he further underscored his idiosyncratic position.

Bern—Amsterdam—Krefeld—London

That same year, the Basel-based, avant-garde gallerist Felix Handschin organized an exhibition titled *Attitüden* (*Attitudes*). Michael Buthe, at the time twenty-five years old and barely known in Switzerland, was among the artists invited to show his work in both Bern and Basel. The young painter, object-maker, and aspiring producer of "environments" had already made a name for himself with his first solo exhibition at Galerie Ricke in 1968. His breakthrough among international experts and important exhibition organizers came in the spring of 1969. Concurrent with the exhibition at Kunsthalle Bern, Dutch curator Wim Beeren organized the exhibition *Op losse schroeven* at the Stedelijk Museum in Amsterdam, which was based on a similar concept. Featuring the works of Joseph Beuys, Jan Dibbets, Richard Long, Bruce Nauman, Mario Merz, and of course Michael Buthe, the exhibition included a number of artists who were also shown in Bern. In addition, Szeemann's exhibition traveled to two highly significant European institutions for contemporary art: the Haus Lange in Krefeld and the Institute of Contemporary Art in London.

In beiden Ausstellungen geht es um neue Kunstbegriffe wie Micro-Emotive-Art, Anti-Form, Possible-Art, Impossible-Art, Arte povera, Concept-Art oder Earth-Art, die bei einzelnen Aspekten der sehr verschiedenen Arbeiten angewandt werden. Szeemann will ganz neue Wege des Kuratierens, des Betreuens der Künstler und ihrer Werke beschreiten, um das »Dreieck, in dem sich Kunst abspielt – Atelier, Galerie, Museum – zu sprengen«.[2] Georg Jappe zufolge ist Szeemanns Konzept von Erfolg gekrönt (das zeigen die beiden weiteren Ausstellungsstationen in Europa) und führt zu den gewünschten Denkanstößen und Veränderungen. Er schreibt 1972: »Mit der Ausstellung ›Wenn Attitüden Form werden‹ vollzog sich in der Berner Kunsthalle im März 1969 die entscheidende chemische Reaktion: Aus vielen mikroskopisch verstreuten Einzelinitiativen entstand ein neues Klima – das erste umfassende revolutionäre Klima seit Pop. Op, Kinetik, Minimal waren Richtungen gewesen: hier war eine neue Welt.«[3]

Stoffbild und Stele

Buthe ist in Bern mit einer eigenen Haltung vertreten und wird Teil der neuen Welt beziehungsweise des neuen Klimas. Szeemann wählt für die Ausstellung in der Kunsthalle die beiden Werke *Weißes Bild* (1969) und *Ohne Titel* (1968) aus, die sich im Besitz der Galerie Ricke in Köln befinden. Das erstgenannte ist eines von Buthes Stoff- oder Tuchbildern und besteht aus einem Keilrahmen mit den Maßen 2 x 3,5 Meter. Es setzt sich aus 15 quadratischen Rastern zusammen, an denen zerrissene Tücher befestigt sind. Das zweite ist eine knapp 1,5 Meter hohe Stele, die zwecks Standhaftigkeit an die Wand gelehnt wird und ebenfalls aus Holz und bemalter Leinwand gefertigt ist. Laut dem Katalog des Stedelijk Museums ist Buthe in Amsterdam zumindest mit einem Stoffbild vertreten.

Doch welcher neuen Haltung verleiht Buthe mit seinen Stoffarbeiten Form? In erster Linie seiner ganz eigenen Auffassung davon, was Kreativität, ein Bild, Malerei Ende der 1960er-Jahre bedeuten. Dies entspricht der von Szeemann geforderten Rückeroberung der künstlerischen Autorschaft. Jappe beschreibt es als »Recht auf Ich, diese vom Konsum verrufene und scheinbar schon zerschlagene Individualerfahrung«.[4] Buthe zerschneidet die Leinwand, das Medium der traditionellen Malerei, flickt sie mit Nadel und Faden wieder zusammen und konstruiert seinen Bildinhalt somit aus der eigentlichen Unterlage. Seine Idee bringt er unverfälscht und frei zu einer vom Zufall gesteuerten Form, wobei Objekt- und Dauerhaftigkeit eine untergeordnete Rolle spielen, ja das Werk sogar von Veränderlichkeit nicht verschont bleibt. In Buthes Stoffbildern[5] spielen die eher zufällig entstehenden Zwischenräume eine bedeutende Rolle. Zwischen den zarten Stofffetzen sind verschiedene Ausschnitte der dahinterliegenden Wand zu erblicken, die Teil des Kunstwerkes werden. Diese Serie von Arbeiten zeugt von seinem Interesse am Stoff; von seinem Faible für Tücher, »Schnüre und Fäden und deren Beschaffenheit«.[6] Der effektiven Arbeit mit Stoff und Holzgestell gehen etliche Entwurfszeichnungen voraus, worin Buthe die mögliche Entfaltung des Materials in verschiedenen Varianten skizziert und ausprobiert. »Die mit zärtlicher Aggressivität zerrissenen, später mit hartnäckiger Besessenheit genähten und eingefärbten Tücher«, schreibt Jean-Christophe Ammann, Konservator am Kunstmuseum Luzern 1974, »sind eine im physischen und psychi-

Both exhibitions dealt with new concepts of art, such as Micro-Emotive Art, Anti-Form, Possible Art, Impossible Art, Arte Povera, Concept Art, or Earth Art, which came to bear in specific aspects of the highly diverse range of works on view. Szeemann's aim was to break new ground in terms of curating and cultivating artists and their works in order to "break open the triad of the studio-gallery-museum in which art takes place."[2] According to Georg Jappe, Szeemann's concept was crowned with success (as confirmed by the additional exhibition venues in Europe) and led to the shifts in attitudes, and changes that he intended. He wrote in 1972: "A decisive chemical reaction occurred with the exhibition *When Attitudes Become Form* at Kunsthalle Bern in March 1969. A new wave emerged from numerous dispersed, microscopic individual initiatives—the first comprehensive revolutionary attitude since Pop. Op, Kinetic, and Minimal; this was a new world."[3]

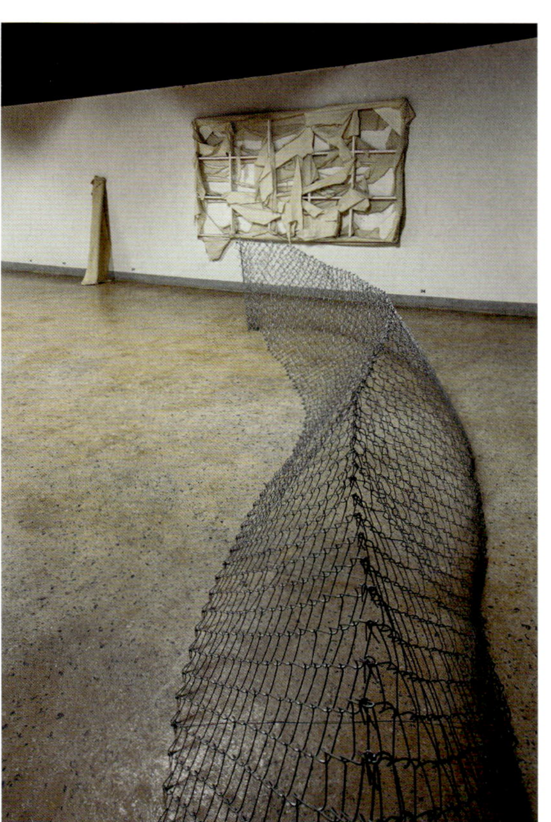

Installationsansicht von *When Attitudes Become Form. Bern 1969 / Venice 2013,* Fondazione Prada, Venedig, 2013. Von links nach rechts: Michael Buthe, Ohne Titel, 1968 (Kat. 1) und *Weißes Bild,* 1969; Rafael Ferrer, *Chain Link Fence Piece,* 1968/69

Installation View from *When Attitudes Become Form: Bern 1969 / Venice 2013,* Fondazione Prada, Venice, 2013. From left to right: Michael Buthe, Untitled, 1968 (cat. 1) and *White Painting,* 1969; Rafael Ferrer, *Chain Link Fence Piece,* 1968/69

Fabric Paintings and Steles

In Bern, Buthe's own individual approach was on show, and he became a part of this new world or wave. Szeemann selected two works for the exhibition at the Kunsthalle, *Weißes Bild* (*White Painting*, 1969) and *Ohne Titel* (*Untitled*, 1968), which are part of Galerie Ricke's collection in Cologne. The former is one of Buthe's fabric or rag paintings and consists of a stretcher frame measuring two by three and a half meters. It is comprised of torn rags affixed to fifteen square grids. The second one is a nearly one-and-a-half meter tall stele, which has been propped against the wall for stability and which is also made out of wood and painted canvas. According to the Stedelijk Museum catalogue, Buthe was represented in Amsterdam with at least one fabric painting.

But what new approach did Buthe's fabric works lend to form? In essence, it was his special understanding of what creativity, a picture, or a painting meant at the end of the sixties. This correlated with Szeemann's call for artists to reclaim authorship over their works. Jappe describes this as the "right to the self, this individual experience that is discredited and evidently destroyed by consumption."[4] Buthe cut the canvas, the medium of conventional painting, and sewed it back together with needle and thread, thus constructing its pictorial content out of its own substrata. He turned his idea, in a totally unadulterated and free way, into a form guided by chance, although notions of object-ness and permanence do indeed play a minor role, since the work is also impacted by its alterability. In Buthe's fabric paintings[5] the somewhat randomly generated intermediary spaces play an important role. Various sections of the wall can be seen between delicate scraps of fabric and become part of the artwork. This series of works attests to his interest in fabric, to his penchant for rags, "the materiality of lace and threads."[6] The striking work with fabric and wooden frames was preceded by a number of studies in which Buthe sketched and tested out the potential effect of the material in different variations. As Jean-Christophe Ammann, conservator at Kunstmuseum Luzern in 1974 wrote: "The dyed rags that have been torn with a tender aggressiveness, and later sewn and dyed with stubborn obsession are a voyage through and within the material

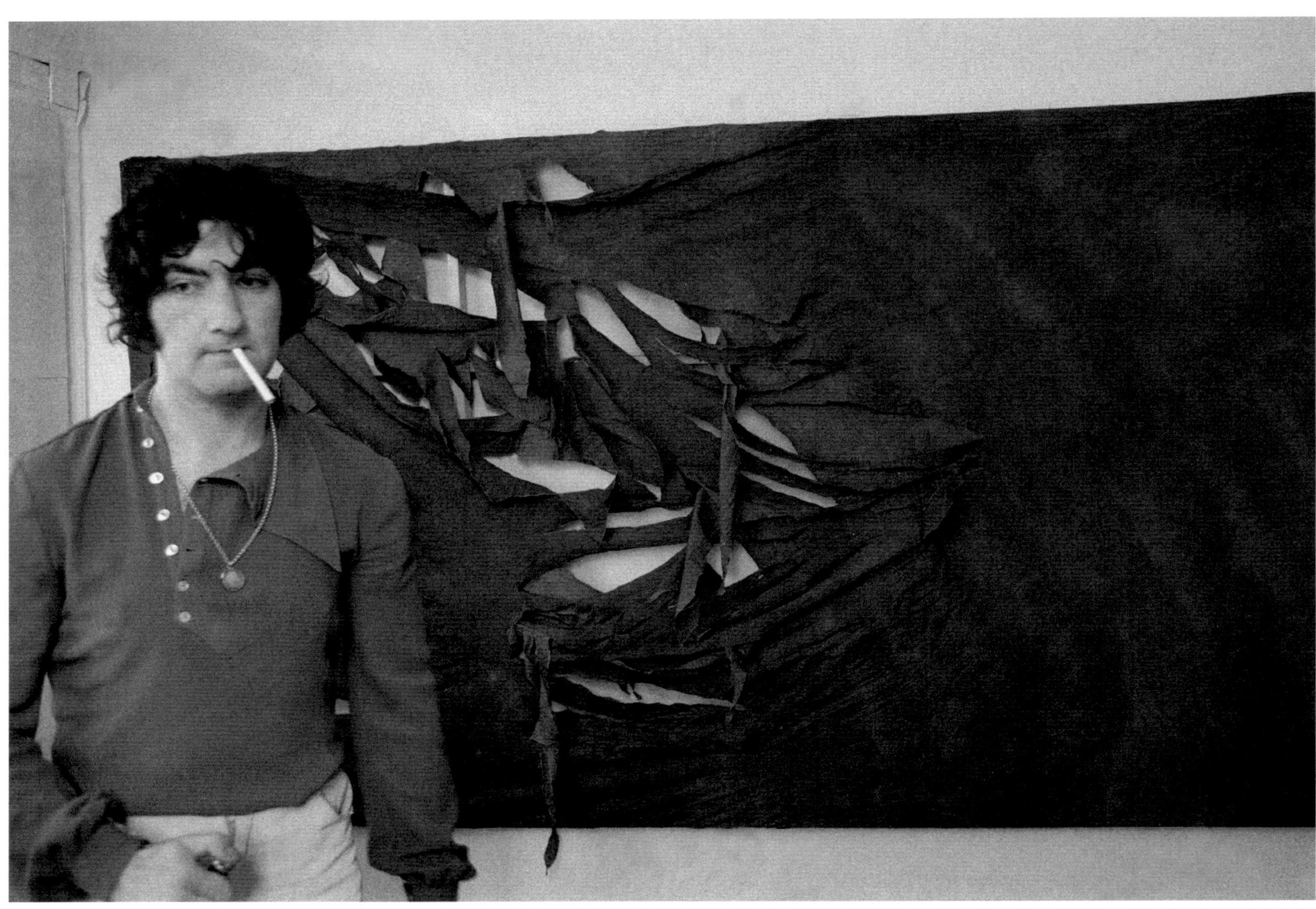

Michael Buthe vor seinem Stoffbild
My Love to Étienne, um 1970 (Kat. 16)
Michael Buthe in front of his fabric painting
My Love to Étienne, ca. 1970 (cat. 16)

schen Einsatz geleistete Reise innerhalb des Materials.«[7] Inspiration für seine stofflichen Arbeiten holt sich Buthe bei seinen frühen konzeptuellen und installativen Arbeiten, denen ein genaues Studium dazu vorausgeht, wie Kunst in Ausstellungen inszeniert wird, welche Rolle Räume, Wände, Böden und Vorhänge spielen und wie man sich diese zunutze machen oder sie in seine Arbeit integrieren kann.

Ohne Titel, die zweite Arbeit in der Berner Ausstellung, weist Ansätze eines Readymade auf. Der französische Künstler Marcel Duchamp prägte den Readymade-Begriff und meinte damit ein (industriell) gefertigtes Objekt, das durch sein Zutun in einen neuen künstlerischen Zusammenhang gestellt wird und den Status eines Kunstwerks erlangt. Dieser im frühen 20. Jahrhundert im Zuge des Dadaismus erfundene konzeptuelle Ansatz spielt in der Nachkriegszeit in Europa erst für Neo-Dada in den 1950er- und 1960er-Jahren und nun aktuell auch für die neue Kunst um 1970 eine wichtige Rolle. Buthes zweiteiliges Objekt besteht aus einem gefundenen, mit Farbe und Gips überzogenen Holzpfahl und einem Stück Leinwand. Im Ausstellungsbereich wird die Holzstele so an die dafür bestimmte Wand gelehnt, dass sie erstens im Gleichgewicht gehalten wird und zweitens zwischen Wand und Holz auch noch die Leinwand befestigt werden kann. Fast wie ein Mantel hängt die Leinwand über den »Schultern« des Pfahls, entwickelt einen ganz eigenen Faltenwurf und verleiht dem

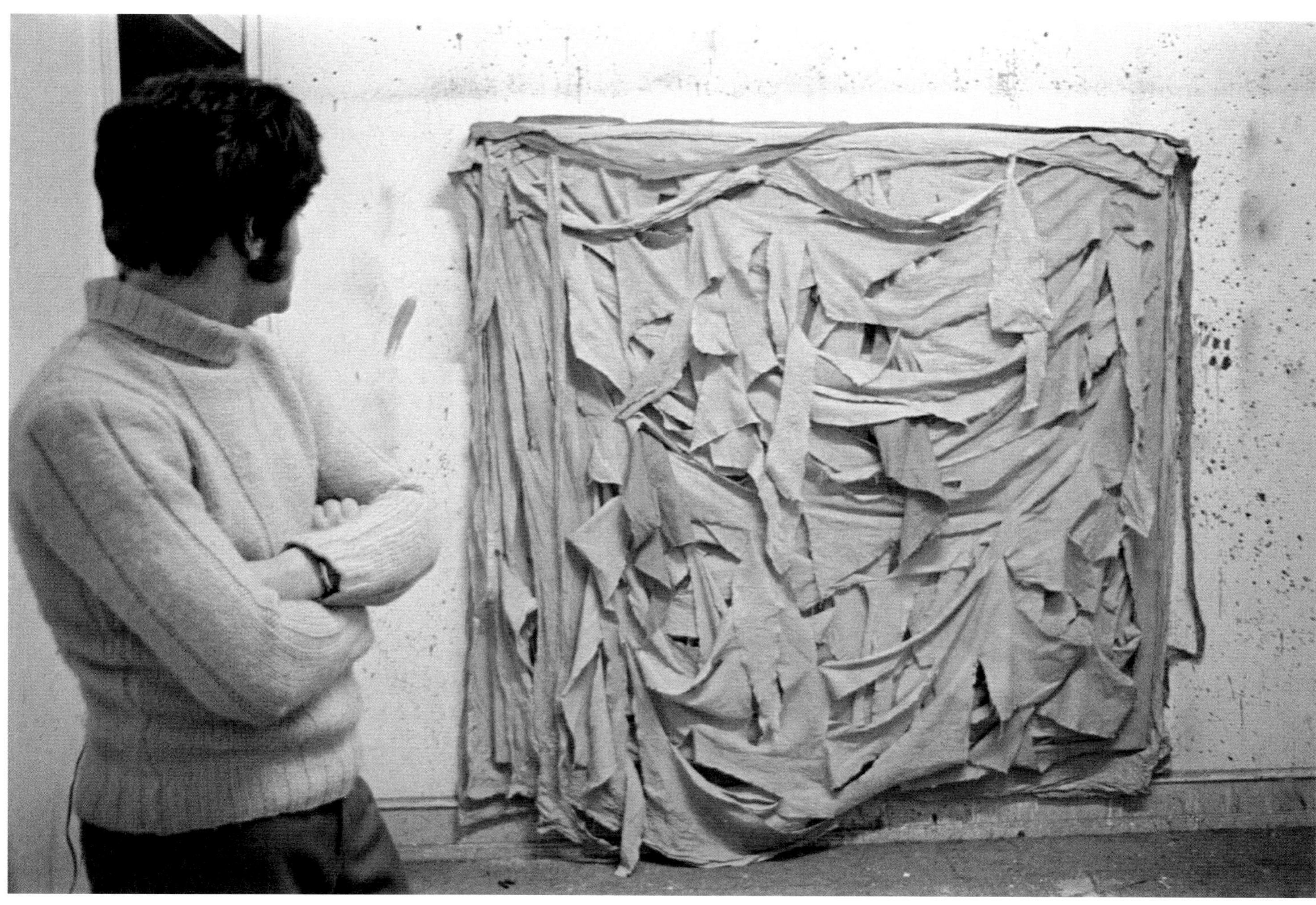

Michael Buthe vor einem Stoffbild, um 1970
Michael Buthe in front of a fabric painting, ca. 1970

enabled by physical and mental dedication."[7] Buthe gained inspiration for his fabric works from his early conceptual and installation-based works, which were preceded by a detailed study of how art is presented in exhibitions, the role spaces, walls, floors, and curtains play, and how these elements could be used or integrated into his work.

Ohne Titel (*Untitled*), the second work in the Bern exhibition, has the makings of a readymade. The French artist Marcel Duchamp coined the term "readymade," meaning an (industrial) manufactured object that, through creative intervention, was placed in a new, artistic context and thereby achieved the status of an artwork. This early twentieth-century conceptual approach invented in the wake of Dadaism played an important role in post-war Europe, first for Neo Dada in the fifties and sixties and then for new art around 1970. Buthe's two-part object consists of a found wooden post covered in paint and plaster and a piece of canvas. In the exhibition space the wooden rod is propped against a specifically selected wall so that it maintains its balance and that the canvas can also be attached between the wall and the wood. The canvas hangs over the "shoulders" of the post almost like a coat, producing its own folds and lending the object a figurative quality. Buthe employed this approach again and

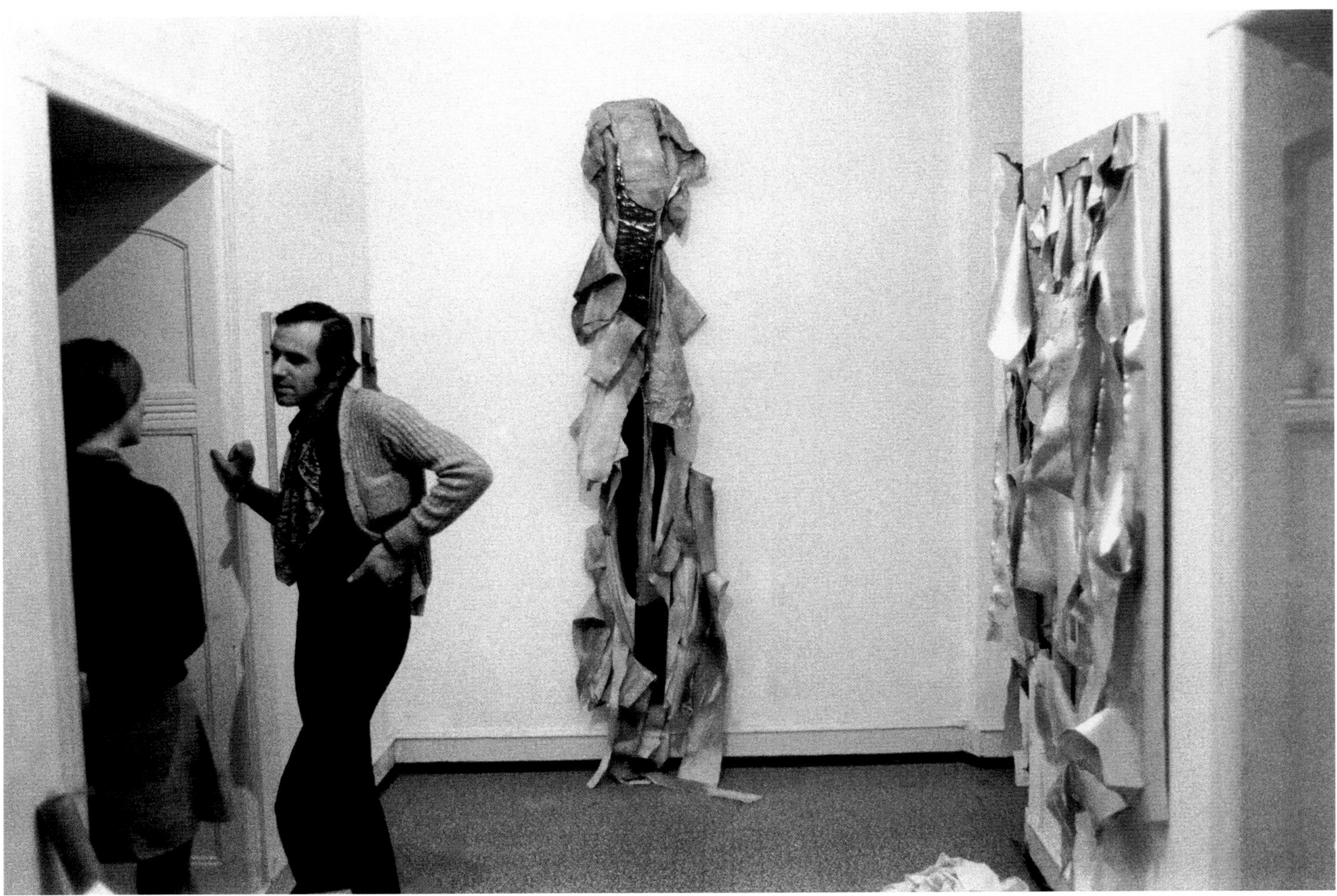

Jean-Christophe Ammann in einer Ausstellung vor zwei Arbeiten von Michael Buthe, um 1970
Jean-Christophe Ammann standing in front of two works by Michael Buthe at an exhibition, ca. 1970

Objekt etwas Figürliches. Wiederholt konstruiert Buthe Objekte nach diesem Prinzip und verwendet dazu »ärmliche« Materialien wie Holz, Leinwand oder Stoff. Buthe vertritt mit seinen Arbeiten in der legendären *When Attitudes Become Form*-Ausstellung eine ganz eigene Position und entspricht damit voll und ganz den von Szeemann gestellten Anforderungen. Er vereinigt räumliche und konzeptuelle Erkenntnisse seiner frühen Tätigkeit als Installationskünstler mit seinen materiellen Wurzeln in der Arte povera und kreiert neue Formen von Malerei und Objekt.

Eine Schweizer Kunstszene

Die Ausstellung in der Kunsthalle Bern öffnet dem jungen deutschen Künstler den Zugang zur Schweizer Szene, einem einflussreichen Netzwerk von Kuratorinnen und Kuratoren, Künstlerinnen und Künstlern, Galeristinnen und Galeristen, Sammlerinnen und Sammlern, Händlerinnen und Händlern. Dieses für den Erfolg einer Karriere wegweisende Beziehungsgeflecht ist fester Bestandteil nicht nur der Schweizer Szene. Damals wie heute provoziert die Szene den Vorwurf der Verfilzung. Eine künstlerische, wenn auch momenthafte Auseinandersetzung mit diesem Thema wagt 1982/1985 der Luzerner Grafiker Hans-Rudolf Ambauen in seiner Arbeit mit dem vielsagenden Titel *Stammbaum der schweizerischen Kunstmafia*.[8] Unabhängig von dieser

again to construct additional objects, using "simple" materials such as wood, canvas, or fabric. In the legendary *When Attitudes Become Form* exhibition Buthe displayed his own unique attitude, thus utterly adhering to Szeemann's ideas and requirements. Combining what he learned spatially and conceptually from his earlier activities as an installation artist with his material roots in Arte Povera, Buthe created new forms of paintings and objects.

A Swiss Art Scene

The exhibition at Kunsthalle Bern provided the young German artist with a point of entry into the Swiss scene, an influential network of curators and artists, gallerists, collectors, and dealers. This network of contacts that is essential for a successful career does not just apply to Switzerland of course. Then, as today, this scene tends to elicit complaints of cronyism. The Lucerne-based graphic artist Hans-Rudolf Ambauen made an attempt, albeit fleeting, to address this theme artistically in his 1982/85 work with the telling title *Stammbaum der schweizerischen Kunstmafia* (*Swiss Family Tree of the Art Mafia*).[8] Setting aside this point of contention, by the early seventies this small country in the center of Europe could boast a long tradition of openness with respect to contemporary art, even if Paul Nizon asserted otherwise in a collection of essays *Diskurs in der Enge*, which was a source of heated debate in 1970.[9] "Contrary to their 'closed' reputation," writes Swiss art historian Beat Wyss, "post-war Switzerland quickly and openly adopted international tendencies. In the fifties, museums in Bern, Basel, and Zurich were seismographs of contemporary art."[10] As previously mentioned, Buthe exhibited with the avant-garde gallerist Felix Handschin in Basel for the first time in the spring of 1969 and was later featured in the gallerist's highly acclaimed *Hammer* exhibition in 1978. Buthe had two solo exhibitions at Galerie Ziegler in Zurich in 1970 and 1971. His two biggest Swiss advocates apart from Harald Szeemann were the aforementioned Jean-Christophe Ammann and the Bern gallerist and high school instructor Toni Geber, who Buthe met during the avant-garde art fair Prospect, held at Kunsthalle Düsseldorf in 1969.[11] Buthe not only shared Gerber's passion for contemporary art but also for traveling and exotic cultures.

Ammann's Own Spirit. Buthe and Beuys in the Swiss Context

In September 1970, Ammann, who had served as collection conservator at Kunstmuseum Luzern for nearly two years, gave Buthe his first exclusive showing at a major Swiss exhibition venue. In the show *Joseph Beuys, Michael Buthe, Franz Eggenschwiler und die Berner Werkgemeinschaft (Konrad Vetter, Robert Waelti), Markus Raetz, Diter Rot,* Ammann pursued a strategy of uniting Swiss artists with their international counterparts, in this case with the two Germans Beuys and Buthe. Ammann had already presented Beuys and the Düsseldorf scene in 1969, without any Swiss participants, in the exhibition *Imi Knoebel, Blinky Palermo, Sigmar Polke, Gerhard Richter, Jörg Immendorff etc.* Ammann then decided in the fall of 1970 to juxtapose the "international" fraction, consisting of the Düsseldorf father figure of Beuys (born 1921) and the Rhineland's

Kontroverse verfügt das kleine Land im Herzen Europas zu Beginn der 1970er-Jahre, was die Gegenwartskunst betrifft, über eine langjährige Tradition der Offenheit, auch wenn Paul Nizon just 1970 in der für hitzige Diskussionen sorgenden Aufsatzsammlung *Diskurs in der Enge* anderes behauptet.[9] »Entgegen ihrem ›engen‹ Ruf«, so der Schweizer Kunsthistoriker Beat Wyss, »nahm die Schweiz der Nachkriegszeit die internationalen Tendenzen rasch und offen auf. Die Museen in Bern, Basel und Zürich waren in den fünfziger Jahren Seismographen aktueller Kunst.«[10] In Basel stellt Buthe wie erwähnt im Frühling 1969 erstmals mit dem Avantgarde-Galeristen Felix Handschin aus, in dessen viel beachteter *Hammer*-Ausstellung er 1978 wieder dabei sein wird. In Zürich hat Buthe 1970 und 1971 zwei Einzelausstellungen in der Galerie Ziegler. Seine beiden wichtigsten Schweizer Fürsprecher neben Harald Szeemann sind der bereits angeführte Jean-Christophe Ammann und der Berner Galerist und Gymnasiallehrer Toni Gerber, den Buthe anlässlich der Avantgarde-Messe *Prospect* 1969 in der Düsseldorfer Kunsthalle kennenlernt.[11] Mit Gerber teilt Buthe nicht nur die Leidenschaft für zeitgenössische Kunst, sondern auch jene für das Reisen und exotische Kulturen.

Ammanns eigenes Klima. Buthe und Beuys im Schweizer Kontext

Im September 1970 ist es der seit knapp zwei Jahren als Sammlungskonservator am Kunstmuseum Luzern amtende Ammann, der Buthe den ersten exklusiveren Auftritt in einem großen Haus in der Schweiz beschert. In der Ausstellung *Joseph Beuys, Michael Buthe, Franz Eggenschwiler und die Berner Werkgemeinschaft (Konrad Vetter, Robert Waelti), Markus Raetz, Diter Rot* verfolgt Ammann eine Strategie der Vereinigung von Schweizer mit internationalen Künstlern, in diesem Fall mit den beiden Deutschen Beuys und Buthe. Beuys und die Düsseldorfer Szene hatte Ammann bereits 1969, ohne Schweizer Beteiligung, in der Ausstellung *Imi Knoebel, Blinky Palermo, Sigmar Polke, Gerhard Richter, Jörg Immendorff etc.* gezeigt. Ammann entscheidet sich im Herbst 1970 dazu, der »internationalen« Fraktion, bestehend aus dem Düsseldorfer Übervater Beuys (Jahrgang 1921) und dem jungen Rheinländer Buthe (Jahrgang 1944), die »lokale« Fraktion mit Eggenschwiler, Raetz und Rot gegenüberzustellen. Buthe zeigt keine Stoffbilder oder Installationen, sondern eine große Anzahl spielerischer Papierarbeiten und vermittelt einem breiteren Schweizer Publikum eine ganz andere, bis dahin wenig bekannte Seite seines Schaffens.[12] Diese erste direkte Zusammenarbeit mit Buthe wird Ammann 1974 mit einer Einzelausstellung fortführen.

Ammann kreiert in Luzern einen eigenen Attitüden-Geist. Exemplarisch implementiert er diesen in zwei anderen Ausstellungen des Jahres 1970, bei denen es ausdrücklich »um die Visualisierung oder Absteckung von Denkprozessen«[13] geht. In *Visualisierte Denkprozesse* zeigt er mit Urs Lüthi, Luciano Castelli, Dieter Meier, Aldo Walker und anderen erstmals ausführlich wichtige Exponenten der jungen Schweizer Szene, in *Processi di pensiero visualizzati* die berühmte italienische Avantgarde mit Giovanni Anselmo, Alighiero Boetti, Giuseppe Penone, Michelangelo Pistoletto und Jannis Kounellis. Diesen stellt er in einer gleichzeitig stattfindenden Doppelausstellung gezielt die Luzernerin Josephine Troller und die Wollhuserin Irma Ineichen gegenüber. Ammann orientiert sich dabei nicht nur an Szeemann, sondern führt die von Peter F. Althaus begonnene Ausstellungsreihe *Junge Kunst* weiter und bereichert

Hans-Rudolf Ambauen, *Stammbaum der schweizerischen Kunstmafia*, März 1982/1985, Mischtechnik auf weißem Papier, 59,5 x 50 cm (Objektmaß), 29,6 x 42 cm (Bildmaß)

Hans-Rudolf Ambauen, *Swiss Family Tree of the Art Mafia*, March 1982/85, mixed media on white paper, 59.5 x 50 cm (object size), 29.6 x 42 cm (painting size)

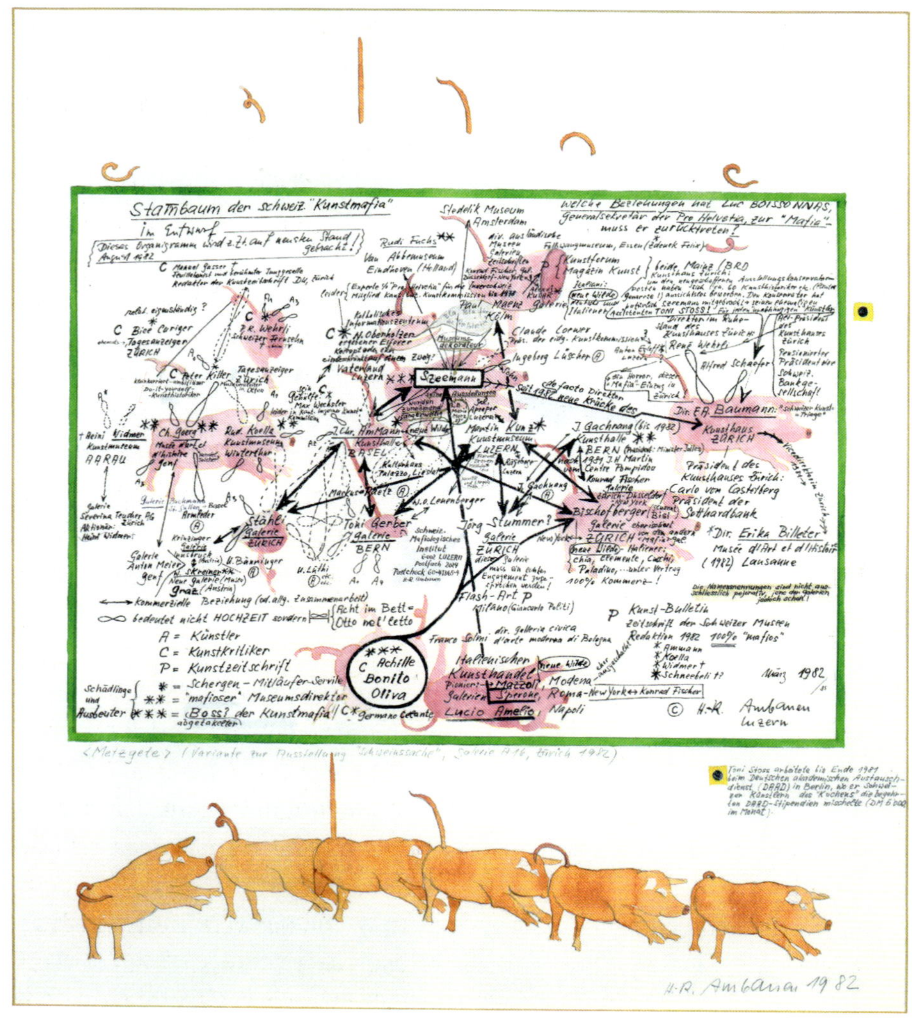

young Buthe (born 1944), with the "local" fraction of Eggenschwiler, Raetz, and Rot. Buthe did not show fabric paintings or installations but instead exhibited a large number of playful paper works, thus presenting a completely different, until then little known side of his work to a wider Swiss audience.[12] Ammann followed this initial direct collaboration with Buthe with a solo exhibition in 1974. In Lucerne, Ammann developed his own "Attitudes" or spirit. He implemented this in two other exemplary exhibitions in 1970, which dealt expressly with "the visualization or surveying of thought processes."[13] In *Visualisierte Denkprozesse* (*Visualized Thought Processes*) he presented an in-depth exhibition of important works by the young Swiss scene for the first time with Urs Lüthi, Luciano Castelli, Dieter Meier, Aldo Walker, and others, and in *Processi di pensiero visualizzati* he showed works by the famous Italian avant-garde artists Giovanni Anselmo, Alighiero Boetti, Giuseppe Penone, Michelangelo Pistoletto, and Jannis Kounellis. He intentionally contrasted this presentation with a two-person exhibition held at the same time, featuring the Lucerne artist Josephine Troller and Wolhusen-based artist Irma Ineichen. Ammann not only based his approach on Szeemann's, but also expanded on the *Junge Kunst*

sie mit neuen Ansätzen. So legt er etwa einen besonderen Fokus darauf, die junge Luzerner Szene in einen internationalen Zusammenhang zu bringen und eine gegenseitige Aufmerksamkeit zu erzeugen. Ob sich die Künstlerinnen und Künstler aus der Ferne die lokalen Ausstellungen tatsächlich anschauen und dadurch eine »Ghettoisierung« (die Schweizer hier, die Internationalen dort) verhindert wird, muss offen bleiben.[14]

Toni Gerber und Michael Buthe

Seit 1968 führt Toni Gerber in der Berner Gerechtigkeitsgasse seine kleine Galerie für zeitgenössische Kunst. In seinem Programm sind ähnliche Tendenzen und Ansätze wie bei den Kuratoren Ammann und Szeemann auszumachen.

»Zu den Künstlern der ersten Stunde«, schreibt Christian Denzler, »gehörten Rupprecht Geiger, Rolf Nesch, Markus Raetz und Jean-Frédéric Schnyder. In drei viel beachteten Einzelausstellungen zeigte er Piero Manzoni, Lucio Fontana und Antonio Calderara. Zwischen Toni, Christian Megerts ›Galerie Aktuell‹ und dem damaligen Kunsthallendirektor Harald Szeemann entwickelte sich rasch ein äusserst reger und fruchtbarer Austausch, der es einer jungen Schweizer Künstlergarde ermöglichte, sich in einem übernationalen Kontext zu zeigen und zu messen. [...] Toni galt inzwischen europaweit als Schweizer Avantgardegalerist schlechthin.«[15]

Buthe und Gerber pflegen zu diesem Zeitpunkt bereits einen intensiven Brief- und Postkartenkontakt, der viele Informationen zu Buthes Arbeit und Reisen enthält.

Von Bern nach Kassel

1971 zeigt Gerber in Buthes Berner Einzelausstellung *Hommage an die Sonne* erstmals dessen Malerei und Objekte vereint als gesamthaft wahrzunehmendes Environment. Der Ausstellungstitel, so schreibt der Künstler am 25. August desselben Jahres in einem Brief an seinen Galeristen, basiert auf Buthes Auseinandersetzung mit dem »Stern im äußeren Drittel der Milchstraße«: »Eine Ausstellung fuer die Sonne eine Sonne fuer Dich ich schreibe Dir einen Plan mit allen Dingen total verrückte Sachen die Sonne macht mich stoned.«[16] In einem weiteren Brief kurze Zeit später wird deutlich, dass Buthe hier nicht »die körperbezogene Malerei mit einer raumbezogenen Präsentation«[17] kombiniert, sondern ein »totales Environment in den beiden Räumen«[18] schafft. Die Wände der zwei Galerieräume werden blau, es gibt diverse Assemblagen, eine Sonnenscheibe, ein Sonnenschiff, ein Sonnenbett, eine Paillettensonne, eine Wachssonne und riesige Arbeiten mit Ummalungen von lebensgroßen Menschen. Buthes Auseinandersetzung mit der Sonne und seine Entscheidung für das Kreieren einer ganzheitlichen, fortlaufenden und zwei Räume füllenden Arbeit erzeugen tatsächlich eine individuelle Mythologie. Es ist seine persönliche Hommage an die Sonne. Gerbers Freund und Kollege Harald Szeemann, der seit Kurzem Generalsekretär der Documenta 5 ist und dabei von Ammann assistiert wird, nimmt *Hommage an die Sonne* als Installation wahr. In Kassel versammelt das Kuratorenduo unter dem Motto »Individuelle Mythologien« eine sehr heterogene Gruppe von Künstlern und lässt diese komplette Räume nach individuellen Vorstellungen gestalten. Den Begriff »Individuelle Mythologien« hatte Szeemann erstmals im Zusammenhang mit seiner Étienne-Martin-Ausstellung 1963 in der Kunsthalle Bern verwendet.[19]

Brief von Michael Buthe aus Höxter an Toni Gerber, August / September 1971, 2 Blätter, Filzstift und Rosenblatt auf Papier, je 29,6 x 21 cm, Kunstmuseum Luzern, Schenkung Sammlung Toni Gerber

Letter written by Michael Buthe from Höxter to Toni Gerber, August / September 1971, two sheets, marker and rose petals on paper, each 29.6 x 21 cm, Kunstmuseum Luzern, gift from Toni Gerber Collection

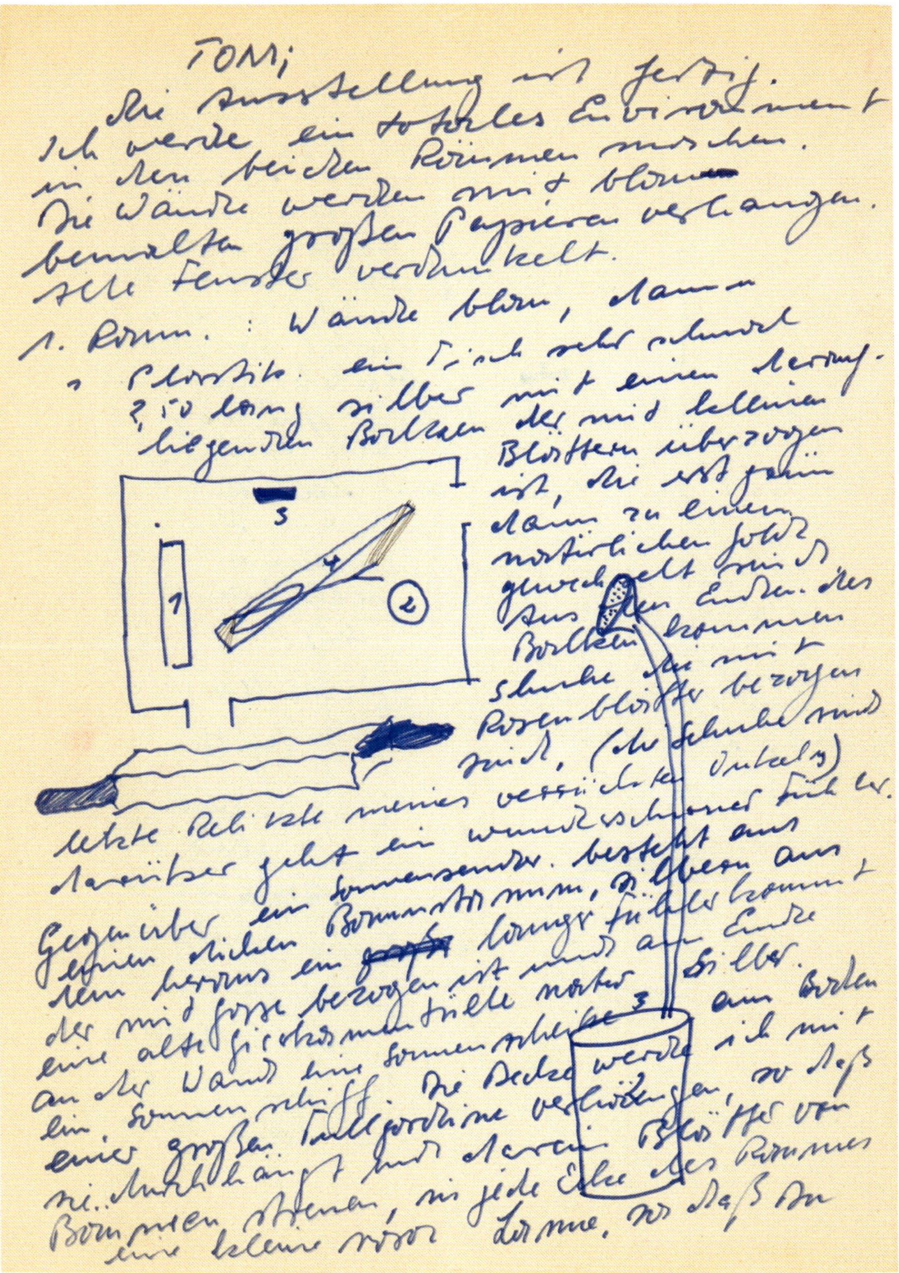

exhibition series initiated by Peter F. Althaus, enriching it with new ideas. He placed particular emphasis on providing the Lucerne scene with an international context and in creating mutual awareness between the two. Whether the artists from afar actually paid attention to the local exhibitions, thereby hindering a "ghettoization" (the Swiss here, the international artists there), remains an open question.[14]

Installationsansichten der Ausstellung *Hommage an die Sonne*, Galerie Toni Gerber, Bern, 1971
Installation view of the exhibition *Homage to the Sun*, Galerie Toni Gerber, Bern, 1971

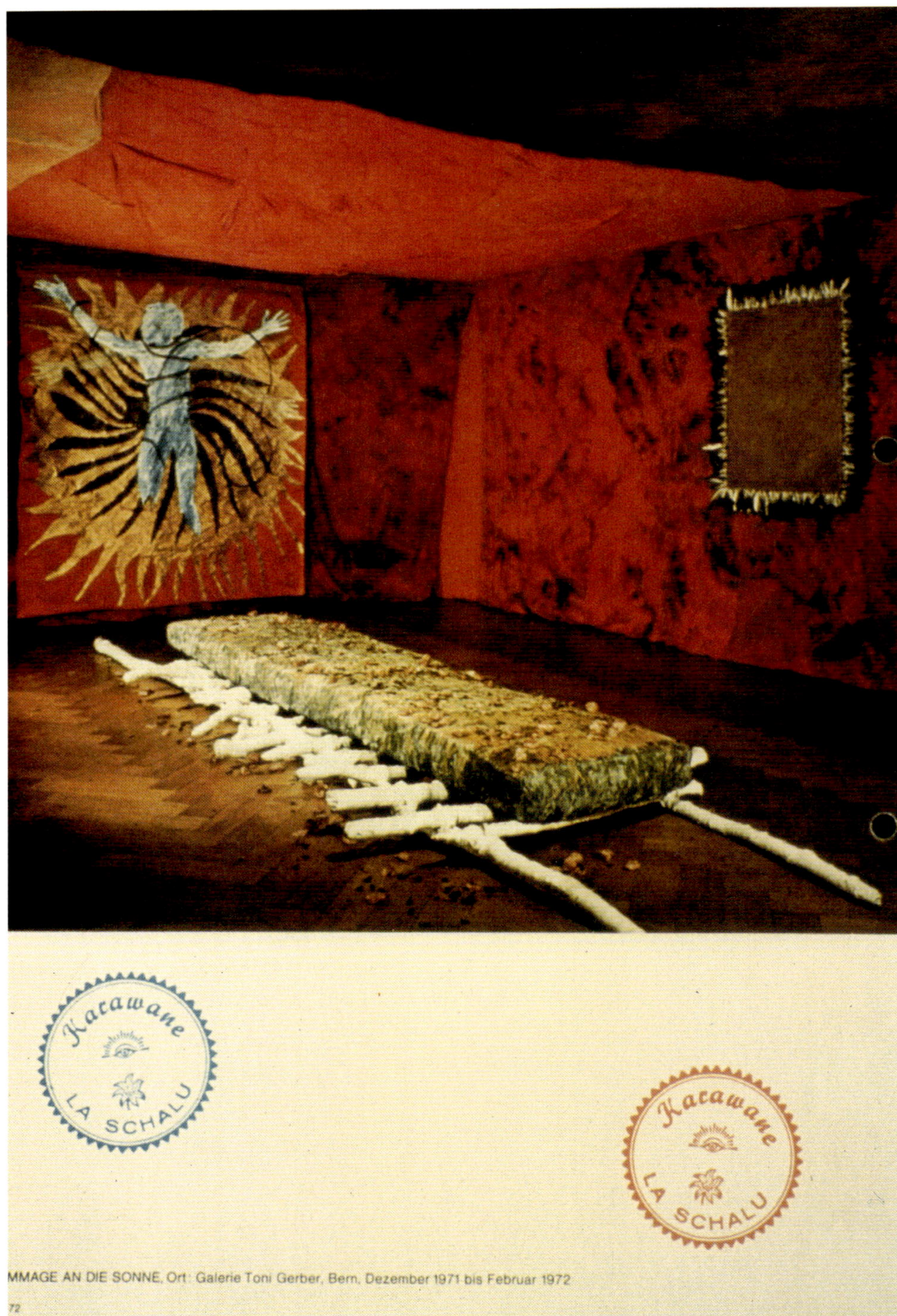

In einem derartigen Konzept kommt Buthes Arbeit eine zentrale Rolle zu, und Gerbers Ausstellung *Hommage an die Sonne* ist eine ideale Gelegenheit für Szeemann und Ammann, sich von der Qualität der Arbeit an sich und vor allem der Erlebbarkeit von Buthes individuellen, auf seinen Reisen erfahrenen und künstlerisch verarbeiteten Mythen zu überzeugen.

Diese Vorgänge zeigen, wie wichtig das Spannungsdreieck Szeemann – Ammann – Gerber für die Karriere von Buthe nicht nur in der Schweiz, sondern ganz allgemein

Toni Gerber and Michael Buthe

Toni Gerber took charge of his little gallery for contemporary art on Gerechtigkeitsgasse in Bern in 1968. His program reflected tendencies and approaches similar to those of the curators Ammann and Szeemann.

"Included among the artists of the first generation," writes Christian Denzler, "were Rupprecht Geiger, Rolf Nesch, Markus Raetz, and Jean-Frédéric Schnyder. In three acclaimed solo exhibitions he showed Piero Manzoni, Lucio Fontana, and Antonio Calderara. An extremely lively and fruitful exchange quickly developed between Toni, Christian Megert's Galerie Aktuell, and the then Kunsthalle director Harald Szeemann, which enabled a young Swiss artist vanguard to show in a transnational context and to size themselves up against it. . . . Toni was now regarded in Europe as the Swiss avant-garde gallery par excellence."[15]

During this time Buthe and Gerber kept in touch through a brisk exchange of letters and postcards, which contained considerable information on Buthe's work and travels.

From Bern to Kassel

In 1971, for Buthe's solo exhibition in Bern *Hommage an die Sonne* (*Homage to the Sun*), Gerber presented the artist's paintings and objects together for the first time as an all-encompassing "environment". The exhibition title was based on his investigations of the "star in the outer third of the Milky Way," as Buthe wrote on August 25 of the same year in a letter to his gallerist: "an exhibition for the sun, a sun for you; I am writing you a plan with all things, totally crazy things; the sun makes me stoned."[16] In another letter a short time later, it is clear that Buthe is not combining "body-related painting with a spatial presentation"[17] but is creating a "total environment in both rooms"[18]. The walls of the two gallery spaces were painted blue; there were diverse assemblages, a sun disk, a sun ship, a sun bed, a sequined sun, a wax sun, and huge works framed with painted, life-size human figures. Buthe's investigations of the sun and his decision to make a holistic and continuous work that filled two rooms actually resulted in the creation of an individual mythology. It was his personal homage to the sun. Gerber's friend and colleague Harald Szeemann, who had recently been appointed secretary general of Documenta 5, and whose assistant was Ammann, viewed *Hommage an die Sonne* as an installation. In Kassel the curator duo brought together a highly heterogeneous group of artists under the heading "Individual Mythologies" and had them create entire rooms according to their own visions. Szeemann first used the term "individual mythologies" in connection with his Étienne-Martin exhibition in 1963 at Kunsthalle Bern.[19] Within this concept Buthe's work played a central role, and Gerber's exhibition *Hommage an die Sonne* was an ideal opportunity for Szeemann and Ammann to convince themselves of the quality of the work itself and in particular to see how one could experience the individual myths that Buthe experienced on his travels and addressed artistically.

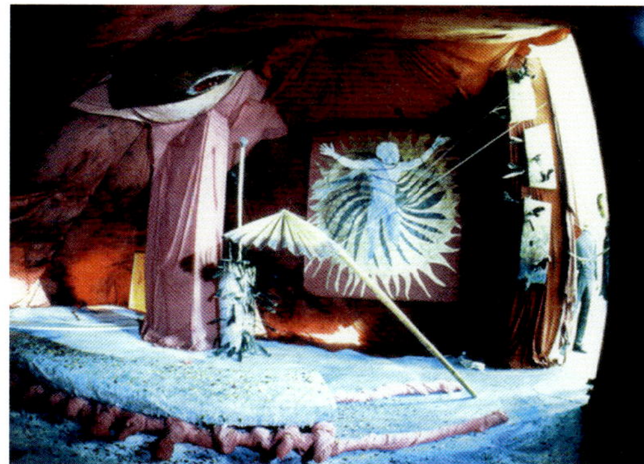

Installationsansicht von *Hommage an die Sonne*, Documenta 5, Kassel, 1972
Installation View of *Homage to the Sun*, Documenta 5, Kassel, 1972

These instances demonstrated how critical the Szeemann—Ammann—Gerber power triad was for Buthe's career, not only in Switzerland but in general. The

ist. Die von Buthe als ursprünglich einmaliges Environment geschaffene Arbeit *Hommage an die Sonne* in der kleinen Berner Galerie ist seine Eintrittskarte für eine der wichtigsten Kunstausstellungen des 20. Jahrhunderts. Auch in dem Briefwechsel zwischen Buthe und Gerber im Frühjahr und Sommer 1972 vor der Documenta 5 spielen sowohl die Namen der beiden Schweizer Ausstellungs-Organisatoren als auch die Vorbereitungen auf die Documenta, die finanziellen Details und das Rahmenprogramm eine wichtige Rolle.

Der Sonnenkönig von Babylon

Anfang der 1970er-Jahre ist Buthe viel auf Reisen. Er schreibt Toni Gerber Karten und Briefe unter anderem aus Marokko, Benin, Nigeria, Afghanistan und dem Iran, wo er sich teilweise monatelang aufhält und bemüht ist, sich den jeweiligen Lebensrhythmus anzueignen. Die unterschiedlichen Bräuche, gesellschaftlichen Strukturen, Traditionen, Erzählungen und Mythen saugt er auf, verinnerlicht sie und verarbeitet Bruchstücke davon in seinen Arbeiten (wie in *Hommage an die Sonne*). Für seine Persönlichkeit spielen diese Erfahrungen in fremden Kulturen eine tragende Rolle. Eine Begegnung Buthes mit einem Medizinmann 1973 in Benin bezeichnet die Kunsthistorikerin Marietta Franke als eines seiner wichtigsten Reiseerlebnisse: »In bildhaft verdichteter Sprache beschreibt er [Buthe] eine Art ›apokalyptische‹ Erfahrung, die ihn ›aus den Klauen der Dämonen‹ hin zu einem lichtvollen, Freude und Schönheit verbindenden glücklichen Erlebnis führt, bei dem in einem schamanistischen Ritual seine Lebensenergien wieder freigesetzt wurden.«[20]

Jean-Christophe Ammann ist der Überzeugung, dass das »seit 1970 entstandene Werk nunmehr ausschliesslich in Verbindung zu mehrmonatigen Aufenthalten in Afrika (Benin) und Persien«[21] steht. Für ihn verändert sich nicht einfach Buthes Leben durch die persönlichen Erfahrungen in fremden Ländern, sondern vor allem seine Arbeiten verändern sich durch den »Einbruch der Farbe«.[22] Von da an gibt es einen stärkeren Erlebnischarakter für das Publikum, eine körperliche Erfahrbarkeit durch den tatsächlichen Einbezug in die Installation oder das Environment, ein wirkliches In-der-Kunst-drinnen-Sein!

Apokalyptische Erweckungserfahrung

Reiseeindrücke sind für Buthes erste museale Einzelausstellung in der Schweiz im Kunstmuseum Luzern 1974 von zentraler Bedeutung. *Michael Buthe. Le Dieu de Babylon* wurde in abgeänderter Form und mit dem minim anderen Titel *(Michael Buthe. Le Dieux de Babylon)* zuvor bereits im Kölnischen Kunstverein gezeigt. Ob es sich bei der Mehrzahl für Könige um einen Fehler handelt, der in Luzern von Ammann korrigiert wird, oder um eine Spielerei von Buthe, ist bis heute nicht abschließend geklärt.[23] Buthe, der König von Babylon, zeigt in Luzern seine eigene Welt als riesiges raumübergreifendes, kohärentes und den Räumen angepasstes Environment. In seinem Textbeitrag, der der eigens angefertigten goldenen Katalogschachtel beiliegt, erzählt Szeemann ausführlich über die Hintergründe (vor allem auch biografischer Art) der Ausstellung in Luzern: »Seit d5 haben Krankheiten (die Zeit der Dämonen) und Genesung (der Weg zum Licht) das verflossene Jahr bestimmt. Beide Perioden haben ihre Orte: Höxter und Benin. Die Ausstellung ›Le Dieu de Babylon‹

work *Hommage an die Sonne*, originally conceived by Buthe as a one-off environment at the small gallery in Bern became his entry ticket to one of the most important art exhibitions of the twentieth century. In the exchange of letters between Buthe and Gerber in spring and summer of 1972 prior to Documenta 5, the names of both Swiss exhibition organizers played an important role, as did the preparations for Documenta, financial details, and the auxiliary program.

The Sun King of Babylon

In the early seventies, Buthe traveled a great deal. He wrote Toni Gerber postcards and letters from Morocco, Benin, Nigeria, Afghanistan, Iran, and other places where he sometimes stayed for months at a time, seeking to adopt the local rhythms of life. He took in these different customs, social structures, traditions, stories, and myths, internalized them and incorporated fragments into his works (as in *Hommage an die Sonne*). These experiences in foreign cultures impacted his personality in substantial ways. The art historian Marietta Franke described Buthe's encounter with a medicine man in 1973 in Benin as one of his most important travel experiences: "In a visually condensed language he [Buthe] describes a kind of 'apocalyptic' experience that led him 'from the clutches of demons' to a happy experience connected with joy and light-filled beauty, where, in a shamanistic ritual, his life energies were set free again."[20]

Jean-Christophe Ammann believes that the "work created in 1970 is exclusively connected to his month-long stays in Africa (Benin) and Persia."[21] In his view, the personal experiences that Buthe had in foreign countries not only changed his life, but most importantly they changed his work as a result of the "introduction of color."[22] From then on, his works provide the audience with a powerful experience, the ability to physically experience the work by actually being integrated into the installation or the environment, a real being-in-the-art!

Apocalyptic Experience of Awakening

Impressions of his travels were central to Buthe's first solo museum exhibition in Switzerland at Kunstmuseum Luzern in 1974. *Michael Buthe: Le Dieu de Babylon* was previously shown in a modified form and with a slightly different title (*Michael Buthe: Le Dieux de Babylon*) at the Kölnischer Kunstverein. Whether the plural for kings is a mistake, which Ammann corrects for Lucerne, or a silly trick by Buthe, remains unknown.[23] In Lucerne, Buthe, the king of Babylon, showed his own world as a giant, coherent, room-sized environment adapted to the space. In his text contribution, which came with a specially produced golden catalogue box, Szeemann went into detail about the background of the exhibition in Lucerne (in particular the artist's biography): "Since d5, diseases (the time of demons) and recovery (the way to the light) have impacted the past year. Both periods have their locations: Höxter and Benin. The exhibition *Le Dieu de Babylon* traces this path: demons—angels—self-portraits—gods—heaven—sea—moon—sun—cosmos."[24] It would appear that

Ohne Titel Untitled 1974 (Kat. cat. 50)

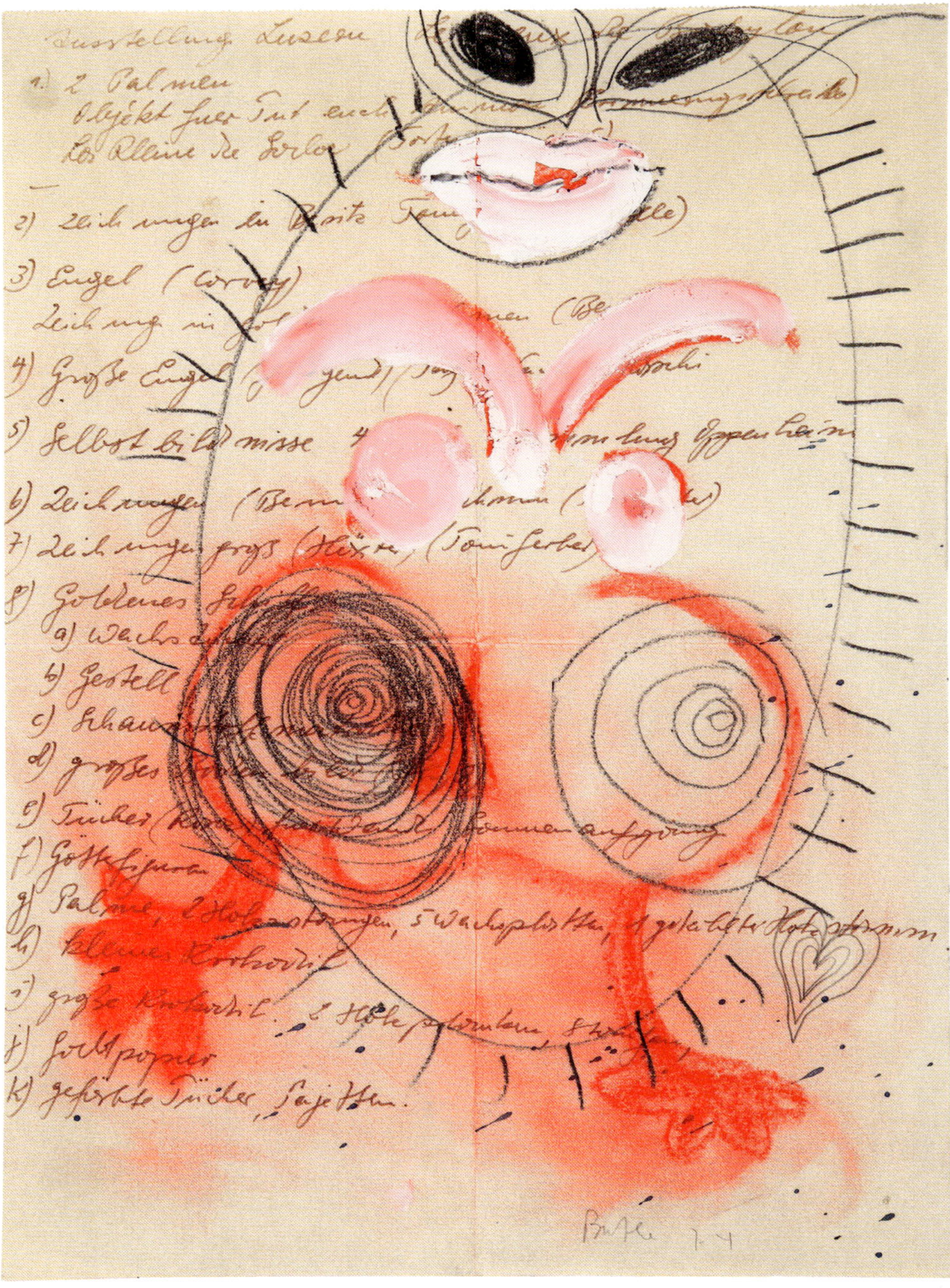

zeichnet diesen Weg nach: Dämonen – Engel – Selbstbildnisse – Götter – Himmel – Meer – Mond – Sonne – Kosmos.«[24] Es scheint tatsächlich, als hätten Ereignisse und Erfahrungen während seiner Reisen Buthes Leben und seine Arbeit grundlegend verändert; sei dies der Einbruch der Farbe (Ammann), eine apokalyptische Erweckungserfahrung und die Befreiung aus den Klauen der Dämonen (Franke) oder die Heilung von einer Krankheit (Szeemann), die sich so heute nicht rekonstruieren lässt. Die Ausstellungen in Köln und Luzern nutzt der Künstler, um seine Geschichte einem breiten Publikum zu erzählen und es daran teilhaben zu lassen.

the events and experiences of Buthe's travels fundamentally changed his life and his work; be it the introduction of color (Ammann), an apocalyptic experience of awakening and liberation from the clutches of demons (Franke), or the healing of an illness (Szeemann), which cannot be fully reconstructed today. The artist used the exhibitions in Cologne and Lucerne to tell his story to a wider audience and allow this audience to be part of it.

The Whole As a Collection of Individual Parts

Neither the Cologne nor the Lucerne environment *Le Dieu de Babylon* can be precisely reconstructed. This is because it no longer exists today in the way it was conceived for both places. Buthe's drawing *Kunstmuseum Luzern Le Dieux de Babylon* from 1974 is not an actual list of works in the exhibition, but with

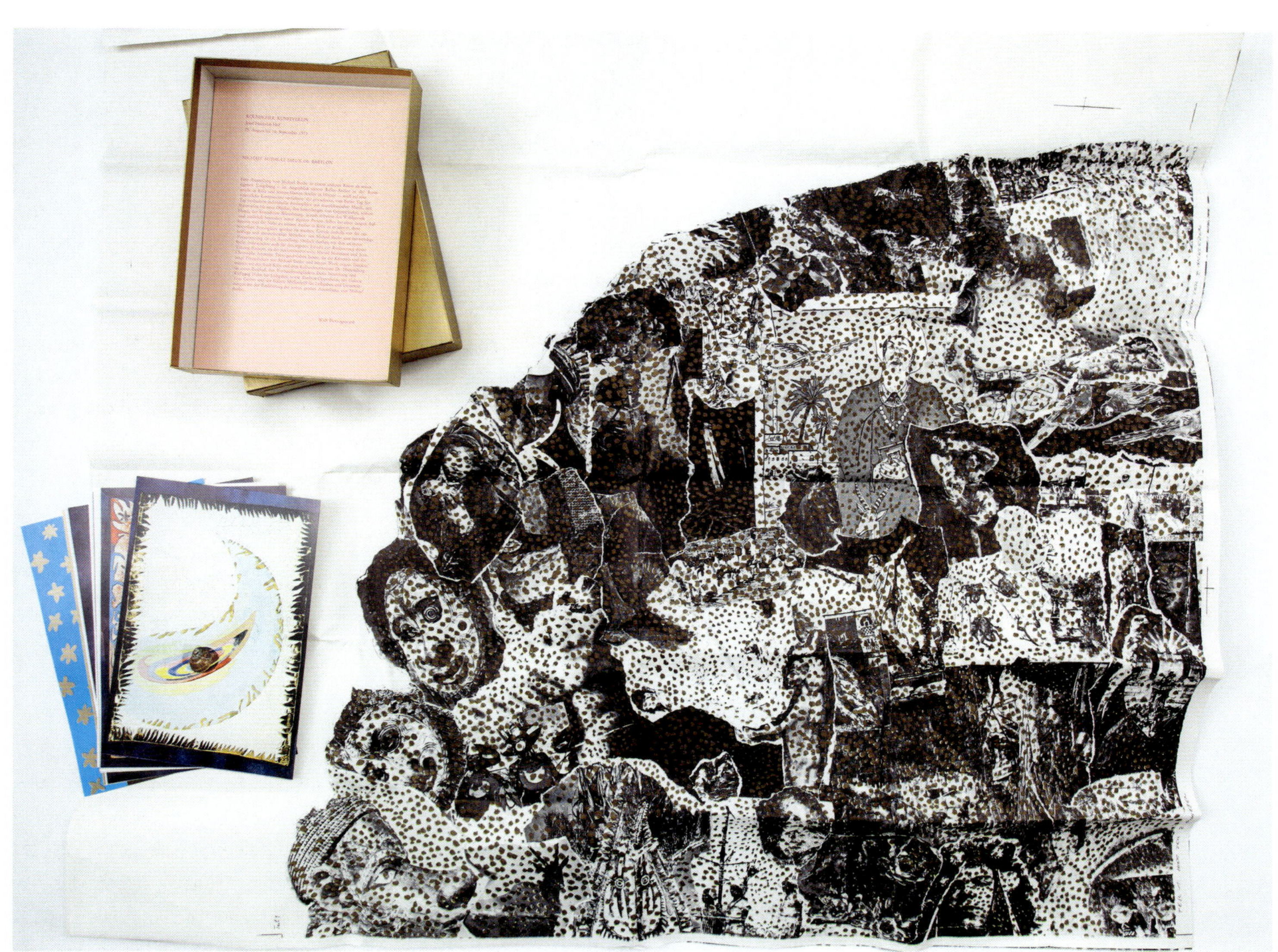

Michael Buthe. Le Dieux de Babylon, hrsg. vom Kölnischen Kunstverein 1973,
1 Kassette mit Textheft, 19 Tafeln, Faltblatt mit einer Abbildung der *Weltkarte* (um 1970)
Michael Buthe: Le Dieux de Babylon, published by Kölnischer Kunstverein in 1973,
one box with booklet, nineteen plates and a folded sheet bearing an illustration of the *World Map* (ca. 1970)

Das Ganze als Ansammlung von Einzelstücken

Weder das Kölner noch das Luzerner Environment *Le Dieu de Babylon* lassen sich heute exakt rekonstruieren. Denn genau so, wie es für die beiden Orte konzipiert wurde, existiert es heute nicht mehr. Buthes Zeichnung *Kunstmuseum Luzern Le Dieux de Babylon* von 1974 ist keine eigentliche Werkliste der Ausstellung, vermittelt aber mit der folgenden, teilweise übermalten numerischen Aufzählung von Einzelteilen seines Environments einen guten Eindruck, was alles in der Ausstellung angesammelt wird:

»1. Palmen 2. Zeichnungen 3. Engel (Corvey) 4. Große Engel 5. Selbstbildnisse Sammlung Oppenheim 6. Zeichnungen 7. Zeichnungen 8. Goldenes Schiff a) Wachstücher b) Gestell c) Schaumstoffmatratze d) großes Bodenbild e) Tücher (Rosa) fuer Wand Sonnenaufgang f) Götterfiguren g) Palmen, 2 Holzstangen, 5 Wachsplatten, 1 Holzstamm h) kleines Krokodil i) großes Krokodil j) [...]papier k) gefärbte Tücher, Pajetten.«

Einige wenige dieser Teile haben nachweislich überlebt, so zum Beispiel das Krokodil, das sich heute ebenfalls in der Sammlung des Kunstmuseums Luzern befindet (Abb. S. 58/59), und die *Weltkarte*, von der Marietta Franke überzeugt ist, dass sie zumindest Teil der Kölner Ausstellung[25] war (Abb. S. 129). Buthes Verständnis davon, was ein Werk oder eine Ausstellung ausmacht, ist vielschichtig, individuell und nur erfahrbar, wenn das Publikum dem Original begegnet. Dieser rätselhafte Aspekt von Buthes Kunst wird durch Szeemanns abschließende Fragen in seinem Katalogtext nicht etwa erklärt, sondern nach dessen Geschmack zusätzlich verschleiert:

»So wird wenigstens ein Teil des Märchens, das er lebt und leben will, Realität. Und dennoch: was uns hier als Kunst vorgeführt wird, ist das nicht lediglich Abfallprodukt der Erlebnisse? Und da dem so ist: Kommt endlich die Zeit, in der die Gleichung Kunst = Kunstkontext hinfällig wird, weil sich die Obsessionen stärker durchsetzen und sich um das Verwaltetwerden foutieren?«[26]

Tour de Suisse

Einerseits sind die Rolle und die Bedeutung der beiden Schweizer Kuratoren Szeemann und Ammann und jene speziell des Berner Galeristen Toni Gerber für Leben und Werk Buthes bemerkenswert. Vier wichtige Ausstellungen seiner jungen Karriere finden in der Schweiz statt und haben eine direkte Verbindung zu den drei genannten Männern: 1969 und 1971 in Bern, 1970 und 1974 in Luzern. In der Zeitspanne dieser fünf Jahre entwickelt Buthe seine künstlerische Ausdruckssprache weg von der flachen Unterlage (Zeichnung) über das dreidimensionale Objekt (Stoffbilder und Stelen) hin zu raumfüllenden, veränderlichen und teilweise ephemeren Environments. Dass aus dieser Beziehung zur Schweiz Buthes künstlerische Entwicklung und auch die Teilnahme an der Documenta 5, einer der wichtigsten Kunstausstellungen des 20. Jahrhunderts, resultiert, unterstreicht die Bedeutung des Ausstellungsplatzes Schweiz zwischen 1955 und 1975.

the following, partly over-painted numerical list of the individual parts of his environment it offers a good idea of what was accumulated for the exhibition:

"1. palms 2. drawings 3. angels (Corvey) 4. large angels 5. self-portrait Oppenheim collection 6. drawings 7. drawings 8. golden ship a) oil rags b) frame c) foam mattress d) large floor painting e) cloth (pink) for wall sunrise f) figures of deities g) palm trees, 2 wooden rods, 5 sheets of wax, 1 wooden log h) small crocodile i) large crocodile j) . . . paper k) dyed fabric, sequins."

A few of these pieces have survived, such as the crocodile for example, which today is in the collection of Kunstmuseum Luzern (ill. pp. 58/59), and the *Weltkarte* (*World Map*), which Marietta Franke believes was at least part of the Cologne exhibition (ill. p. 129).[25] Buthe's understanding of what constitutes a work or exhibition is complex, individual, and can only be experienced when the audience encounters the original. This puzzling aspect of Buthe's art is not explained by Szeemann's final questions in his catalogue text but, as Szeemann tended to do, further obfuscated:

"So, at least part of the tale that he lives and wants to live, becomes reality. And yet, what is presented to us here as art, is this not simply the by-product of these experiences? And this being the case, has the time finally arrived where the equation Art = Art Context no longer applies, because the obsessions assert themselves more forcefully and defy being controlled?"[26]

Tour de Suisse

In many respects, the two Swiss curators Szeemann and Ammann and in particular the Bern gallerist Toni Gerber played remarkably important roles in Buthe's life and or his work. Four important exhibitions of his early career take place in Switzerland and are directly connected to the three men mentioned: in 1969 and 1971 in Bern, in 1970 and 1974 in Lucerne. In the span of these five years Buthe developed his artistic language of expression in a manner that departed from the flat surface (drawing), employed the three-dimensional object (fabric paintings and steles), and developed into room-sized, variable, and at times ephemeral environments. That Buthe's relationship to Switzerland would lead to his artistic development as well as his participation in Documenta 5, one of the most important art exhibitions of the twentieth century, underlines the importance of the exhibitions that were taking place in Switzerland between 1955 and 1975.

1 In der Kunsthalle Bern ist der junge Schweizer Kunsthistoriker Jean-Christophe Ammann von 1966–1968 Assistent von Szeemann. Er verlässt die Kunsthalle noch vor der *When Attitudes Become Form*-Ausstellung, um am Kunstmuseum Luzern die Nachfolge von Peter F. Althaus als Konservator anzutreten. In einem Interview 2011 stellt Ammann Szeemann deutlich als einen seiner beiden Lehrmeister heraus und bemerkt, dass er bei ihm gelernt habe, Ausstellungen zu machen und mit Künstlern zusammenzuarbeiten. Vgl. dazu: Dora Imhof und Sybille Omlin, *Kristallisationsorte der Kunst in der Schweiz. Aarau, Genf, Luzern in den 1970er-Jahren,* Bern 2015, S. 252.

2 Harald Szeemann, »Zur Ausstellung«, in: *Live in Your Head. When Attitudes Become Form,* hrsg. von Harald Szeemann, Ausst.-Kat. Kunstmuseum Bern, Bern 1969, S. 5.

3 *Dokumente zur aktuellen Kunst 1967–1970. Material aus dem Archiv Szeemann. Texte von Georg Jappe, Aurel Schmidt und Harald Szeemann,* hrsg. von der Kunstkreis AG Luzern, Luzern 1972, Beiheft, S. 5 f.

4 Ebd., S. 6.

5 »Zwischen 1967 und 1969 stellte Buthe viele Variationen solcher mit selbst eingefärbten, besprühten, bespritzten, einfach oder mehrfach bespannten und zerschnittenen Leinwänden auf gitterförmigen Keilrahmen her.« Marietta Franke, *Der absurde Blick. Künstlerische Entwicklungsfähigkeit, Spiritualität und Abstraktion bei Michael Buthe,* Frankfurt am Main 2010, S. 49 f.

6 Hans-Michael Herzog, »Michael Buthe – Frühe Zeichnungen, Collagen und Tagebücher«, in: *Michael Buthe. Frühe Zeichnungen, Collagen und Tagebücher,* hrsg. von Hans-Michael Herzog, Ausst.-Kat. Kunsthalle Bielefeld, Ostfildern 1999, S. 7–19, hier S. 11.

7 Text von Jean-Christophe Ammann im Ausstellungsordner *1974: MICHAEL BUTHE, Aus dem Kunstbesitz Stadt und Kanton, ART & LANGUAGE,* 1974, Stadtarchiv Luzern, Eigentum Kunstmuseum Luzern.

8 Christian Saehrendt hat dieses Werk in einer Ausstellungsrezension 2011 speziell erwähnt: »Der [...] selbsternannte Mafiajäger des Kunstbetriebs hat hier ein Organigramm gezeichnet, in dem die wesentlichen Institutionen und Personen der Schweizer Kunstszene aufgeführt werden. [...] Das Ganze ist für ihn ein hochmafiöses System mit dem ›Paten‹ Harald Szeemann in der Mitte. Szeemann ist die Spinne in der Mitte des Netzes, und alle anderen werden von Ambauen in wenig schmeichelhafter Weise als ›Schädlinge‹ oder ›Ausbeuter‹ tituliert – so beispielsweise die Kunstkritikerin Bice Curiger (›Schergin‹), der Basler Kunsthallendirektor Jean-Christophe Ammann (›Scherge‹) oder der niederländische Documenta-Kurator Rudi Fuchs (›mafiöser Museumsdirektor‹).« Christian Saehrendt, »Die Expo der Eigenbrötler. Ein Kunstprojekt auf der Suche nach der ›Innerschweizer Innerlichkeit‹«, in: *Neue Zürcher Zeitung,* 7. Oktober 2011, S. 53.

9 Paul Nizon, *Diskurs in der Enge. Aufsätze zur Schweizer Kunst,* Bern 1970.

10 Beat Wyss, »Nach der Moderne – die Schweiz z. B.«, in: *Kunstszene heute (Ars Helvetica,* XII), Disentis 1992, S. 3–70, hier S. 28.

11 Vgl. dazu: *Tutti frutti molto bene. Michael Buthe & Toni Gerber. Briefe 1970–1994. Zur Schenkung Toni Gerber im Kunstmuseum Luzern,* Ausst.-Kat. Kunstmuseum Luzern, Luzern 2013, S. 125.

12 Im Jahresbericht der Luzerner Kunstgesellschaft 1970 werden folgende Besucherzahlen angegeben: *Visualisierte Denkprozesse* (2012 Personen), *Junge Italienische Avantgarde / Irma Ineichen und Josephine Troller* (1506 Personen) und *Beuys, Buthe, Eggenschwiler, Raetz und Rot* (1482 Personen). Im Vergleich dazu wollen 6598 Personen 1969 die »Blockbuster«-Sommerausstellung von Niki de Saint Phalle sehen. Vgl. dazu: *KGL Jahresberichte 1951–1969* und *KGL Jahresberichte 1970–1979,* Archiv Kunstmuseum Luzern.

13 Jean-Christophe Ammann, »Visualisierte Denkprozesse«, in: *Visualisierte Denkprozesse,* hrsg. vom Kunstmuseum Luzern, Ausst.-Kat. Kunstmuseum Luzern, Luzern 1970, S. 1–3, hier S. 3.

14 Imhof / Omlin 2015 (wie Anm. 1), S. 254.

15 Christian Denzler, *With Sympathy for the Devil. Toni Gerber 1932–2010,* Bern 2014, S. 9.

16 Buthe – Gerber 2013 (wie Anm. 11), S. 16.

17 Franke 2010 (wie Anm. 5), S. 89.

18 Buthe – Gerber 2013 (wie Anm. 11), S. 16.

19 Vgl. dazu http://www.kettererkunst.de/lexikon/individuelle-mythologien.php (Stand: 27. Mai 2015).

20 Franke 2010 (wie Anm. 5), S. 72.

21 Ammann 1974 (wie Anm. 7).

22 Ebd.

23 »Der Titel«, so Buthe, »geht zurück auf ein Gespräch mit dem Medizinmann, welches in babylonischen Zeiten geführt wurde.« Buthe verbindet hier ein biografisches Ereignis mit einer historischen Dimension. Vgl. dazu: *Michael Buthe. Le Dieux de Babylon,* hrsg. vom Kölnischen Kunstverein, 1 Kassette mit Textheft, 19 Tafeln, Faltblatt, Köln 1973, o. S.

24 Harald Szeemann, »Le Dieux de Babylon«, in: Köln 1973 (wie Anm. 23), o. S.

25 Franke 2010 (wie Anm. 5), S. 84 f.

26 Szeemann 1973 (wie Anm. 24), o. S.

1 The young Swiss art historian Jean-Christophe Ammann was Szeemann's assistant at Kunsthalle Bern from 1966–1968. He left the Kunsthalle before the *When Attitudes Become Form* exhibition in order to succeed Peter F. Althaus as curator at Kunstmuseum Luzern. In a 2011 interview, Ammann named Szeemann as one of his two greatest teachers and credits him with teaching him how to create exhibitions and work with artists. See here: Dora Imhof and Sybille Omlin, *Kristallisationsorte der Kunst in der Schweiz: Aarau, Genf, Luzern in den 1970er-Jahren* (Bern 2015), p. 252.

2 Trans. from Harald Szeemann, "Zur Ausstellung," in *Live in Your Head: When Attitudes Become Form,* ed. Harald Szeemann, exh. cat. Kunstmuseum Bern, (Bern, 1969), p. 5.

3 Trans. from *Dokumente zur aktuellen Kunst 1967–1970: Material aus dem Archiv Szeemann. Texte von Georg Jappe, Aurel Schmidt und Harald Szeemann,* ed. Kunstkreis AG Luzern, (Lucerne, 1972), supplement, p. 5 f.

4 Ibid., p. 6.

5 "Between 1967 and 1969, Buthe presented numerous variations of such self-dyed, sprayed, splashed, single, or multiple stretched and cut canvasses on gridded stretchers." Marietta Franke, *Der absurde Blick: Künstlerische Entwicklungsfähigkeit, Spiritualität und Abstraktion bei Michael Buthe* (Frankfurt am Main, 2010), p. 49 f.

6 Trans. from Hans-Michael Herzog, "Michael Buthe—Frühe Zeichnungen, Collagen und Tagebücher," in *Michael Buthe: Frühe Zeichnungen, Collagen und Tagebücher,* ed. Hans-Michael Herzog, exh. cat. Kunsthalle Bielefeld (Ostfildern, 1999), pp. 7–19, esp. p. 11.

7 Text by Jean-Christophe Ammann and trans. from the 1974 exhibition file: *MICHAEL BUTHE, Aus dem Kunstbesitz Stadt und Kanton, ART & LANGUAGE,* 1974, Lucerne City Archive, property of Kunstmuseum Luzern.

8 Christian Saehrendt specifically references this work in a 2011 exhibition review: "The . . . self-proclaimed Mafia hunter of the art world has drawn an organizational chart here that lists the essential institutions and players in the Swiss art scene . . . . He views the entire thing as a highly organized mafia-like system with the 'Godfather' Harald Szeemann at the middle. Szeemann is the spider at the center of the network, and Ambauen supplies everyone else with unflattering titles such as 'parasites' or 'exploiters'—for example the art critic Bice Curiger ('henchwoman'), Basel Kunsthalle director Jean-Christophe Ammann ('henchman'), or Dutch Documenta curator Rudi Fuchs ('mafia museum director')." Christian Saehrendt, "Die Expo der Eigenbrötler. Ein Kunstprojekt auf der Suche nach der 'Innerschweizer Innerlichkeit'," in *Neue Zürcher Zeitung,* October 7, 2011, p. 53.

9 Paul Nizon, *Diskurs in der Enge: Aufsätze zur Schweizer Kunst* (Bern, 1970).

10 Beat Wyss, "Nach der Moderne: die Schweiz z. B.," in *Kunstszene heute (Ars Helvetica,* XII) (Disentis, 1992) pp. 3–70, esp. p. 28.

11 See here: *Tutti frutti molto bene: Michael Buthe & Toni Gerber. Briefe 1970–1994. Zur Schenkung Toni Gerber im Kunstmuseum Luzern,* exh. cat. Kunstmuseum Luzern (Lucerne, 2013), p. 125.

12 The annual report of the Luzerner Kunstgesellschaft in 1970 contained the following visitor counts: *Visualisierte Denkprozesse* (2012 visitors), *Junge Italienische Avantgarde / Irma Ineichen und Josephine Troller* (1506 visitors), and *Beuys, Buthe, Eggenschwiler, Raetz und Rot* (1482 visitors). In comparison, 6598 people wanted to see the summer blockbuster exhibition of Niki de Saint Phalle in 1969. See here: *KGL Jahresberichte 1951–1969* and *KGL Jahresberichte 1970–1979,* Archiv Kunstmuseum Luzern.

13 Jean-Christophe Ammann, "Visualisierte Denkprozesse," in *Visualisierte Denkprozesse,* ed. Kunstmuseum Luzern, exh. cat. Kunstmuseum Luzern (Lucerne, 1970), pp. 1–3, esp. p. 3.

14 Imhof / Omlin 2015 (see note 1), p. 254.

15 Trans. from Christian Denzler, *With Sympathy for the Devil. Toni Gerber 1932–2010* (Bern, 2014), p. 9.

16 Trans. from Buthe & Gerber 2013 (see note 11), p. 16.

17 Trans. from Franke 2010 (see note 5), p. 89.

18 Trans. from Buthe & Gerber 2013 (see note 11), p. 16.

19 See here: http://www.kettererkunst.de/lexikon/individuelle-mythologien.php (accessed on May 27, 2015).

20 Trans. from Franke 2010 (see note 5), p. 72.

21 Ammann 1974 (see note 7).

22 Ibid.

23 "The title," says Buthe, "goes back to a conversation with the medicine man, which was conducted in Babylonian times." Here Buthe combines a biographical event with a historical dimension. See here: *Michael Buthe: Le Dieux de Babylon*, ed. Kölnischer Kunstverein, 1 cassette with booklet, 19 panels, leaflet (Cologne, 1973), unpaginated.

24 Trans. from Harald Szeemann, "Le Dieux de Babylon," in Cologne, 1973 (see note 23), unpaginated.

25 Franke 2010 (see note 5), p. 84 f.

26 Trans. from Szeemann 1973 (see note 24), unpaginated.

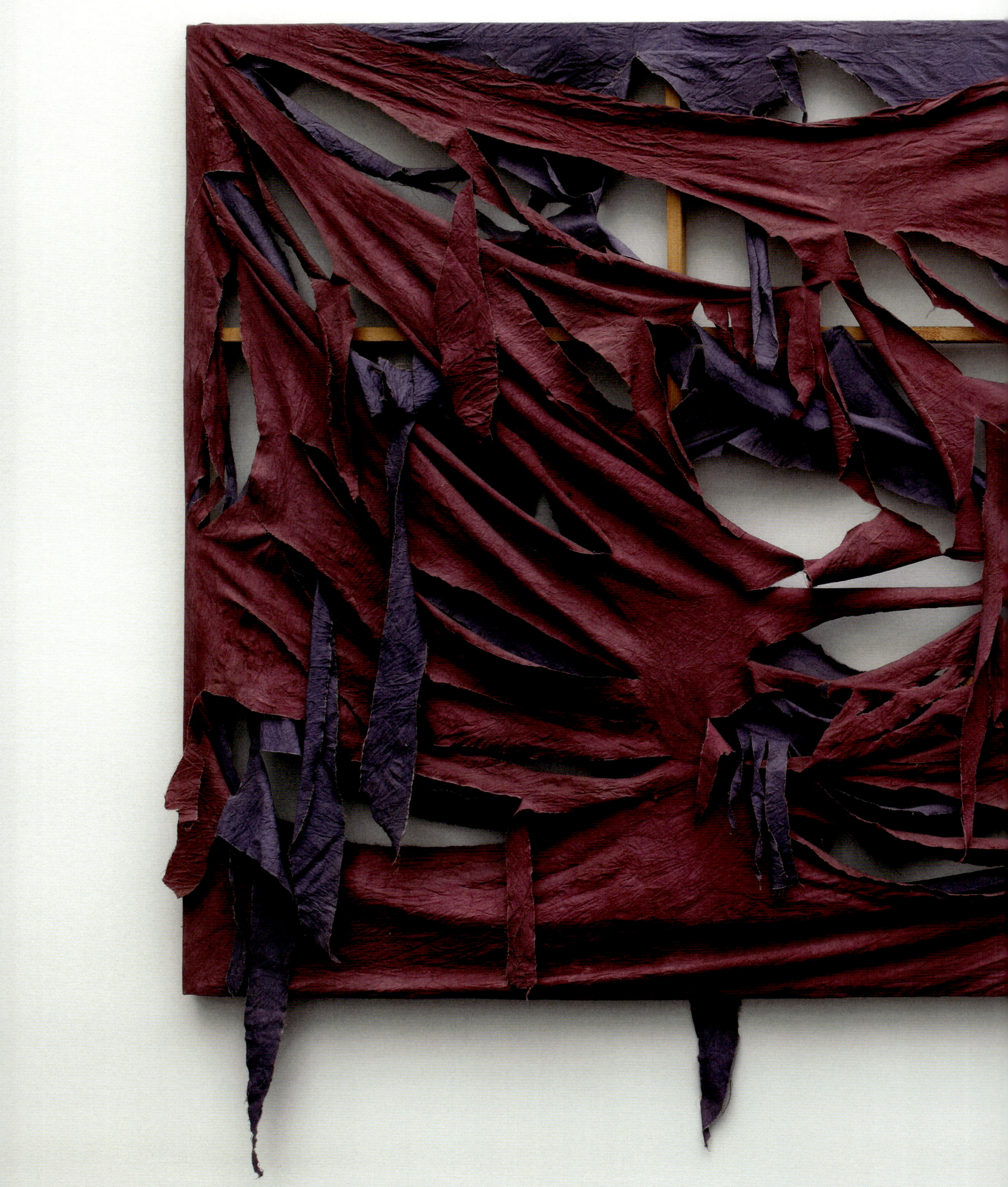

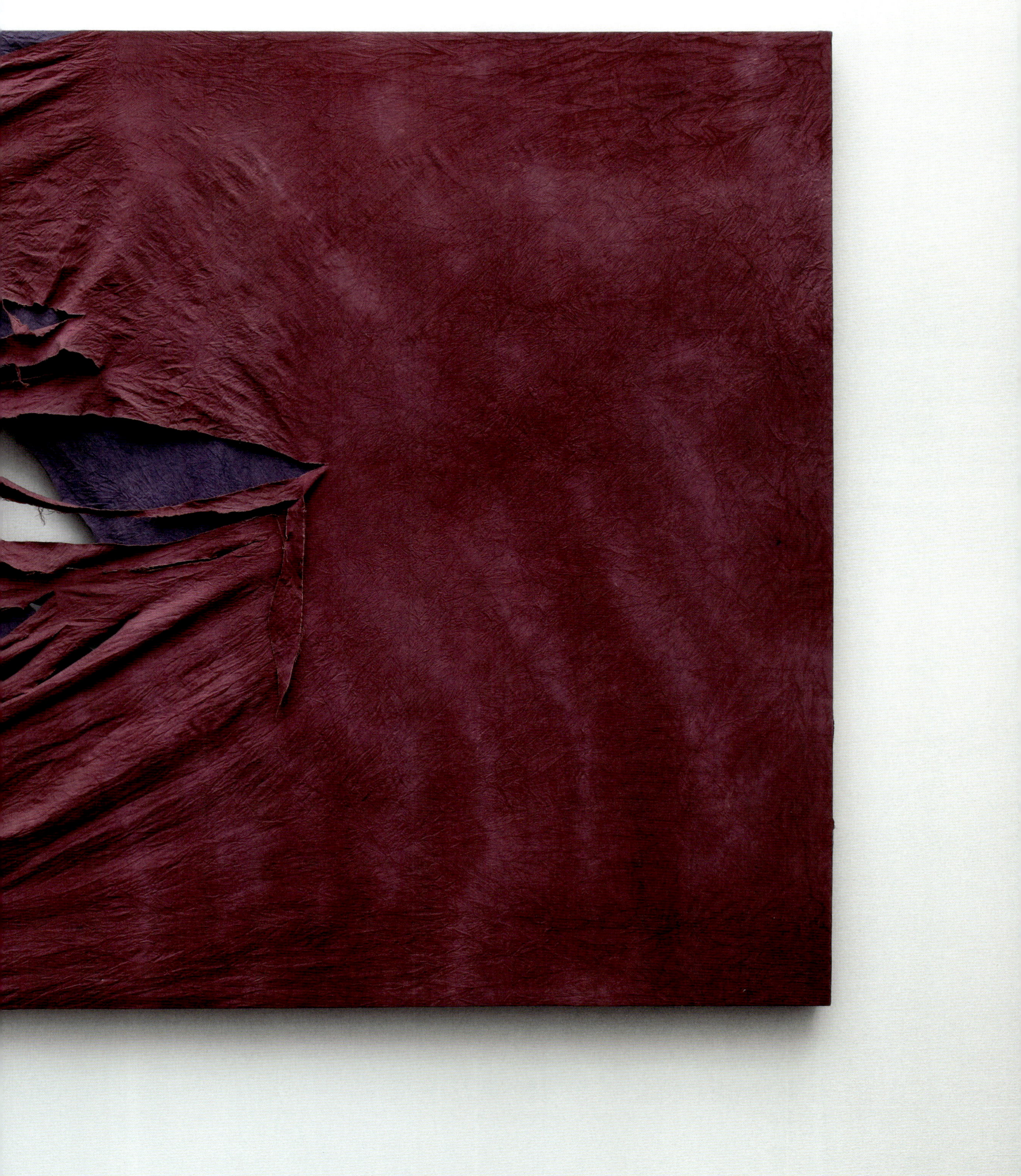

»1. Was mich interessierte, war der Raum als Objekt, nicht Objekt als Einzelstück.
2. Interessierte mich der Bezug des Objektes zu sich selbst, der freiwerdende Raum des Einzelstückes zu dem realen Raum, der es umgibt (zerrissene Kästen, wobei ich die Konstruktion freilegte).
3. Interessierte mich die Wand, das Bild an der Wand. Bild, hier im übertragenen Sinn gemeint. Ich versuche, mit den Mitteln des Materials den Gedanken Bild neu zu formulieren.«[1]

Als Michael Buthe Anfang der 1960er-Jahre seine künstlerische Karriere antritt, haben die europäische und die amerikanische Malerei gewissermaßen einen Endpunkt erreicht. Auf dem vermeintlich vorgezeichneten Weg der modernen Kunst zu immer weitergehender Autonomie hatte sich zuerst die Kunst um 1900 vom bloßen Abbilden der sichtbaren Realität verabschiedet. In der Zwischenkriegszeit befreiten konstruktive und konkrete Tendenzen die Kunst dann mit der Reduktion auf die ihr eigenen Mittel Farbe, Fläche und Form von jeder spirituellen Aufladung. Die Kunst der frühen 1960er-Jahre schließlich führt diese Tendenzen weiter zu Monochromie und Minimalismus, über die kein Schritt hinaus möglich scheint. Die Künstlerinnen und Künstler der Generation Buthes ziehen daraus die Konsequenz, das Bild über sich selbst hinauszutreiben. So lässt die Pop-Art die Realität als Motiv oder Gegenstand ins Kunstwerk eindringen. Andere Richtungen erweitern das Gemälde in den Raum von Betrachterin und Betrachter. In dieser Strömung stellt Buthes Frühwerk eine ganz eigenständige Position dar. Mit Aktionen, die an die gestische Malerei von Abstraktem Expressionismus und Informel erinnern, zerreißt er die Fläche seiner monochromen Stoffbilder wie *My Love to Étienne*. Dadurch konfrontiert er die amorphen Tuchbahnen nicht nur mit der geometrischen Strenge des jeweils dahinterliegenden Keilrahmens, sondern auch mit der Wand und so mit dem realen Raum. Diese Verschränkung von Amorphem und Geometrischem stellt eine für Buthe in den folgenden Jahrzehnten typische Verzahnung von Gegensätzen dar. (HS)

1 Michael Buthe um 1970, in: Rolf-Gunter Dienst, *Deutsche Kunst – Eine neue Generation*, Köln 1979, o. S.

"1. What interested me was the space as object, not the object as an individual piece.
2. The relation of the object to itself interested me: the space of the individual piece opening up into the real space that surrounds it (torn boxes, by which I exposed their construction).
3. The wall interested me: the picture on the wall. "Picture" is meant in the metaphorical sense here. I am trying to reformulate the idea of the picture using the means of the material."[1]

When Michael Buthe began his career as an artist in the early nineteen-sixties, European and American painting had, in a sense, come to an end. On modern art's supposedly predetermined path toward ever-increasing autonomy, art parted with the simple depiction of visible reality around 1900. Then, during the interwar period, constructive and concrete tendencies liberated art from any spiritual charge by reducing it to its inherent means of color, plane, and form. Finally, the art of the early sixties extended these trends to monochromatism and minimalism—and it seemed impossible to take it a step further. The artists of Buthe's generation concluded from this that the picture had to be driven beyond itself. For example, Pop Art causes reality, in the form of a motif or object, to penetrate the work of art. Other movements expanded the painting into the viewer's space. Within this current, Buthe's early work represents a very original position. With actions that recall the gestural painting of Abstract Expressionism and Art Informel, he tore apart the plane of his monochrome fabric paintings such as *My Love to Étienne*. In the process, he confronted the amorphous lengths of cloth not only with the geometric rigor of the stretcher behind them but also with the wall and hence with real space. This intertwining of the amorphous and the geometric represented a dovetailing of opposites that was typical of Buthe's work in the years that followed. (HS)

1 Michael Buthe, ca. 1970, trans. from Rolf-Gunter Dienst, *Deutsche Kunst: Eine neue Generation* (Cologne, 1979), unpaginated.

Abb. S. Ill. pp. 172/173 *My Love to* Étienne 1969 (Kat. cat. 16) Ohne Titel Untitled um ca. 1970 (Kat. cat. 25)

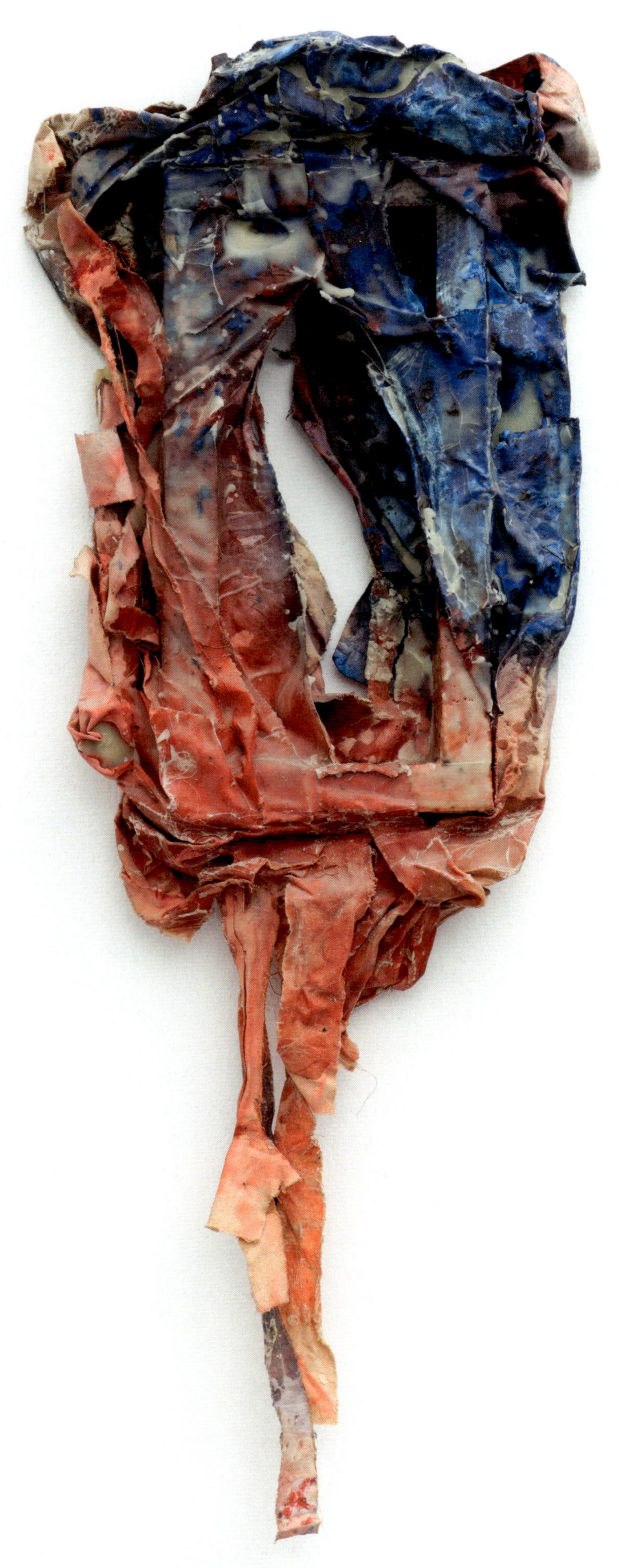

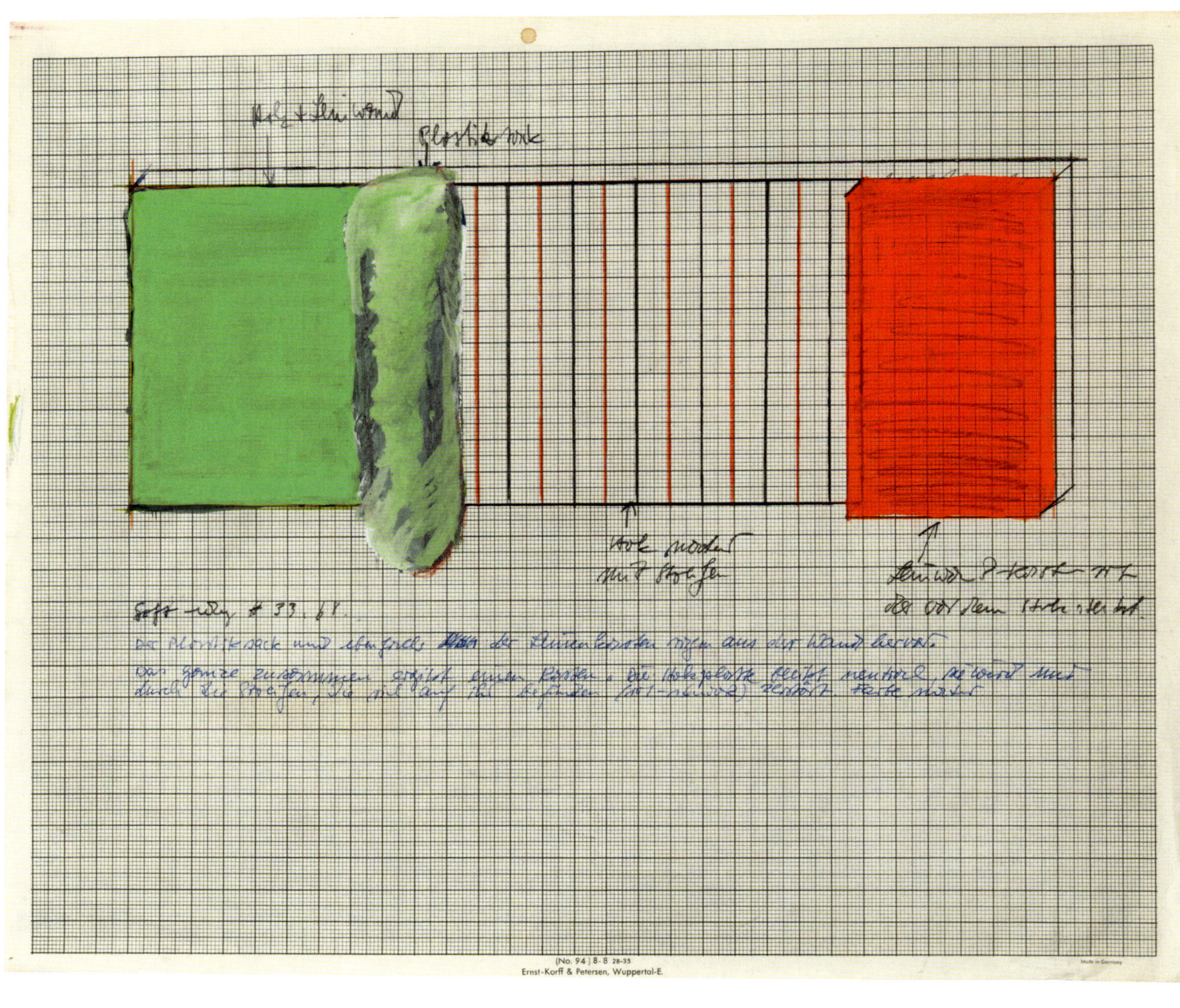

Soft Edge # 33 1968 [Kat. cat. 11]

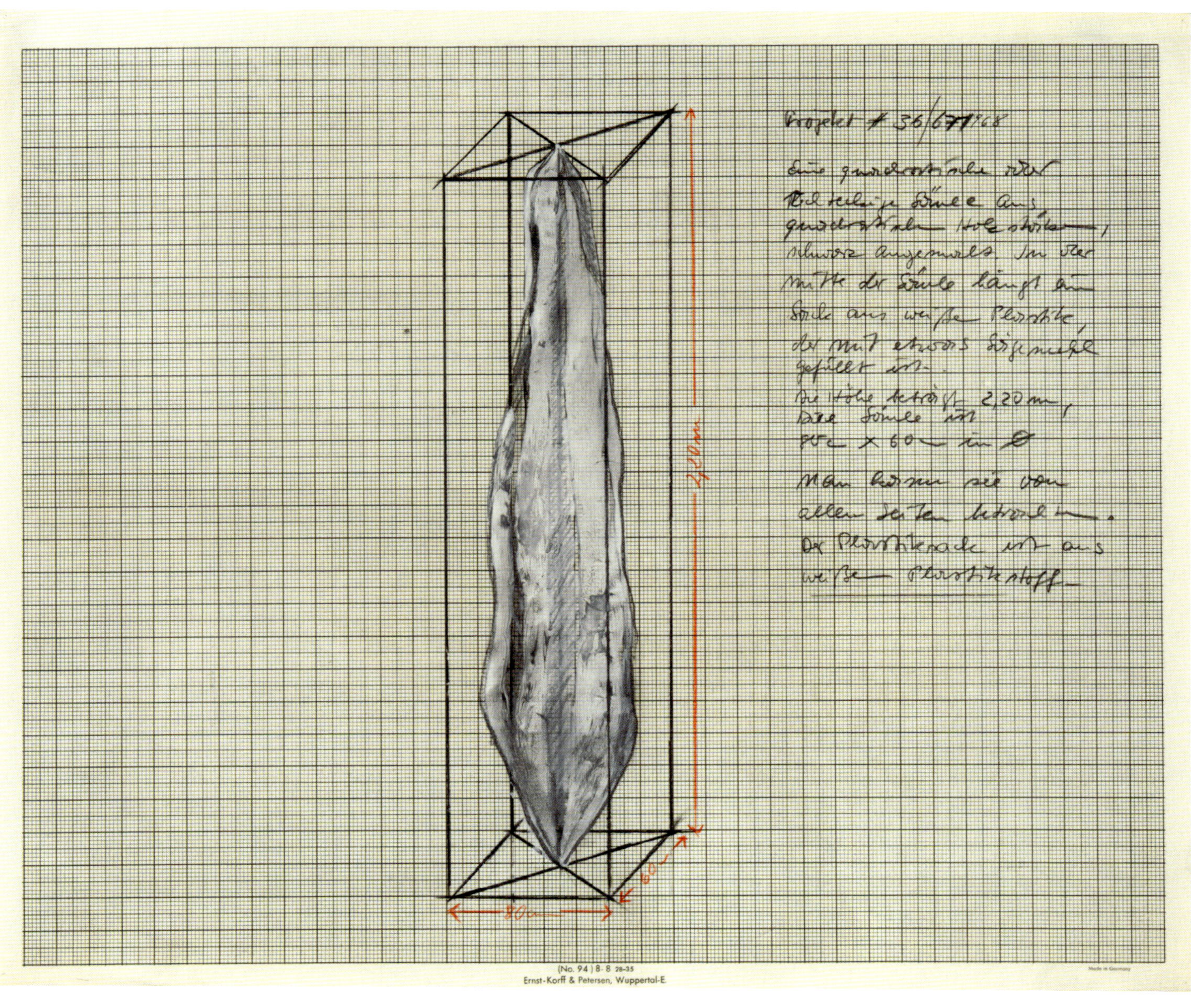

Projekt # 36 *Project # 36* 1968 (Kat. cat. 10)

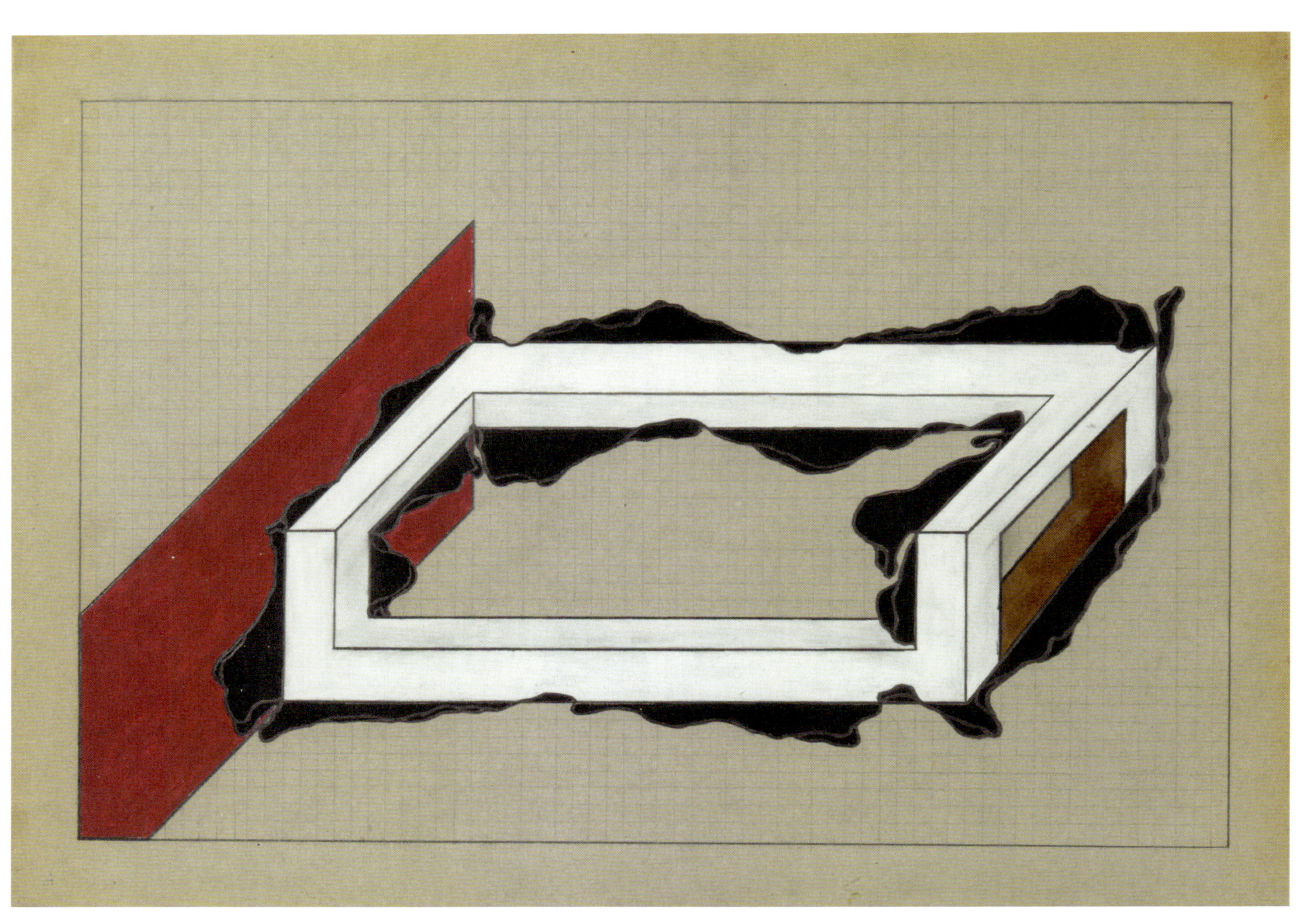

Objektentwurf Object Design 1968 (Kat. cat. 5)

Ohne Titel Untitled 1967 (Kat. cat. 3)

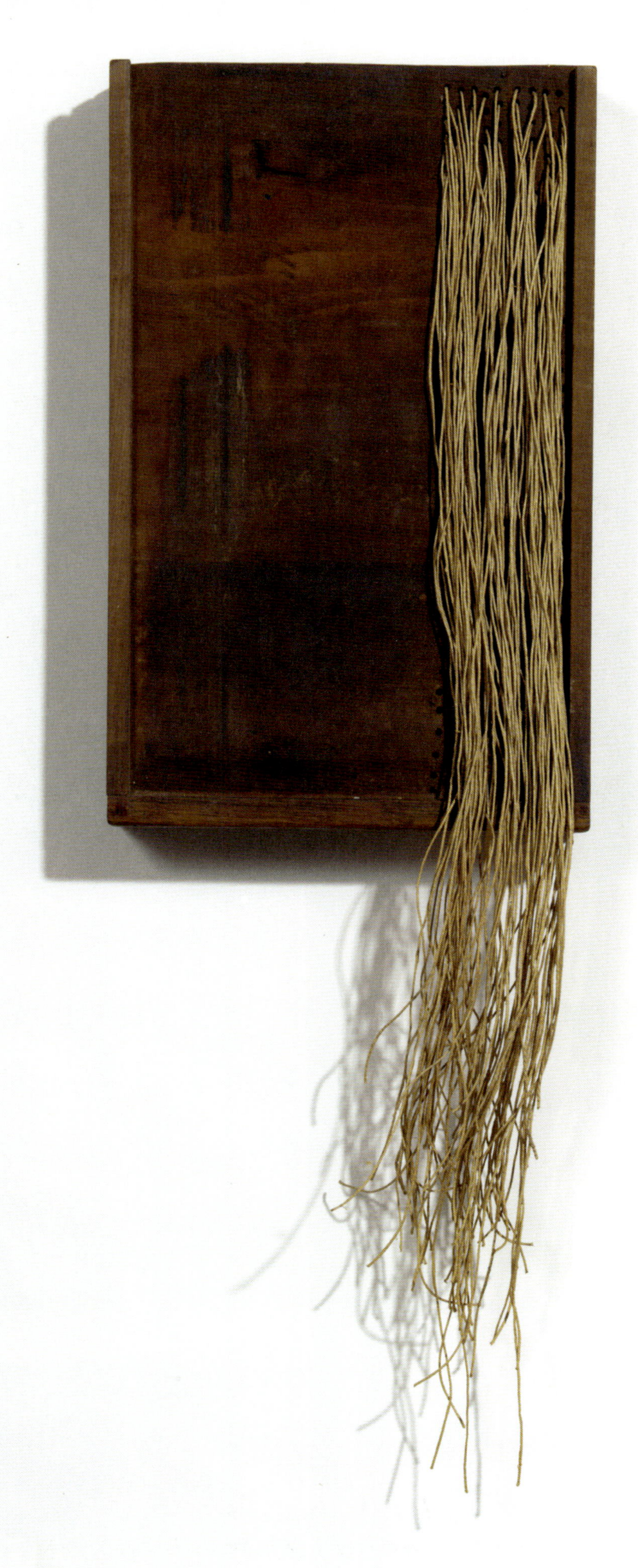

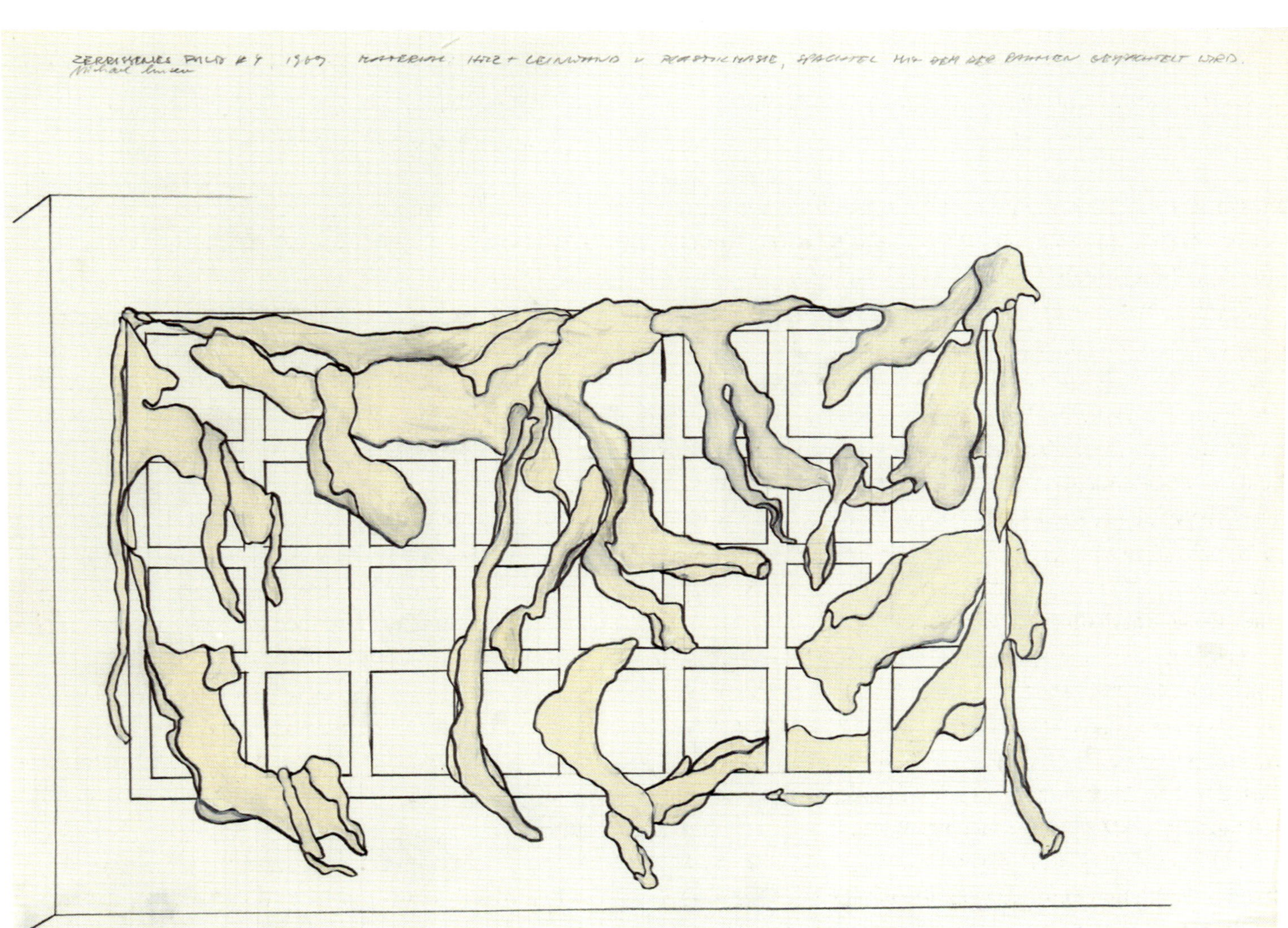

Entwurf für *Zerrissenes Bild # 4* Sketch for *Torn Painting # 4* 1969 (Kat. cat. 14)

Entwurf für *Zerrissenes Bild # 4* 1969

»[…] mit den Mitteln des Materials den Gedanken Bild neu formulieren.«[1]

Die vorliegende Arbeit auf Papier gehört zu einer Werkgruppe von Entwürfen, die Michael Buthe für seine Serie von Stoffbildern anfertigt. Diese Stoffbilder bestehen zwar wie herkömmliche Tafelbilder aus bemalter oder unbemalter Leinwand und einem Holzrahmen, ermöglichen aber Künstler und Publikum eine neue Bildwahrnehmung. Die Materialität – Stoff und Holz – rückt in den Vordergrund, der Bildinhalt in den Hintergrund. Die Spuren von Buthes künstlerischer Arbeit sind die Risse im Stoff. Räumlichkeit entsteht nicht durch eine gemalte Perspektive, sondern durch die verschiedenen Stoffschichten und das Verhältnis dieser zu Wand und Raum. Der Sammlungskonservator des Kunstmuseums Luzern Jean-Christophe Ammann nennt die Bilder 1974 eine »Reise innerhalb des Materials selbst«[2].

Folgt man Ammann in der Annahme, dass Buthes Werk sich 1974 in die Stationen Räume – Geschichten – Reisen einteilen lässt, dann sind diese Entwurfszeichnungen die ersten wirklichen Schritte in der ersten Station. Buthe experimentiert in diesen frühen Zeichnungen sehr detailliert und gründlich mit den räumlichen Möglichkeiten eines Bildes.

Der Entwurf zeigt ein Holzgitter mit organisch wirkenden Stofffetzen. Diese winden oder schlingen sich wie Efeu rund um den Rahmen und ergeben sinnliche und beinahe zufällige Formen. Daneben spielt die technische Realisierbarkeit einer solchen Arbeit bei der Skizze eine ebenso große Rolle. In der Notiz findet sich dementsprechend der Hinweis auf einen »Spachtel mit dem die Leinwand gespachtelt wird«. Der technische Charakter wird durch das bei einigen Zeichnungen verwendete eng karierte Papier zusätzlich unterstrichen. Die Gegenüberstellung von Entwürfen auf Papier und den realisierten Stoffbildern lässt interessante Schlüsse zur Entwicklung von Buthes Werk zu. Ammann erkannte dies schon 1974. (DM)

1 Michael Buthe im Gespräch mit Marietta Franke, in: Marietta Franke, *Der absurde Blick. Künstlerische Entwicklungsfähigkeit, Spiritualität und Abstraktion bei Michael Buthe*, Frankfurt am Main 2010, S. 60.

2 Jean-Christophe Ammann im Ausstellungsordner *1974: MICHAEL BUTHE, Aus dem Kunstbesitz Stadt und Kanton, ART & LANGUAGE*, 1974, Stadtarchiv Luzern, Eigentum Kunstmuseum Luzern.

Sketch for *Torn Painting # 4* 1969

"... reformulating our concept of what a painting is through the use of material."[1]

This sketch belongs to a group of designs that Michael Buthe prepared for his series of fabric paintings. Although entailing the ordinary media of painted or unpainted canvas and a wooden frame, these fabric paintings offered a new perceptual situation for the artist and the viewer. The materiality—fabric and wood—comes to the fore, while the content recedes into the background. The tears in the fabric form the traces of Buthe's working process. A sense of space is not generated through painted perspective but through the different layers of the fabric and the relationship between the fabric and the wall and the room. The conservator of the Kunstmuseum Luzern, Jean-Christophe Ammann, described the images in 1974 as a "journey within the material itself."[2]

If one agrees with Ammann's assessment that Buthe's work from 1974 can be grouped in the themes of spaces, stories, and journeys, then these sketches can be considered the initial real steps toward the first. In these early drawings, Buthe experimented rigorously and extensively with the three-dimensional potential of the image.

The work shows a wooden grid with organic-looking scraps of fabric. These are wound and twirled around the frame like ivy and result in sensuous and almost random forms. The technical feasibility of such a work also played an important role. In the artist's notes is thus a reference to the "palette knife used to coat the canvas." The tiny grid of the graph paper used by the artist for a number of drawings further underscores this technical element. The juxtaposition of sketches on paper and actual fabric paintings permit a number of interesting conclusions about the development of Buthe's work. Ammann had already perceived this evolution in 1974. (DM)

1 Michael Buthe in conversation with Marietta Franke, trans. from: Marietta Franke, *Der absurde Blick: Künstlerische Entwicklungsfähigkeit, Spiritualität und Abstraktion bei Michael Buthe* (Frankfurt am Main, 2010), p. 60.

2 Jean-Christophe Ammann from the exhibition folder for *1974: MICHAEL BUTHE, Aus dem Kunstbesitz Stadt und Kanton, ART & LANGUAGE*, 1974, Stadtarchiv Luzern, property of the Kunstmuseum Luzern.

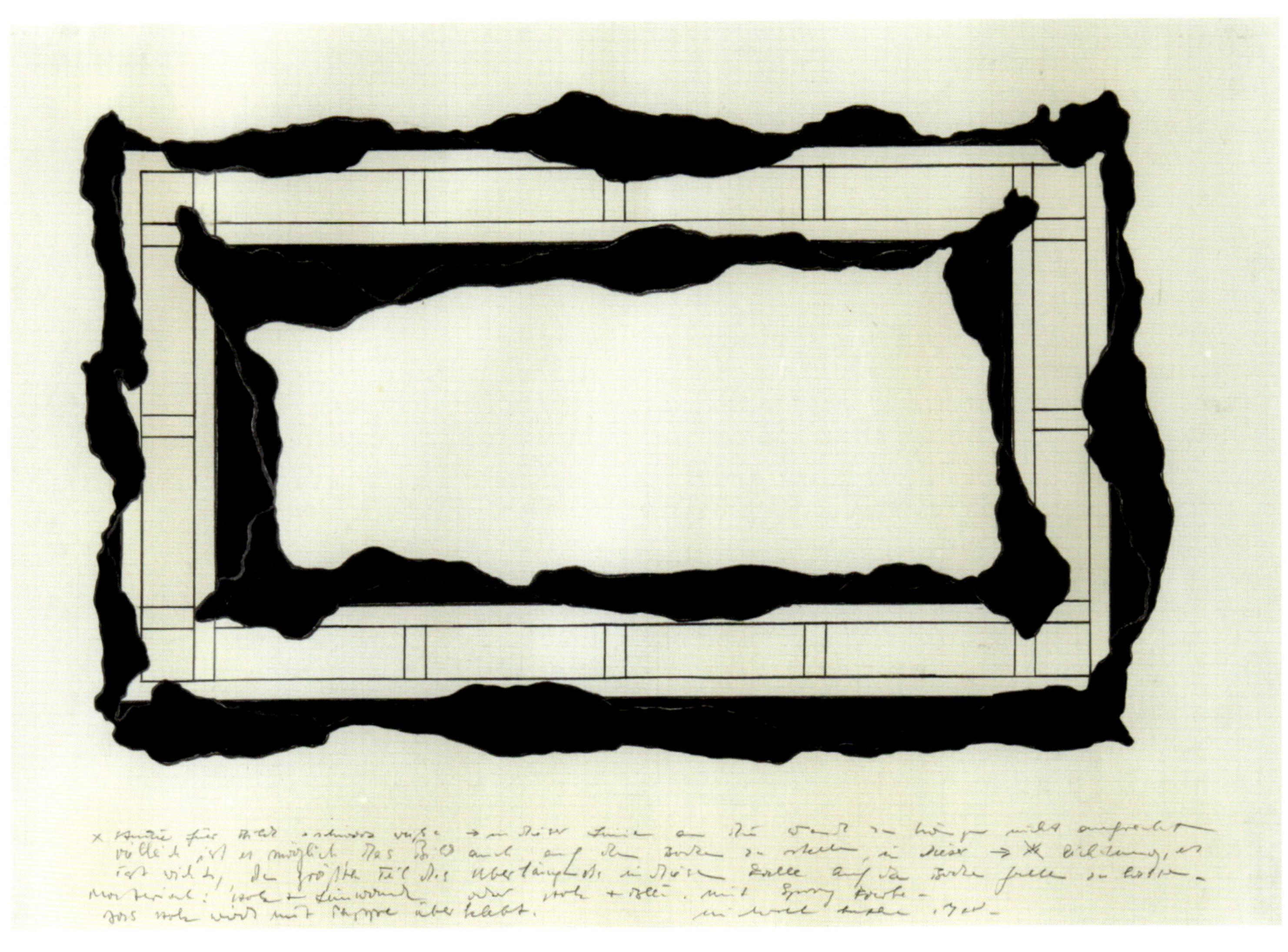

Studie für ein Bild Study for a Painting 1968 (Kat. cat. 9)

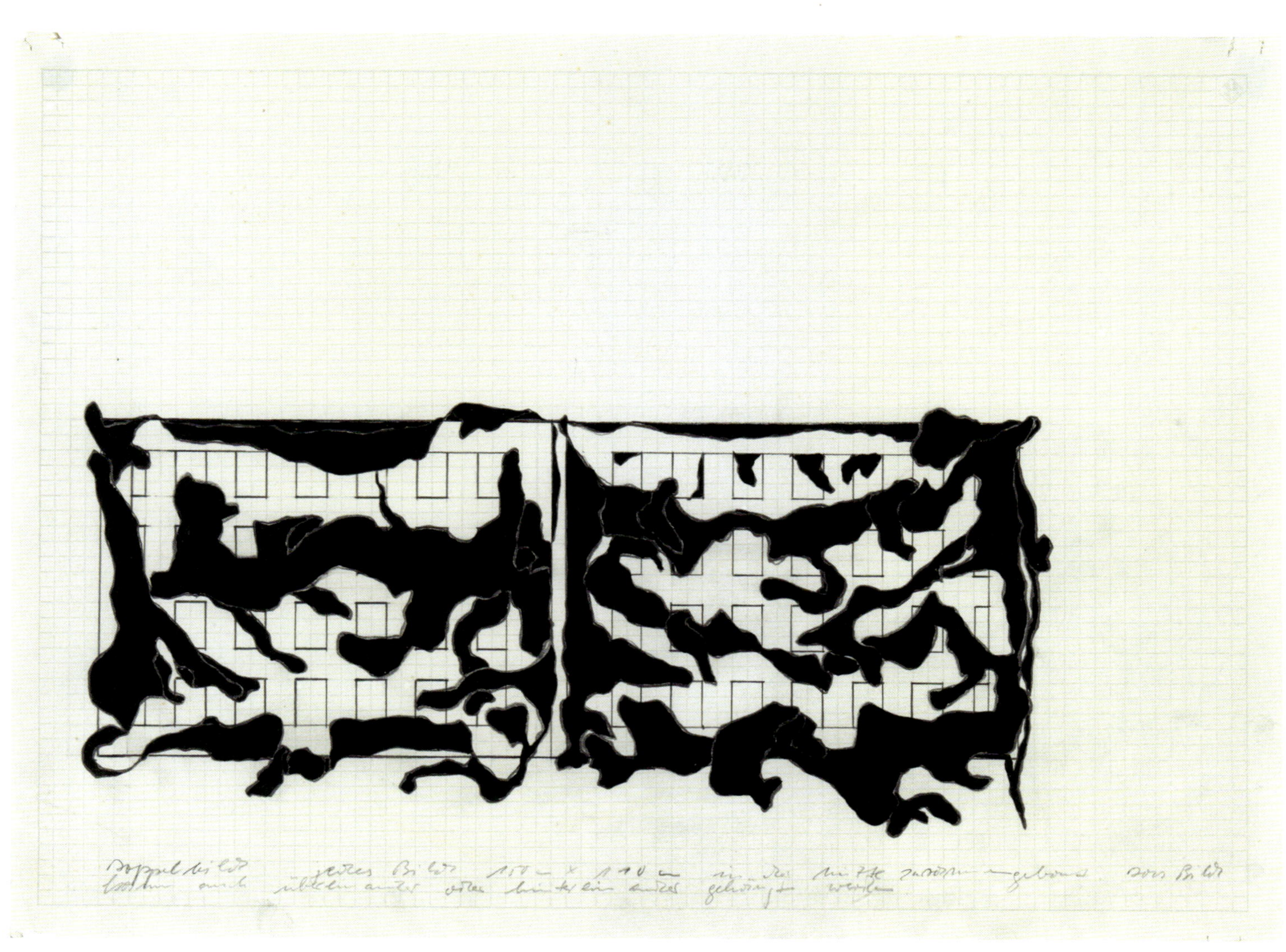

Entwurf für ein Doppelbild Sketch for a Double Image 1968 (Kat. cat. 4)

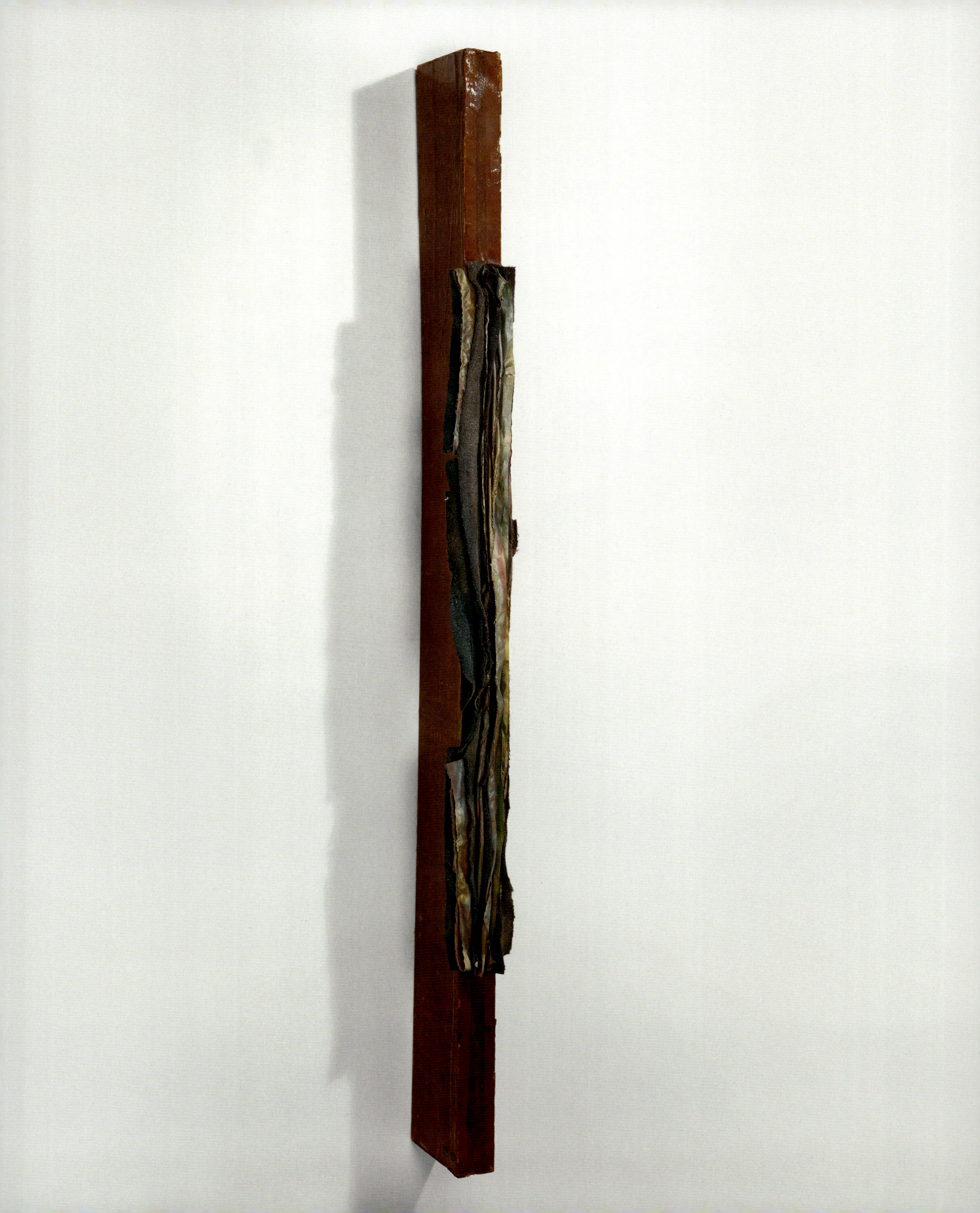

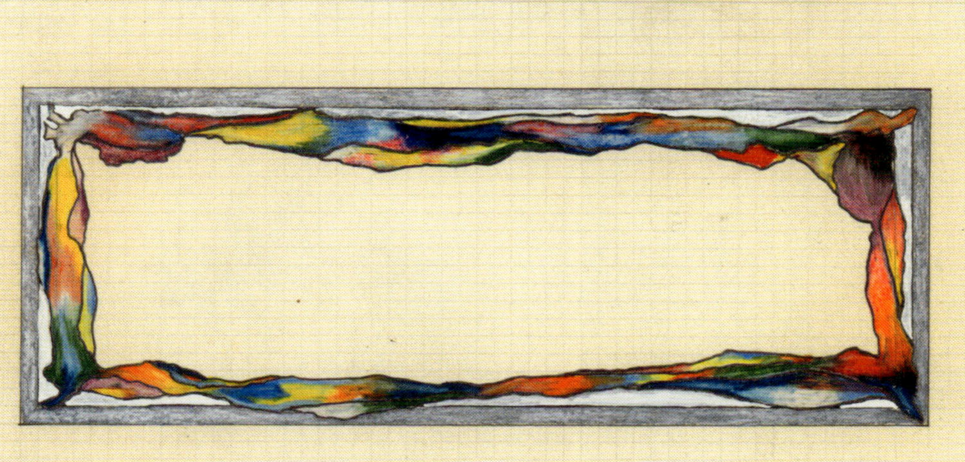

Ohne Titel Untitled 1967 (Kat. cat. 2)   Studie für ein Bild *# 1* Study for a Painting *# 1* 1968 (Kat. cat. 13)

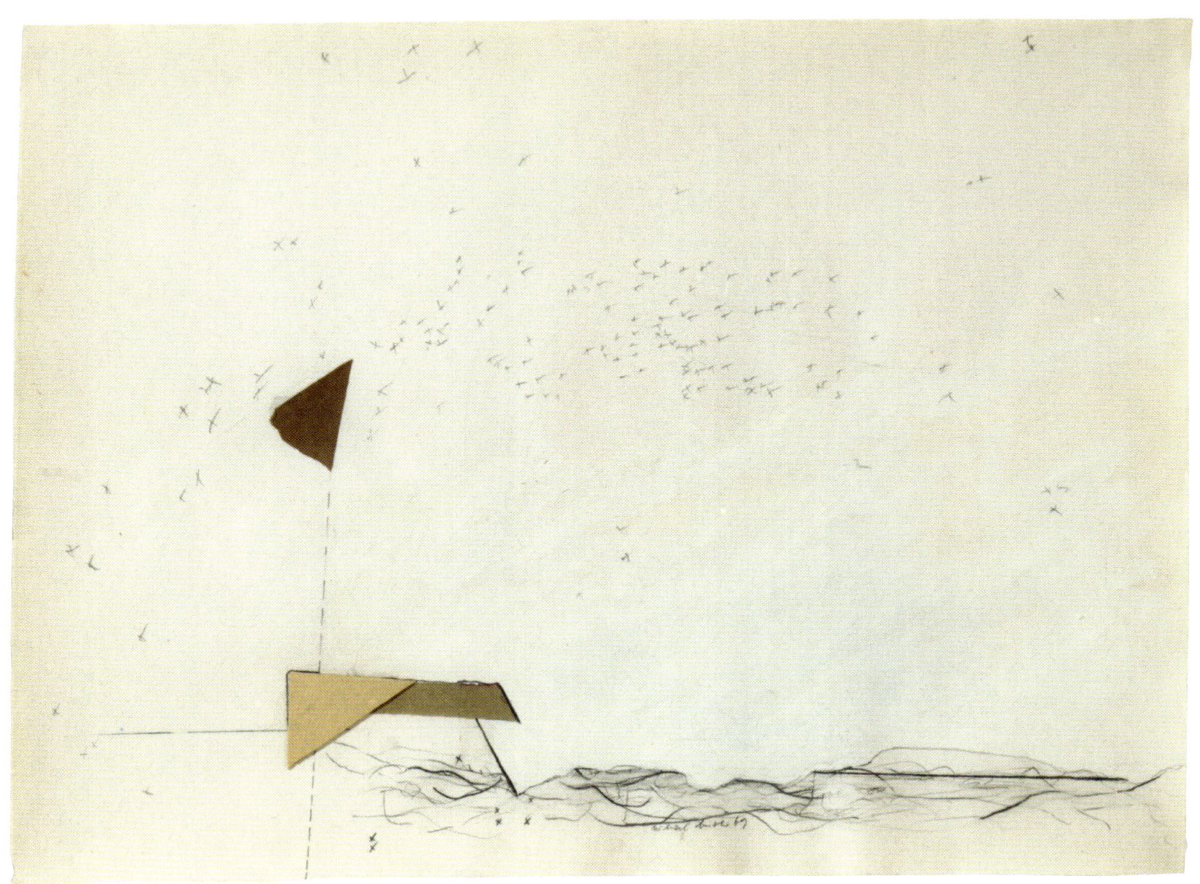

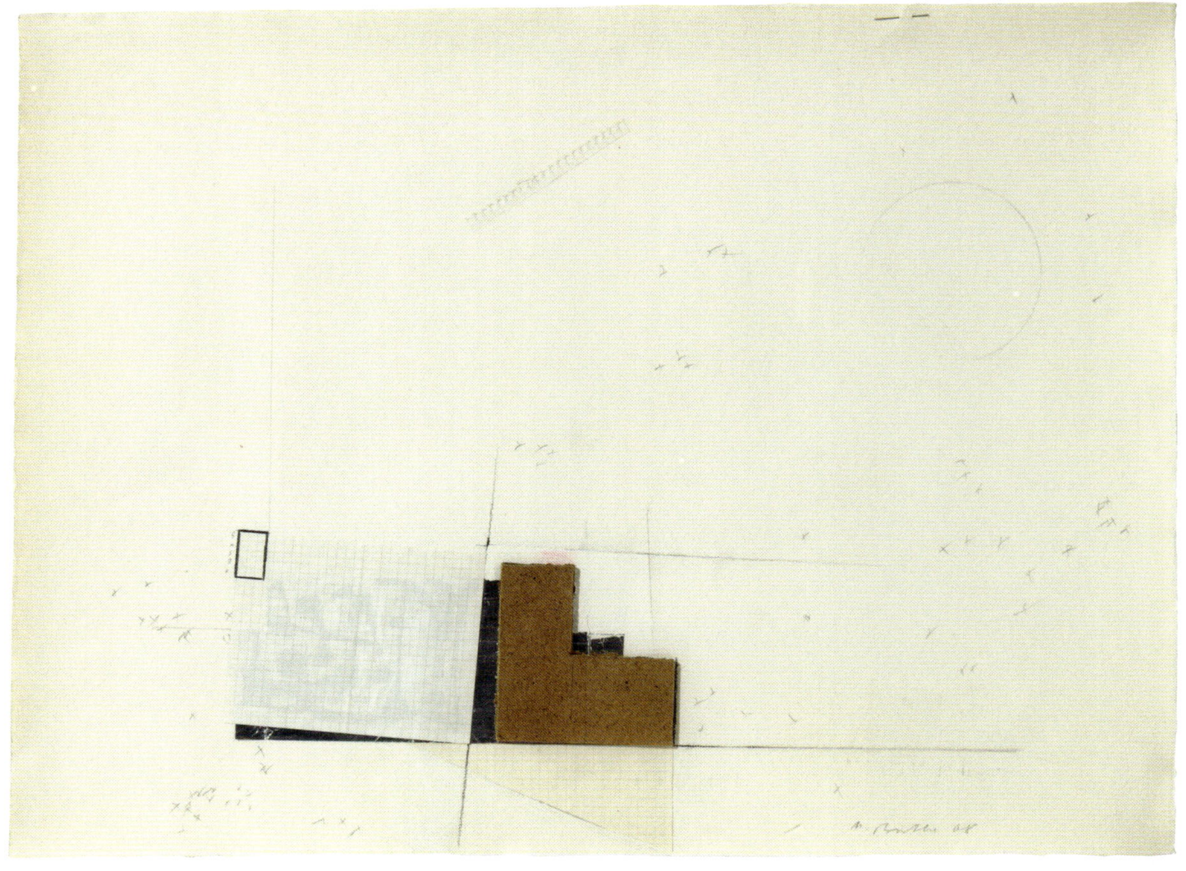

Ohne Titel Untitled 1968 (Kat. cat. 8)

Ohne Titel Untitled 1968 (Kat. cat. 6)

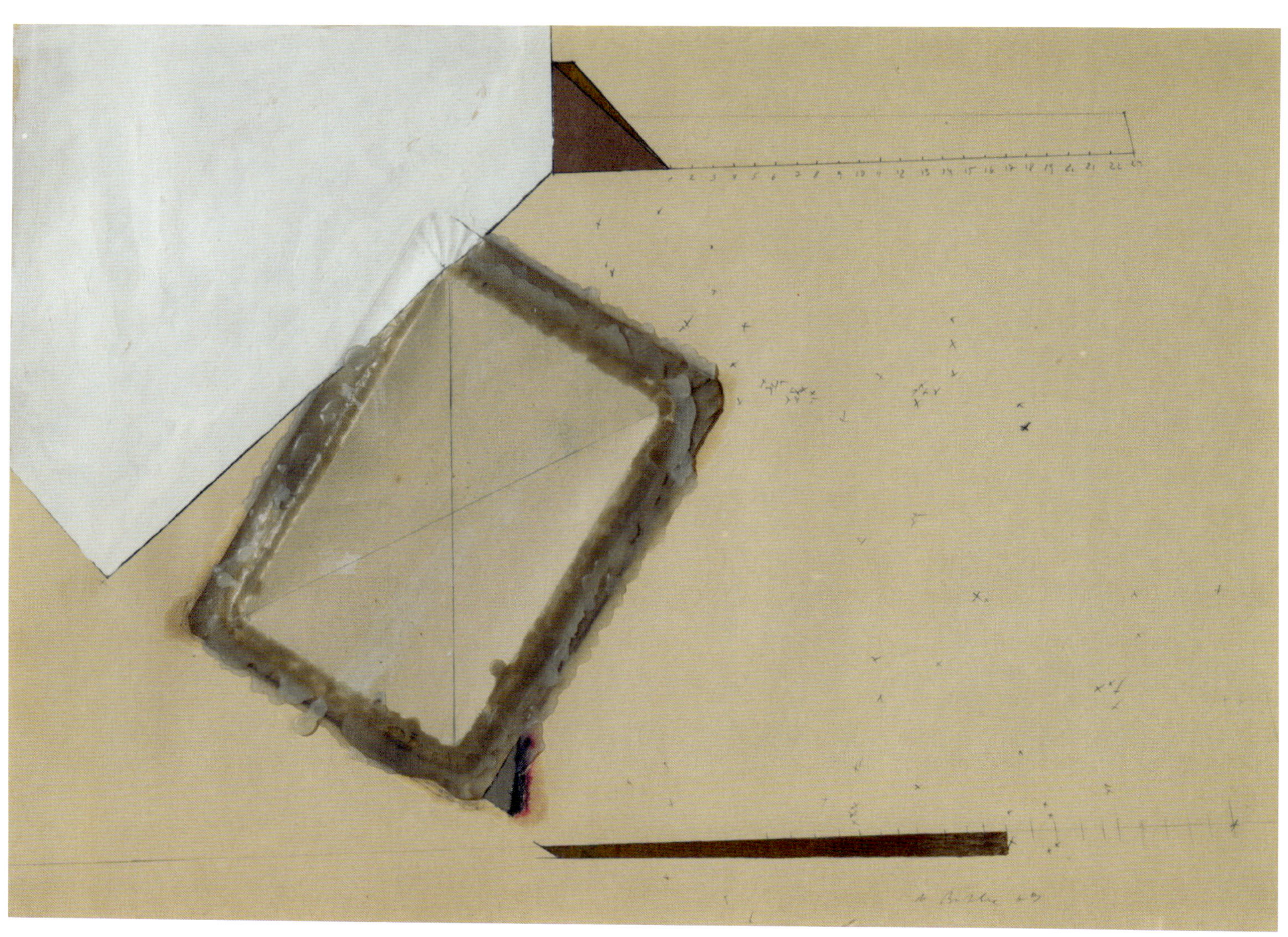

Ohne Titel Untitled 1969 (Kat. cat. 17)

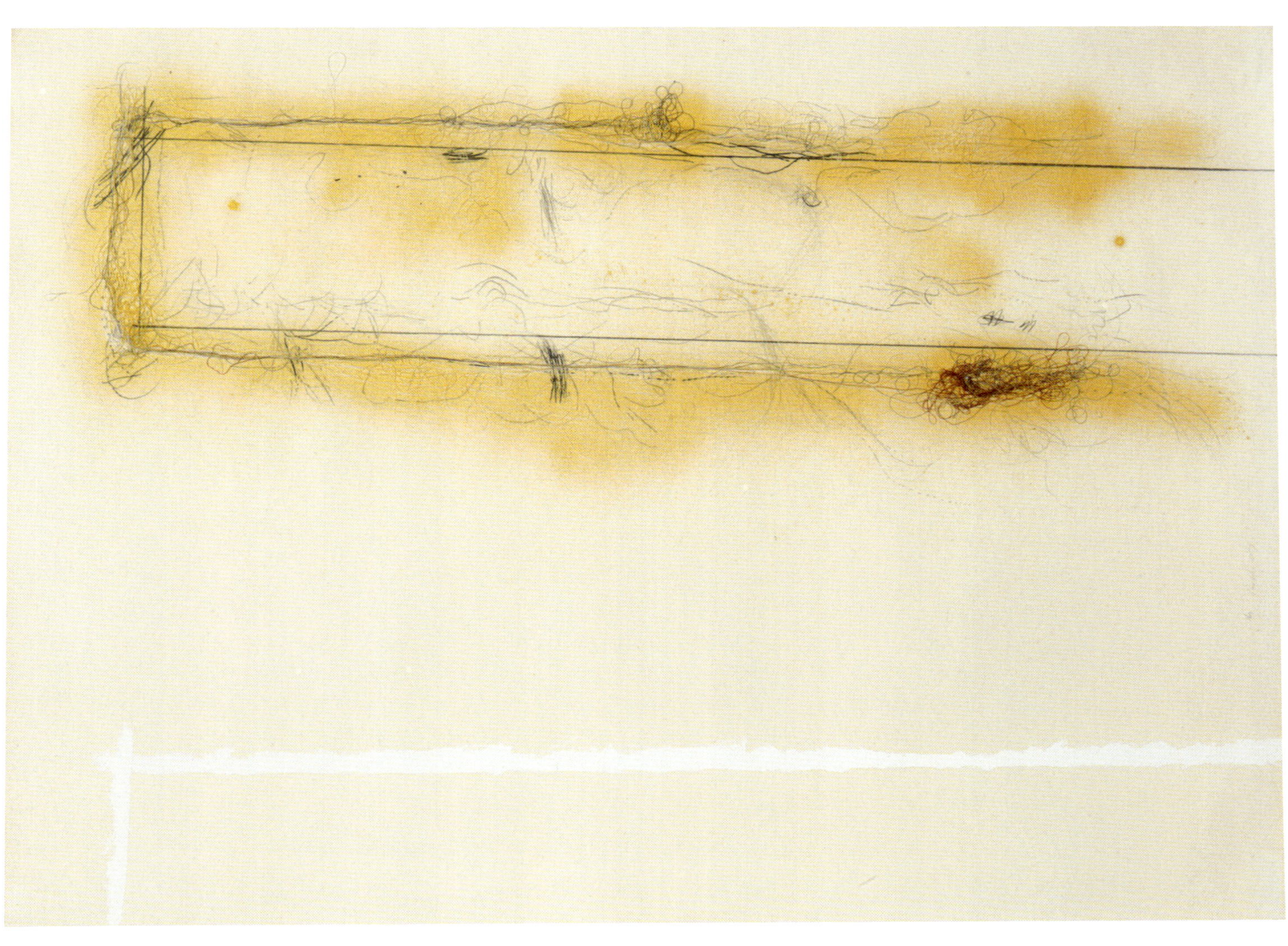

Ohne Titel Untitled 1969 (Kat. cat. 18)

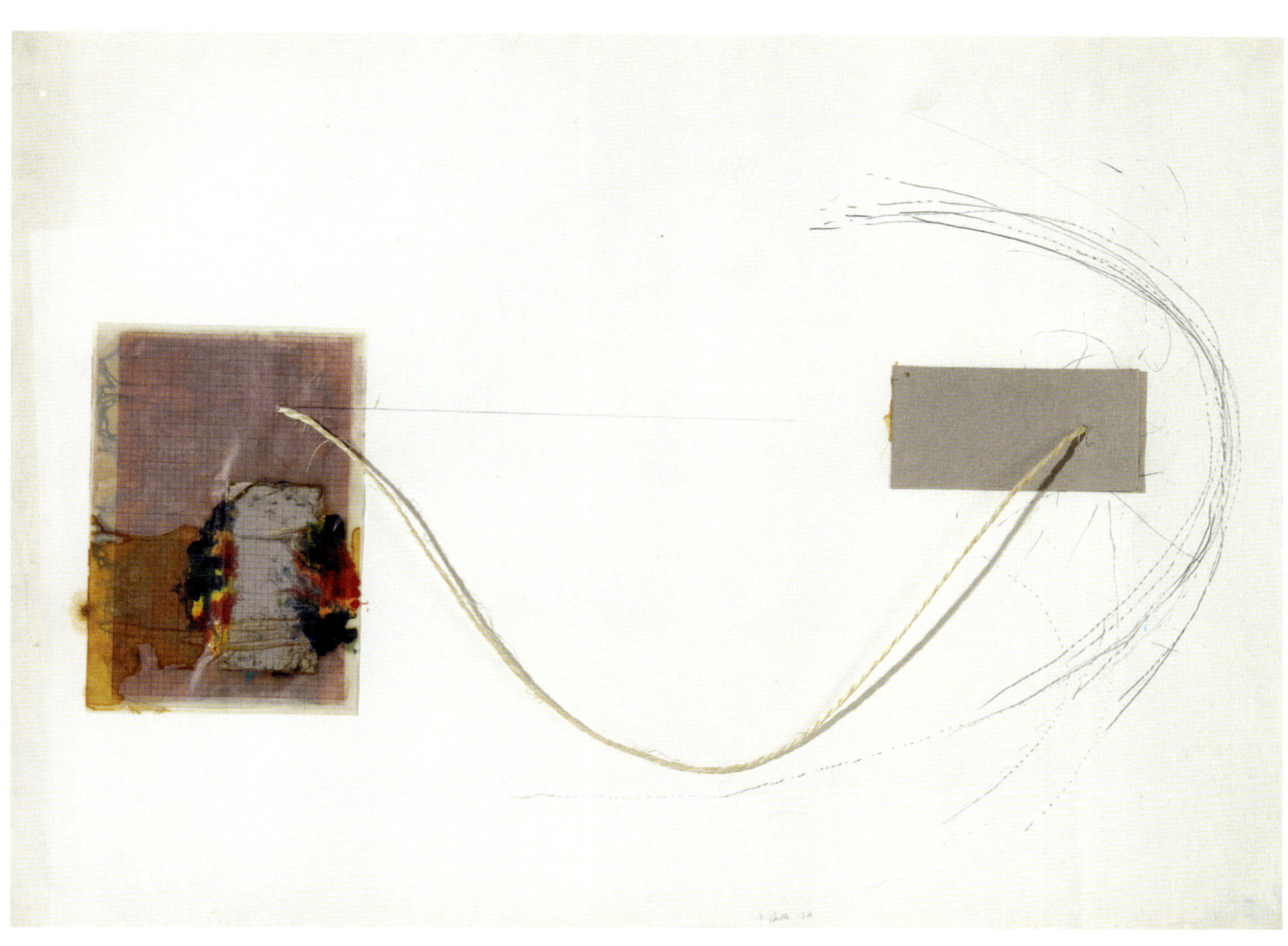

Ohne Titel Untitled 1970 (Kat. cat. 32)

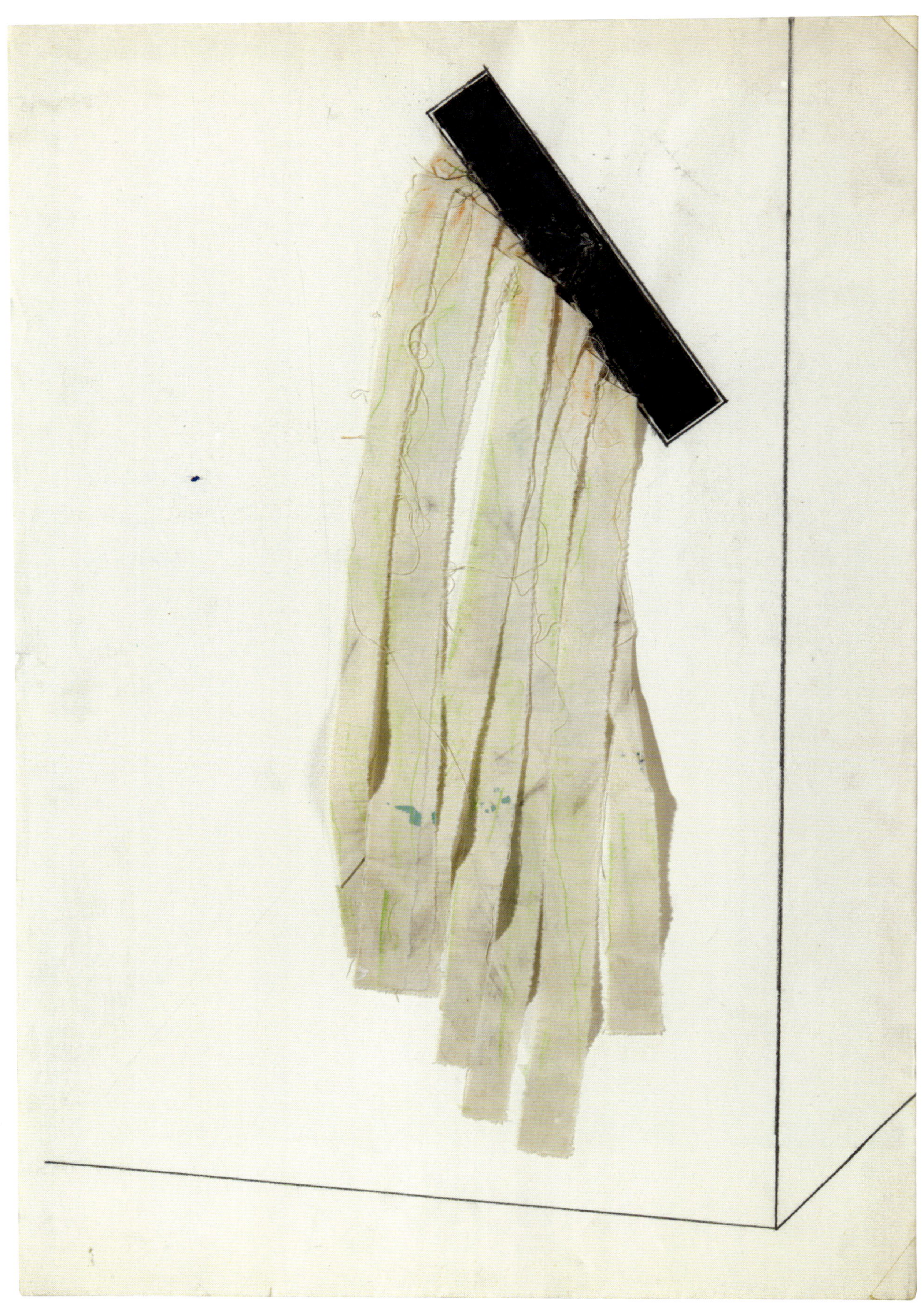

Ohne Titel Untitled 1969 (Kat. cat. 21)

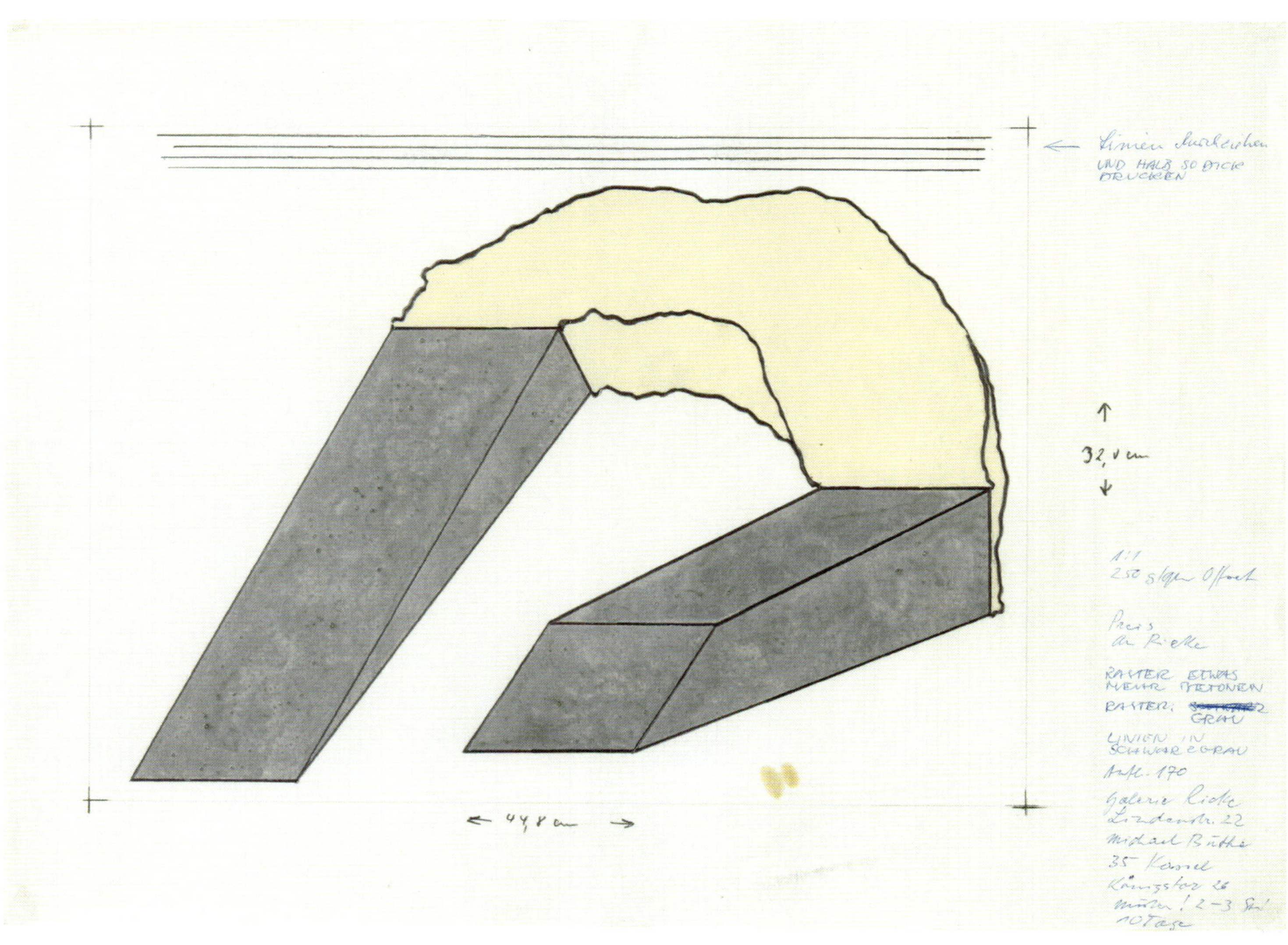

Ohne Titel (Arbeit für die Kölner *Art Fair*) Untitled (Piece for the Cologne *Art Fair*) 1968 (Kat. cat. 7)

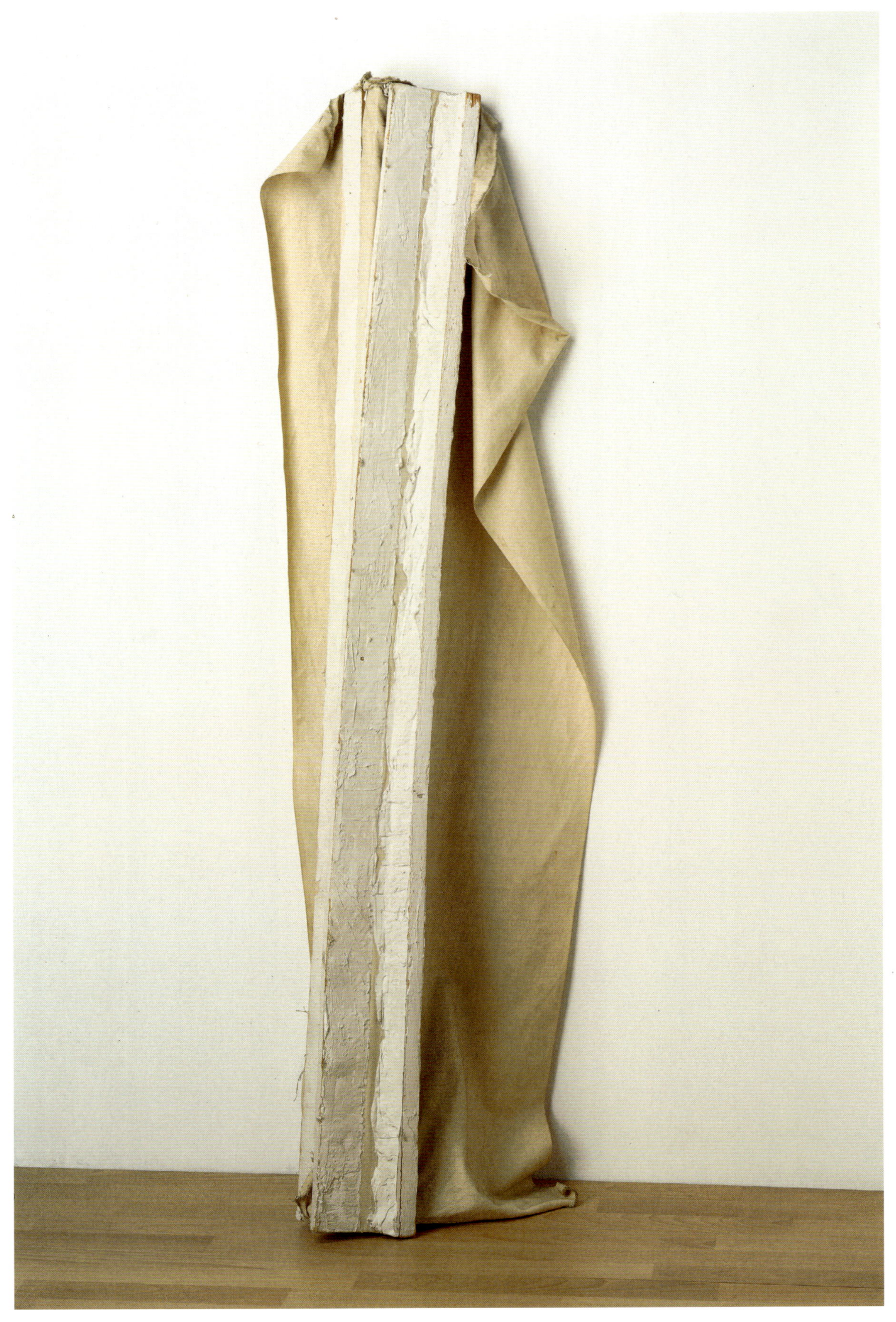

Ohne Titel Untitled 1967 (Kat. cat. 1)

Stoffbild *Fabric Painting* 1969 (Kat. cat. 23)

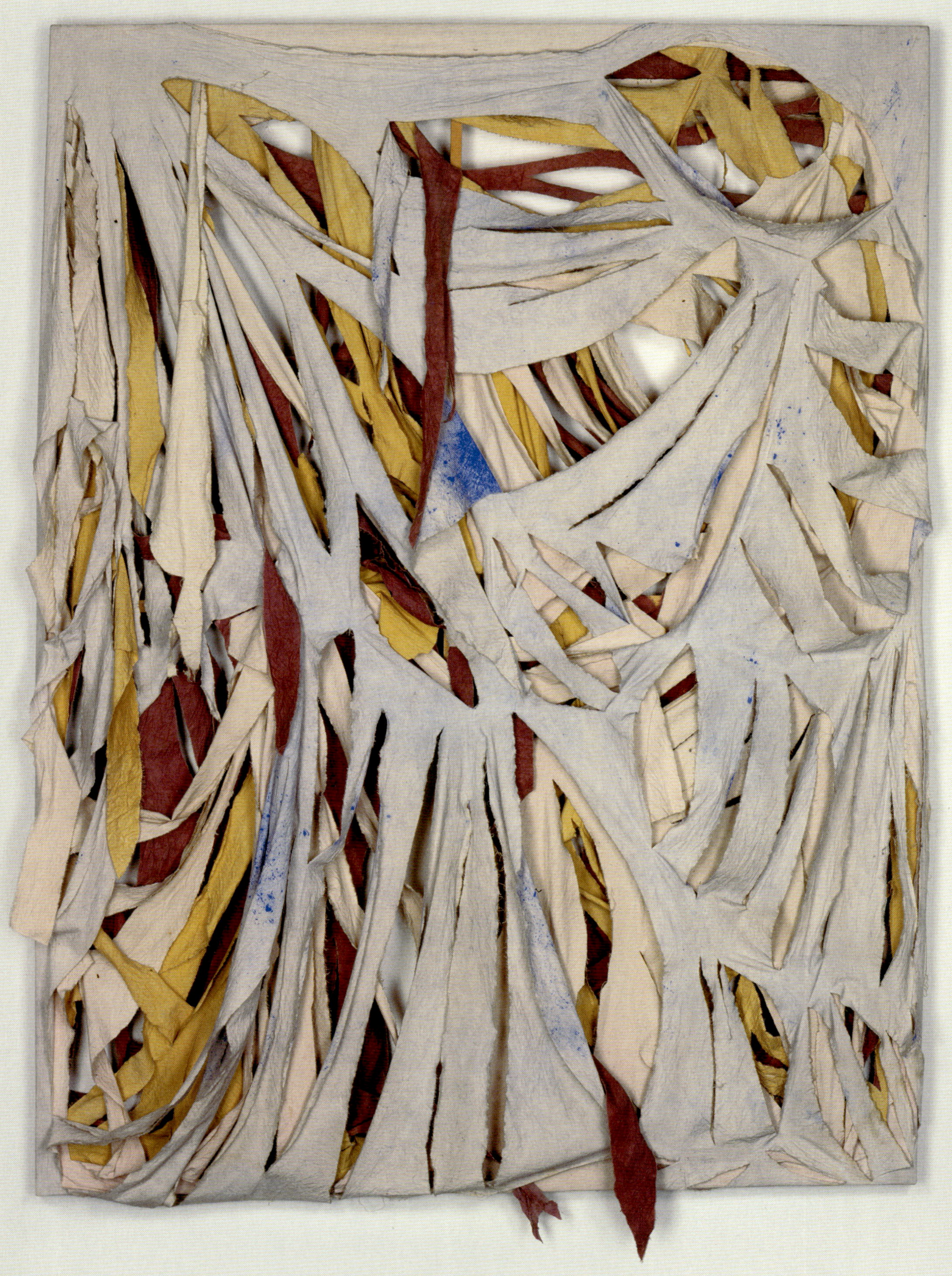

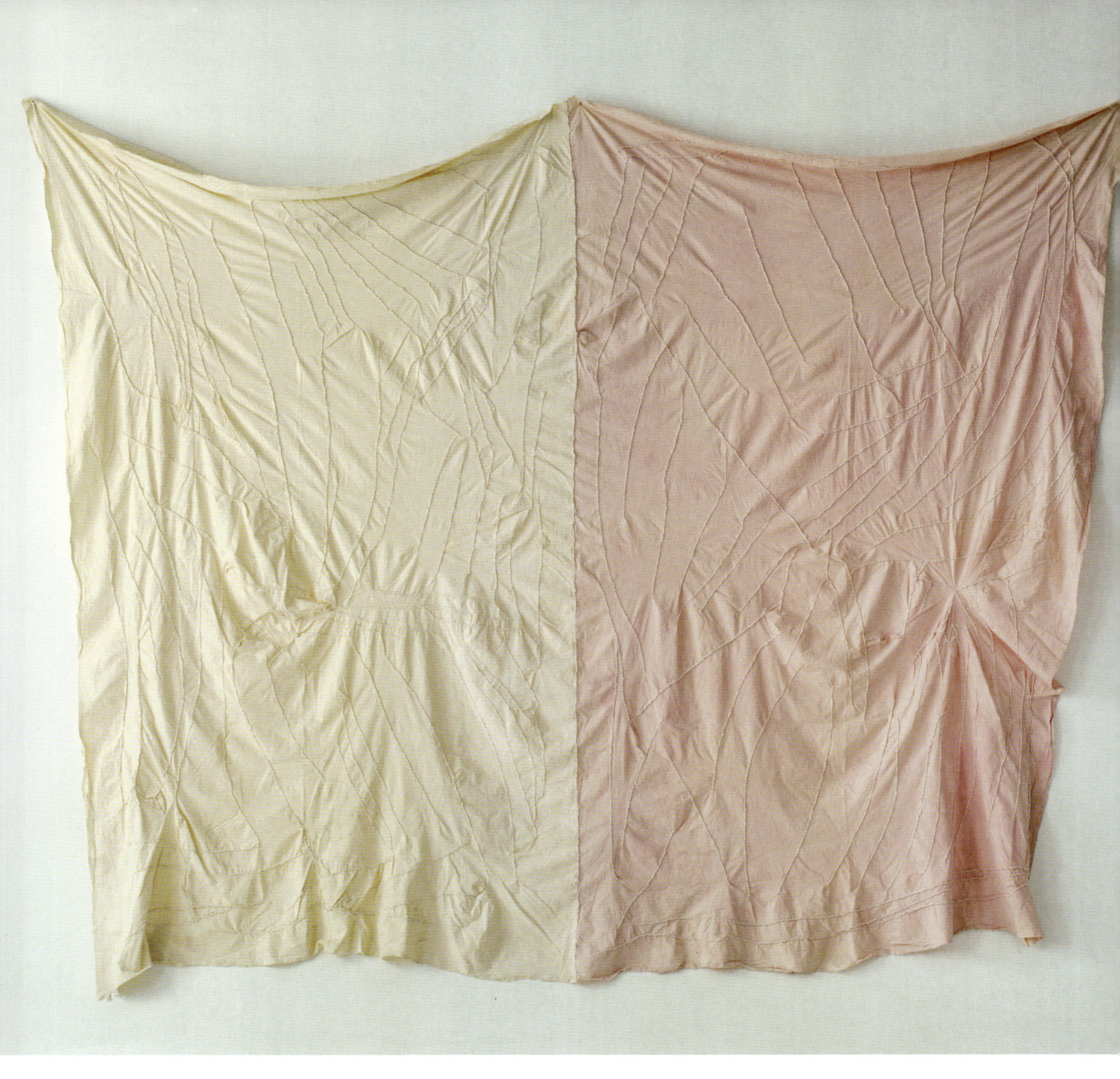

Tuch *Cloth* 1969 (Kat. cat. 24)

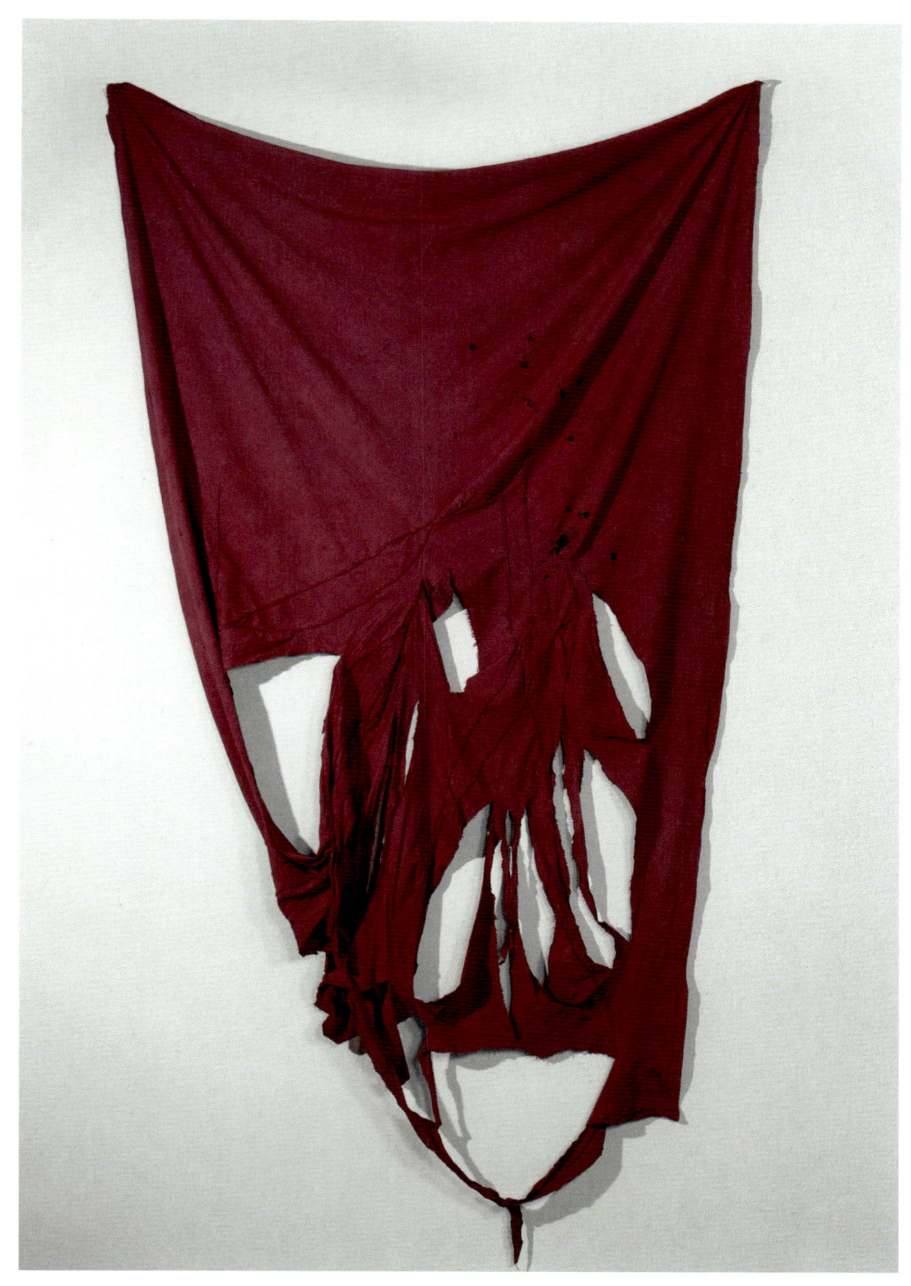

Ohne Titel Untitled 1969 (Kat. cat. 22)

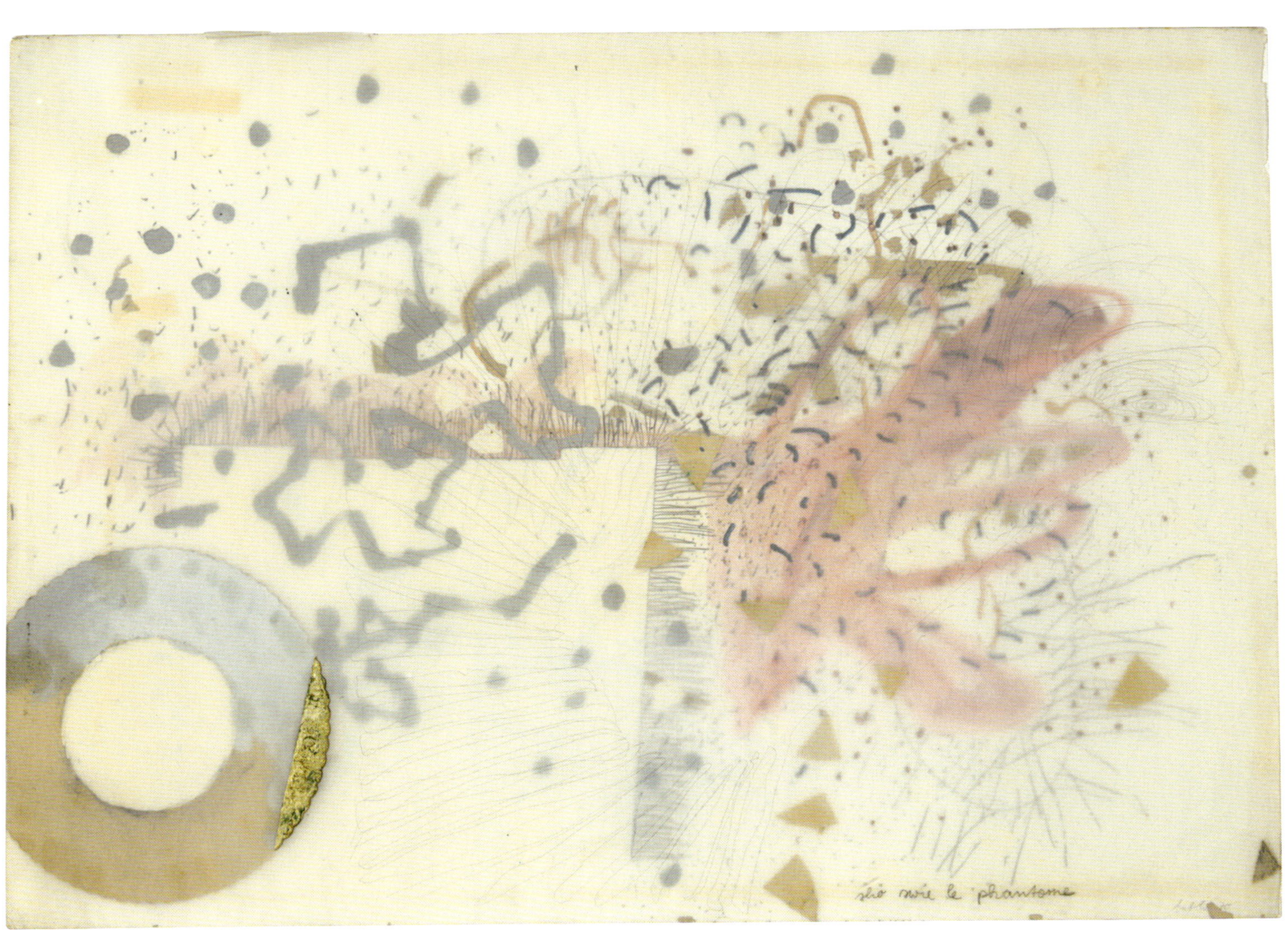

Shö swie le phantom 1970 (Kat. cat. 37)

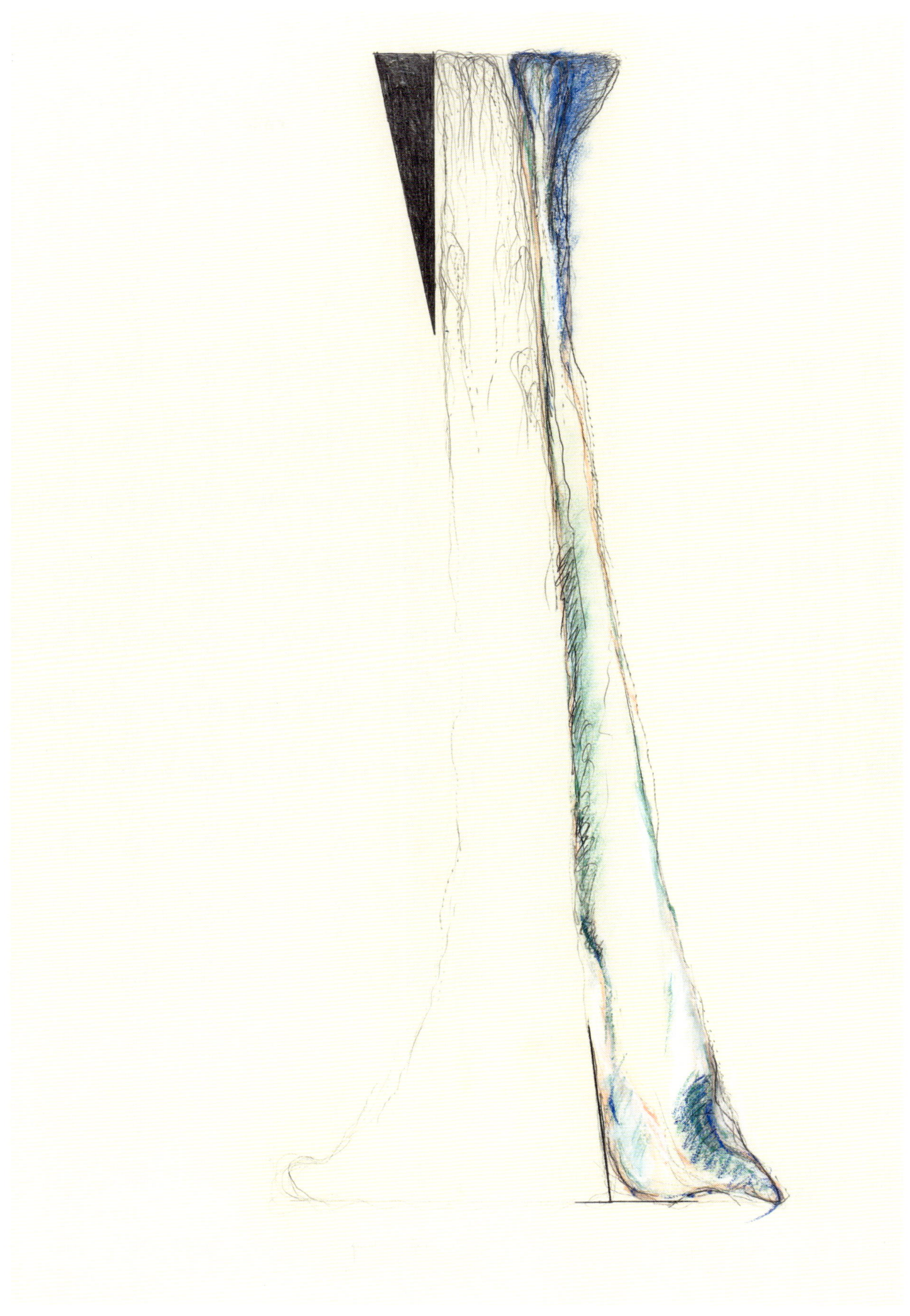

Gemaltes Tuch *Painted Cloth* 1969 (Kat. cat. 15)

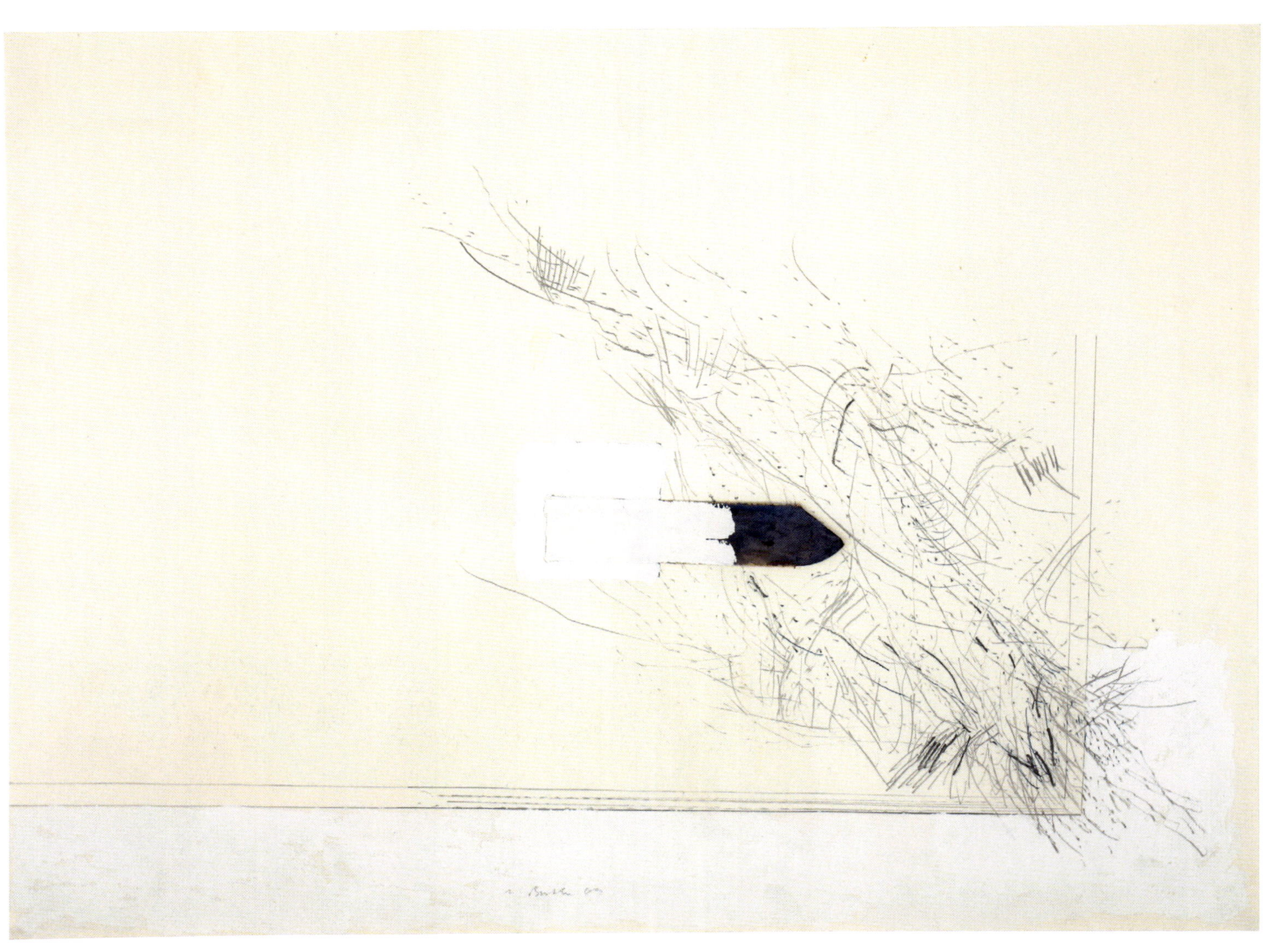

Ohne Titel Untitled 1969 (Kat. cat. 19)

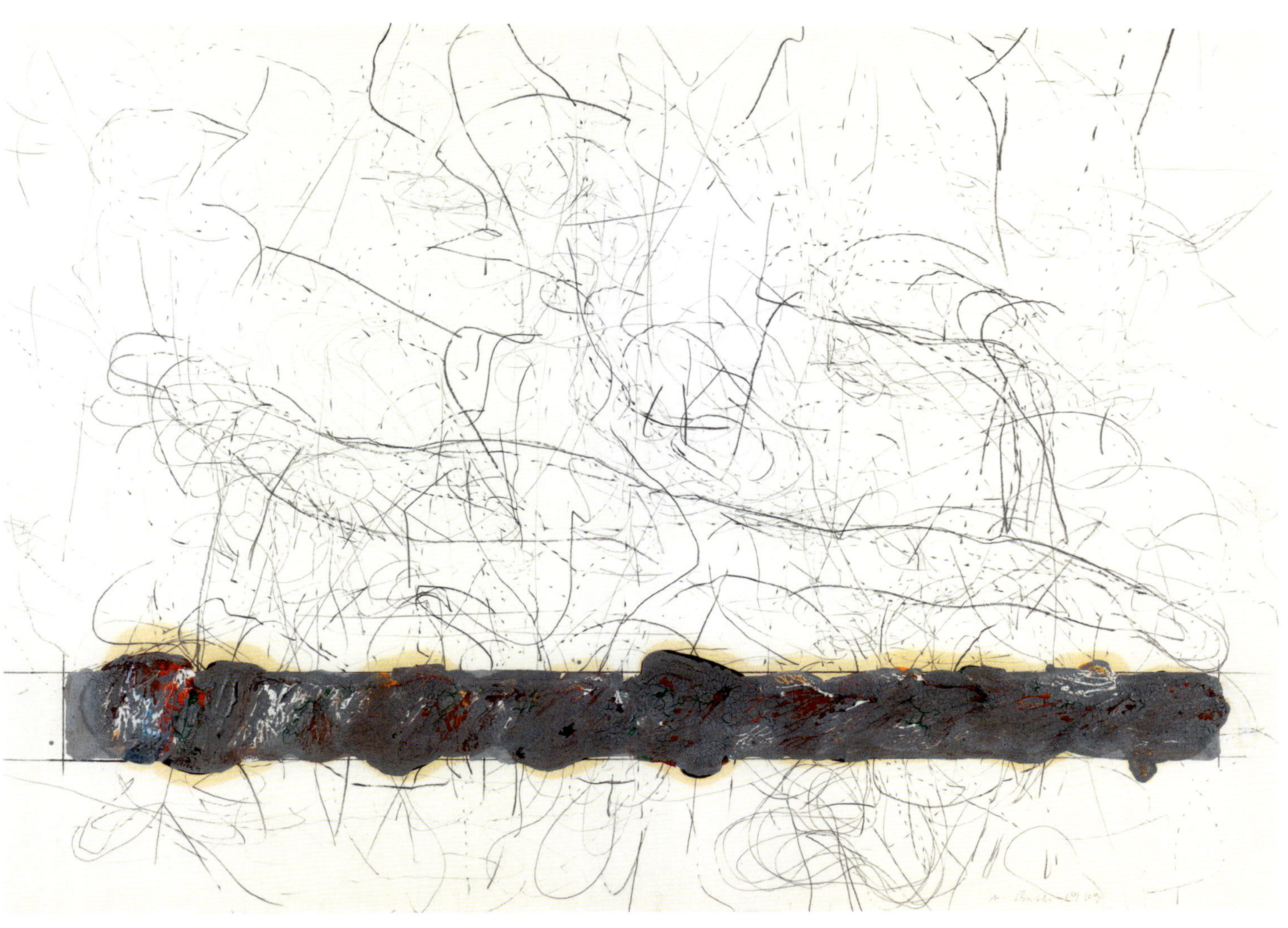

Ohne Titel Untitled 1969 (Kat. cat. 20)

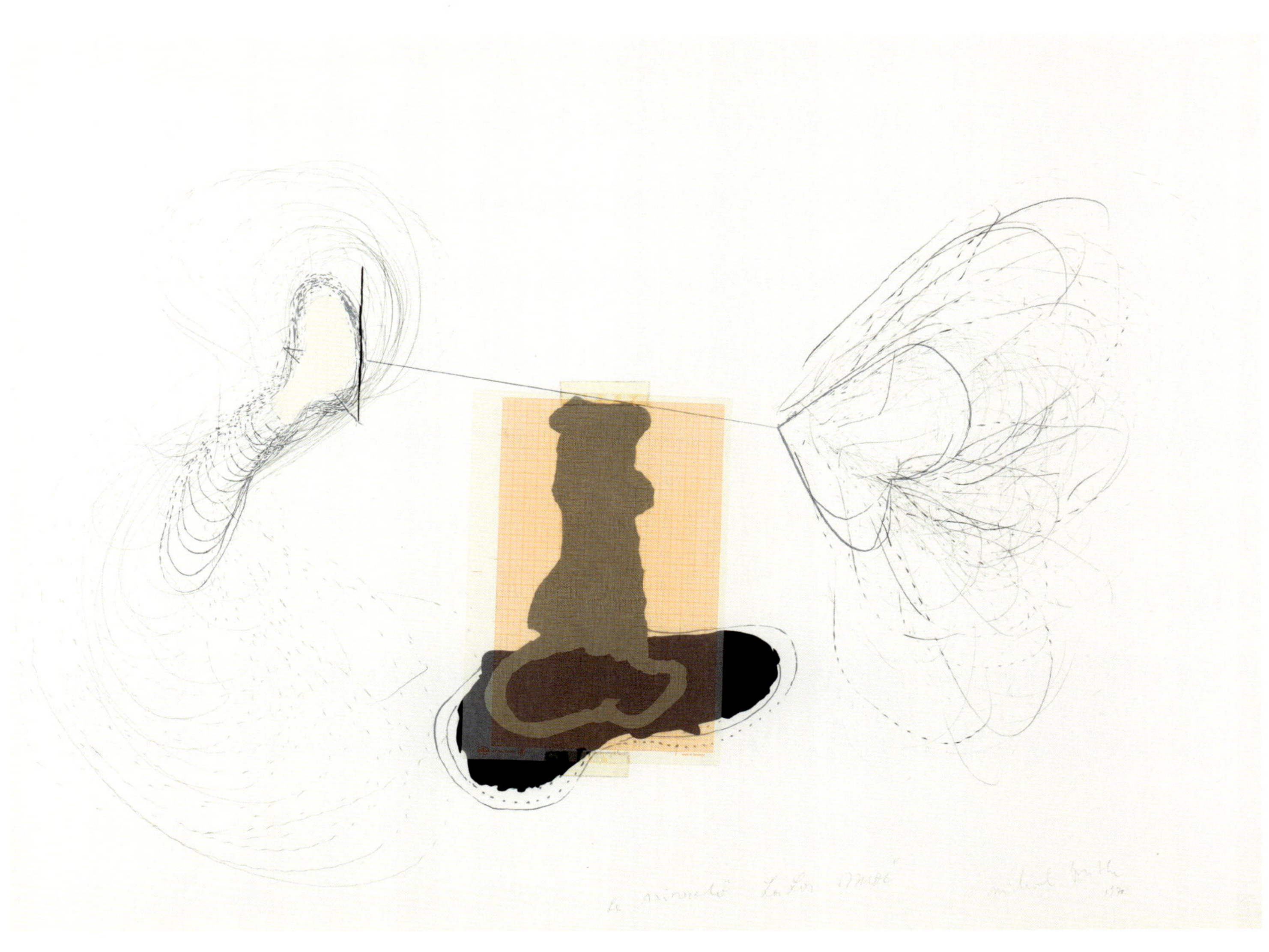

Le miraclö Lo La muoi 1970 (Kat. cat. 31)

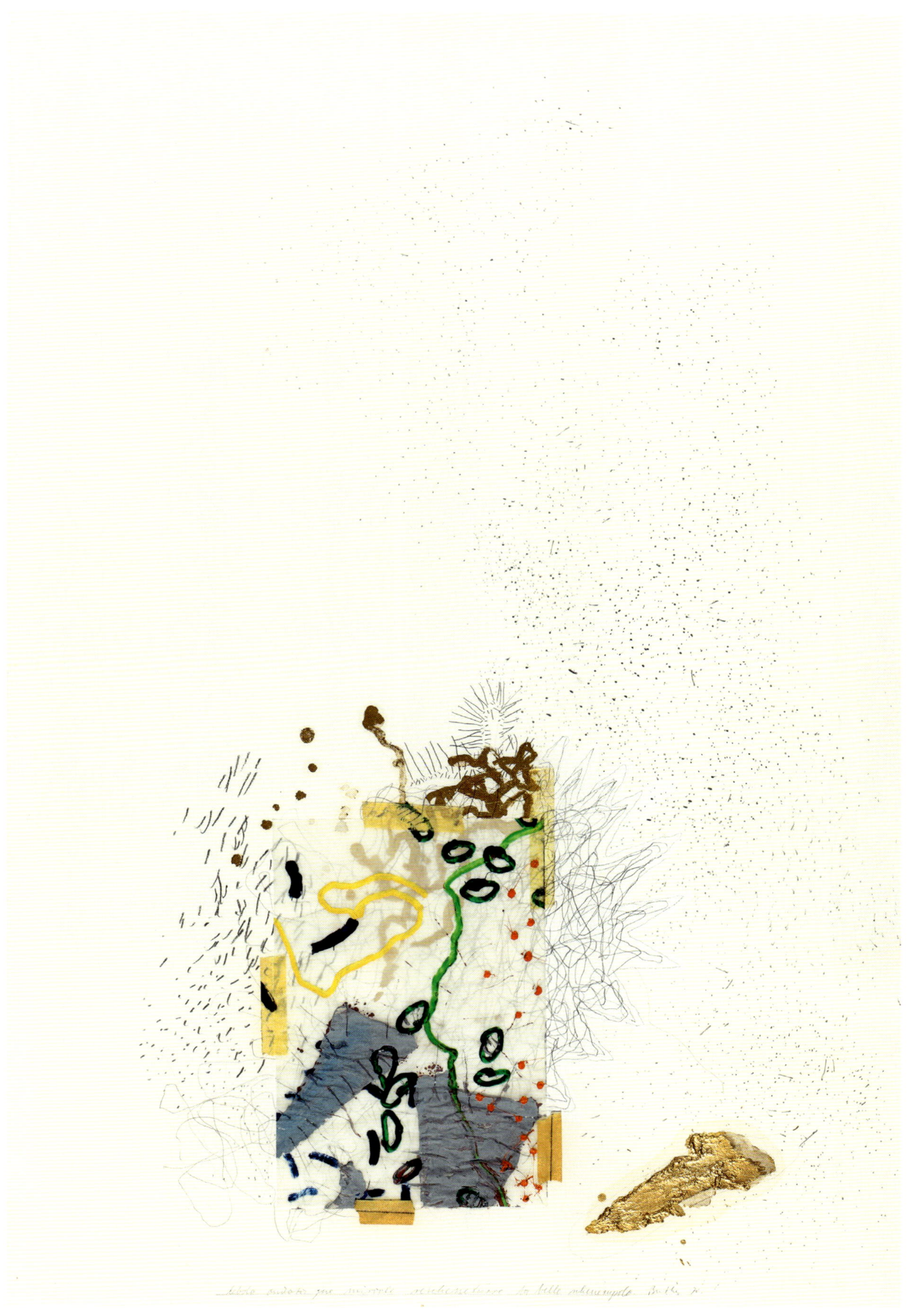

lebolo ondata que miracle reschenetürre la belle schenerupolo 1970 (Kat. cat. 30)

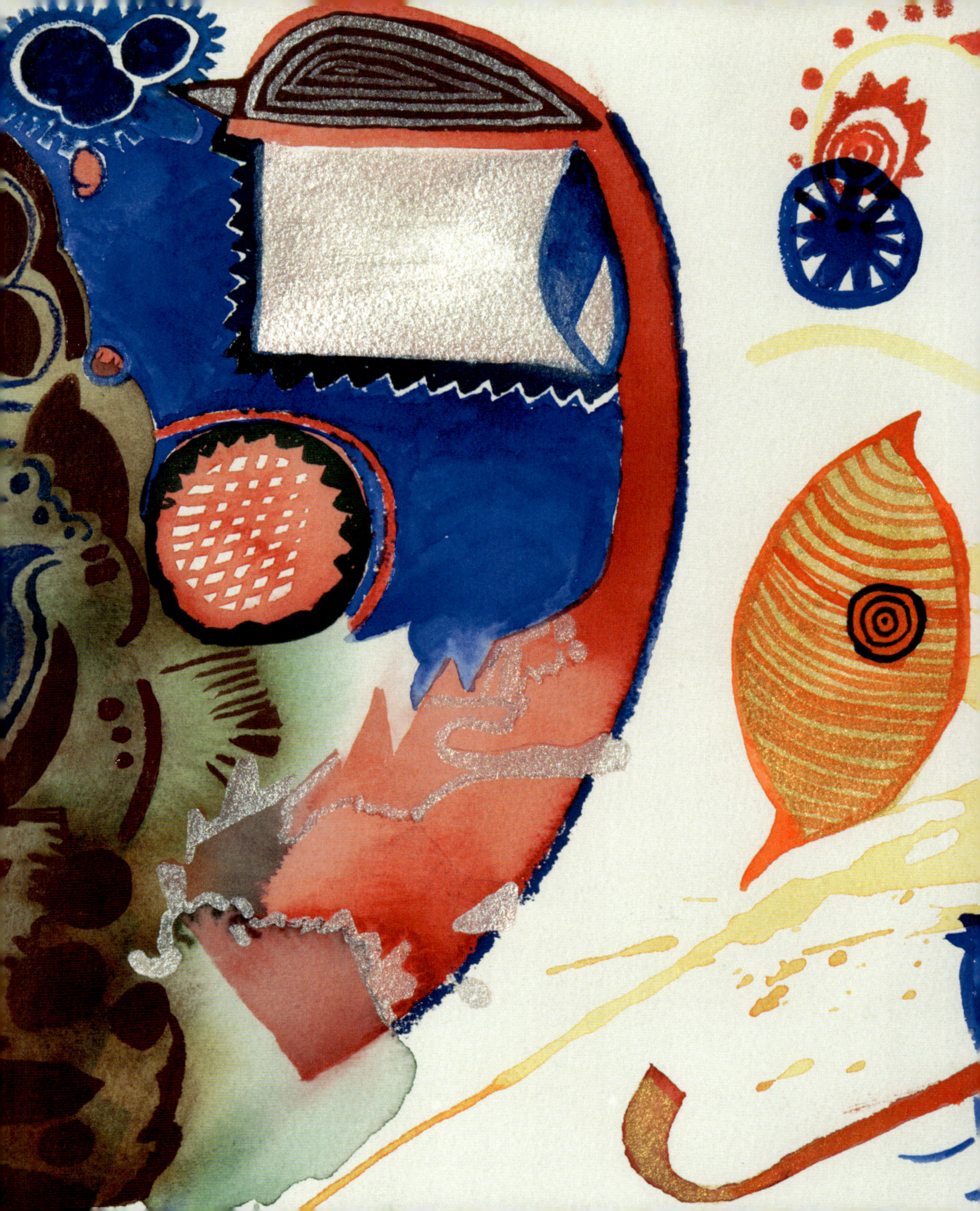

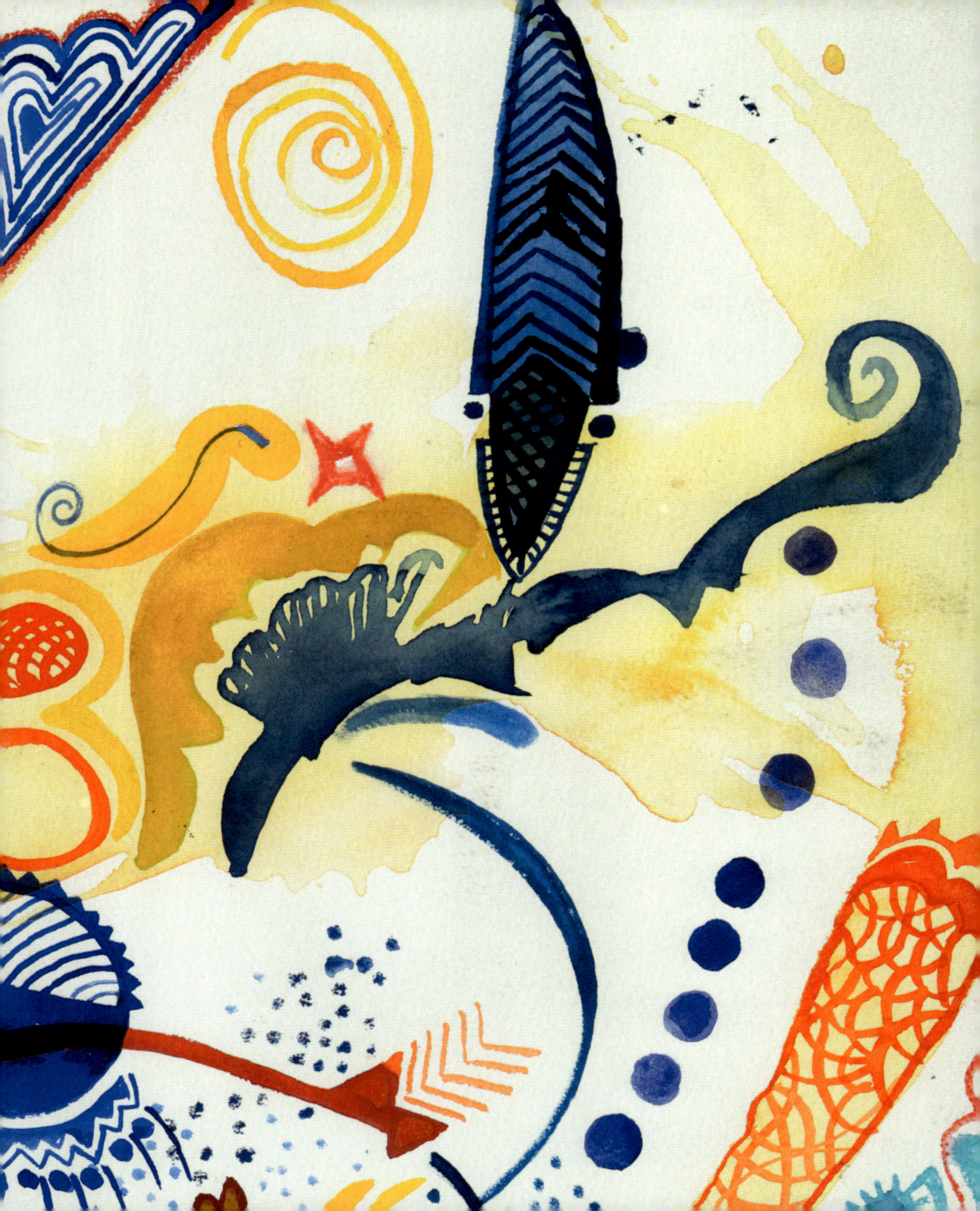

Werkliste

Kat. 1 (Abb. S. 192)
Ohne Titel, 1967
Holz, Stoff und Gips
158 x 14 x 10 cm
Dietmar Schneider, Köln

Kat. 2 (Abb. S. 184)
Ohne Titel, 1967
Bemaltes Holz und Stoff
190 x 8 x 23 cm
Sammlung FR, Köln

Kat. 3 (Abb. S. 179)
Ohne Titel, 1967
Holz und Schnur
152 x 40 cm
Privatbesitz

Kat. 4 (Abb. S. 183)
Entwurf für ein Doppelbild, 1968
30 x 42 cm
Michael Buthe Estate, Köln

Kat. 5 (Abb. S. 178)
Objektentwurf, 1968
Bleistift und Gouache auf Papier
51,3 x 75 cm
Michael Buthe Estate, Köln

Kat. 6 (Abb. S. 186)
Ohne Titel, 1968
Collage; Ölfarbe, Bleistift, Pappe und Papier
47,5 x 65 cm
Privatsammlung

Kat. 7 (Abb. S. 191)
Ohne Titel (Arbeit für die Kölner *Art Fair),* 1968
Lack, Bleistift und Kugelschreiber auf Papier
43 x 61 cm
Michael Buthe Estate, Köln

Kat. 8 (Abb. S. 186)
Ohne Titel, 1968
Collage / Zeichnung; Papier, Ölfarbe,
Bleistift und Pappe
47 x 64 cm
Privatsammlung

Kat. 9 (Abb. S. 182)
Studie für ein Bild, 1968
Bleistift (Text) und Tusche auf Papier
43 x 61 cm
Michael Buthe Estate, Köln

Kat. 10 (Abb. S. 177)
Projekt # 36, 1968
Gouache, Bleistift und Tinte auf Papier
47 x 57 cm
Michael Buthe Estate, Köln

Kat. 11 (Abb. S. 176)
Soft Edge # 33, 1968
Bleistift und Gouache auf Papier
47 x 57 cm
Michael Buthe Estate, Köln

Kat. 12 (Abb. S. 148/149)
Stoffbild, 1968
Stoff auf Holzrahmen
127 x 255 x 12 cm
Michael Buthe Estate, Köln

Kat. 13 (Abb. S. 185)
Studie für ein Bild *# 1,* 1968
Mischtechnik auf Papier
30 x 42 cm
Sammlung H. K.

Kat. 14 (Abb. S. 180)
Entwurf für *Zerrissenes Bild # 4,* 1969
Öl und Bleistift auf Papier
43 x 61 cm
Michael Buthe Estate, Köln

Kat. 15 (Abb. S. 197)
Gemaltes Tuch, 1969
Bleistift, Kreide und Acryl auf Karton
99,4 x 69,4 cm
Kunstmuseum Luzern

Kat. 16 (Abb. S. 172/173)
My Love to Étienne, 1969
Stoff über Keilrahmen
162 x 291 x 15 cm
Kunstmuseum Luzern

Kat. 17 (Abb. S. 187)
Ohne Titel, 1969
Collage; Ölfarbe, Bleistift, Wachs, Pappe
und braunes Papier
42 x 60 cm
Privatsammlung

Kat. 18 (Abb. S. 188)
Ohne Titel, 1969
Mischtechnik auf Karton
110 x 80 cm
Privatsammlung

Kat. 19 (Abb. S. 198)
Ohne Titel, 1969
Bleistift, Acrylfarbe, Stempel,
Kugelschreiber und Collage auf Papier
45 x 62,4 cm
Kunstmuseum Luzern

Kat. 20 (Abb. S. 199)
Ohne Titel, 1969
Bleistift und Ölfarbe auf Papier
68,7 x 99,2 cm
Kunstmuseum Luzern,
Schenkung des Künstlers

Kat. 21 (Abb. S. 190)
Ohne Titel, 1969
Bleistift, Gouache, Stoff und Collage
auf Papier
67,5 x 48 cm
Michael Buthe Estate, Köln

Kat. 22 (Abb. S. 195)
Ohne Titel, 1969
Stoff
270 x 180 cm
Museum Kunstpalast, Düsseldorf –
Dauerleihgabe Freunde Museum Kunstpalast

Kat. 23 (Abb. S. 193)
Stoffbild, 1969
Stoff auf Holzrahmen
231,5 x 175 x 6 cm
Germanisches Nationalmuseum, Nürnberg,
Leihgabe aus Privatbesitz seit 1991

Abb. S. Ill. pp. 202/203 Ohne Titel (Ourika 7) (Detail) Untitled (Ourika 7) (detail) 1994 (Kat. cat. 86)

List of Works

Cat. 1 (ill. p. 192)
Untitled, 1967
Wood, cloth and plaster
158 x 14 x 10 cm
Dietmar Schneider, Cologne

Cat. 2 (ill. p. 184)
Untitled, 1967
Painted wood and cloth
190 x 8 x 23 cm
Sammlung FR, Cologne

Cat. 3 (ill. p. 179)
Untitled, 1967
Wood and string
152 x 40 cm
Privately owned

Cat. 4 (ill. p. 183)
Sketch for a Double Image, 1968
30 x 42 cm
Michael Buthe Estate, Cologne

Cat. 5 (ill. p. 178)
Object Design, 1968
Pencil and gouache on paper
51.3 x 75 cm
Michael Buthe Estate, Cologne

Cat. 6 (ill. p. 186)
Untitled, 1968
Collage; oil, pencil, cardboard and paper
47.5 x 65 cm
Private collection

Cat. 7 (ill. p. 191)
Untitled (Piece for the Cologne *Art Fair)*, 1968
Paint, pencil and pen on paper
43 x 61 cm
Michael Buthe Estate, Cologne

Cat. 8 (ill. p. 186)
Untitled, 1968
Collage / drawing; paper, oil paint,
pencil and cardboard
47 x 64 cm
Private collection

Cat. 9 (ill. p. 182)
Study for a Painting, 1968
Pencil (text) and ink on paper
43 x 61 cm
Michael Buthe Estate, Cologne

Cat. 10 (ill. p. 177)
Project # 36, 1968
Gouache, pencil and ink on paper
47 x 57 cm
Michael Buthe Estate, Cologne

Cat. 11 (ill. p. 176)
Soft Edge # 33, 1968
Pencil and gouache on paper
47 x 57 cm
Michael Buthe Estate, Cologne

Cat. 12 (ill. pp. 148/49)
Fabric Painting, 1968
Cloth on wooden frame
127 x 255 x 12 cm
Michael Buthe Estate, Cologne

Cat. 13 (ill. p. 185)
Study for a Painting *# 1*, 1968
Mixed media on paper
30 x 42 cm
Sammlung H. K.

Cat. 14 (ill. p. 180)
Sketch for *Torn Painting # 4*, 1969
Oil and pencil on paper
43 x 61 cm
Michael Buthe Estate, Cologne

Cat. 15 (ill. p. 197)
Painted Cloth, 1969
Pencil, crayon and acrylic on board
99.4 x 69.4 cm
Kunstmuseum Luzern

Cat. 16 (ill. pp. 172/73)
My Love to Étienne, 1969
Cloth over canvas stretcher
162 x 291 x 15 cm
Kunstmuseum Luzern

Cat. 17 (ill. p. 187)
Untitled, 1969
Collage; oil, pencil, wax, cardboard
and brown paper
42 x 60 cm
Private collection

Cat. 18 (ill. p. 188)
Untitled, 1969
Mixed media on cardboard
110 x 80 cm
Private collection

Cat. 19 (ill. p. 198)
Untitled, 1969
Pencil, acrylic, stamp, pen and
collage on paper
45 x 62.4 cm
Kunstmuseum Luzern

Cat. 20 (ill. p. 199)
Untitled, 1969
Pencil and oil on paper
68.7 x 99.2 cm
Kunstmuseum Luzern,
gift from the artist

Cat. 21 (ill. p. 190)
Untitled, 1969
Pencil, gouache, cloth and collage
on paper
67.5 x 48 cm
Michael Buthe Estate, Cologne

Cat. 22 (ill. p. 195)
Untitled, 1969
Cloth
270 x 180 cm
Museum Kunst Palast, Düsseldorf,
permanent loan by Freunde Museum
Kunstpalast

Cat. 23 (ill. p. 193)
Fabric Painting, 1969
Fabric on wooden frame
231.5 x 175 x 6 cm
Germanisches Nationalmuseum, Nuremberg,
loan from private collection since 1991

Kat. 24 (Abb. S. 194)
Tuch, 1969
Zerrissener, gefärbter und genähter Stoff
280 x 330 cm
Sammlung Kunert

Kat. 25 (Abb. S. 175)
Ohne Titel, um 1970
Öl und Wachs auf Leinwand
120 x 49 x 13 cm
Kunstmuseum Luzern

Kat. 26 (Abb. S. 129)
Weltkarte, um 1970
Collage; Tondo: Fotografien und Illustrationen aus Zeitschriften, Goldfarbe
Durchmesser: 182 cm
Kunstmuseum Luzern,
Leihgabe aus Privatbesitz

Kat. 27 (Abb. S. 51)
Ohne Titel, frühe 1970er-Jahre
Collage; Foto, goldene Verpackungslitze, Deckel einer Dose in Wachs mit Gummiring, Teil eines Pinsels, aufgeklebt, Goldbronze auf Papier auf Leinwand
40 x 30 cm
Kunstmuseum Luzern

Kat. 28 (Abb. S. 42)
Auf 2 Bewusstseinsebenen (die Vögel kommen), 1970
Collage; Aquarell und Feder auf Papier und Offset auf Papier (2-teilig)
65,5 x 48 cm
Galerie Ziegler SA, Zürich

Kat. 29 (Abb. S. 19)
Kopf und Palme, 1970
Farbe und Goldbronze
39 x 65 cm
Privatbesitz, Zürich

Kat. 30 (Abb. S. 201)
lebolo ondata que miracle reschenetürre la belle schenerupolo, 1970
Bleistiftzeichnung, Farbstift, Acryl, Gouache, Goldfarbe, Klebstreifen und Collage auf Papier
99 x 69,6 cm
Kunstmuseum Luzern,
Schenkung Jean-Christophe Ammann

Kat. 31 (Abb. S. 200)
Le miraclö Lo La muoi, 1970
Bleistift, Acryl, Klebstreifen und Collage auf Papier
72,7 x 101,6 cm
Kunstmuseum Luzern

Kat. 32 (Abb. S. 189)
Ohne Titel, 1970
Bleistift, Pergamentpapier, Pappe und Schnur auf Papier
70 x 100 cm
Privatbesitz

Kat. 33 (Abb. S. 24)
Ohne Titel, 1970
Bleistift, Pergamin, Daunen und Wachs über Malerei
57 x 68 cm
Sammlung Rosenstiel, Köln

Kat. 34 (Abb. S. 43)
Ohne Titel, 1970
Aquarell, Ölkreide, Gold und Kugelschreiber auf Papier
36 x 48 cm
Galerie Ziegler SA, Zürich

Kat. 35 (Abb. S. 44)
Ohne Titel *(Imer nur die Füchse)*, 1970
Bleistift, Collage (Schreibpapier MB), Gold und Silber auf Papier
(2 Blätter übereinandergeklebt, gerissen)
36 x 87,2 cm
Galerie Ziegler SA, Zürich

Kat. 36 (Abb. S. 43)
Ohne Titel *(Schrift)*, 1970
Aquarell, Ölkreide, Gold und Kugelschreiber auf Papier
36 x 48,2 cm
Galerie Ziegler SA, Zürich

Kat. 37 (Abb. S. 196)
Shö swie le phantom, 1970
Bleistift, Gouache, Goldbronze und Collage auf Papier mit Pergamin
70 x 100 cm
Sammlung Kunert

Kat. 38 (Abb. S. 40)
Paillettentuch, 1970/71
Pailletten auf Samt
153 x 124 cm
Privatbesitz

Kat. 39 (Abb. S. 46)
Mäusenest, 1970–1982
Papier, Farbe, Wachs, Goldfarbe und Mäusekot in Karton
25 x 35,5 x 4 cm
Privatbesitz

Kat. 40 (Abb. S. 135)
Boulli Afrikaa, ab 1972
Diverse Materialien
330 x 17 x 46 cm
Privatbesitz, Courtesy Alexander and Bonin, New York

Kat. 41 (Abb. S. 45)
Colonia Agrippinensis, 1972
Öl, Gold- und Silberfarbe, Collage und Sand auf Papier
100 x 70 cm
Sammlung Raymond Bollag

Kat. 42 (Abb. S. 117)
Honigtuch, um 1972
Moltontuch mit Federn
300 x 200 cm
Privatsammlung, Köln

Kat. 43 (Abb. S. 132)
Ohne Titel, 1972
Holz, Stoff, Glas, Papier und Farbe
56 x 39 x 12 cm
Privatbesitz, Zürich

Kat. 44 (Abb. S. 37)
Wachssonne, 1972
Wachs und Federn
66 x 48 cm
Privatbesitz

Kat. 45 (Abb. S. 131)
Elvira Oasis, 1972/77
Steppdecke, Holz, Federn, Wachs und Farbe
220 x 90 cm
Michael Buthe Estate, Köln

Kat. 46 (Abb. S. 58/59)
Krokodil, 1973
Holz, Eisen, Nägel und Tücher
70 x 50 x 450 cm
Kunstmuseum Luzern

Kat. 47 (Abb. S. 83)
Ohne Titel, 1973
Tür, Farbe, Holz, Heu, Draht und Brotschieber
249 x 122 x 33 cm
Privatsammlung, Courtesy Alexander and Bonin, New York

Kat. 48 (Abb. S. 41)
Der Engel und sein Schatten, 1974
Mischtechnik auf Papier, auf Gewebe aufgezogen
250 x 370 cm
Sammlung Rosenstiel, Köln

Cat. 24 (ill. p. 194)
Fabric, 1969
Torn, dyed and sewn fabric
280 x 330 cm
Sammlung Kunert

Cat. 25 (ill. p. 175)
Untitled, ca. 1970
Oil and wax on canvas
120 x 49 x 13 cm
Kunstmuseum Luzern

Cat. 26 (ill. p. 129)
World Map, ca. 1970
Collage; tondo: photographs and illustrations from magazines, gold paint
Diameter: 182 cm
Kunstmuseum Luzern,
loan from private collector

Cat. 27 (ill. p. 51)
Untitled, early seventies
Collage; photo, gold gift cord, lid of a can in wax with rubber ring, part of a paintbrush, affixed with glue, gold bronze on paper on canvas
40 x 30 cm
Kunstmuseum Luzern

Cat. 28 (ill. p. 42)
On Two Levels of Consciousness (The Birds Are Coming), 1970
Collage; watercolor and feathers on paper and offset on paper (two-piece)
65.5 x 48 cm
Galerie Ziegler SA, Zürich

Cat. 29 (ill. p. 19)
Head and Palm, 1970
Paint and gold bronze
39 x 65 cm
Privately owned, Zürich

Cat. 30 (ill. p. 201)
lebolo ondata que miracle reschenetürre la belle schenerupolo, 1970
Pencil drawing, crayon, acrylic, gouache, gold paint, adhesive strips and collage on paper
99 x 69.6 cm
Kunstmuseum Luzern,
gift from Jean-Christophe Ammann

Cat. 31 (ill. p. 200)
Le miraclö Lo La muoi, 1970
Pencil, acrylic, adhesive strips and collage on paper
72.7 x 101.6 cm
Kunstmuseum Luzern

Cat. 32 (ill. p. 189)
Untitled, 1970
Pencil, parchment paper, cardboard and string on paper
70 x 100 cm
Privately owned

Cat. 33 (ill. p. 24)
Untitled, 1970
Pencil, glassine paper, down and wax over painting
57 x 68 cm
Sammlung Rosenstiel, Cologne

Cat. 34 (ill. p. 43)
Untitled, 1970
Watercolor, oil pastels, gold and ballpoint pen on paper
36 x 48 cm
Galerie Ziegler SA, Zürich

Cat. 35 (ill. p. 44)
Untitled *(Only Ever Foxes)*, 1970
Pencil, collage (writing paper MB), gold and silver on paper (two sheets stuck together, torn)
36 x 87.2 cm
Galerie Ziegler SA, Zürich

Cat. 36 (ill. p. 43)
Untitled *(Script)*, 1970
Watercolor, oil pastel, gold and ballpoint pen on paper
36 x 48.2 cm
Galerie Ziegler SA, Zürich

Cat. 37 (ill. p. 196)
Shö swie le phantom, 1970
Pencil, gouache, gold bronze and collage on glassine paper
70 x 100 cm
Sammlung Kunert

Cat. 38 (ill. p. 40)
Sequin Cloth, 1970/71
Sequins on velvet
153 x 124 cm
Privately owned

Cat. 39 (ill. p. 46)
Mouse Nest, 1970–1982
Paper, paint, wax, gold paint and mouse droppings on cardboard
25 x 35.5 x 4 cm
Privately owned

Cat. 40 (ill. p. 135)
Boulli Afrikaa, from 1972
Various materials
330 x 17 x 46 cm
Privately owned, courtesy of Alexander and Bonin, New York

Cat. 41 (ill. p. 45)
Colonia Agrippinensis, 1972
Oil, gold and silver paint, collage and sand on paper
100 x 70 cm
Sammlung Raymond Bollag

Cat. 42 (ill. p. 117)
Honey Cloth, around 1972
Molleton cloth with feathers
300 x 200 cm
Private collection, Cologne

Cat. 43 (ill. p. 132)
Untitled, 1972
Wood, cloth, glass, paper and paint
56 x 39 x 12 cm
Privately owned, Zürich

Cat. 44 (ill. p. 37)
Wax Sun, 1972
Wax and feathers
66 x 48 cm
Privately owned

Cat. 45 (ill. p. 131)
Elvira Oasis, 1972/77
Quilt, wood, feathers, wax and paint
220 x 90 cm
Michael Buthe Estate, Cologne

Cat. 46 (ill. pp. 58/59)
Crocodile, 1973
Wood, iron, nails and cloths
70 x 50 x 450 cm
Kunstmuseum Luzern

Cat. 47 (ill. p. 83)
Untitled, 1973
Door, paint, wood, straw, wire and bread peel
249 x 122 x 33 cm
Private collection, Courtesy Alexander and Bonin, New York

Cat. 48 (ill. p. 41)
The Angel and His Shadow, 1974
Mixed media on paper, mounted on fabric
250 x 370 cm
Sammlung Rosenstiel, Cologne

Kat. 49 (Abb. S. 34/35)
Le soleil, 1974
Wachs und Goldbronze auf lasierend bemalter Leinwand
Durchmesser: 150 cm
Sammlung Rosenstiel, Köln

Kat. 50 (Abb. S. 166)
Ohne Titel, 1974
Mischtechnik auf Papier
40 x 30 cm
Kunstmuseum Luzern,
Schenkung Hannelore Kunert

Kat. 51 (Abb. S. 82)
Schlange, 1974
Holz, Wachs, Rosenblätter und Stein
Durchmesser: 87,5 cm, Höhe: 15 cm
Sammlung V

Kat. 52 (Abb. S. 130)
Le roi est mort, 1974–1977
Sessel: Wachs, Federn, Holz, Büffelhörner, Schnur, Glas
Wandobjekt: ca. 250 x 200 cm;
Bodenobjekt: 170 x 88 x 148 cm
Museum Kunstpalast, Düsseldorf

Kat. 53 (Abb. S. 38/39)
Buchobjekt, 1976
Notizbuch eines Schneidermeisters, Fotos, diverse Materialien
27 x 54 cm, ausgeklappt ca. 27 x 116 cm
Buchhandlung Walther König, Köln

Kat. 54 (Abb. S. 210)
Vögel, 1977
Collage
73 x 103 cm
Privatbesitz, Zürich

Kat. 55 (Abb. S. 47)
Ohne Titel, 1978
Aquarell, Deckweiß, Wachs, Schnur, Pailletten und Golddraht, Zeitschriftenseiten auf Leinwand
29,1 x 37 cm
Kunstmuseum Luzern

Kat. 56 (Abb. S. 104/105)
Ohne Titel (Marrakesch), 1978
Gouache, Gold- und Silberbronze, Bleistift, Metall, Papier, Fotografien und Feder auf Papier
81 x 290 cm
Sammlung V

Kat. 57 (Abb. S. 48)
Diabolo mönstrale, 1979
Holz, Sägeblatt, Goldbronze, Stanniolpapier und Seidenfäden
222 x 113 x 5 cm
Sammlung V

Kat. 58 (Abb. S. 134)
Ohne Titel, 1979
Persische Pferdedecke mit kleinem Wachsbild
237 x 90 cm
Privatbesitz

Kat. 59 (Abb. S. 133)
Ohne Titel, 1979
Jute, Papier und Eicheln
200 x 150 cm
Museum Kunstpalast, Düsseldorf

Kat. 60 (Abb. S. 136)
Madonna del Taverna, 1982
Holz, Stoff, Wachs, Blattgold, Gips und Schnur
234 x 77 x 79 cm
Museum Kunstpalast, Düsseldorf

Kat. 61 (Abb. S. 90–95)
Taufkapelle mit Papa und Mama, 1984
Installation; Tondo: Leinwand
6 Paravents: 200 x 200 cm, 178 x 240 cm, 170 x 192 cm, 310 x 226 cm, 300 x 200 cm, 170 x 200 cm; Papa: 384 x 215 cm;
Mama: 242 x 215 cm
Collection S.M.A.K., Gent

Kat. 62 (Abb. S. 53)
Landschaft (Spanische Energie), 1985
Mischtechnik; Holz, Brokat, Karton und Acryl auf Leinwand
218,5 x 165 x 33 cm
Privatsammlung, Courtesy Alexander and Bonin, New York

Kat. 63 (Abb. S. 50)
Le dernier secret de Fatima, 1985
Öl und Blattgold auf Leinwand
200,5 x 461 cm
Michael Buthe Estate, Köln,
Courtesy Alexander and Bonin, New York

Kat. 64 (ohne Abb.)
Marokkanisches Fenster, um 1985
Mischtechnik; Farbe auf Holz, Metall
213 x 137,5 x 30 cm
Sammlung François und Ninon Robelin

Kat. 65 (Abb. S. 25)
Ohne Titel, 1985
Gouache und Goldfarbe auf Papier
39 x 28 cm
Collection Martine Hoet

Kat. 66 (Abb. S. 23)
Le dernier secret de Fatima, 1986
Öl und Blattsilber auf Leinwand
200,5 x 461 cm
Michael Buthe Estate, Köln,
Courtesy Alexander and Bonin, New York

Kat. 67 (Abb. S. 211)
Maske, 1986
Holz, Schnur, Papier und Gummi
77 x 27 x 27 cm
Privatsammlung

Kat. 68 (Abb. S. 138)
Marokkanisches Holzfenster, 1986
Holzfenster aus Marokko und Farbe
56 x 46 x 10 cm
Privatbesitz

Kat. 69 (Abb. S. 72, 140/141)
Ohne Titel, 1987/88
8 Collagen auf Papier
Je 350 x 125 cm
Michael Buthe Estate, Köln

Kat. 70 (Abb. S. 54)
Die Insel, 1989
Collage auf Leinwand, 5-teilig
160 x 201 cm
Privatbesitz, Courtesy Alexander and Bonin, New York

Kat. 71 (Abb. S. 75)
Ohne Titel, 1989
Holz, Kupfersichel, Schaufel, Besen, Draht und Farbe
260 x 300 x 80 cm
Collection S.M.A.K., Gent

Kat. 72 (Abb. S. 55)
Sonnenaufgang, 1989
Collage und Wachs auf Leinwand, 5-teilig
160 x 200 cm
Sammlung K.

Kat. 73 (Abb. S. 14/15, 26, 220, 221)
Der Vorfall mit dem Körbchen, 1989–1991
Tusche auf Papier, 49 Seiten und 1 Deckblatt
36,5 x 63,5 cm
Privatbesitz

Kat. 74 (Abb. S. 139)
Die Gefängnistür von Toledo – Juan de la Cruz, 1991
Farbe, Strohbesen, Tannenzapfen und Draht auf Holztür
142 x 168 x 35 cm
Michael Buthe Estate, Köln

Cat. 49 (ill. pp. 34/35)
The Sun, 1974
Wax and gold bronze on glaze-painted canvas
Diameter: 150 cm
Sammlung Rosenstiel, Cologne

Cat. 50 (ill. p. 166)
Untitled, 1974
Mixed media on paper
40 x 30 cm
Kunstmuseum Luzern,
gift from Hannelore Kunert

Cat. 51 (ill. p. 82)
Snake, 1974
Wood, wax, rose petals and stone
Diameter: 87.5 cm, height: 15 cm
Sammlung V

Cat. 52 (ill. p. 130)
The King is Dead, 1974–1977
Chair: wax, feathers, wood, buffalo horns,
string, glass
Wall object: ca. 250 x 200 cm;
floor object: 170 x 88 x 148 cm
Museum Kunst Palast, Düsseldorf

Cat. 53 (ill. p. 176)
Book Object, 1976
Master tailor's notebook, photos,
various materials
27 x 54 cm, opened up ca. 27 x 116 cm
Buchhandlung Walther König, Cologne

Cat. 54 (ill. p. 210)
Birds, 1977
Collage
73 x 103 cm
Privately owned, Zürich

Cat. 55 (ill. p. 47)
Untitled, 1978
Watercolor, opaque white, wax, string,
sequins and gold wire, newspaper pages
on canvas
29.1 x 37 cm
Kunstmuseum Luzern

Cat. 56 (ill. pp. 104/105)
Untitled (Marrakesh), 1978
Gouache, gold and silver bronze, pencil,
metal, paper, photographs and feathers
on paper
81 x 290 cm
Sammlung V

Cat. 57 (ill. p. 48)
Monstrous Devil, 1979
Wood, saw blade, gold bronze,
aluminium foil and silk thread
222 x 113 x 5 cm
Sammlung V

Cat. 58 (ill. p. 134)
Untitled, 1979
Persian horse blanket with small wax picture
237 x 90 cm
Privately owned

Cat. 59 (ill. p. 133)
Untitled, 1979
Jute, paper and acorns
200 x 150 cm
Museum Kunst Palast, Düsseldorf

Cat. 60 (ill. p. 136)
Madonna del Taverna, 1982
Wood, cloth, wax, gold leaf, plaster and string
234 x 77 x 79 cm
Museum Kunst Palast, Düsseldorf

Cat. 61 (ill. pp. 90–95)
Baptismal Chapel with Papa and Mama, 1984
Installation; tondo: canvas
Six folding screens: 200 x 200 cm, 178 x 240 cm,
170 x 192 cm, 310 x 226 cm, 300 x 200 cm,
170 x 200 cm; Papa: 384 x 215 cm;
Mama: 242 x 215 cm
Collection S.M.A.K., Ghent

Cat. 62 (ill. p. 53)
Landscape (Spanish Energy), 1985
Mixed media; wood, brocade, cardboard
and acrylic on cardboard
218.5 x 165 x 33 cm
Private collection, Courtesy Alexander
and Bonin, New York

Cat. 63 (ill. p. 50)
Fatima's Last Secret, 1985
Oil and gold leaf on canvas
200.5 x 461 cm
Michael Buthe Estate, Cologne,
Courtesy Alexander and Bonin, New York

Cat. 64 (no ill.)
Moroccan Window, ca. 1985
Mixed media; paint on wood, metal
213 x 137.5 x 30 cm
Sammlung François and Ninon Robelin

Cat. 65 (ill. p. 25)
Untitled, 1985
Gouache and gold paint on paper
39 x 28 cm
Collection Martine Hoet

Cat. 66 (ill. p. 23)
Fatima's Last Secret, 1986
Oil and gold silver on canvas
200.5 x 461 cm
Michael Buthe Estate, Cologne,
Courtesy Alexander and Bonin, New York

Cat. 67 (ill. p. 211)
Mask, 1986
Wood, string, paper and rubber
77 x 27 x 27 cm
Private collection

Cat. 68 (ill. p. 138)
Moroccan Wooden Window, 1986
Wooden window from Morocco and paint
56 x 46 x 10 cm
Privately owned

Cat. 69 (ill. pp. 72, 140/41)
Untitled, 1987/88
Eight collages on paper
Each 350 x 125 cm
Michael Buthe Estate, Cologne

Cat. 70 (ill. p. 54)
The Island, 1989
Collage on canvas, five-part
160 x 201 cm
Privately owned, Courtesy Alexander
and Bonin, New York

Cat. 71 (ill. p. 75)
Untitled, 1989
Wood, copper hooks, spade, broom,
wire and paint
260 x 300 x 80 cm
Collection S.M.A.K., Ghent

Cat. 72 (ill. p. 55)
Sunrise, 1989
Collage and wax on canvas, five-part
160 x 200 cm
Sammlung K.

Cat. 73 (ill. pp. 14/15, 26, 220, 221)
The Incident with the Little Basket, 1989–1991
Ink on paper, forty-nine pages and
one cover page
36.5 x 63.5 cm
Privately owned

Cat. 74 (ill. p. 139)
Toledo's Prison Door—Juan de la Cruz, 1991
Paint, straw broom, fir cones and wire
on wooden door
142 x 168 x 35 cm
Michael Buthe Estate, Cologne

Kat. 75 (Abb. S. 56)
Ohne Titel, 1991
Holz und Acryl
54 x 51 x 51 cm
Privatsammlung

Kat. 76 (Abb. S. 100–103)
Die heilige Nacht der Jungfräulichkeit, 1992
14 Kupfertafeln und 1 Leuchter mit Goldeiern
Höhe: 400 cm, Kupfertafeln je 260 x 120 cm
Kolumba, Köln

Kat. 77 (Abb. S. 57)
Ohne Titel (Triptychon), 1992
Mischtechnik; Holz, Glas, Gips, Metall, Tannenzapfen und Silberfolie auf Holzplatten
286 x 309 x 35 cm
Michael Buthe Estate, Köln

Kat. 78 (Abb. S. 20)
Teresa von Avila, 1992
Mischtechnik; Farbe, Holz und Schneckenhäuser auf Leinwand
80 x 100 x 8 cm
Sammlung W., Köln

Kat. 79 (Abb. S. 123)
Ohne Titel, 1993
Metall, Acryl und Olivenholz
85 x 32 x 32 cm
Privatsammlung

Kat. 80 (Abb. S. 142)
Ohne Titel (Ourika 1), 1994
Aquarell, Collage und Silberpapier auf Papier
91,5 x 45,5 cm
Michael Buthe Estate, Köln

Kat. 81 (Abb. S. 143)
Ohne Titel (Ourika 2), 1994
Aquarell auf Papier
36 x 51 cm
Michael Buthe Estate, Köln

Kat. 82 (Abb. S. 143)
Ohne Titel (Ourika 3), 1994
Aquarell und Bleistift auf Papier
45,7 x 54,7 cm
Michael Buthe Estate, Köln

Kat. 83 (Abb. S. 144)
Ohne Titel (Ourika 4), 1994
Aquarell und Goldbronze auf Papier
36 x 51 cm
Michael Buthe Estate, Köln

Kat. 84 (Abb. S. 144)
Ohne Titel (Ourika 5), 1994
Aquarell, Goldbronze, Bleistift und Deckweiß auf Papier
36 x 51 cm
Michael Buthe Estate, Köln

Kat. 85 (Abb. S. 126/127)
Ohne Titel (Ourika 6), 1994
Aquarell und Silberpapier auf Papier
36 x 51 cm
Michael Buthe Estate, Köln

Kat. 86 (Abb. S. 202/203)
Ohne Titel (Ourika 7), 1994
Aquarell, Silber- und Goldbronze auf Papier
36 x 51 cm
Michael Buthe Estate, Köln

Kat. 87 (Abb. S. 145)
Ohne Titel (Ourika 9), 1994
Aquarell auf Papier
36 x 51 cm
Michael Buthe Estate, Köln

Kat. 88 (Abb. S. 145)
Ohne Titel (Ourika 10), 1994
Aquarell und Bleistift auf Papier
45,7 x 54,7 cm
Michael Buthe Estate, Köln

Kat. 89 (Abb. S. 146)
Ohne Titel (Ourika 11), 1994
Aquarell und Goldbronze auf Papier
45,7 x 54,7 cm
Michael Buthe Estate, Köln

Kat. 90 (Abb. S. 146)
Ohne Titel (Ourika 12), 1994
Aquarell und Bleistift auf Papier
45,7 x 54,7 cm
Michael Buthe Estate, Köln

Kat. 91 (Abb. S. 147)
Ohne Titel (Ourika 13), 1994
Aquarell und Silberpapier auf Papier
45,7 x 54,7 cm
Michael Buthe Estate, Köln

Kat. 92 (Abb. S. 147)
Ohne Titel (Ourika 14), 1994
Aquarell, Goldbronze und Collage auf Papier
36 x 51 cm
Michael Buthe Estate, Köln

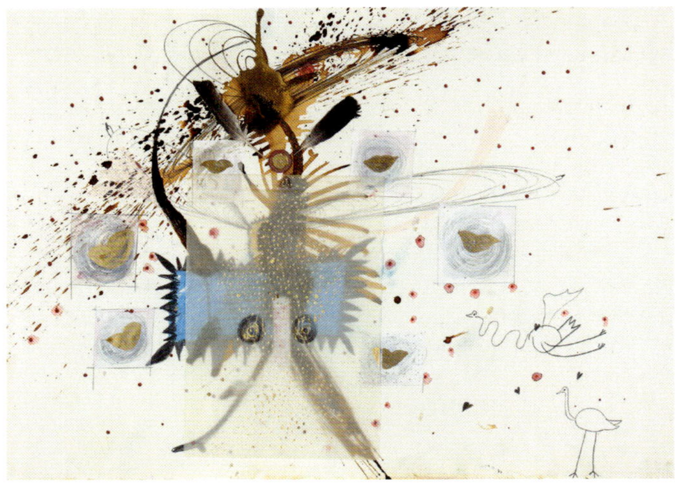

Vögel Birds 1977 (Kat. cat. 54)

Cat. 75 (ill. p. 56)
Untitled, 1991
Wood and acrylic
54 x 51 x 51 cm
Private collection

Cat. 76 (ill. pp. 100–03)
The Holy Night of Virginity, 1992
Fourten copper panels and one candelabra crowned with two golden ovoids
Height: 400 cm, copper panels, each measuring 260 x 120 cm
Kolumba, Cologne

Cat. 77 (ill. p. 57)
Untitled (Triptych), 1992
Mixed media; wood, glass, plaster, metal, fir cones and silver foil on wooden panels
286 x 309 x 35 cm
Michael Buthe Estate, Cologne

Cat. 78 (ill. p. 20)
Teresa of Avila, 1992
Mixed media; paint, wood and snail shells on canvas
80 x 100 x 8 cm
Sammlung W., Cologne

Cat. 79 (ill. p. 123)
Untitled, 1993
Metal, acrylic and olive wood
85 x 32 x 32 cm
Private collection

Cat. 80 (ill. p. 142)
Untitled (Ourika 1), 1994
Watercolor, collage and foil on paper
91.5 x 45.5 cm
Michael Buthe Estate, Cologne

Cat. 81 (ill. p. 143)
Untitled (Ourika 2), 1994
Watercolor on paper
36 x 51 cm
Michael Buthe Estate, Cologne

Cat. 82 (ill. p. 143)
Untitled (Ourika 3), 1994
Watercolor and pencil on paper
45.7 x 54.7 cm
Michael Buthe Estate, Cologne

Cat. 83 (ill. p. 144)
Untitled (Ourika 4), 1994
Watercolor and gold bronze on paper
36 x 51 cm
Michael Buthe Estate, Cologne

Cat. 84 (ill. p. 144)
Untitled (Ourika 5), 1994
Watercolor and gold bronze, pencil, and opaque white on paper
36 x 51 cm
Michael Buthe Estate, Cologne

Cat. 85 (ill. pp. 126/27)
Untitled (Ourika 6), 1994
Watercolor and foil on paper
36 x 51 cm
Michael Buthe Estate, Cologne

Cat. 86 (ill. pp. 202/03)
Untitled (Ourika 7), 1994
Watercolor and gold bronze on paper
36 x 51 cm
Michael Buthe Estate, Cologne

Cat. 87 (ill. p. 145)
Untitled (Ourika 9), 1994
Watercolor on paper
36 x 51 cm
Michael Buthe Estate, Cologne

Cat. 88 (ill. p. 145)
Untitled (Ourika 10), 1994
Watercolor and pencil on paper
45.7 x 54.7 cm
Michael Buthe Estate, Cologne

Cat. 89 (ill. p. 146)
Untitled (Ourika 11), 1994
Watercolor and gold bronze on paper
45.7 x 54.7 cm
Michael Buthe Estate, Cologne

Cat. 90 (ill. p. 146)
Untitled (Ourika 12), 1994
Watercolor and pencil on paper
45.7 x 54.7 cm
Michael Buthe Estate, Cologne

Cat. 91 (ill. p. 147)
Untitled (Ourika 13), 1994
Watercolor and silver paper on paper
45.7 x 54.7 cm
Michael Buthe Estate, Cologne

Cat. 92 (ill. p. 147)
Untitled (Ourika 14), 1994
Watercolor, gold bronze and collage on paper
36 x 51 cm
Michael Buthe Estate, Cologne

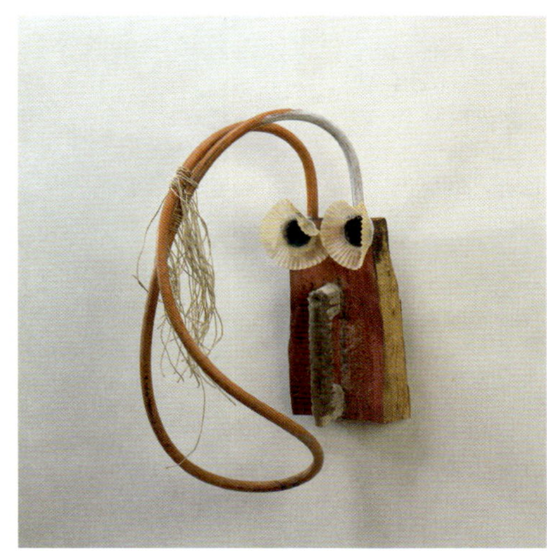

Maske *Mask* 1986 [Kat. cat. 67]

Michael Buthe

1. August 1944 Sonthofen – 14. November 1994 Bonn

Dominik Müller

Michael Buthe wird am 1. August 1944 im bayerischen Sonthofen geboren und wächst in Höxter in Nordrhein-Westfalen auf. Sein Studium absolviert er zwischen 1964 und 1968 in Kassel. Zuerst besucht er an der Werkkunstschule Vorkurse für »Angewandte Malerei« und »Gestaltlehre«, ehe er an der Staatlichen Hochschule der Bildenden Künste bei Arnold Bode studiert. Zuvor, schon 1963, hat er eine große Ausstellung in Höxter. Nach dem Abschluss beginnt er als Künstler zu arbeiten und bezieht ein Atelier in Köln. Bereits Ende der 1960er-Jahre etabliert er sich als Bildhauer und Zeichner, nimmt an Ausstellungen in Deutschland und Europa teil und knüpft Kontakte mit wichtigen Exponenten der zeitgenössischen Kunstszene. Die erste Reise nach Marokko 1970 ist Auslöser und Grundstein für Buthes lebenslange Faszination für exotische Länder in Afrika und Asien. Meist bleibt es nicht beim einfachen Reisen. Buthe hält sich oft mehrere Monate an einem Ort auf, lebt sich ein und arbeitet vor Ort. Diese Erlebnisse finden Eingang in seine Arbeitsweise. Seinen Lebensmittelpunkt hat er jedoch weiterhin in Köln und zum Rückzug sein etwas abgelegenes Atelier in Höxter auf dem Ziegenberg. In seinem Kölner Atelier richtet er 1976 ein eigenes Museum mit dem Namen »Musée du Echnaton« ein, das auch während seines Stipendiums in der Villa Romana in Florenz öffentlich zugänglich ist. Zwischen 1978 und 1986 mietet Buthe für seine mehrmonatigen Aufenthalte in Marokko unterschiedliche Häuser in Marrakesch. 1981 erhält er eine Gastprofessur an der Düsseldorfer Kunstakademie, 1983 wird er zum Professor auf Lebenszeit ernannt. Ab Mitte der 1970er-Jahre bis kurz vor seinem Tod besetzt Buthe in der deutschen Gegenwartskunst eine bedeutende, weil auch völlig eigenständige Position, nimmt mit seinen Arbeiten an wichtigen Gruppenausstellungen teil und hat in einflussreichen Institutionen in Deutschland und Europa große Einzelausstellungen. Ein weiterer zentraler Aspekt seines Lebens sind seine Freundschaften: zum Beispiel mit den Künstlerinnen und Künstlern Astrid Klein, Regine Koerner, Rune Mields, C. O. Paeffgen, Blinky Palermo, Sigmar Polke, Markus Raetz und Josef Wolf, den Sammlerinnen Ingvild Goetz, Doris Neuerburg-Heusler, Evelyn Weiss und Gerhard Ott, den Galeristinnen und Galeristen Toni Gerber, Vera Munro, Ingrid Oppenheim, Rolf Ricke, Pablo Stähli und Dietmar Werle, dem Schauspieler Udo Kier, den Kuratoren und Museumsdirektoren Jan Hoet und Stephan von Wiese, mit Mehrzad Koohestani und seiner langjährigen Begleiterin Hannelore Kunert. Aber auch an den Orten seiner Reisen, wo er sich jeweils länger aufhält, schließt er tiefgründige und einflussreiche Freundschaften. Am 14. November 1994 stirbt der 50-jährige Michael Buthe in Bonn an einem Leberleiden.

Michael Buthe

August 1, 1944, Sonthofen – November 14, 1994, Bonn

Dominik Müller

Michael Buthe was born on August 1, 1944, in southern Germany in Sonthofen, Bavaria, and grew up in Höxter, North Rhine–Westphalia. He studied in Kassel from 1964 to 1968, attending preliminary courses in Applied Painting and Design Theory at the Werkkunstschule before studying at the Staatliche Hochschule der Bildenden Künste with Arnold Bode. Even prior to his degree, Buthe had already organized a big exhibition in Höxter in 1963. After graduating he began to work as an artist and moved into a studio in Cologne. By the end of the nineteen-sixties, he was already an established sculptor and draftsman, taking part in exhibitions in Germany and elsewhere in Europe, and knew a number of important figures on the contemporary art scene. His first trip to Morocco in 1970 was the trigger for and cornerstone of Buthe's lifelong fascination with exotic countries in Africa and Asia. It was rare for these visits to be just trips. Buthe often stayed in one place for several months, settling down to produce his artwork there. These experiences influenced the way he worked. He kept Cologne as his primary residence and had a studio on the Ziegenberg in Höxter, which he used as a retreat. In his Cologne studio, he set up his own museum, called the Musée du Echnaton, and it was open to the public during his sojourn as a fellow at the Villa Romana in Florence. From 1978 to 1986 Buthe rented various homes in Marrakesh for his months-long stays in Morocco. In 1981 he was a visiting professor at the Kunstakademie Düsseldorf, where he was then appointed professor for life in 1983. From the mid-seventies until shortly before his death, Buthe occupied an important place in German contemporary art, in part because it was also a completely autonomous one; he was represented by works in important group exhibitions and had large solo exhibitions in influential institutions in Germany and the rest of Europe. Another central aspect of his life was his friendships: for example, with the artists Astrid Klein, Regine Koerner, Rune Mields, C. O. Paeffgen, Blinky Palermo, Sigmar Polke, Markus Raetz, and Josef Wolf; the collectors Ingvild Goetz, Doris Neuerburg-Heusler, Evelyn Weiss, and Gerhard Ott; the gallery owners Toni Gerber, Vera Munro, Ingrid Oppenheim, Rolf Ricke, Pablo Stähli, and Dietmar Werle; the actor Udo Kier; the curators and museum directors Jan Hoet and Stephan von Wiese; and Mehrzad Koohestani and his companion of many years, Hannelore Kunert. But he also formed profound and influential friendships in the places to which he traveled and where he had extended stays. Michael Buthe died in Bonn of liver disease on November 14, 1994, at the age of fifty.

Ausstellungen

Einzelausstellungen

2016
Michael Buthe. Retrospektive, Haus der Kunst, München
Michael Buthe. Retrospective, S.M.A.K., Gent

2015
Michael Buthe. Retrospektive, Kunstmuseum Luzern

2013
Secrets, Alexander and Bonin, New York

2012
Michael Buthe, Galerie Thomas Flor, Berlin

2011
Michael Buthe, Espacio Micus, Ibiza

2010
Michael Buthe, Reception, Berlin
Michael Buthe. Paintings, Objects, and Paper Works, 1968–1994, Alexander and Bonin, New York

2009
Michael Buthe, Galerie Thomas Flor, Düsseldorf
Michael Buthe. Der Engel und sein Schatten, Arp Museum Bahnhof Rolandseck, Remagen; Ernst Barlach Haus, Hamburg

2008
Den Sternen näher als der Erde, Museum Höxter-Corvey, Höxter

2007
Michael Buthe. Selected Paintings 1988–1994, Alexander and Bonin, New York

2002
Galerie Wilbrand, Köln; Galerie Schurr, Stuttgart

2000
Galerie Andreas Baumgartl, München

1999
Galerie Heinz Holtmann, Köln
Michael Buthe. Frühe Zeichnungen, Collagen und Tagebücher, Kunsthalle Bielefeld
Buthe. Michel de la Sainte Beauté, Kunstmuseum Düsseldorf

1997
Galerie Heike Curtze, Düsseldorf

1996
Arbeiten auf Papier 1969–1975, Galerie Ribbentrop, Eltville
Bilder, Künstlerverein Malkasten, Düsseldorf

1995
Galerie Stähli, Zürich
Florentinische Bilder 1976–1977, Trinitatiskirche, Köln
Bilder, Galerie Gutsch, Berlin

1994
Tanger 1994, Galerie Ribbentrop, Eltville
Steine – Hommage für Ramon Llul, Kunstverein Arnsberg; Galerie Orangerie-Reinz, Köln
Galerie Maximilian Krips, Köln

1993
Bilder, Galerie Gutsch, Berlin

1992
Landschaften, Galerie Heike Curtze, Düsseldorf
Topographia, Bilder, Gouachen, Skulpturen, Galerie Heinz Holtmann, Köln

1991
Galerie Curtze, Wien
Galerie Ribbentrop, Eltville
Galerie Vera Munro, Hamburg
Totes Meer, Moderne Kunst Dietmar Werle, Köln

1990
Nationalgalerie, Berlin

1989
Primavera Pompeijana, Württembergischer Kunstverein, Stuttgart
Galerie Crousel-Robelin, Paris
Der Garten des Meeres, Galerie Vera Munro, Hamburg
Der Vorfall mit dem Körbchen, Galerie Moderne Kunst Dietmar Werle, Köln

1988
Kouki & Ramses, Louisiana Museum of Modern Art, Humlebaek
Die Sonne von Taormina. Aquarellierte Übermalung von Fotos von Wilhelm von Gloeden, Galerie der Stadt Stuttgart
Neue Arbeiten, Galerie Pablo Stähli, Zürich

1987
Tü pronse jö swie un jeune Barbar?, Moderne Kunst Dietmar Werle, Köln

1986
Die Sonne von Taormina, Museum Ludwig, Graphisches Kabinett, Köln
Le petite rose d'Agrippina, Bilder – Gouachen – Skulpturen, Galerie Schmela, Düsseldorf
Galerie Vera Munro, Hamburg
Die Sonne von Taormina. Aquarellierte Übermalung von Fotos von Wilhelm von Gloeden, Graphische Sammlung Museum Ludwig, Köln
Galerie Bama, Paris

1985
Michel de la Sainte Beauté, Moderne Kunst Dietmar Werle, Köln
Galerie Toni Gerber, Bern
Die Sonne von Taormina, Buchhandlung Walter König (Schaufensterinstallation), Köln
Galerie Bama, Paris

1984
Galerie Bama, Paris
Galerie Vera Munro, Hamburg
Inch Allah, Museum van Hedendaagse Kunst, Gent
Inch Allah, Museum Villa Stuck, München

1983
Galerie Art in Progress, München

1982
Michael Buthe. New Paintings, Holly Solomon Gallery, New York
Gouachen 1982, Galerie Wilbrand, Köln
Jeune Afrique, Moderne Kunst Dietmar Werle, Köln

Exhibitions

Solo Exhibitions

2016
Michael Buthe. Retrospektive, Haus der Kunst, Munich
Michael Buthe. Retrospective, S.M.A.K., Ghent

2015
Michael Buthe. Retrospektive, Kunstmuseum Luzern

2013
Secrets, Alexander and Bonin, New York

2012
Michael Buthe, Galerie Thomas Flor, Berlin

2011
Michael Buthe, Espacio Micus, Ibiza

2010
Michael Buthe, Reception, Berlin
Michael Buthe. Paintings, Objects, and Paper Works, 1968–1994, Alexander and Bonin, New York

2009
Michael Buthe, Galerie Thomas Flor, Düsseldorf
Michael Buthe. Der Engel und sein Schatten, Arp Museum Bahnhof Rolandseck, Remagen; Ernst Barlach Haus, Hamburg

2008
Den Sternen näher als der Erde, Museum Höxter-Corvey, Höxter

2007
Michael Buthe. Selected Paintings 1988–1994, Alexander and Bonin, New York

2002
Galerie Wilbrand, Cologne; Galerie Schurr, Stuttgart

2000
Galerie Andreas Baumgartl, Munich

1999
Galerie Heinz Holtmann, Cologne
Michael Buthe. Frühe Zeichnungen, Collagen und Tagebücher, Kunsthalle Bielefeld
Buthe. Michel de la Sainte Beauté, Kunstmuseum Düsseldorf

1997
Galerie Heike Curtze, Düsseldorf

1996
Arbeiten auf Papier 1969–1975, Galerie Ribbentrop, Eltville
Bilder, Künstlerverein Malkasten, Düsseldorf

1995
Galerie Stähli, Zürich
Florentinische Bilder 1976–1977, Trinitatiskirche, Cologne
Bilder, Galerie Gutsch, Berlin

1994
Tanger 1994, Galerie Ribbentrop, Eltville
Stones—Hommage für Ramon Llul, Kunstverein Arnsberg; Galerie Orangerie-Reinz, Cologne
Galerie Maximilian Krips, Cologne

1993
Bilder, Galerie Gutsch, Berlin

1992
Landschaften, Galerie Heike Curtze, Düsseldorf
Topographia, Bilder, Gouachen, Skulpturen , Galerie Heinz Holtmann, Cologne

1991
Galerie Curtze, Vienna
Galerie Ribbentrop, Eltville
Galerie Vera Munro, Hamburg
Totes Meer, Moderne Kunst Dietmar Werle, Cologne

1990
Nationalgalerie, Berlin

1989
Primavera Pompeijana, Württembergischer Kunstverein, Stuttgart
Galerie Crousel-Robelin, Paris
Der Garten des Meeres, Galerie Vera Munro, Hamburg
Der Vorfall mit dem Körbchen, Galerie Moderne Kunst Dietmar Werle, Cologne

1988
Kouki & Ramses, Louisiana Museum of Modern Art, Humlebaek
Die Sonne von Taormina. Aquarellierte Übermalung von Fotos von Wilhelm von Gloeden, Galerie der Stadt Stuttgart
Neue Arbeiten, Galerie Pablo Stähli, Zürich

1987
Tü pronse jö swie un jeune Barbar?, Moderne Kunst Dietmar Werle, Cologne

1986
Die Sonne von Taormina, Museum Ludwig, Graphisches Kabinett, Cologne
Le petite rose d'Agrippina, Bilder—Gouachen—Skulpturen, Galerie Schmela, Düsseldorf
Galerie Vera Munro, Hamburg
Die Sonne von Taormina. Aquarellierte Übermalung von Fotos von Wilhelm von Gloeden, Graphische Sammlung Museum Ludwig, Cologne
Galerie Bama, Paris

1985
Michel de la Sainte Beauté, Moderne Kunst Dietmar Werle, Cologne
Galerie Toni Gerber, Bern
Die Sonne von Taormina, Buchhandlung Walter König (window installation), Cologne
Galerie Bama, Paris

1984
Galerie Bama, Paris
Galerie Vera Munro, Hamburg
Inch Allah, Museum van Hedendaagse Kunst, Ghent
Inch Allah, Museum Villa Stuck, Munich

1983
Galerie Art in Progress, Munich

1982
Michael Buthe. New Paintings, Holly Solomon Gallery, New York
Gouachen 1982, Galerie Wilbrand, Cologne
Jeune Afrique, Moderne Kunst Dietmar Werle, Cologne

1981
Aus Selbstbildnissen, Galerie nächst St. Stephan, Wien
Galerie Bama, Paris
Bernier Gallery, Athens
Il Ritorno d'Ulisse in Patria, Galerie Toni Gerber, Bern
Le dernier empire, Galerie Vera Munro, Hamburg
Neue Arbeiten, Galerie Wilbrand, Köln

1980
Kasseler Kunstverein, Kassel
Die endlose Reise der Bilder, Museum Folkwang, Essen
Bilder und Zeichnungen 1870–1980, Galerie Ehrensperger, Zürich

1979
Galerie 't Venster, Rotterdam
Les voyages de Marco Polo, Galerie Toni Gerber, Bern
Les voyages de Marco Polo, Galerie Bama, Paris
Du bist der Wind – ich bin das Feuer, Harlekin Art, Wiesbaden

1978
Galerie Toni Gerber, Bern
Galerie Gerhild Grolitsch, München
Städtische Galerie, Ravensburg

1977
Tarahumaras, Städtisches Museum Schloss Morsbroich, Leverkusen
Galerie AK, Frankfurt am Main
Hommage an einen Prinzen aus Samarkand, Kunstmuseum Düsseldorf

1976
Zeichnungen 1967–1975, Galerie Magers, Bonn
Bilder, Zeichnungen und Objekte, Forum Kunst, Rottweil
Le Musée du Echnaton, Künstleratelier, Köln

1975
Colonia, Agrippinensis, Babylonia, Africanus, Dei, Galerie Abis, Berlin
Zarathustra, Oppenheim Studio, Köln
Galerie Magers, Köln

1974
Le Dieu de Babylon, Kunstmuseum Luzern
Benin-Serie, Galerie Loeb, Bern
Galerie Steinmetz, Bonn
Galerie Oppenheim, Köln
Galerie Müller, Stuttgart
Galerie Vandrés, Madrid

1973
Galerie Pablo Stähli, Luzern
Eine Reise in den Orient, Galerie Oppenheim, Köln
Le Dieux de Babylon, Kölnischer Kunstverein, Köln
Galerie Onze, Brüssel
Galerie Volante Toni Gerber, Kabul
Galerie Volante Toni Gerber, Kala Pattar
Galerie Volante Toni Gerber, Kathmandu

1972
Galerie Möllenhoff, Köln
Galerie Volante Toni Gerber, Kabul

1971
Lukretia Duchesse de Babylone, Glorius Dei, Galerie Möllenhoff, Köln
Hommage an die Sonne, Galerie Toni Gerber, Bern
Galerie Renée Ziegler, Zürich

1970
Galerie Renée Ziegler, Zürich
Galerie Kuhn, Aachen
Kabinett für aktuelle Kunst, Bremerhaven
Galerie Ernst, Hannover
Galerie Möllenhoff, Köln
Schö swie le Phantom, Marrakesch
Le Mythe du Maroc – Le Mythe du Monde & La Mövre, Marokko
La belle e (ä) sche tü violett, Marrakesch

1969
Von der Heydt Museum, Wuppertal
Galerie Ricke, Köln

1968
Soft-Edge, Galerie Ricke, Kassel

Gruppenausstellungen (Auswahl)

2015
Unorthodox, The Jewish Museum, New York
Astronomy. Incursions into the Cosmos, La Casa Encendida, Madrid

2014/15
Playing by Heart, Kolumba, Kunstmuseum des Erzbistums Köln

2014
Slippery, Martos Gallery, New York

2013/14
1965–1977, Alexander and Bonin, New York
Zeigen verhüllen verbergen. Schrein. Eine Ausstellung zur Ästhetik des Unsichtbaren, Kolumba, Kunstmuseum des Erzbistums Köln
Eine Handvoll Erde aus dem Paradies. Magische Bilder und Objekte aus dem Museum Morsbroich, Museum Morsbroich, Leverkusen
Ruhe-Störung, Kunstmuseum Ahlen; MARTa Herford

2013
Die Sammlung Toni Gerber, Kunstmuseum Luzern
When Attitudes Become Form. Bern 1969 / Venice 2013, Ca' Corner Della Regina, Fondazione Prada, Venedig

2012/13
Art is Liturgy. Paul Thek and the Others, Kolumba, Kunstmuseum des Erzbistums Köln
Stimuli, Alexander and Bonin, New York

2012
The Grand Tour, Alexander and Bonin, New York
La Triennale »Intense Proximity«, Palais de Tokyo, Paris

2011
Colors for a New Home, Signs of Love and Other Paintings, Alexander and Bonin, New York
Rendezvous der Maler – I Malerei an der Kunstakademie Düsseldorf von 1946–1986, Kunstakademie Düsseldorf

2009/10
Sigmar Polke. Wir Kleinbürger! Zeitgenossen und Zeitgenossinnen, Hamburger Kunsthalle, Hamburg

2009
Abstraktion und Einfühlung / Abstraction and Empathy, Deutsche Guggenheim, Berlin
Per non dormire. Michael Buthe, Max Klinger and Jutta Koether, Villa Romana, Florenz

2008
CA.BU. + BA.D.AL.MO, Galerie Thomas Flor, Düsseldorf

2007
Timeout. Art and Sustainability, Kunstmuseum Liechtenstein

2006
Accrochage – von Albers bis Warhol, Galerie Renée Ziegler, Zürich
Die Gesichter hinter den Bilden, The Columns, Gangnam-gu, Seoul

2005
(my private) Heroes, MARTa Herford

2004
Kunst / Frühling / Kirche, Kunstmuseum Bonn
Deutschland sucht – Die Brücke, Kölnischer Kunstverein, Köln

1981
Aus Selbstbildnissen, Galerie nächst St. Stephan, Vienna
Galerie Bama, Paris
Bernier Gallery, Athens
Il Ritorno d'Ulisse in Patria, Galerie Toni Gerber, Bern
Le dernier empire, Galerie Vera Munro, Hamburg
Neue Arbeiten, Galerie Wilbrand, Cologne

1980
Kasseler Kunstverein, Kassel
Die endlose Reise der Bilder, Museum Folkwang, Essen
Bilder und Zeichnungen 1870–1980, Galerie Ehrensperger, Zürich

1979
Galerie 't Venster, Rotterdam
Les voyages de Marco Polo, Galerie Toni Gerber, Bern
Les voyages de Marco Polo, Galerie Bama, Paris
Du bist der Wind—ich bin das Feuer, Harlekin Art, Wiesbaden

1978
Galerie Toni Gerber, Bern
Galerie Gerhild Grolitsch, Munich
Städtische Galerie, Ravensburg

1977
Tarahumaras, Städtisches Museum Schloss Morsbroich, Leverkusen
Galerie AK, Frankfurt am Main
Hommage an einen Prinzen aus Samarkand, Kunstmuseum Düsseldorf

1976
Zeichnungen 1967–1975, Galerie Magers, Bonn
Bilder, Zeichnungen und Objekte, Forum Kunst, Rottweil
Le Musée du Echnaton, Künstleratelier, Cologne

1975
Colonia, Agrippinensis, Babylonia, Africanus, Dei, Galerie Abis, Berlin
Zarathustra, Oppenheim Studio, Cologne
Galerie Magers, Cologne

1974
Le Dieu de Babylon, Kunstmuseum Luzern
Benin-Serie, Galerie Loeb, Bern
Galerie Steinmetz, Bonn
Galerie Oppenheim, Cologne
Galerie Müller, Stuttgart
Galerie Vandrés, Madrid

1973
Galerie Pablo Stähli, Lucerne
Eine Reise in den Orient, Galerie Oppenheim, Cologne
Le Dieux de Babylon, Kölnischer Kunstverein, Cologne
Galerie Onze, Brussels
Galerie Volante Toni Gerber, Kabul
Galerie Volante Toni Gerber, Kala Pattar
Galerie Volante Toni Gerber, Kathmandu

1972
Galerie Möllenhoff, Cologne
Galerie Volante Toni Gerber, Kabul

1971
Lukretia Duchesse de Babylone, Glorius Dei, Galerie Möllenhoff, Cologne
Hommage an die Sonne, Galerie Toni Gerber, Bern
Galerie Renée Ziegler, Zürich

1970
Galerie Renée Ziegler, Zürich
Galerie Kuhn, Aachen
Kabinett für aktuelle Kunst, Bremerhaven
Galerie Ernst, Hannover
Galerie Möllenhoff, Cologne
Schö swie le Phantom, Marrakesh
Le Mythe du Maroc—Le Mythe du Monde & La Mövre, Morocco
La belle e (ä) sche tü violett, Marrakesh

1969
Von der Heydt Museum, Wuppertal
Galerie Ricke, Cologne

1968
Soft-Edge, Galerie Ricke, Kassel

Group Exhibitions (Selection)

2015
Unorthodox, The Jewish Museum, New York
Astronomy. Incursions into the Cosmos, La Casa Encendida, Madrid

2014/15
Playing by Heart, Kolumba, Kunstmuseum des Erzbistums Köln

2014
Slippery, Martos Gallery, New York

2013/14
1965–1977, Alexander and Bonin, New York
Show Hide Cover. Shrine. An Exhibition on the Aesthetics of the Invisible, Kolumba, Kunstmuseum des Erzbistums Köln
A Handful of Earth from Paradise: Magic Pictures and Objects at Museum Morsbroich, Museum Morsbroich, Leverkusen
Ruhe-Störung, Kunstmuseum Ahlen; MARTa Herford

2013
Die Sammlung Toni Gerber, Kunstmuseum Luzern
When Attitudes Become Form. Bern 1969 / Venice 2013, Ca' Corner Della Regina, Fondazione Prada, Venice

2012/13
Art is Liturgy. Paul Thek and the Others, Kolumba, Kunstmuseum des Erzbistums Köln
Stimuli, Alexander and Bonin, New York

2012
The Grand Tour, Alexander and Bonin, New York
La Triennale "Intense Proximity," Palais de Tokyo, Paris

2011
Colors for a New Home, Signs of Love and Other Paintings, Alexander and Bonin, New York
Rendezvous der Maler—I Malerei an der Kunstakademie Düsseldorf von 1946–1986, Kunstakademie Düsseldorf

2009/10
Sigmar Polke. We Petty Bourgeois! Comrades and Contemporaries, Hamburger Kunsthalle, Hamburg

2009
Abstraktion und Einfühlung / Abstraction and Empathy, Deutsche Guggenheim, Berlin
Per non dormire. Michael Buthe, Max Klinger and Jutta Koether, Villa Romana, Florence

2008
CA.BU. + BA.D.AL.MO, Galerie Thomas Flor, Düsseldorf

2007
Timeout. Art and Sustainability, Kunstmuseum Liechtenstein

2006
Accrochage—von Albers bis Warhol, Galerie Renée Ziegler, Zürich
Die Gesichter hinter den Bilden, The Columns, Gangnam-gu, Seoul

2005
(my private) Heroes, MARTa Herford

2004
Kunst / Frühling / Kirche, Kunstmuseum Bonn
Deutschland sucht—Die Brücke, Kölnischer Kunstverein, Cologne

2003
Gelijk het leven is, S.M.A.K., Gent
Himmelsschwer – Transformationen der Schwerkraft, Landesmuseum Joanneum / Volkskunde, Graz; Kulturzentrum bei den Minoriten, Graz

2001
70er Jahre aus der Sammlung, Kunstmuseum Luzern

2000
Back to Kassel, Kasseler Kunstverein, Kassel
Et l'art se met au monde, FRAC Rhône-Alpes, Institut d'art contemporain, Villeurbanne

1999
Einblicke, Galerie Heinz Holtmann, Köln

1998
Einblicke V aus der Graphischen Sammlung. Beuys, Buthe, Förg, Immendorff, Palermo, Sandback, Städtisches Museum Schloss Morsbroich, Leverkusen

1997
Zurück aus Singapur, German Art – 30 Jahre zeitgenössische Deutsche Kunst, Kunstmuseum Bonn
German Art in Singapore, Singapore Art Museum, Singapur

1996
Die Sammlung Toni Gerber im Kunstmuseum Bern, Kunstmuseum Bern

1995
La Collection François et Ninon Robelin, Musée d'Art Moderne de Saint-Etienne
Auf Papier, Schirn Kunsthalle, Frankfurt am Main

1994
Grafik der Gegenwart, Rheinisches Landesmuseum, Bonn

1993
Bild und Gegenbild. Neuerwerbungen der Städtischen Galerie 1982–1993, Städtische Galerie Schloss Wolfsburg

1992
Documenta 9, Kassel

1991
Erwerbungen der Graphischen Sammlung, Staatsgalerie Stuttgart
GeistesGegenwart, Museum Bochum

1990
Das Goldene Zeitalter, Württembergischer Kunstverein, Stuttgart
Kunstminen, Kunstmuseum Düsseldorf

1989
Refigured Painting – The German Image, The Solomon R. Guggenheim Museum, New York
Open Mind, Museum van Hedendaagse Kunst, Gent
Neue Figuration, Deutsche Malerei 1960–88, Kunstmuseum Düsseldorf
Zeichnungen, Collage, Aquarell, Holzschnitt. Beuys, Buthe, Dürer, Polke, Moderne Kunst Dietmar Werle, Köln

1988
Biennale, Sydney

1987
Exotische Welten – Europäische Phantasien, Württembergischer Kunstverein, Stuttgart
Die Gleichzeitigkeit des Anderen, Kunstmuseum Bern
Wechselströme, Kontemplation, Expression, Konstruktion, Bonner Kunstverein

1986
Chambres d'amis, Museum van Hedendaagse Kunst, Gent
Die Sammlung Toni Gerber im Kunstmuseum Bern, Kunstmuseum Bern
Androgyn, Neuer Berliner Kunstverein, Berlin
Galerie Schmela, Düsseldorf
Die 60er Jahre. Kölns Weg zur Kunstmetropole. Vom Happening zum Kunstmarkt, Kölnischer Kunstverein, Köln
Buthe, Klauke, Paeffgen, Polke, Runge, Moderne Kunst Dietmar Werle, Köln

1985
1945–1985. Kunst in der Bundesrepublik Deutschland, Nationalgalerie Berlin
Alles und noch viel mehr, Kunsthalle Bern
Vom Zeichen 1960–1985, Frankfurter Kunstverein, Frankfurt am Main

1984
Biennale, Venedig
Multiples und Objekte aus der Sammlung Ute und Michael Berger, Museum Wiesbaden

1983
Sammlung Helga und Walther Lauffs, Kaiser Wilhelm Museum, Krefeld
Triumph, Skulpturen, Galerie Ricke, Köln
Der Versuch, am Ende doch noch Spass zu haben, Kunstmuseum Düsseldorf
Michael Buthe & Marcel Odenbach, Walter Phillips Gallery, Banff
Sculpture from Germany, San Francisco Museum of Modern Art, San Francisco

1982
Halle 6, Kampnagel-Fabrik, Hamburg
Documenta 7, Kassel
Sammlung Ulbricht, Städtisches Kunstmuseum, Bonn
Michael Buthe New Paintings, Robert Kushner, »Domestic Exotica«, Holly Solomon Gallery, New York
Szenen der Volkskunst, Württembergischer Kunstverein, Stuttgart

1981
Baroque 81, ARC / Musée d'Art Moderne de la Ville de Paris
Highlights, Städtisches Kunstmuseum, Bonn
Zeichen und Mythen, Bonner Kunstverein, Bonn
Art Allemagne aujourd'hui, Musée d'Art Moderne de la Ville de Paris

1979
Michael Buthe, Sigmar Polke, Ulrike Rosenbach, Gerhard Rühm, Alf Schuler, Fünf in Köln, Kölnischer Kunstverein, Köln
Eremit? Forscher? Sozialarbeiter?, Kunstverein Hamburg
Soft-Art, Kunsthaus Zürich

1978
Hammer, Galerie Handschin, Basel
1963–1977. I materiali del'linguaggio. Artisti tedeschi a Firenze, Villa Romana, Florenz
The Book of the Art of Artists Books, Tehran Museum of Contemporary Art, Teheran

1977
Documenta 6, Kassel
Villa Romana, Florenz

1975
Dessins, Galerie Bama, Paris

1974
grossvater ein pionier wie wir, raetz, buthe, sieverding, polke, altorfer, kielholz, schnyder, Galerie Toni Gerber, Bern

1973
esther altorfer, michael buthe, rolf iseli, heiner kielholz, sigmar polke, markus raetz, benedikt salvisberg, claude sandoz, jean-frédéric schnyder, Galerie Toni Gerber, Bern

1972
Documenta 5, Kassel

2003
Gelijk het leven is, S.M.A.K., Ghent
Himmelsschwer—Transformationen der Schwerkraft, Landesmuseum Joanneum / Volkskunde, Graz; Kulturzentrum bei den Minoriten, Graz

2001
70er Jahre aus der Sammlung, Kunstmuseum Luzern

2000
Back to Kassel, Kasseler Kunstverein, Kassel
Et l'art se met au monde, FRAC Rhône-Alpes, Institut d'art contemporain, Villeurbanne

1999
Einblicke, Galerie Heinz Holtmann, Cologne

1998
Einblicke V aus der Graphischen Sammlung. Beuys, Buthe, Förg, Immendorff, Palermo, Sandback, Städtisches Museum Schloss Morsbroich, Leverkusen

1997
Zurück aus Singapur, German Art—30 Jahre zeitgenössische Deutsche Kunst, Kunstmuseum Bonn
German Art in Singapore, Singapore Art Museum, Singapore

1996
Die Sammlung Toni Gerber im Kunstmuseum Bern, Kunstmuseum Bern

1995
La Collection François et Ninon Robelin, Musée d'Art Moderne de Saint-Etienne
Auf Papier, Schirn Kunsthalle, Frankfurt am Main

1994
Grafik der Gegenwart, Rheinisches Landesmuseum, Bonn

1993
Bild und Gegenbild. Neuerwerbungen der Städtischen Galerie 1982–1993, Städtische Galerie Schloss Wolfsburg

1992
Documenta 9, Kassel

1991
Erwerbungen der Graphischen Sammlung, Staatsgalerie Stuttgart
GeistesGegenwart, Museum Bochum

1990
Das Goldene Zeitalter, Württembergischer Kunstverein, Stuttgart
Kunstminen, Kunstmuseum Düsseldorf

1989
Refigured Painting—The German Image, The Solomon R. Guggenheim Museum, New York
Open Mind, Museum van Hedendaagse Kunst, Ghent
Neue Figuration, Deutsche Malerei 1960–88, Kunstmuseum Düsseldorf
Zeichnungen, Collage, Aquarell, Holzschnitt. Beuys, Buthe, Dürer, Polke, Moderne Kunst Dietmar Werle, Cologne

1988
Biennale, Sydney

1987
Exotische Welten—Europäische Phantasien, Württembergischer Kunstverein, Stuttgart
Die Gleichzeitigkeit des Anderen, Kunstmuseum Bern
Wechselströme, Kontemplation, Expression, Konstruktion, Bonner Kunstverein

1986
Chambres d'amis, Museum van Hedendaagse Kunst, Ghent
Die Sammlung Toni Gerber im Kunstmuseum Bern, Kunstmuseum Bern
Androgyn, Neuer Berliner Kunstverein, Berlin
Galerie Schmela, Düsseldorf
Die 60er Jahre. Kölns Weg zur Kunstmetropole. Vom Happening zum Kunstmarkt, Kölnischer Kunstverein, Cologne
Buthe, Klauke, Paeffgen, Polke, Runge, Moderne Kunst Dietmar Werle, Cologne

1985
1945–1985. Kunst in der Bundesrepublik Deutschland, Nationalgalerie Berlin
Alles und noch viel mehr, Kunsthalle Bern
Vom Zeichen 1960–1985, Frankfurter Kunstverein, Frankfurt am Main

1984
Biennale, Venice
Multiples und Objekte aus der Sammlung Ute und Michael Berger, Museum Wiesbaden

1983
Sammlung Helga und Walther Lauffs, Kaiser Wilhelm Museum, Krefeld
Triumph, Skulpturen, Galerie Ricke, Cologne
Der Versuch, am Ende doch noch Spass zu haben, Kunstmuseum Düsseldorf
Michael Buthe & Marcel Odenbach, Walter Phillips Gallery, Banff
Sculpture from Germany, San Francisco Museum of Modern Art, San Francisco

1982
Halle 6, Kampnagel-Fabrik, Hamburg
Documenta 7, Kassel
Sammlung Ulbricht, Städtisches Kunstmuseum, Bonn
Michael Buthe New Paintings, Robert Kushner, "Domestic Exotica," Holly Solomon Gallery, New York
Szenen der Volkskunst, Württembergischer Kunstverein, Stuttgart

1981
Baroque 81, ARC / Musée d'Art Moderne de la Ville de Paris
Highlights, Städtisches Kunstmuseum, Bonn
Zeichen und Mythen, Bonner Kunstverein, Bonn
Art Allemagne aujourd'hui, Musée d'Art Moderne de la Ville de Paris

1979
Michael Buthe, Sigmar Polke, Ulrike Rosenbach, Gerhard Rühm, Alf Schuler, Fünf in Köln, Kölnischer Kunstverein, Cologne
Eremit? Forscher? Sozialarbeiter?, Kunstverein Hamburg
Soft-Art, Kunsthaus Zürich

1978
Hammer, Galerie Handschin, Basel
1963–1977. I materiali del'linguaggio. Artisti tedeschi a Firenze, Villa Romana, Florence
The Book of the Art of Artists Books, Tehran Museum of Contemporary Art, Teheran

1977
Documenta 6, Kassel
Villa Romana, Florence

1975
Dessins, Galerie Bama, Paris

1974
grossvater ein pionier wie wir, raetz, buthe, sieverding, polke, altorfer, kielholz, schnyder, Galerie Toni Gerber, Bern

1973
esther altorfer, michael buthe, rolf iseli, heiner kielholz, sigmar polke, markus raetz, benedikt salvisberg, claude sandoz, jean-frédéric schnyder, Galerie Toni Gerber, Bern

1972
Documenta 5, Kassel

1971
Kunst des 20. Jahrhunderts, Kunsthalle Düsseldorf

1970
Jetzt. Künste in Deutschland heute, Kunsthalle Köln
14 x 14, Staatliche Kunsthalle Baden-Baden
Zeichnungen 1, Städtisches Museum Schloss Morsbroich, Leverkusen
Joseph Beuys, Michael Buthe, Franz Eggenschwiler und die Berner Werkgemeinschaft, Markus Raetz, Diter Rot, Kunstmuseum Luzern

1969
Op losse schroeven, situaties en cryptostructuren, Stedelijk Museum, Amsterdam
Sechs Künstler, Artschwager, Bollinger, Buthe, Kuehn, Serra, Sonnier, Galerie Ricke, Köln
Attitüden, Galerie Felix Handschin, Basel
Attitüden, Galerie Mickery, Lonersloot
Kölner Kunstmarkt, Köln
When Attitudes Become Form. Live in Your Head, Kunsthalle Bern; Museum Haus Lange, Krefeld
Vorstellungen nehmen Form an, Museum Haus Lange, Krefeld
When Attitudes Become Form. Live in Your Head, Institute of Contemporary Arts, London

1968
Minimal Art, Primary Structures, ABC Art, Galerie René Block, Berlin
Primary Structure, Minimal Art, Pop Art, Anti Form, Galerie Ricke, Kassel
19 Medien, Galerie Lichter, Frankfurt am Main
Programm I, Galerie Ricke, Kassel

1967
Galerie Ricke, Kassel
Kölner Kunstmarkt, Köln

1966
Galerie Ricke, Kassel

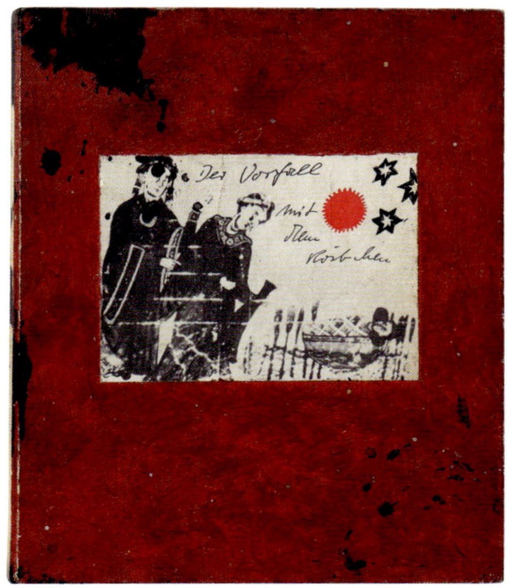

Der Vorfall mit dem Körbchen *The Incident with the Little Basket* 1989–1991 (Kat. cat. 73)

1971
Kunst des 20. Jahrhunderts, Kunsthalle Düsseldorf

1970
Jetzt. Künste in Deutschland heute, Kunsthalle Köln
14 x 14, Staatliche Kunsthalle Baden-Baden
Zeichnungen 1, Städtisches Museum Schloss Morsbroich, Leverkusen
Joseph Beuys, Michael Buthe, Franz Eggenschwiler und die Berner Werkgemeinschaft, Markus Raetz, Diter Rot, Kunstmuseum Luzern

1969
Op losse schroeven, situaties en cryptostructuren, Stedelijk Museum, Amsterdam
Sechs Künstler, Artschwager, Bollinger, Buthe, Kuehn, Serra, Sonnier, Galerie Ricke, Cologne
Attitüden, Galerie Felix Handschin, Basel
Attitüden, Galerie Mickery, Lonersloot
Kölner Kunstmarkt, Cologne
When Attitudes Become Form. Live in Your Head, Kunsthalle Bern; Museum Haus Lange, Krefeld
Vorstellungen nehmen Form an, Museum Haus Lange, Krefeld
When Attitudes Become Form. Live in Your Head, Institute of Contemporary Arts, London

1968
Minimal Art, Primary Structures, ABC Art, Galerie René Block, Berlin
Primary Structure, Minimal Art, Pop Art, Anti Form, Galerie Ricke, Kassel
19 Medien, Galerie Lichter, Frankfurt am Main
Programm I, Galerie Ricke, Kassel

1967
Galerie Ricke, Kassel
Kölner Kunstmarkt, Cologne

1966
Galerie Ricke, Kassel

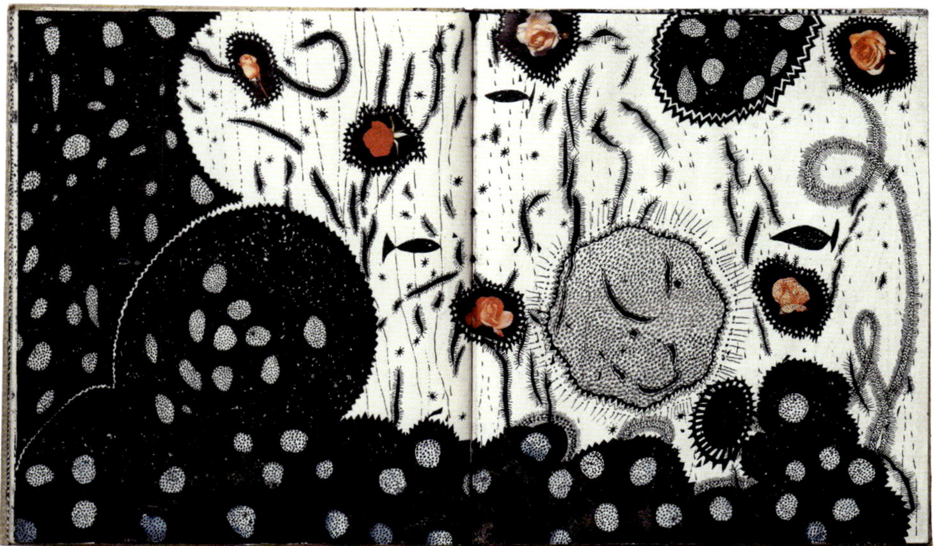

Der Vorfall mit dem Körbchen *The Incident with the Little Basket* 1989–1991 (Kat. cat. 73)

Diese Publikation erscheint
anlässlich der Ausstellung
This catalogue is published
in conjunction with the exhibition
Michael Buthe
Retrospektive Retrospective

Kunstmuseum Luzern
31. Oktober 2015 – 31. Januar 2016
October 31, 2015 – January 31, 2016

S.M.A.K., Gent Ghent
5. März – 5. Juni 2016
March 5 – June 5, 2016

Haus der Kunst, München Munich
8. Juli – 20. November 2016
July 8 – November 20, 2016

Kunstmuseum Luzern

Direktorin
Director
Fanni Fetzer

Wissenschaftliche Mitarbeiterin
Assistant Curator
Lena Friedli

Administrative Leiterin
Head of Administration
Gabriele Froning

Sammlungskonservator und Kurator
Collection Conservator and Curator
Heinz Stahlhut

Exhibition Manager
Dominik Müller

Restauratorin
Conservation
Anita Hoess
Aline Jahn

Administration
Patricia Dettbarn

Events & Sponsoring
Doris Bucher

Leitung Kunstvermittlung
Head of Educational Department
Brigit Meier

Leitung Ausstellungs- und Museumstechnik
und Registrar
Head of Production and Technical Department
Tobias Oehmichen

Ausstellungs- und Museumstechnik
Production and Technical Department
Daniel Amhof, Christian Aregger, Samuli Blatter, Tatjana Erpen, Michael Greppi, Sibylle Muff, Raphael Muntwyler, Benedikt Notter, Carmen Rohrer, Steven Todd, Anita Zumbühl

Kunstmuseum Luzern
Europaplatz 1
6002 Luzern Lucerne
Schweiz Switzerland
Tel. +41 41 226 78 00
www.kunstmuseumluzern.ch

S.M.A.K., Gent Ghent

Direktor
Director
Philippe Van Cauteren

Mitarbeiter
Staff
Peter Aerts, Katrien Blanchaert, Dominique Cahay, Alexandr Caradjov, Suzy Casterman, Anne De Buck, Tashina De Ketele, Filip De Poortere, Tineke De Rijck, Michel Delabarre, Veronique Despodt, Anna Drijbooms, Eric Elet, Annie Expeels, Martin Germann, Leen Goossens, Rebecca Heremans, Bjorn Heyzak, Ann Hoste, Carine Hoste, Claudia Kramer, Carine Lafaut, Christine Maes, Sabine Mistiaen, Eva Monsaert, Brice Muylle, Christoph Neerman, Iris Paschalidis, Dirk Pauwels, Lien Roelandt, Doris Rogiers, Catherine Ruyffelaere, Aïcha Snoussi, Gilbert Thiery, Lander Thys, Marie Louise Van Baeveghem, Veronique Van Bever, Charlotte Van Buylaere, Filip Van de Velde, Christa Van Den Berghe, Odelinde Van Thieghem, Ronny Vande Gehuchte, Liesje Vandenbroeck, Annemie Vander Borght, Werner Vander Schueren, Evy Vanparys, Annelies Vantyghem, Eline Verbauwhede, Marieke Verboven, Jürgen Verhas, Thibaut Verhoeven, Bea Verougstraete

S.M.A.K.
Jan Hoetplein 1
9000 Gent Ghent
Belgien Belgium
Tel. +32 (0)9 240 76 01
www.smak.be

Unterstützt von Supported by

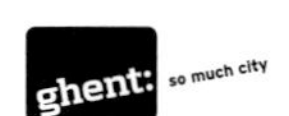

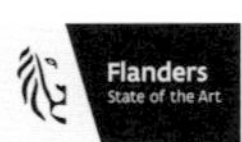

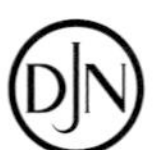

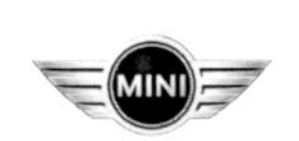

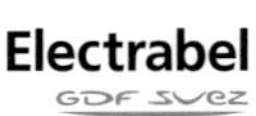

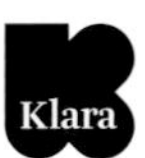

www.kunsthart.org

Die Ausstellung wurde unterstützt von
The exhibition was supported by

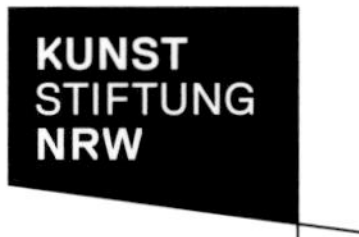

Stiftung Haus der Kunst München
gemeinnützige Betriebsgesellschaft mbH

Direktor
Director
Okwui Enwezor

Hauptkurator
Chief Curator
Ulrich Wilmes

Mitarbeiter
Staff
Tina Anjou, Sabine Brantl, Daniela Burkart, Sylvia Clasen, Arnulf von Dall' Armi, Martina Fischer, Elena Heitsch, Tina Köhler, Anton Köttl, Isabella Kredler, Teresa Lengl, Anne Leopold, Julienne Lorz, Iris Ludwig, Karin Mahr, Marco Graf von Matuschka, Miro Palavra, Moritz Petersen, Glenn Rossiter, Andrea Saul, Cassandre Schmid, Anna Schüller, Sonja Teine

Haus der Kunst
Prinzregentenstr. 1
80538 München Munich
Deutschland Germany
Tel. +49 (0)89 21127 113
www.hausderkunst.de

Herausgeber
Edited by
Kunstmuseum Luzern, S.M.A.K., Gent Ghent, und and Haus der Kunst, München Munich

Redaktion
Editing
Fanni Fetzer
Dominik Müller
Heinz Stahlhut

Lektorat
Copyediting
Simone Albiez (Deutsch German),
Sarah Trenker (Englisch English)

Übersetzungen Deutsch–Englisch
Translations German–English
Steven Lindberg, Laura Schleussner

Grafik und Satz
Graphic design and typesetting
Gabriele Sabolewski, Hatje Cantz

Schrift
Typeface
Conduit ITC, Milo Serif OT

Reproduktionen
Reproductions
Repromayer, Reutlingen

Herstellung
Production
Heidrun Zimmermann, Hatje Cantz

Papier
Paper
LuxoArt Samt, 150 g/m²

Druck
Printing
F&W Druck- und Mediencenter GmbH, Kienberg

Buchbinderei
Binding
Verlagsbuchbinderei Karl Dieringer, Gerlingen

Erschienen im
Published by
Hatje Cantz Verlag
Zeppelinstr. 32
73760 Ostfildern
Deutschland Germany
Tel. +49 (0)711 4405-200
Fax +49 (0)711 4405-220
www.hatjecantz.de
Ein Unternehmen der Ganske Verlagsgruppe
A Ganske Publishing Group company

ISBN 978-3-7757-4038-8

Printed in Germany

Umschlagabbildung
Cover illustration
My Love to Étienne, 1969 (Kat. cat. 16) (Detail)

Vorsatz
Front endpaper
Michael Buthe bei der Arbeit an einem Stoffbild, 1969
Michael Buthe working on a fabric painting, 1969

Nachsatz
Back endpaper
Zwei Stoffbilder, 1968
Two fabric paintings, 1968

Fotonachweis
Photo Credits

Regine Koerner, München Munich:
S. pp. 8, 10, 11, 90/91

Jörg Lohse: S. pp. 23, 50, 53, 135

Jason Mandella: S. p. 83

Attilio Maranzano: S. p. 153

Museum Kunstpalast, Düsseldorf, Artothek:
S. pp. 130, 133, 136, 195

Jürgen Musolf, Germanisches National-museum, Nürnberg Nuremberg: S. p. 193

Dirk Pauwels, Gent Ghent: S. pp. 25, 92–95

Friedrich Rosenstiel, Köln Cologne: S. pp. 9, 14/15, 20, 24, 26, 34/35, 37, 38/39, 40, 41, 46, 48, 55, 56, 64/65, 70/71, 76–78, 82, 84–87, 96, 97, 104/105, 117, 123, 126/127, 131, 134, 138, 139, 140, 141, 142–147, 148/149, 162, 163, 176–180, 182–191, 192, 194, 196, 202/203, 211, 220, 221

Dietmar Schneider, Köln Cologne: S. p. 7

Lothar Schnepf, Köln Cologne: S. pp. 100–103

SIK-ISEA, Zürich: S. p. 159

Andri Stadler, Luzern Lucerne: S. pp. 19, 42, 43, 44, 45, 47, 51, 58/59, 61/62, 129, 132, 161, 166, 167, 172/173, 175, 197–201, 210

Pablo Stähli: S. pp. 80, 81, 154–156

Erik Tschernow: S. pp. 57, 139

Courtesy Württembergischer Kunstverein, Stuttgart: S. p. 75

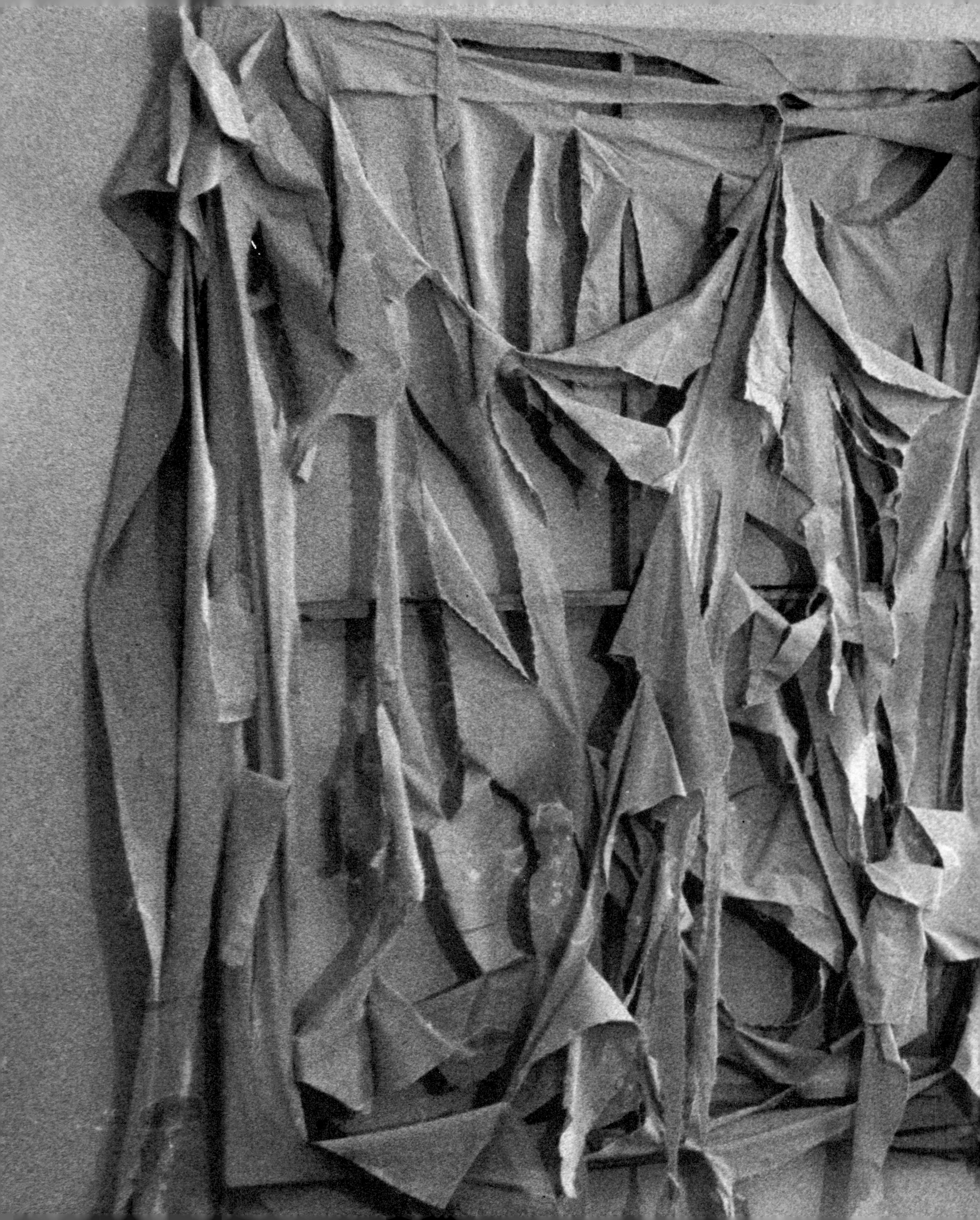